权威·前沿·原创

皮书系列为

“十二五”“十三五”“十四五”时期国家重点出版物出版专项规划项目

智库成果出版与传播平台

全球企业创新指数报告

（2024）

GLOBAL ENTERPRISE INNOVATION INDEX

（2024）

战略性新兴产业

Strategic Emerging Industries

名誉主编／马费成
主　　编／黄　颖　张　琳　李　纲

社会科学文献出版社
SOCIAL SCIENCES ACADEMIC PRESS (CHINA)

图书在版编目(CIP)数据

全球企业创新指数报告 . 2024：战略性新兴产业 / 黄颖，张琳，李纲主编 . --北京：社会科学文献出版社，2024. 11. --（科技创新蓝皮书）. --ISBN 978-7-5228-4525-8

Ⅰ. F273. 1；F272. 5

中国国家版本馆 CIP 数据核字第 2024XC1586 号

科技创新蓝皮书

全球企业创新指数报告（2024）

——战略性新兴产业

名誉主编 / 马费成
主　　编 / 黄　颖　张　琳　李　纲

出 版 人 / 冀祥德
组稿编辑 / 任文武
责任编辑 / 张丽丽
文稿编辑 / 李惠惠　张　爽　白　银
责任印制 / 王京美

出　　版 / 社会科学文献出版社 · 生态文明分社（010）59367143
　　　　　地址：北京市北三环中路甲 29 号院华龙大厦　邮编：100029
　　　　　网址：www. ssap. com. cn
发　　行 / 社会科学文献出版社（010）59367028
印　　装 / 三河市东方印刷有限公司

规　　格 / 开　本：787mm × 1092mm　1/16
　　　　　印　张：25. 25　字　数：378 千字
版　　次 / 2024 年 11 月第 1 版　2024 年 11 月第 1 次印刷
书　　号 / ISBN 978-7-5228-4525-8
定　　价 / 138. 00 元

读者服务电话：4008918866

本书得到以下项目资助：

国家自然科学基金创新研究群体项目“信息资源管理”（项目编号：71921002）、国家社会科学基金重大项目“情报学视角下的科技领域国家竞争研究”（项目编号：23&ZD222）、武汉大学社会科学数智创新研究团队项目“数智驱动科技创新研究团队”、第七届青年托举人才工程项目“颠覆性技术识别、演化与预测研究”（项目编号：2021QNRC001）。

特此致谢。

本书得到以下单位支持：

武汉大学数据智能研究院、武汉大学大数据研究院、武汉大学科教管理与评价中心、武汉大学信息管理学院、武汉大学信息资源研究中心、中国科学技术信息研究所。

特此致谢。

科技创新蓝皮书专家委员会

魏　江　浙江财经大学校长

　　　　浙江大学全球浙商研究院院长

夏立新　华中师范大学党委书记

肖　松　湖北省科技信息研究院党委书记

杨　云　科技部科技评估中心副总评估师

科技创新蓝皮书编委会

主　任　李　纲　武汉大学数据智能研究院院长
教育部人文社会科学重点研究基地武汉大学信息资源研究中心主任

副主任　张　琳　武汉大学科教管理与评价中心主任、教育评价改革基地主任
武汉大学数据智能研究院研究员

黄　颖　武汉大学科教管理与评价中心副主任
武汉大学数据智能研究院研究员

毛　进　武汉大学数据智能研究院副院长、研究员

《全球企业创新指数报告（2024）》
编　委　会

主要编撰者简介

马费成　武汉大学信息管理学院教授，博士生导师。武汉大学人文社科资深教授、教育部人文社会科学重点研究基地武汉大学信息资源研究中心首席科学家。兼任教育部社会科学委员会委员、国家社会科学基金图书情报与文献学评审组组长、中国科技情报学会监事长。先后承担国家社会科学基金重大项目、重大专项，国家自然科学基金重大研究计划重点项目、国际合作重点项目和年度重点项目，教育部哲学社会科学研究重大课题攻关项目、重大专项及其他省部级科研项目40余项，出版著作30余部，在国内外重要期刊上发表论文300余篇。先后获评宝钢优秀教师特等奖、国家教学名师、全国百篇优秀博士学位论文指导教师等；获教育部人文社会科学研究优秀成果奖一等奖、二等奖，国家级教学成果奖一等奖、二等奖，首届全国教材建设奖二等奖，湖北省社会科学优秀科研成果一等奖、科技进步奖等国家级和省部级教学科研成果奖20余项。

黄　颖　武汉大学信息管理学院副教授、博士生导师，武汉大学数据智能研究院研究员，武汉大学科教管理与评价中心副主任，比利时鲁汶大学客座研究员，入选中国科协青年人才托举工程项目和湖北省“楚天学者”计划。担任 *Technological Forecasting and Social Change*、*Foresight*、*Profesional de la información* 等多本国际期刊副主编或编委，国际科学计量学与信息计量学学会（ISSI）终身会员、中国科学技术情报学会国际合作工作委员会秘书长、中国科学学与科技政策研究会科学计量学与信息计量学专业委员会委员、中国科学学与科技政策研究会科学学理论与学科建设专业委员会委员。主要研究方向为科技计量与科技创新管理等，荣获中国科学技术情报学会青年情报科学家奖。

张　琳　武汉大学信息管理学院教授、博士生导师。武汉大学科教管理与评价中心主任、教育评价改革基地主任。比利时鲁汶大学客座教授，湖北省“楚天学者”特聘教授，入选国家级青年人才计划。现任 SCI/SSCI 双检索期刊 *Scientometrics* 主编，国际科学计量学与信息计量学学会（ISSI）理事，国际期刊 *Quantitative Science Studies*、*Journal of Data and Information Science* 等编委，爱思唯尔（Elsevier）国际科研评估中心（ICSR）全球委员会顾问委员，中国科学技术情报学会国际合作工作委员会主任、中国科学学与科技政策研究会理事，中国科学学与科技政策研究会科学计量学与信息计量学专业委员会副主任委员。在国内外期刊和会议上发表论文 100 余篇，其中 SSCI 检索期刊发表英文学术论文 50 余篇，入选爱思唯尔“中国高被引学者”。

李　纲　武汉大学信息管理学院教授、博士生导师，国家自然科学基金创新研究群体项目（2018）首席专家，武汉大学学术委员会副主任、社会科学学部分委员会主任，教育部人文社会科学重点研究基地武汉大学信息资源研究中心主任，国家信息资源管理（武汉）研究基地主任，武汉大学数据智能研究院院长，武汉大学智慧城市研究中心主任，国家技术转移中部中心首席专家。兼任全国高校图书情报专业学位教学指导委员会秘书长、中国信息经济学会副理事长、中国科学技术情报学会常务理事、中国社会科学情报学会常务理事。担任《信息资源管理学报》主编、《情报学报》等刊物编委。长期从事信息管理与信息系统、信息资源管理、竞争情报与竞争战略、数字经济与区域协调发展等研究工作，先后主持国家自然科学基金创新研究群体项目、国家重点研发计划重点专项、国家自然科学基金重大项目、国家社会科学基金重大项目等。

序　言

战略性新兴产业是基于重大技术突破和发展需要，能够对经济社会发展产生明显的引领和带动作用，且有很大增长潜力的产业。近年来，随着新一轮科技革命和产业变革的兴起、数字技术与实体经济的深度融合以及制度环境的不断改善，我国战略性新兴产业融合集群的发展水平显著提升，在经济社会发展中的引领地位更加突出，已成为构建现代化产业体系的重要支柱。

科技创新是推动战略性新兴产业集群发展壮大的核心动力。习近平总书记指出："整合科技创新资源，引领发展战略性新兴产业和未来产业，加快形成新质生产力。"① 战略性新兴产业基于前沿重大科技创新或技术突破，具有知识技术密集的特点。作为科技引领发展的产业，战略性新兴产业的本质特征是创新驱动，其核心在于以新技术应用为基础前提，并以技术迭代加速调整升级为主要动力。此外，战略性新兴产业还肩负着占领全球产业制高点和提升产业国际竞争力的重要任务。为构建产业竞争优势，需要不断强化科技创新，深入推进体系化基础研究、探索性基础研究和应用性基础研究，推动战略性新兴产业底层技术的持续突破，破解产业发展的"卡脖子"难题，确保掌握关键核心技术，从而在未来技术革命和产业变革中取得先发优势。提升科技创新能力已经成为打造战略性新兴产业国际竞争优势的根本要求和关键基石。

加快战略性新兴产业的发展，必须坚持以科技创新为引领，而企业的自主创新则是实现科技创新的关键一环。"十三五"时期，我国以新

① 《政府工作报告（2024）：视频图文版》，人民出版社，2024。

一代信息技术、高端装备、绿色低碳等为代表的战略性新兴产业蓬勃发展，涌现出一大批发展潜力巨大的优质企业和产业集群，成为经济高质量发展的重要引擎。党的二十大报告对“加快实现高水平科技自立自强”“强化企业科技创新主体地位”“加强企业主导的产学研深度融合”做出了系统部署，突显了企业在国家创新体系中的关键地位。在这一背景下，为了加快做大做强战略性新兴产业，企业应更加注重培育自主创新能力，围绕关键核心技术研发和系统集成，积极增加研发投入，抢占产业技术制高点。着重打造以领军企业为牵引的良好产业生态，做强一批与战略性新兴产业关联度大、创新能力强的骨干企业，推动中小微企业发展，培育一批专注于细分领域的专精特新“小巨人”企业。在促进产业链、创新链、生态链融通发展的同时，打造战略性新兴产业发展的策源地和集聚区，进而构建一批各具特色、优势互补、结构合理的战略性新兴产业增长引擎。

《全球企业创新指数报告（2024）》是关于全球战略性新兴产业企业创新发展的评估报告，从知识创新、技术创新、创新协作三个维度构建了企业创新指数指标体系，对全球新一代信息技术、高端装备制造、新材料、生物、新能源汽车和新能源六个产业领域的企业进行了全面剖析，系统刻画了当今战略性新兴产业全球科技创新发展格局。作为对战略性新兴产业领域企业创新发展进行评估的独创性研究成果，该书基于客观数据和量化方法，呈现了当前全球企业创新发展前沿，深刻反映了世界科技创新发展趋势，可以为学界、企业和政府准确把握创新发展方向提供参考借鉴。

谨以此序祝贺《全球企业创新指数报告（2024）》出版。

马费成

武汉大学人文社科资深教授

科技创新蓝皮书专家委员会主任

摘　要

随着新一轮科技革命和产业变革在全球范围内蓬勃兴起，以大数据和人工智能为代表的新兴技术正加速向各领域渗透。战略性新兴产业是引领国家未来发展的重要力量，成为主要经济体国际竞争的焦点。党的二十大报告明确指出："推动战略性新兴产业融合集群发展，构建新一代信息技术、人工智能、生物技术、新能源、新材料、高端装备、绿色环保等一批新的增长引擎。"这为新征程上战略性新兴产业发展提出了明确要求和重要指引。在此背景下，深入分析战略性新兴产业相关企业的创新发展现状，对掌握全球前沿科技动态，进而推动科技创新发展意义重大。

《全球企业创新指数报告（2024）》作为科技创新蓝皮书系列丛书的首部，旨在深入解读"全球企业创新指数2024"（Global Enterprise Innovation Index，GEII 2024）指标体系，对全球新一代信息技术、高端装备制造、新材料、生物、新能源汽车和新能源六个产业领域的企业进行全面剖析。GEII 2024运用客观数据和量化方法，系统刻画当今战略性新兴产业的全球科技创新发展格局，为准确把握战略性新兴产业创新发展方向、深化全球科技交流合作提供参考。

全书共包括五个部分：总报告、主题报告、指数评价篇、产业篇和国别篇。其中，总报告系统介绍了GEII 2024的指标体系、评估对象及评估结果；主题报告深度解析了中国[①]企业在六大战略性新兴产业中的创新发展现

① 为行文方便，如无特别说明，本书中的"中国"均特指"中国大陆"，相关数据统计均未包含中国台湾地区。

状；指数评价篇综合梳理了国家层面、区域层面、城市/都市圈层面和企业层面的创新指数及其指标体系，以期为企业创新指数测度提供借鉴；产业篇针对六大战略性新兴产业全球企业创新指数评估结果进行全景呈现与深入解读，进而全面把握当今全球企业创新发展态势；国别篇围绕企业创新能力领先的主要国家展开细致分析，从而客观反映不同国家在战略性新兴产业中的企业发展情况和竞争优势。

研究发现，亚洲地区已逐渐打破传统“欧美”双寡头垄断，形成“东亚—北美—欧洲”三足鼎立格局。东亚地区特别是日本、中国和韩国等国家的企业创新能力卓越，不仅在技术研发方面取得了显著进展，还在市场应用和国际合作方面展现出强大的综合实力。中国在六大战略性新兴产业领域共有44家企业上榜，企业上榜总频次（66次）位于日本（199次）和美国（164次）之后，位列全球第三，在新一代信息技术、新能源领域的创新优势突出。

关键词： 战略性新兴产业　企业创新评价　知识创新　技术创新　创新协作

目 录

I 总报告

B.1 战略性新兴产业全球企业创新指数报告
…………………………… 马费成 黄 颖 张 琳 李 纲 / 001

一 指标体系与测度方法 …………………………………… / 003

二 评估对象 …………………………………………… / 018

三 总体态势 …………………………………………… / 020

四 政策建议 …………………………………………… / 024

II 主题报告

B.2 中国企业创新发展态势
…………………………… 黄 颖 姜李丹 虞逸飞 袁 佳 / 031

III 指数评价篇

B.3 国内外创新指数调研与评述
…………………… 李 纲 黄 颖 袁 佳 苏奕宁 李林芯 / 051

Ⅳ 产业篇

B.4 新一代信息技术产业全球企业科技创新发展评价
…………………………………… 黄 颖 姜李丹 肖宇凡 李梓萌 / 077

B.5 高端装备制造产业全球企业科技创新发展评价
…………………………………… 黄 颖 姜李丹 袁艺凡 毛雨亭 / 105

B.6 新材料产业全球企业科技创新发展评价
…………………………………… 张 琳 李 纲 毛雨亭 王 冕 / 133

B.7 生物产业全球企业科技创新发展评价
…………………………………… 张 琳 李 纲 唐 娟 谢信芝 / 159

B.8 新能源汽车产业全球企业科技创新发展评价
…………………………………… 李 纲 黄 颖 葛友权 袁 佳 / 187

B.9 新能源产业全球企业科技创新发展评价
………………………………… 李 纲 黄 颖 虞逸飞 郑诗曼 / 213

Ⅴ 国别篇

B.10 日本企业创新发展态势
………………………………… 黄 颖 林海婷 虞逸飞 肖宇凡 / 243

B.11 美国企业创新发展态势
………………………………… 黄 颖 唐 娟 江锦帆 虞逸飞 / 265

B.12 德国企业创新发展态势
………………………………… 张 琳 袁艺凡 崔袖阳 袁 佳 / 288

B.13 韩国企业创新发展态势
………………………………… 张 琳 舒 欣 罗曼玮 肖宇凡 / 307

B.14 法国企业创新发展态势
…………………………… 张 琳 李 纲 孙 彤 毛雨亭 / 327

B.15 瑞士企业创新发展态势
…………………………… 李 纲 谢信芝 商雨萱 叶冬梅 / 344

后 记 ………………………………………………………………………… / 361

Abstract ……………………………………………………………………… / 365

Contents ……………………………………………………………………… / 367

皮书数据库阅读**使用指南**

总报告

B.1 战略性新兴产业全球企业创新指数报告*

马费成　黄　颖　张　琳　李　纲**

摘　要： 本文运用客观数据和量化方法，对全球新一代信息技术、高端装备制造、新材料、生物、新能源汽车、新能源六个产业领域的企业进行全面剖析，系统刻画当今战略性新兴产业的全球科技创新发展格局。战略性新兴产业“全球企业创新指数2024”（GEII 2024）从知识创新、技术创新、创新协作三个维度综合评估企业的科技创新能力，构建了包含3个一级指标、9个二

* 本文系国家自然科学基金面上项目“多源数据融合视角下技术会聚的形成机制与预测评估研究”（项目编号：72374162）、国家自然科学基金面上项目“从测度到理解：跨学科研究的成果分类、合作模式与影响扩散研究”（项目编号：72374160）、国家自然科学基金专项项目“科学基金在支撑颠覆性技术发展中的贡献识别与决策优化研究”（项目编号：L2324105）、国家自然科学基金专项项目“科学基金对基础研究发展的贡献识别与监测体系研究”（项目编号：L2224005）、第七届青年托举人才工程项目“颠覆性技术识别、演化与预测研究”（项目编号：2021QNRC001）阶段性研究成果。

** 马费成，武汉大学人文社科资深教授，武汉大学信息管理学院教授、博士生导师，主要研究方向为情报学与信息管理理论方法；黄颖，武汉大学信息管理学院副教授、博士生导师，主要研究方向为科技计量与科技创新管理；张琳，武汉大学信息管理学院教授、博士生导师，主要研究方向为科学计量学与科技管理；李纲，武汉大学信息管理学院教授、博士生导师，主要研究方向为竞争情报与数字经济。

级指标、28个三级指标的综合评价指标体系。评估结果显示，亚洲地区打破传统欧美双寡头垄断，基本形成“东亚—北美—欧洲”三足鼎立的发展格局。其中，日本和美国在六大战略性新兴产业领域领先优势明显，中国和德国的入围企业总频次分列第三位和第四位。

关键词： 战略性新兴产业　创新发展格局　创新指数评估

当前，随着新一轮科技革命和产业变革的迅猛推进，大数据、人工智能等前沿技术正在加速渗透各行各业，推动全球科技创新深入发展。在这一背景下，发展战略性新兴产业不仅是实现经济高质量发展的重要途径，更是推动传统产业转型升级、提升国家竞争力的核心动力。因此，各国纷纷将其视为占据未来经济与科技制高点的关键战略举措。

《中华人民共和国国民经济和社会发展第十四个五年规划和2035年远景目标纲要》明确提出：着眼于抢占未来产业发展先机，培育先导性和支柱性产业，推动战略性新兴产业融合化、集群化、生态化发展。① 经过十余年的快速发展，我国战略性新兴产业已充分发挥了经济发展新动能和新引擎的作用，产业整体及重点领域发展都取得了显著成效。然而，核心技术自主创新能力不足、产业链不够完善、技术成果转化率不高等问题，仍是我国战略性新兴产业发展面临的重大挑战。企业在战略性新兴产业中扮演着关键角色，既是技术创新的主要推动者，也是市场需求的引导者。通过持续的研发投入和创新实践，企业不断推动新技术的应用和产业化，加快新兴产业的发展壮大。在全球科技治理背景下，企业作为创新主体必须动态调整其创新战略，这不仅是增强科技创新能力的必要条件，更是应对日益激烈的市场竞争的内在需求。因此，了解战略性新兴产业相关企业的创新发展现状，对于掌握全球前沿科技领域的创

① 《中华人民共和国国民经济和社会发展第十四个五年规划和2035年远景目标纲要》，中国政府网，2021年3月13日，https：//www.gov.cn/xinwen/2021-03/13/content_5592681.htm。

新发展趋势至关重要。

本文通过构建全球企业创新指数指标体系，评估全球领先企业在知识创新、技术创新和创新协作方面的综合表现，揭示战略性新兴产业各领域企业的创新动态，进而呈现全球企业创新发展态势，为强化国家战略科技力量提供重要的决策参考。

一 指标体系与测度方法

（一）概念模型

企业创新能力体现在创新的全流程，包括创新投入、创新产出及创新成果商业化。基于创新绩效的评价方法在企业创新能力评价中具有广泛的应用。① 在企业层面，主要涉及对企业创新投入、创新产出的定量评价，其基础是 OECD 推荐的创新能力指标测度体系。② 根据不同的研究对象和研究目的，评价维度和具体指标的选取具有较高的灵活性。企业创新投入评价所使用的指标多来自统计数据。一般而言，统计数据存在一定的滞后性，且许多关于企业创新投入指标的统计资料难以获取，实际评价中可测量性不强。③ 鉴于此，本文参考基于创新绩效的评价方法，聚焦企业创新产出端，采用学术论文、专利等事实型数据，通过定量指标对企业创新能力进行测度，确保研究结果的准确性、时效性和可重复性。

知识是知识经济时代企业资源的核心，企业通过知识动态积累构建企业

---

① 姜滨滨、匡海波：《基于"效率—产出"的企业创新绩效评价——文献评述与概念框架》，《科研管理》2015 年第 3 期；高建、汪剑飞、魏平：《企业技术创新绩效指标：现状、问题和新概念模型》，《科研管理》2004 年第 z1 期；陈劲、陈钰芬：《企业技术创新绩效评价指标体系研究》，《科学学与科学技术管理》2006 年第 3 期；朱学冬、陈雅兰：《创新型企业创新绩效评价研究——以福建省为例》，《中国科技论坛》2010 年第 9 期。

② 吕一博、苏敬勤：《基于创新过程的中小企业创新能力评价研究》，《管理学报》2009 年第 3 期。

③ 顾震宇：《2018 国际大都市科技创新能力评价》，《竞争情报》2018 年第 6 期。

核心竞争力，不断提高技术能力，[①] 建立企业的长期竞争优势。知识创新能够展现企业的研发实力，帮助企业获得竞争优势，塑造企业形象。狭义的企业创新能力，一般指企业的技术创新能力。[②] 企业通过提高技术创新能力，夯实获取持续竞争优势的内在基础。[③] 技术能力是企业硬实力最重要的组成部分。[④] 企业技术创新是面向市场需求，实现科技成果商业化和产业化的过程。[⑤] 企业通过技术创新不断为社会提供新的产品、工艺、技术、设备等，会直接影响企业的生存与发展。知识经济时代，产品和技术的生命周期不断缩短，新技术的迭代不断加快，单纯依靠企业自身力量来提高企业竞争力变得越来越困难，协同创新成为企业生存和发展的不竭源泉和动力。企业会与其他企业、高校、研究机构、政府等建立合作关系，形成协作研发网络。[⑥] 协同创新是将各个创新主体的资源要素进行整合、系统优化、合作创新的过程，在推动技术进步方面具有独特的优势。企业处于庞大的合作网络当中，其对于创新资源的协调能力是其整体创新能力的一个剖面。

"创新理论"的鼻祖约瑟夫·熊彼特认为，创新是生产要素的重新组

---

① Spender J. C., Grant R. M., "Knowledge and the Firm: Overview", *Strategic Management Journal*, 1996 (S2): 5-9; Grant R. M., "Toward a Knowledge-based Theory of the Firm", *Strategic Management Journal*, 1996 (17): 109-122; Cohen W. M., Levinthal D. A., "Innovation and Learning: The Two Faces of R&D", *The Economic Journal*, 1989 (99): 569-596; 芮明杰、李鑫、任红波：《高技术企业知识创新模式研究——对野中郁次郎知识创造模型的修正与扩展》，《外国经济与管理》2004年第5期。

② 魏江、寒午：《企业技术创新能力的界定及其与核心能力的关联》，《科研管理》1998年第6期。

③ Prahalad C. K., Hamel G., "The Core Competence of the Corporation", *Harvard Business Review*, 1990 (3): 79-91.

④ 崔总合、杨梅：《企业技术创新能力评价指标体系构建研究》，《科技进步与对策》2012年第7期。

⑤ 陈劲、陈钰芬：《企业技术创新绩效评价指标体系研究》，《科学学与科学技术管理》2006年第3期；王胜兰、魏凤、牟乾辉：《企业技术创新能力评价新方法的研究》，《运筹与管理》2021年第6期。

⑥ 熊励、孙友霞、蒋定福等：《协同创新研究综述——基于实现途径视角》，《科技管理研究》2011年第14期。

合，企业的创新活动包括知识要素和技术要素。① 高科技企业作为 R&D 密集型企业，其核心能力主要是以知识为基础的技术能力。② 知识创新是知识领域与技术、经济领域之间的中介桥梁，③ 是企业创造新技术、提供新服务的必要前提。技术创新是企业创新能力的直接表征，是知识创新转化的成果。创新协作是提升企业创新能力的重要途径，企业通过创新协作提升知识创新与技术创新的质量和国际影响力。知识创新、技术创新和创新协作从基础、应用和地位三个层面对企业的创新能力进行分解，以衡量企业创新能力。

基于对企业创新能力基本特征的理解，并充分参考国内外关于创新能力评价的相关研究成果，④ 本文以创新产出为导向，秉持科学性、系统性和可操作性的原则，将企业产出的学术论文和发明专利作为研究对象和数据基础，从知识创新、技术创新和创新协作三个维度开展量化分析，以评估典型领域全球知名企业的创新能力。全球企业创新指数评估的概念模型如图 1所示。

---

① 陈劲、国容毓、刘畅：《世界一流创新企业评价指标体系研究》，《创新科技》2020 年第 6 期。

② 刘冀生、吴金希：《论基于知识的企业核心竞争力与企业知识链管理》，《清华大学学报》（哲学社会科学版）2002 年第 1 期。

③ 李文慧：《基于知识管理的企业知识创新能力评价研究》，《情报科学》2009 年第 2 期。

④ Ecer F.，Aycin E.，"Novel Comprehensive MEREC Weighting-based Score Aggregation Model for Measuring Innovation Performance：The Case of G7 Countries"，*Informatica*，2023（1）：53-83；Janger J.，Schubert T.，Andries P.，et al.，"The EU 2020 Innovation Indicator：A Step Forward in Measuring Innovation Outputs and Outcomes?" *Research Policy*，2017（1）：30-42；Cruz-Cázares C.，Bayona-Sáez C.，García-Marco T.，"You Can't Manage Right What You Can't Measure Well：Technological Innovation Efficiency"，*Research Policy*，2013（6）：1239-1250；Echeverría J.，"The Oslo Manual and the Social Innovation"，*Arbor-Ciencia Pensamiento Y Cultura*，2008（732）：609-618；Lanjouw J. O.，Schankeman M.，"Patent Quality and Research Productivity：Measuring Innovation with Multiple Indicators"，*The Economic Journal*，2004（495）：441-465；Acs Z. J.，Anselin L.，Varga A.，"Patents and Innovation Counts as Measures of Regional Production of New Knowledge"，*Research Policy*，2002（7）：1069-1085；Archibugi D.，Pianta M.，"Measuring Technological Change through Patents and Innovation Surveys"，*Technovation*，1996（9）：451-468.

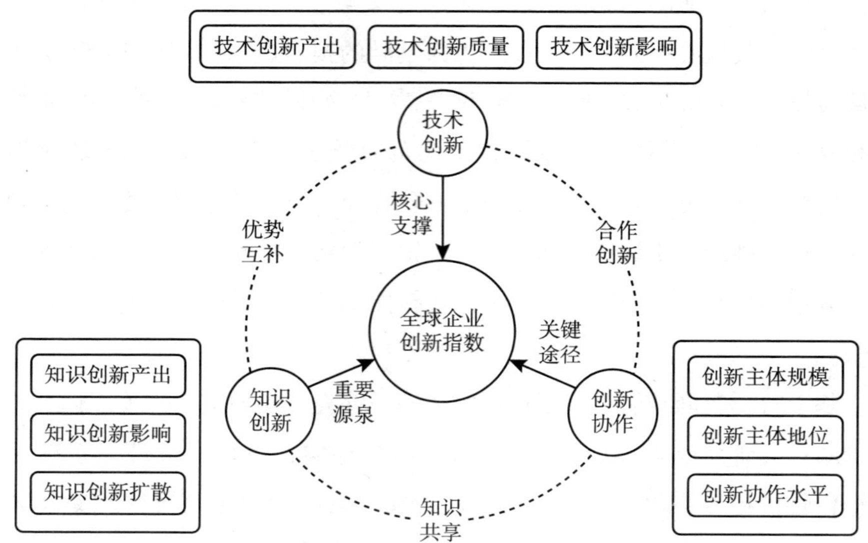

图 1　全球企业创新指数评估的概念模型

（二）构建原则

为全面评估企业科技创新成果，并系统分析全球科技创新的发展现状，本文构建的指标体系遵循以下原则。

一是科学性原则。这一原则要求所选指标必须覆盖评价的各个方面，并且能够适用于多样化的评估对象。为此，需要深入分析企业的发展特点和科技创新活动的规律，以确保指标体系能对所有待评估对象进行科学而公正的评估。

二是系统性原则。测度指标不仅应准确反映企业的科技创新能力，还应相互关联、彼此呼应。不同指标要具有明确的区分度，同时保持内在的逻辑一致性；上级指标应对下级指标起到统领作用；整个指标体系需围绕评价目标进行分层次、模块化的设计。

三是可操作性原则。为了便于数据的收集和量化，本文在企业创新指数评估中使用了多源数据，倾向于选择成熟、操作简便且数据易得的指标，以确保创新测度结果的准确性，便于进行横向和纵向的比较与分析。

基于这些原则，企业创新指数指标体系设计包括以下步骤：（1）参照现有国内外创新指数的指标体系，从知识创新、技术创新和创新协作三个维度出发设计二级指标，并重点筛选和调整三级指标，以从不同角度反映科技创新活动的状态和特征；（2）根据初步筛选出来的指标体系，收集、整理和校对与之相匹配的数据，根据指标体系对数据进行测算，将综合评价结果与实际情况进行详细对比分析，进而对指标体系和评价方法予以调整和优化；（3）将经过实证检验的概念模型与指标体系交由相关领域专家评审与讨论，经过多轮研讨，确定最终的指标体系以及各级指标权重。

（三）指标体系

企业的创新产出成果大多集中在技术、工艺和产品层面。基于企业创新产出成果的特性与成果导向的指标设计思路，最终确定的指标体系及其权重如表 1 所示。需要特别指出的是，反映企业创新能力的绩效指标尤其是财务指标（如主营业务收入、销售利润率、主导产品的市场占有率以及公司股票价值等），由于数据获取困难且难以精确对应企业在不同产业领域的具体业务模块，暂未将其纳入现有的指标体系。

表 1　全球企业创新指数指标体系

单位：%

一级指标	一级指标权重	二级指标	二级指标权重	三级指标
知识创新	25	知识创新产出	10	Web of Science 论文数
				被引排名前 10%论文数
				第一/通讯作者论文数
		知识创新影响	10	篇均论文被引频次
				学科规范化引文影响力
				论文施引国家数
				论文施引国家多样性
		知识创新扩散	5	专利引用频次
				政策引用频次
				媒体关注频次

续表

一级指标	一级指标权重	二级指标	二级指标权重	三级指标
技术创新	60	技术创新产出	25	发明专利数
				非单方专利数
				三方专利数
				PCT 专利数
		技术创新质量	25	专利转让数
				平均权利要求数
				专利家族国家数
		技术创新影响	10	篇均专利被引频次
				专利施引国家数
				专利施引国家多样性
创新协作	15	创新主体规模	5	论文合著者数量
				专利发明人数量
		创新主体地位	5	论文合著网络度中心度
				论文合著网络特征向量中心度
				专利合作网络度中心度
				专利合作网络特征向量中心度
		创新协作水平	5	国际合作论文数
				合作专利数

（1）知识创新：学术论文是知识的重要载体，是知识创新的集中体现。该维度通过学术论文的产出、影响和扩散揭示企业知识创新能力。“知识创新产出”包含“Web of Science 论文数”“被引排名前 10%论文数”“第一/通讯作者论文数”，通过企业学术成果产出的绝对数量反映其知识创新的规模。“知识创新影响”通过论文学术影响力的测度指标评估企业学术成果产出的相对水平，反映其知识创新的影响。“知识创新产出”和“知识创新影响”均属于知识创新能力的基础性表征指标。“知识创新扩散”使用广义替代计量学的相关指标，[①] 考察学术论文对于其他知识载体（专利、政策）的影响以及产生的社会（尤其是媒体）

① 邱均平、余厚强：《替代计量学的提出过程与研究进展》，《图书情报工作》2013 年第 19 期；刘春丽：《论文层面计量学（Article-Level Metrics）：发展过程、特点、指标与应用》，《图书馆杂志》2016 年第 2 期。

关注。

（2）技术创新：发明专利数据通常用于评估一个地区或企业在特定时间段内的技术创新水平。“技术创新产出”通过多个专利数量指标衡量企业技术创新产出规模。“技术创新质量”中“专利转让数”“平均权利要求数”“专利家族国家数”[①] 从不同角度展现专利所体现的技术水平。“技术创新影响”主要从施引专利[②]切入，展现引用目标专利的施引专利数量分布以及地域分布广度和多样性。

（3）创新协作：论文合著者和专利发明人数量直接体现了企业进行知识创新和技术创新的人才队伍规模，论文合著网络和专利合作网络能够表征企业的创新协作网络。不同的网络位置代表企业在获取创新性知识方面面临不同的机遇。[③] 采用网络中心度指标[④]（度中心度[⑤]、特征向量中心度[⑥]），从核心地位、伙伴间信任水平[⑦]等多个层面描述企业的创新协作网络结构。通过国际合作论文数和合作专利数反映企业的创新协作水平。[⑧]

① Martínez C.，“Patent Families：When Do Different Definitions Really Matter?”，*Scientometrics*，2011（1）：39－63；Sternitzke C.，“Defining Triadic Patent Families as a Measure of Technological Strength”，*Scientometrics*，2009（1）：91-109.

② 祁延莉、李婧：《用于知识流动测度的专利引文指标分析》，《中国基础科学》2014 年第 2 期。

③ 钱锡红、徐万里、杨永福：《企业网络位置、间接联系与创新绩效》，《中国工业经济》2010 年第 2 期。

④ 李善民、黄灿、史欣向：《信息优势对企业并购的影响——基于社会网络的视角》，《中国工业经济》2015 年第 11 期。

⑤ Freeman L. C.，“Centrality in Social Networks Conceptual Clarification”，*Social Networks*，1979（3）：215-239.

⑥ Bonacich P.，“Some Unique Properties of Eigenvector Centrality”，*Social Networks*，2007（4）：555-564；Bonacich P.，“Factoring and Weighting Approaches to Status Scores and Clique Identification”，*The Journal of Mathematical Sociology*，1972（1）：113-120.

⑦ 曾德明、文金艳：《协作研发网络中心度、知识距离对企业二元式创新的影响》，《管理学报》2015 年第 10 期。

⑧ Graham S. J. H.，Marco A. C.，Myers A. F.，“Patent Transactions in the Marketplace：Lessons from the USPTO Patent Assignment Dataset”，Journal of Economics & Management Strategy，2018（3）：343-371.

（四）指标界定及数据来源

1. Web of Science 论文数

定义：Web of Science 论文数（Web of Science Papers）是指 Web of Science 核心合集中收录的论文数量。在本文中，主要考量被核心合集的科学引文索引（Science Citation Index Expanded，SCIE）数据库、社会科学引文索引（Social Science Citation Index，SSCI）数据库、艺术与人文引文索引（Arts & Humanities Citation Index，AHCI）数据库收录的研究论文和综述。

数据来源：InCites。

2. 被引排名前10%论文数

定义：被引排名前 10%论文数（Papers in Top 10%）是指按学科类别、出版年份和文献类型进行引文统计，被引频次排名前 10%的论文数量。相比于“被引排名前 1%论文数”，该指标在数据规模较小的情形下更为合理。

数据来源：InCites。

3. 第一/通讯作者论文数

定义：第一/通讯作者论文数（First /Corresponding Author Papers）是指作为第一作者或者通讯作者所发表的论文数量。第一作者（First Author）和通讯作者（Corresponding Author）表示作者在论文中所处的位置，不同学科对于不同位置作者的贡献认定存在差异，但两者的作者单位信息存在较大比例的重合，当作者单位重合时只计算一次。需要指出的是，由于共同第一作者在数据库中无法区分，因而只能将在作者列表中排在第一位的作者认定为第一作者。

数据来源：InCites 和 Web of Science。

4. 篇均论文被引频次

定义：篇均论文被引频次（Average Citations Per Paper）是指一组论文所获得的平均被引次数，由论文被引频次总数除以该组论文数量计算得到。以企业为例，它表示企业所发表每篇论文被引用的平均水平。作为一个相对数量指标，它弥补了绝对数量指标的马太效应导致的偏差。

数据来源：InCites。

5. 学科规范化引文影响力

定义：一篇文献的学科规范化引文影响力（Category Normalized Citation Impact，CNCI）由其实际被引次数除以同文献类型、同出版年、同学科领域论文的期望被引次数计算得到。

对于一篇只被划归至一个学科领域的论文，其 *CNCI* 可用下列公式计算：

$$CNCI = \frac{c}{e_{ftd}}$$

对于一篇被划归至多个学科领域的论文，其 *CNCI* 为每个学科领域实际被引次数与期望被引次数比值的平均值：

$$CNCI = \frac{\sum \frac{c}{e_{f(n)td}}}{n} = \frac{\frac{c}{e_{f(1)td}} + \frac{c}{e_{f(2)td}} + \cdots + \frac{c}{e_{f(n)td}}}{n}$$

对于一组论文，*CNCI* 为每篇论文 *CNCI* 的平均值：

$$CNCI_i = \frac{\sum_i CNCI_{\text{每篇论文}}}{p_i}$$

其中，e 为期望引用率或基线值，c 为总被引次数，p 为论文总数，f 为学科领域，t 为出版年，d 为论文类型，n 为论文被划归的学科领域数，i 为被评估的实体的编号（机构、国家、个人等）。

数据来源：InCites。

6. 论文施引国家数

定义：论文施引国家数（Citing Paper Country Counts）是指一组论文施引文献的来源国家数量，可以用来分析论文影响力在地域上的分布广度。

数据来源：OpenAlex。

7. 论文施引国家多样性

定义：论文施引国家多样性（Citing Paper Country Diversity）是指一组论文施引文献来源国家分布的多样化程度。本文引入信息熵指标（Shannon entropy，SH）从施引国家丰富度和均匀度两个维度测度论文施引国家多样化程度。具体公式如下：

$$SH = -\sum_{p_i} \log(p_i)$$

式中，$p_i = x_i / X$，$X = \sum x_i$；x_i是指来自第 i 个国家的论文数量。

数据来源：OpenAlex。

8. 专利引用频次

定义：专利引用频次（Patent Citations）是指世界知识产权组织（WIPO）、美国专利商标局（USPTO）、欧洲专利局（EPO）、日本专利特许厅（JPO）、韩国知识产权局（KIPO）和中国国家知识产权局（CNIPA）中引用一组论文的专利家族数量。在本文中，评估对象每篇论文专利家族引用数的总和为该组织的专利引用频次。

数据来源：PlumX 和 Lens。

9. 政策引用频次

定义：政策引用频次（Policy Citations）是指引用一组论文的政策文件数量。政策文件包含政府组织、非营利组织和智库发布的成果，如白皮书、专著、小册子、文章、章节或报告，其标题中可能包含“政策”“准则”“建议”“指导”等字样，或者可能只是用于制定政策的研究对象，推动政策制定者和立法者采取特定的行动方案。在本文中，评估对象每篇论文政策引用数的总和为该组织的政策引用频次。

数据来源：PlumX。

10. 媒体关注频次

定义：媒体关注频次（Media Mentions）是指一组论文的博客提及数、评论数、论坛主题数、新闻提及数、问答网站提及数，以及对社交媒体平台（主要包括 YouTube、Facebook、Figshare、Reddit、Twitter 等）的喜欢、分享、评论和转发数量的总和。在本文中，评估对象每篇论文媒体关注频次的总和为该组织的媒体关注频次。

数据来源：PlumX。

11. 发明专利数

定义：发明专利数（Patent Counts）是指被各个国家/地区专利受理机构授权的发明专利家族数量。本文采用来自德温特世界专利索引（Derwent World Patents Index，DWPI）的专利族。第一个录入到DWPI数据库中的同族专利成员标记为“基本专利”，并为其分配一个DWPI主入藏号，若后续编辑系统就该项发明识别出等同专利，则将其信息加入已有的DWPI记录中并标记为“等同专利”。

数据来源：incoPat和Derwent Innovation。

12. 非单方专利数

定义：非单方专利数（Non-unilateral Patents）是指在两个及以上国家/地区专利受理机构同时申请并至少在其中一个国家/地区专利受理机构获得授权的发明专利数量。

数据来源：incoPat。

13. 三方专利数

定义：三方专利数（Triadic Patents）是指在美国专利商标局（USPTO）、欧洲专利局（EPO）、日本专利特许厅（JPO）同时申请并至少在其中一个专利局获得授权的发明专利数量。

数据来源：incoPat。

14. PCT专利数

定义：通过《专利合作条约》（Patent Cooperation Treaty，PCT）可以只提交一份国际专利申请，即在多个国家同时为一项发明申请专利保护。PCT缔约国的任何国民或居民均可提出这种申请，一般可以向申请人为其国民或居民的缔约国的国家专利局提出申请，也可以按申请人的选择向设在日内瓦的WIPO提出申请。本文将评估对象申请的PCT专利且进入国家阶段后得到授权的专利总和作为该组织的PCT专利数。

数据来源：incoPat。

15. 专利转让数

定义：专利转让数（Patent Assignment Counts）是指评估对象拥有的发明专利中发生转让行为的发明专利数量。专利转让是指专利权人将其拥有的发明创造专利的所有权或持有权转移给他人的行为。在专利转让中，转让专利权的一方为“转让方”，接受专利权的一方为“受让方”。一旦发生专利权的转让，转让方就不再对该专利拥有任何权利；受让方即成为该专利的新的所有者，有权行使专利权的所有权利。

数据来源：incoPat。

16. 平均权利要求数

定义：发明专利或实用新型专利的保护范围以其权利要求的内容为准，权利要求以科学术语定义该专利所给予的保护范围。权利要求无论是在专利申请还是在专利诉讼中都起着关键作用。专利权利要求项数的多少则反映专利覆盖的深度和保护层次设计。在本文中，平均权利要求数（Average Claims Counts）是指评估对象所拥有发明专利中的权利要求项数的平均水平。

数据来源：incoPat。

17. 专利家族国家数

定义：专利家族（Patent Family）是指具有共同优先权的，在不同国家/地区或国际专利组织多次申请、多次公布或批准的内容相同或基本相同的一组专利文献。WIPO《工业产权信息与文献手册》将专利家族分为六种：简单专利家族、复杂专利家族、扩展专利家族、本国专利家族、内部专利家族和人工专利家族。当前国际主流数据库（包括 INPADOC、Derwent Innovation、FAMPAT、智慧芽等）所采取的专利归并方式各不相同，也不直接对应 WIPO 的六种专利家族。本文采用来自德温特世界专利索引的专利家族。专利家族国家数（Patent Family Country Counts）是指评估对象所拥有发明专利的专利家族分布的国家/地区或国际专利组织数量。

数据来源：incoPat。

18. 篇均专利被引频次

定义：篇均专利被引频次（Average Citations Per Patent）是指一组发明专利所获得的平均被引次数，由专利被引频次总数除以该组专利数量计算得到。以企业为例，它表示企业所持有的发明专利被其他专利引用的平均水平。

数据来源：incoPat。

19. 专利施引国家数

定义：专利施引国家数（Citing Patent Country Counts）是指一组发明专利的施引专利来源国家数量，可以用来分析专利影响力在地域上的分布广度。

数据来源：incoPat。

20. 专利施引国家多样性

定义：专利施引国家多样性（Citing Patent Country Diversity）是指一组发明专利的施引专利来源国家分布的多样化程度。本文引入信息熵指标（Shannon entropy，SH）从施引国家丰富度和均匀度两个维度测度专利施引国家多样化程度。具体公式如下：

$$SH = - \sum_{p_i} \log(p_i)$$

式中，$p_i = x_i / X$，$X = \sum x_i$；x_i是指来自第 i 个国家的专利数量。

数据来源：incoPat。

21. 论文合著者数量

定义：论文合著者数量（Paper Co-authors）是指评估对象所发表的论文中所有作者的数量。该指标囊括了评估对象所产出论文的全部作者，不仅包括论文署名单位为评估对象的作者，还包括论文的合著作者。若同一作者在多篇论文中出现，仅统计一次。

数据来源：Web of Science。

22. 专利发明人数量

定义：专利发明人数量（Patent Inventors）是指评估对象所持有的发明

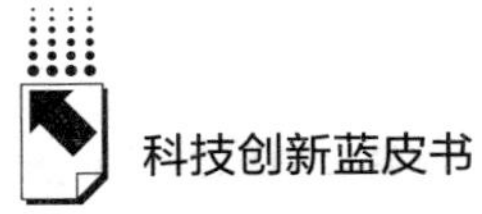

专利中所有发明人的数量。该指标囊括了评估对象所持有专利的全部发明人，不仅包括从属于评估对象的发明人，还包括专利的共同发明人。若同一发明人在多个专利中出现，仅统计一次。

数据来源：incoPat。

23. 论文合著网络度中心度

定义：度中心度定义为与某节点直接相连的节点数量。在本文中，论文合著网络度中心度（Paper Co-authorship Network Degree Centrality）是指在所有评估对象由于合著行为构成的论文合作网络中评估对象拥有的合作关系数量。

数据来源：Web of Science。

24. 论文合著网络特征向量中心度

定义：特征向量中心度测量某节点在网络中的影响力。节点的特征向量中心度既取决于其拥有的连接数量，也取决于所连节点自身的特征向量中心度。换句话说，某节点的中心度较高意味着该节点与很多中心度较高的节点相连接。在本文中，论文合著网络特征向量中心度（Paper Co-authorship Network Eigenvector Centrality）是指在由所有评估对象构成的论文合作网络中评估对象的节点位势。

数据来源：Web of Science。

25. 专利合作网络度中心度

定义：专利合作网络度中心度（Patent Cooperation Network Degree Centrality）是指在所有评估对象由于联合申请行为构成的专利合作网络中评估对象拥有的合作关系数量。

数据来源：incoPat。

26. 专利合作网络特征向量中心度

定义：专利合作网络特征向量中心度（Patent Cooperation Network Eigenvector Centrality）是指在由所有评估对象构成的专利合作网络中评估对象的节点位势。

数据来源：incoPat。

27. 国际合作论文数

定义：国际合作论文数（International Collaborations Papers）是指评估对象拥有来自两个及以上国家的作者合著的论文数量。

数据来源：InCites。

28. 合作专利数

定义：合作专利数（Collaboration Patents）是指评估对象持有两个及以上非个人申请人共同申请的发明专利数量。

数据来源：incoPat。

（五）数据标准化方法

创新成果的产出、创新影响的迭代、创新扩散的形成是一个渐进累积的过程，因此在测算某年创新指数的时候不仅要考虑该年度的数据，还要考虑历史积累情况。本文在兼顾时效性和延续性的基础上，对当年以及前三年的数值采用加权的方式计算：

$$X_{ai} = \sum_{n-3}^{n} x_{ai}^{n} \times w_{n}$$

其中，X_{ai}是评估对象 i 第 a 个指标在第 n 年的最终指标得分，x_{ai}^{n}是评估对象 i 第 a 个指标在第 n 年原始指标分值，w_n是第 n 年的指标权重。w_n、w_{n-1}、w_{n-2}、w_{n-3}的数值分别设置为 0.4、0.3、0.2 和 0.1。

由于创新指数各项指标的数据量纲存在差异，需要对所有指标原始数据进行标准化处理。本文在原始评分基础上利用 min-max 归一化，使被评估对象评分映射在［0，1］区间：

$$Y_{ai} = \frac{(X_{ai} - X_{\min})}{(X_{\max} - X_{\min})}$$

其中，Y_{ai}是评估对象 i 第 a 个指标得分进行 min-max 归一化后的值，X_{ai}是评估对象 i 第 a 个指标分值，$X_{\min}$是所有评估对象第 a 个指标得分的最小值，$X_{\max}$是所有评估对象第 a 个指标得分的最大值。

在此基础上，本文将被评估对象的基础得分设置为60，使被评估对象各级指标的得分范围为［60，100］，即排名第一的评估对象得分为100，排名最后的评估对象得分为60：

$$Y_{ai}^{*} = Y_{ai} \times 40 + 60$$

其中，Y_{ai}^{*}是评估对象i第a个指标得分进行min-max归一化并加权处理后的得分。

三级指标采取平权处理，三级指标的平均值即为二级指标得分；二级指标得分经过线性加权可以得到各个评估对象一级指标得分和创新指数的最终得分。

二　评估对象

战略性新兴产业代表了新一轮科技革命和产业变革的方向，是推动经济质量、效率和动力变革的关键力量。本文以国务院印发的《“十三五”国家战略性新兴产业发展规划》① 为基础，综合考虑产业规模、发展现状和竞争格局等因素，选取了新一代信息技术、高端装备制造、新材料、生物、新能源汽车和新能源六大战略性新兴产业作为研究重点。

1. 新一代信息技术产业

新一代信息技术产业作为国民经济的基础性、战略性和先导性产业，涵盖了下一代通信网络、电子核心技术、新兴软件、云计算、大数据服务及人工智能等多个分类。其应用范围广泛，涉及农业、工业和服务业等主要经济部门。新一代信息技术产业不仅是科技创新的核心，还与各行各业深度融合，为制造强国和网络强国建设提供了强有力的支持。

2. 高端装备制造产业

高端装备制造产业是国家经济建设的重要支柱，承担着关键的实体经济

① 《国务院关于印发“十三五”国家战略性新兴产业发展规划的通知》，中国政府网，2016年12月19日，https://www.gov.cn/zhengce/content/2016-12/19/content_5150090.htm。

责任，并在国际竞争中占据核心地位。该产业结合了现代科学技术的精华，体现了技术、工艺、制造模式、生产组织方式以及供应链管理的先进性。它既包括基于先进技术的新兴产业和高技术产业，也涵盖了通过技术改造和工艺创新升级的传统产业。

3. 新材料产业

新材料产业是支撑现代经济的重要战略性和前沿性产业，也是全球技术竞争的关键领域之一。新材料技术的发展水平直接影响制造和装备的先进性。新材料的优异性能和特殊功能，使其成为高新技术发展的基础和催化剂，对现代工业的发展至关重要。

4. 生物产业

生物产业是一个知识密集、技术高度复杂且多学科交融的战略性新兴领域，涵盖了制药、生物技术、医疗器械和医疗服务等多个细分领域。随着现代生命科学快速发展，以及生物技术与信息、材料、能源等技术加速融合，生物经济正加速成为继信息经济后新的经济形态，对人类生产生活产生深远影响。

5. 新能源汽车产业

新能源汽车产业结合了新能源、新材料以及互联网、大数据、人工智能等多种前沿技术。它推动了汽车从单一交通工具向智能终端、储能单元和数字空间转变，促进了能源、交通和通信基础设施的升级，对优化能源消费结构和提升交通系统智能化水平具有重要意义。

6. 新能源产业

新能源产业涉及可再生能源和清洁能源的利用，包括太阳能、风能、水能和核能等，同时涵盖相关技术研究、生产和应用。新能源产业不仅是评估国家和地区高新技术发展水平的重要标准，也是国际竞争的战略重点，全球发达国家和地区均将发展新能源作为推进科技进步和产业结构调整的关键举措。

本文首先以发明专利作为衡量企业创新水平的核心指标，从 incoPat 专利数据库中下载 2020～2023 年六个产业的授权发明专利数据，并使用 Derwent Innovation 提供的标准专利权人代码作为唯一标识符，初步整理各产业内发明专利授权量表现优异的企业名录。随后，通过分析各企业高频专利联合申请行为、论文合作网络以及并购关系等，梳理企业之间的合作关系，对合作密切的企业进行进一步调研，合并已经完成实质兼并与重组的企业，以确定最终的目标企业。在经过多轮数据清洗和校验后，获取到六个战略性新兴产业授权专利数量排名前 150 位的候选企业及其所持有的专利数据。接下来，根据企业名称在 Web of Science 和 InCites 平台获取这些企业在目标产业领域的学术文献数据，并在 PlumX、OpenAlex、Lens 等平台收集这些文献的相关指标数据。最终，依据企业创新指数指标体系计算六大战略性新兴产业前 150 家候选企业的创新指数，并将综合指数得分前 100 名的企业纳入最终分析与呈现。

三　总体态势

表 2 展示了 2023 年全球新一代信息技术、高端装备制造、新材料、生物、新能源汽车、新能源六大战略性新兴产业创新指数综合排名前 20 位的企业。在新一代信息技术产业领域，三星继续保持领先地位，创新指数位居第一，其后是华为和高通。在高端装备制造产业领域，通用电气、西门子和波音占据三甲，展示了其在全球高端装备制造领域的强大影响力。新材料产业领域中，三星和 LG 分别占据了前两位，显示了这两家企业在新材料技术上的领先优势，巴斯夫和陶氏同样表现突出，分列第三、四位。在生物产业领域，强生继续领跑，其后是罗氏和诺华，这些企业在生物科技和制药领域的领导地位显而易见。新能源汽车产业中，丰田位居第一，显示了其在新能源汽车技术和市场中的领先地位，而 LG 依托为电动汽车零部件提供解决方案的创新表现位居第二。在新能源产业领域，国家电网位居榜首，通用电气和西门子也名列前茅，展示了它们在新能源技术和解决方案中的显著贡献。对比 2022 年的排名情况，大部分领先企业的排名变化不大，小部分企业出现波动。例如，力森诺科在新材料产业领域的创新指数从 2022 年的第 14 位上升到 2023 年的第 7 位。

表 2　2023 年全球六大战略性新兴产业创新指数综合排名前 20 位的企业

排名	新一代信息技术	高端装备制造	新材料	生物	新能源汽车	新能源
1	三星(1)	通用电气(1)	三星(2)	强生(1)	丰田(1)	国家电网(1)
2	华为(2)	西门子(2)	LG(1)	罗氏(2)	LG(5)	通用电气(2)
3	高通(4)	波音(3)	巴斯夫(3)	诺华(3)	大众汽车(3)	西门子(3)
4	IBM(3)	三星(4)	陶氏(4)	辉瑞(4)	博世(2)	三星(6)
5	谷歌(5)	哈里伯顿(5)	新日铁(5)	阿斯利康(5)	三星(4)	华为(7)
6	微软(6)	谷歌(6)	中国石化(6)	赛诺菲(6)	现代汽车(6)	三菱电机(4)
7	爱立信(7)	空客(7)	力森诺科(14)	葛兰素史克(7)	华为(9)	ABB(5)
8	阿里巴巴(12)	雷神技术(8)	华为(10)	美敦力(9)	本田(8)	LG(8)
9	LG(8)	华为(9)	JFE 钢铁(7)	默沙东(8)	日产(7)	日立(11)
10	诺基亚(9)	爱普生(11)	丰田(8)	拜耳(10)	福特(10)	丰田(9)
11	苹果(10)	惠普(10)	三菱化学(9)	百时美施贵宝(11)	英特尔(12)	英特尔(10)
12	英特尔(11)	丰田(12)	阿科玛(11)	勃林格殷格翰(12)	国家电网(13)	高通(14)
13	Meta(15)	三菱电机(14)	富士胶片(13)	安进(13)	谷歌(15)	IBM(12)
14	索尼(14)	国家电网(16)	IBM(12)	艾伯维(14)	通用电气(11)	伊顿(15)
15	腾讯(20)	佳能(13)	圣戈班(15)	再生元制药(15)	电装(17)	英飞凌(18)
16	亚马逊(13)	中国中车(19)	浦项制铁(16)	武田药品工业(16)	西门子(14)	南方电网(16)
17	日本电气(17)	赛峰(15)	国家电网(20)	吉利德科学(17)	通用汽车(16)	村田(20)
18	国家电网(22)	博世(18)	康宁(19)	默克(19)	百度(22)	松下(13)
19	佳能(19)	英特尔(17)	住友电气(17)	碧迪医疗(21)	高通(20)	TMEIC(17)
20	NTT(23)	贝克休斯(22)	住友化学(21)	礼来(20)	IBM(19)	意法半导体(22)

注：括号中为各企业 2022 年创新指数排名。

在榜单中，许多企业在多个产业领域都有涉足，表3列举了典型的跨领域企业及其在不同产业中的排名情况。许多跨领域企业在不同领域内表现各异。例如，三星在新一代信息技术和新材料产业表现出色，均位居第一，但在生物产业的排名相对较低，为第54位；西门子在高端装备制造和新能源产业表现突出，分别位列第二和第三，显示出其在这两个领域的领先地位。这些企业在各自擅长的领域内拥有强大的科技创新实力，具备不同的业务重点和战略方向。以三星、西门子、LG、通用电气和IBM为代表的综合型企业，在六大领域中均显示出卓越的创新能力，频频上榜。在涉足五个产业领域的企业中，除了佳能和索尼之外，其余12家企业均未涉足的领域是生物产业。这表明新能源汽车、新能源、新材料、高端装备制造和新一代信息技术等产业之间存在一定的耦合性，因而可能衍生出更多的融合与协同机会。相比之下，生物产业通常由专业生物企业主导，与其他技术领域的研究方向差异相对较大，使得综合型企业在这一领域的参与相对较少。

表3　涉足五个及以上产业领域的企业及其创新指数排名

企业	新一代信息技术	高端装备制造	新材料	生物	新能源汽车	新能源
三星	1	4	1	54	5	4
西门子	24	2	26	27	16	3
LG	9	22	2	55	2	8
通用电气	22	1	44	33	14	2
IBM	4	30	14	80	20	13
华为	2	9	8	—	7	5
国家电网	18	14	17	—	12	1
丰田	37	12	10	—	1	10
松下	23	40	39	—	25	18
日立	34	21	61	—	36	9
苹果	11	43	62	—	26	21

续表

企业	新一代信息技术	高端装备制造	新材料	生物	新能源汽车	新能源
波音	62	3	37	—	30	30
现代汽车	74	39	32	—	6	33
佳能	19	15	41	74	—	58
本田	78	35	60	—	8	44
电装	60	64	65	—	15	26
索尼	14	52	—	86	47	31
霍尼韦尔	66	32	64	—	34	55
京瓷	84	58	90	—	73	41

六个产业创新指数综合排名前100的企业来自全球23个国家和地区，企业上榜总频次在10次以上的国家分别是日本、美国、中国、德国、韩国、法国、瑞士、荷兰（见表4）。日本和美国作为全球科技创新的领先国家，企业上榜总频次远超其他国家和地区。两国企业创新指数在具体排名上有所不同：美国在多个领域拥有龙头企业，且在各产业创新指数前10中具有显著优势，尤其是在生物产业领域的领先地位不可动摇；日本企业则整体创新水平较高，特别是在新材料、新能源汽车、高端装备制造产业领域表现突出。中国和德国位于第二梯队，企业上榜总频次分别为66次和52次。中国新一代信息技术产业表现尤为抢眼，有17家企业上榜，其中华为和阿里巴巴更是跻身前10。此外，中国企业在新能源领域也取得了显著成就，有17家企业进入百强，国家电网和华为分别位列该领域的第一和第五。德国的上榜企业在六个领域分布较为均衡，在生物和新能源汽车产业中的表现尤为出色。韩国、法国、瑞士和荷兰位于第三梯队，其中韩国的上榜企业总数虽然稍少，但在除生物产业外的其他五大产业前10中表现出色，拥有三星和LG等全球领先的技术企业。

表 4　2023 年部分国家总体及各产业创新指数 100 强企业上榜情况

单位：次，家

国家	企业上榜总频次	新一代信息技术			高端装备制造			新材料		
		前 10	前 50	前 100	前 10	前 50	前 100	前 10	前 50	前 100
日本	199	—	10	24	1	17	35	4	18	50
美国	164	4	16	38	5	15	27	1	10	17
中国	66	2	10	17	1	5	11	2	3	5
德国	52	—	3	5	1	2	9	1	6	9
韩国	31	2	3	5	1	3	3	2	5	6
法国	21	—	1	1	1	3	4	—	2	4
瑞士	15	—	1	1	—	1	2	—	2	2
荷兰	11	—	2	3	—	2	2	—	—	2

国家	企业上榜总频次	生物			新能源汽车			新能源		
		前 10	前 50	前 100	前 10	前 50	前 100	前 10	前 50	前 100
日本	199	—	8	20	3	12	36	3	18	34
美国	164	4	24	40	1	15	21	1	11	21
中国	66	—	1	4	1	7	12	2	4	17
德国	52	1	6	12	2	7	11	1	4	6
韩国	31	—	—	4	3	3	7	2	3	6
法国	21	1	1	1	—	4	5	—	2	6
瑞士	15	2	3	6	—	1	1	1	2	3
荷兰	11	—	2	2	—	—	—	—	2	2

注：表中仅列出企业上榜总频次在 10 次以上的国家情况。

四　政策建议

通过上述分析结果以及对相关政策与资料的汇总，本文分别从全球和中国两个视角提出战略性新兴产业的发展策略。

（一）全球战略性新兴产业发展策略

1. 系统谋划战略方向，推动全球产业布局的多样化协同发展

研究发现，各国企业在不同战略性新兴产业中的表现存在显著差异，凸

显了全球产业布局的多样化特征。发达国家如日本和美国在多个领域保持领先，新兴经济体如中国则在某些特定领域展现出强劲的增长势头。各国应结合自身的技术优势和产业基础，进一步细化和优化各自的战略布局。例如，美国企业应继续巩固其在生物和新一代信息技术产业的领导地位；日本企业则需通过深耕新材料、新能源汽车和高端装备制造产业，保持技术领先并推动产业升级。各国在聚焦重点领域的同时，还应推动产业协同发展，形成以各自优势领域为基础的全球产业生态体系。这不仅有助于提升各国战略性新兴产业的竞争力，也将增强应对全球经济环境不确定性的能力，推动全球经济的可持续发展。

2. 鼓励企业实施多元化策略，培育更多专精特新企业

研究结果揭示了三星、西门子、LG、通用电气、IBM 等世界知名企业在多个产业占据创新发展的制高点。多元化发展已然成为企业战略管理中至关重要的选择，通过涉足不同行业、产业或市场，企业得以降低市场风险，推动业务多元化，并实现长期增长与稳步发展。政府可以出台相关政策以支持企业的多元化发展，如提供税收优惠、资金支持以及技术创新奖励等；建立更加开放且灵活的市场准入机制，减少行业壁垒，鼓励企业间跨行业合作与并购，促进资源的整合和最优化利用；促进不同产业的合作交流，建立跨部门合作机制和平台，推动知识与技术的共享。此外，与大型企业发展多元化战略不同，中小微企业要着力提升核心竞争力，走专精特新发展道路，成长为在细分领域具有领先地位的“独角兽”企业。

3. 扩大国际科技交流合作，推动全球科技资源有效配置

不同国家的企业总上榜频次差异显著，日本和美国分别以 199 次和 164 次领先全球，中国和德国以超过 50 次的总上榜频次分列第三和第四位，但是许多国家的上榜企业数量较少，这说明科技资源的全球配置尚有优化空间。因此，各国应积极参与全球科技创新资源的共享与交流，通过加强国际合作补齐自身短板，提升战略性新兴产业竞争力。首先，各国应通过国际科技合作平台，如国际科技论坛、研讨会、博览会等，分享前沿技术成果，推动国际知识和技术转化。其次，鼓励多边科技合作项目的开展，特别是在应对全球性挑战的领域，如气候变化、能源转型和公共健康等，通过联合研发项目和跨国科技创新联盟，共同攻克技术难题。此外，推动科技资源的流动，建立全球科研资源共享机制，在有条件的领域共享关键技术和科研数据，加速技术创新和应用。

（二）中国战略性新兴产业发展策略

1. 强化战略科技力量，培育科技领军企业

研究结果显示，国家电网与华为在多个战略性新兴产业领域具有领先优势。此外，中国石化、阿里巴巴、百度、腾讯等企业在一个或多个领域彰显出较为卓越的科技创新水平。这些企业不仅是国内科技创新的佼佼者，也是战略性新兴产业技术创新的骨干力量。中国需积极探索培育科技领军企业新模式，从基础研究、研发攻关、平台建设、人才引育等方面给予重点支持。例如，与科技领军企业共同设立企业创新发展联合基金，支持科技领军企业开展基础研究；支持科技领军企业建立国家重点实验室，并提供相应的资金和资源支持；鼓励企业引进技术顶尖人才和创新研发团队，培育一批具备强大创新能力和全球竞争力的科技领军企业。这些企业将发挥重要的引领作用，推动产业链上下游以及各企业的协同创新，最终构建一个高效协作的创新生态系统。

2. 着力提升原始创新能力，打造具有全球影响力的企业

中国企业的技术创新意识不断增强、创新能力不断提升，以企业为主体的技术创新体系逐步完善。中国企业尽管在创新产出上优势明显，但是与三星、通用电气等头部企业相比，专利和论文的国际影响力相对较弱。相对科学原发国家而言，中国企业创新能力仍有较大的提升空间。一方面，需要完善基础研究支持体系，将提高原始创新能力放在更为突出的位置，加强对前瞻性基础研究的规划和部署，引导技术实力出众的创新型领军企业加大对基础研究的投入力度。另一方面，需要完善产业创新生态系统，进一步提升企业作为创新主体的地位，支持建立产学研用联合体，共同开展核心技术研发

和攻关工作，在推动中国企业高精尖技术不断突破的同时，实现综合实力、创新力、竞争力和影响力全面提升。

3. 建设开放创新生态，积极融入全球创新网络

研究结果显示，中国企业对海外专利保护相对不够重视，尤其是在 PCT 专利和三方专利申请方面。此外，在六大战略性新兴产业中，创新协作网络都呈现低密度的特征，相较于日本和美国的企业，中国企业的合作频率不高。在经济全球化时代，中国企业要更加主动地融入全球创新协作网络，推进共创共赢，促进中国战略性新兴产业参与全球协同创新。因此，中国企业需要不断扩展全球视野，继续坚持“引进来”与“走出去”相结合，推动优势产业持续壮大和高质量发展，同步优化科技创新链与产业链，推动构建国内国际双循环的新发展格局。具体而言，支持企业积极布局海外专利、鼓励企业参与战略性新兴产业及其细分领域国际标准的制定等，增强国际市场话语权和新兴产业发展引导力。

4. 培育优势产业核心竞争力，形成产业梯次发展格局

研究发现，中国在新一代信息技术和新能源产业领域均有 17 家企业进入全球企业创新指数 100 强，在新能源汽车、高端装备制造、新材料产业的表现也比较出色，具有巨大的发展空间。美国、日本、德国、瑞士等国家的企业在生物产业领域实力超群，中国企业在该领域与头部企业仍存在较大差距。结合当前中国企业在全球六大战略性新兴产业领域的发展态势来看，中国需要构建产业梯次发展格局。首先，凝聚力量培育和壮大新一代信息技术和新能源产业，加快产业链系统突破、规模增长和竞争力提升，提振以华为、国家电网、阿里巴巴等为代表的“链主”企业，使它们在该领域踔厉奋发，打好高质量发展主动仗，增强优势产业的发展后劲；其次，对于新能源汽车、高端装备制造、新材料产业，要结合资源禀赋和能力潜力，推动企业在这些领域的技术创新和升级，进一步提高中国的全球竞争力；中国生物产业发展仍存在一些短板弱项，亟须深耕基础研究，掌握关键核心技术，积极培育有潜力的企业。

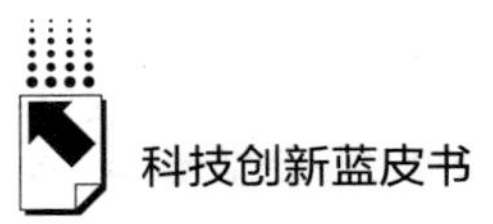

参考文献

陈劲、陈钰芬：《企业技术创新绩效评价指标体系研究》，《科学学与科学技术管理》2006 年第 3 期。

陈劲、国容毓、刘畅：《世界一流创新企业评价指标体系研究》，《创新科技》2020 年第 6 期。

崔总合、杨梅：《企业技术创新能力评价指标体系构建研究》，《科技进步与对策》2012 年第 7 期。

高建、汪剑飞、魏平：《企业技术创新绩效指标：现状、问题和新概念模型》，《科研管理》2004 年第 z1 期。

顾震宇：《2018 国际大都市科技创新能力评价》，《竞争情报》2018 年第 6 期。

姜滨滨、匡海波：《基于"效率—产出"的企业创新绩效评价——文献评述与概念框架》，《科研管理》2015 年第 3 期。

李善民、黄灿、史欣向：《信息优势对企业并购的影响——基于社会网络的视角》，《中国工业经济》2015 年第 11 期。

李文慧：《基于知识管理的企业知识创新能力评价研究》，《情报科学》2009 年第 2 期。

刘春丽：《论文层面计量学（Article-Level Metrics）：发展过程、特点、指标与应用》，《图书馆杂志》2016 年第 2 期。

刘冀生、吴金希：《论基于知识的企业核心竞争力与企业知识链管理》，《清华大学学报》（哲学社会科学版）2002 年第 1 期。

吕一博、苏敬勤：《基于创新过程的中小企业创新能力评价研究》，《管理学报》2009 年第 3 期。

祁延莉、李婧：《用于知识流动测度的专利引文指标分析》，《中国基础科学》2014 年第 2 期。

钱锡红、徐万里、杨永福：《企业网络位置、间接联系与创新绩效》，《中国工业经济》2010 年第 2 期。

邱均平、余厚强：《替代计量学的提出过程与研究进展》，《图书情报工作》2013 年第 19 期。

芮明杰、李鑫、任红波：《高技术企业知识创新模式研究——对野中郁次郎知识创造模型的修正与扩展》，《外国经济与管理》2004 年第 5 期。

王胜兰、魏凤、牟乾辉：《企业技术创新能力评价新方法的研究》，《运筹与管理》2021 年第 6 期。

魏江、寒午：《企业技术创新能力的界定及其与核心能力的关联》，《科研管理》

1998 年第 6 期。

熊励、孙友霞、蒋定福等：《协同创新研究综述——基于实现途径视角》，《科技管理研究》2011 年第 14 期。

曾德明、文金艳：《协作研发网络中心度、知识距离对企业二元式创新的影响》，《管理学报》2015 年第 10 期。

朱学冬、陈雅兰：《创新型企业创新绩效评价研究——以福建省为例》，《中国科技论坛》2010 年第 9 期。

Acs Z. J., Anselin L., Varga A., "Patents and Innovation Counts as Measures of Regional Production of New Knowledge", *Research Policy*, 2002 (7): 1069-1085.

Archibugi D., Pianta M., "Measuring Technological Change through Patents and Innovation Surveys", *Technovation*, 1996 (9): 451-468.

Bonacich P., "Factoring and Weighting Approaches to Status Scores and Clique Identification", *The Journal of Mathematical Sociology*, 1972 (1): 113-120.

Bonacich P., "Some Unique Properties of Eigenvector Centrality", *Social Networks*, 2007 (4): 555-564.

Cohen W. M., Levinthal D. A., "Innovation and Learning: The Two Faces of R&D", *The Economic Journal*, 1989 (99): 569-596.

Cruz-Cázares C., Bayona-Sáez C., García-Marco T., "You Can't Manage Right What You Can't Measure Well: Technological Innovation Efficiency", *Research Policy*, 2013 (6): 1239-1250.

Ecer F., Aycin E., "Novel Comprehensive MEREC Weighting-based Score Aggregation Model for Measuring Innovation Performance: The Case of G7 Countries", *Informatica*, 2023 (1): 53-83.

Echeverría J., "The Oslo Manual and the Social Innovation", *Arbor-Ciencia Pensamiento Y Cultura*, 2008 (732): 609-618.

Freeman L. C., "Centrality in Social Networks Conceptual Clarification", *Social Networks*, 1979 (3): 215-239.

Graham S. J. H., Marco A. C., Myers A. F., "Patent Transactions in the Marketplace: Lessons from the USPTO Patent Assignment Dataset", *Journal of Economics & Management Strategy*, 2018 (3): 343-371.

Grant R. M., "Toward a Knowledge-based Theory of the Firm", *Strategic Management Journal*, 1996 (17): 109-122.

Janger J., Schubert T., Andries P., et al., "The EU 2020 Innovation Indicator: A Step Forward in Measuring Innovation Outputs and Outcomes?" *Research Policy*, 2017 (1): 30-42.

Lanjouw J. O., Schankeman M., "Patent Quality and Research Productivity: Measuring

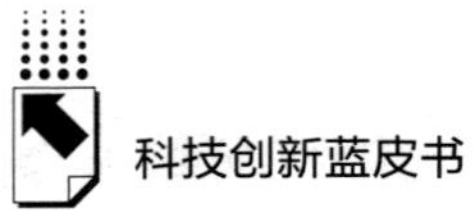

Innovation with Multiple Indicators", *The Economic Journal*, 2004 (495): 441-465.

Martínez C., "Patent Families: When Do Different Definitions Really Matter?" *Scientometrics*, 2011 (1): 39-63.

Prahalad C. K., Hamel G., "The Core Competence of the Corporation", *Harvard Business Review*, 1990 (3): 79-91.

Spender J. C., Grant R. M., "Knowledge and the Firm: Overview", *Strategic Management Journal*, 1996 (S2): 5-9.

Sternitzke C., "Defining Triadic Patent Families as A Measure of Technological Strength", *Scientometrics*, 2009 (1): 91-109.

主题报告

B.2
中国企业创新发展态势

黄 颖　姜李丹　虞逸飞　袁 佳*

摘　要： 党的十八大以来，以习近平同志为核心的党中央高度重视战略性新兴产业发展，推动战略性新兴产业从培育壮大到引领发展。作为全球产业链中的关键角色，中国企业不断推动科技创新和产业升级，在六大战略性新兴产业全球企业创新指数100强中共有44家企业上榜，企业上榜总频次为66次，位居全球第三。中国企业在新一代信息技术和新能源产业领域均有17家企业入围，在高端装备制造、新材料、新能源汽车产业中也有企业进入第一梯队，然而生物产业仍然缺乏优势企业。本文选取华为作为中国企业创新的典范，结合创新指数测度结果展开了深入分析，揭示了华为在自主创新、人才培养等方面的创新举措。中国战略性新兴产业蓬勃发展，然而国内

* 黄颖，武汉大学信息管理学院副教授、博士生导师，主要研究方向为科技计量与科技创新管理；姜李丹，北京邮电大学经济管理学院副教授，硕士生导师，主要研究方向为科技政策创新与新兴技术治理；虞逸飞，武汉大学信息管理学院博士研究生，主要研究方向为科技计量与科技管理；袁佳，武汉大学信息管理学院硕士研究生，主要研究方向为科技计量与科技管理。

国际双循环新发展格局尚未形成，需要更加主动地融入全球创新网络，以实现企业在战略性新兴产业中的优势互补。

关键词： 中国企业　战略性新兴产业　科技创新　华为

一　中国战略性新兴产业的发展背景

新一轮科技革命和产业变革持续演进，以新产业、新业态、新模式为主要内容的战略性新兴产业稳步发展，提升了中国经济发展活力。2014～2023年，中国战略性新兴产业增加值占 GDP 比重由 7.6%升至 13%以上。[①] 战略性新兴产业创新能力进一步增强，转型升级成效逐渐显现。

国家出台的一系列推动战略性新兴产业发展的规划和政策，为推动前沿技术高质量发展提供了根本遵循。以 2010 年《国务院关于加快培育和发展战略性新兴产业的决定》的出台为标志，中国把培育战略性新兴产业摆在经济社会发展更加突出的位置。2012 年 7 月，《“十二五”国家战略性新兴产业发展规划》规定了“十二五”期间国家战略性新兴产业的重点发展方向和主要任务，战略性新兴产业规模年均增长率保持在 20%以上，形成一批具有较强自主创新能力和技术引领作用的骨干企业、特色鲜明的产业链和产业集聚区。2016 年 12 月，国务院印发的《“十三五”国家战略性新兴产业发展规划》指出，“十三五”是战略性新兴产业大有可为的战略机遇期，要进一步发展壮大新一代信息技术、高端装备、新材料、生物、新能源汽车、新能源、节能环保、数字创意等战略性新兴产业，建设制造强国，发展现代服务业，为全面建成小康社会提供有力支撑。“十四五”是中国战略性新兴产业发展的关键时期，越来越多的高新技术进入大规模产业化商业化应用阶段，成为驱动产业

① 《中国新质生产力为全球发展注入新动能》，光明网，2024 年 3 月 13 日，https：//news.gmw.cn/2024-03/13/content_37200325.htm。

变革和带动经济社会发展的重要力量。2021 年，《中华人民共和国国民经济和社会发展第十四个五年规划和 2035 年远景目标纲要》明确提出要发展壮大战略性新兴产业，着眼于抢占未来产业发展先机，培育先导性和支柱性产业，推动战略性新兴产业融合化、集群化、生态化发展，战略性新兴产业增加值占 GDP 比重超过 17%。此外，国家能源局、科学技术部、工业和信息化部等相关部门出台了《“十四五”能源领域科技创新规划》《“十四五”生物经济发展规划》《“十四五”原材料工业发展规划》《“十四五”国家信息化规划》等系列文件，对各个战略性新兴产业展开系统布局、统筹推进，为建设现代化产业体系、构建新发展格局提供有力支撑。

二　中国企业战略性新兴产业的创新表现

GEII 2024 揭示了中国企业在全球科技创新竞争版图中的表现。中国在六大战略性新兴产业全球企业创新指数 100 强中共有 44 家企业上榜，企业上榜总频次为 66 次，位列全球第 3，彰显了中国在战略性新兴产业中的潜力和竞争力。作为全球产业链中的关键角色，近年来中国不断推动科技创新和产业升级，为全球经济发展注入新的动力。

图 1 展示了 2023 年中国六大战略性新兴产业全球企业创新指数 100 强分布情况。可以发现，中国在新一代信息技术和新能源产业均有 17 家企业入围全球百强，彰显了这两个领域的突出实力。除生物产业外，其余五个产业均有企业进入创新指数前 10，说明中国已有多家企业在战略性新兴产业中的创新能力处于世界领先水平。具体来说，华为、国家电网、阿里巴巴、中国石化四家企业的创新指数跻身一个或多个领域全球 10 强，是国内乃至世界范围内科技企业的佼佼者。华为在新一代信息技术、新能源、高端装备制造、新能源汽车、新材料产业均进入全球企业创新指数前 10，是中国科技创新企业的排头兵，其在新一代信息技术和新能源产业表现卓越。国家电网聚焦推动绿色发展，攻克关键核心技术，其新能源产业创新指数位列全球第一，在新能源汽车、高端装备

制造、新材料和新一代信息技术产业同样表现不俗。国家电网在新能源产业知识创新维度得分高居榜首，知识创新产出、知识创新影响和知识创新扩散得分表现突出。阿里巴巴新一代信息技术产业创新指数得分跻身全球前十，彰显了其在科技创新和数字经济领域的强大实力。阿里巴巴在云计算、大数据、人工智能等方面的技术突破，为全球范围内的信息技术发展做出了重要贡献。中国石化围绕石油基全产业链，推进化工原料向高端材料延伸，凭借在关键技术上的持续研发投入和突破，其在新材料产业的创新指数位居全球第6。

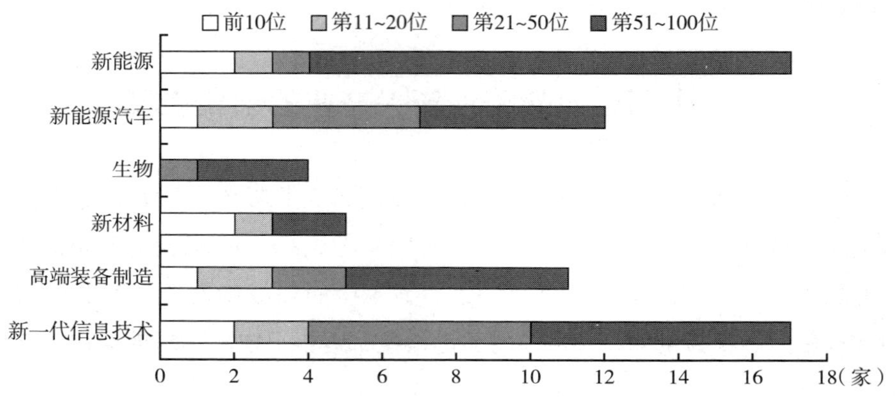

图1　2023年中国六大战略性新兴产业全球企业创新指数100强分布情况

总体来说，中国在新一代信息技术产业领域有17家企业进入全球创新指数100强，在高端装备制造、新材料、新能源汽车和新能源等产业领域也有企业跻身第一梯队，表现出色。生物产业仍然缺乏优势企业的支撑，呈现出战略性新兴产业发展不平衡的状况。中国在战略性新兴产业各领域的表现具体如下。

（一）中国新一代信息技术产业表现卓越，企业创新实力全球领先

新一代信息技术产业是战略性新兴产业的重要组成部分。中国政府高度重视新一代信息技术产业发展，党的十八大以来，中国出台《“十三五”国

家战略性新兴产业发展规划》《关于积极推进“互联网+”行动指导意见》《促进大数据发展行动纲要》等重大政策文件，推动新一代信息技术产业快速健康发展，努力建设全球重要的新一代信息技术产业基地和区域创新中心。GEII 2024 显示，亚洲地区凭借众多新兴数字创新高地，打破传统“欧美”双寡头垄断，形成“东亚—北美—欧洲”三足鼎立的发展格局。相较于其他领域，中国新一代信息技术产业表现十分亮眼，共有 17 家企业入围全球企业创新指数 100 强，显示出中国企业在该领域具有全球竞争力。

华为依托 5G、云计算、大数据、人工智能等技术，赋能传统制造企业实现转型升级，以科技赋能行业数字化，在知识创新、技术创新、创新协作三个维度分别为全球第 1、第 3 和第 2 名，夺得新一代信息技术产业创新指数的亚军。阿里巴巴在新一代信息技术产业彰显出卓越的创新实力，创新指数是该领域的全球第 8 名，知识创新和创新协作维度得分均名列前茅。腾讯和国家电网创新指数分别占据了全球第 15 和 18 名，是中国新一代信息技术产业技术创新的主力军。此外，还有 13 家企业跻身新一代信息技术产业创新指数全球 100 强，其中既有百度、中兴通讯等资历深厚的老牌互联网公司，也包含字节跳动等新兴“独角兽”企业。值得注意的是，中国企业的知识创新实力较为突出，共有 7 家企业进入知识创新得分全球 20 强，分别是华为、国家电网、阿里巴巴、腾讯、南方电网、百度和中国移动。与知识创新产出相比，这些企业的知识创新影响得分相对欠佳。在技术创新维度，华为、京东方和 OPPO 进入 20 强，说明以上企业积极布局专利以抢占市场先机，技术研发实力卓越。华为、阿里巴巴、国家电网、腾讯、南方电网创新协作得分分别为第 2、4、7、14、19 名，是全球科技创新网络的重要参与者（见表 1）。

表 1　2023 年中国新一代信息技术产业全球企业创新指数 100 强

序号	企业	全球排名	综合得分	知识创新	技术创新	创新协作
1	华为	2	85.86	87.22	85.58	84.72
2	阿里巴巴	8	74.37	76.17	72.87	77.42
3	腾讯	15	71.89	75.30	71.19	69.01

续表

序号	企业	全球排名	综合得分	知识创新	技术创新	创新协作
4	国家电网	18	71.42	85.43	64.45	75.92
5	百度	25	70.14	74.10	69.58	65.82
6	中兴通讯	29	69.39	68.20	71.16	64.31
7	OPPO	38	68.38	60.00	73.23	62.93
8	京东方	39	68.37	60.00	73.60	61.41
9	蚂蚁集团	44	68.04	60.00	71.79	66.40
10	中国移动	45	67.92	71.48	67.07	65.42
11	大唐电信	54	67.35	64.66	69.71	62.43
12	联想	55	67.28	67.89	68.19	62.63
13	小米	69	66.72	60.00	70.81	61.59
14	南方电网	73	66.57	74.16	63.25	67.17
15	TCL	79	66.30	62.55	68.99	61.77
16	字节跳动	95	65.73	60.00	69.40	60.57
17	vivo	96	65.70	60.00	69.35	60.61

（二）中国高端装备制造产业规模不断壮大，企业创新主体地位不断强化

中国高度重视高端装备制造产业发展，提出通过自主创新实现关键行业前沿科技的重大突破。自党的十九大报告提出促进我国产业迈向全球价值链中高端、培育若干世界级先进制造业集群后，以集群化方式推动先进制造业发展的导向逐步明确。党的二十大报告进一步提出，坚持把发展经济的着力点放在实体经济上，推进新型工业化，加快建设制造强国。中国不断完善高端装备制造产业政策体系，不断培育壮大新的经济增长点。2022 年，中国制造业增加值占全球比重近 30%，制造业规模已经连续 13 年居世界首位；规模以上工业企业数量由 2012 年的 34.4 万家增加至 2022 年的 45.1 万家，企业创新主体地位不断提升。[①] GEII 2024 显示，中国共有 11 家企业跻身高

① 《去年中国全部工业增加值超 40 万亿元　制造业规模连续 13 年居世界首位》，人民网，2023 年 3 月 21 日，http://paper.people.com.cn/rmrbhwb/html/2023-03/21/content_25971290.htm。

端装备制造产业全球企业创新指数100强，华为进入全球第一梯队，创新能力领先。国家电网、中国中车、百度、航空工业四家企业的创新指数进入全球50强。

创新指数综合得分排名全球第9的华为不仅是一家成功的电信设备和消费电子产品制造商，更是一个以创新为核心的科技巨头。华为在高端装备制造产业的创新协作维度得分名列第四，彰显了华为高端装备制造产业全球合作网络的实力。国家电网创新指数位居全球第14，综合得分73.08，特别是在知识创新和创新协作维度表现出色，体现了国家电网在高端装备制造产业的技术优势。作为全球规模领先、品种齐全、技术一流的轨道交通装备供应商，中国中车在高端装备制造产业创新指数位居全球第16，为世界智能交通生态圈的形成贡献中车力量。百度和航空工业创新指数分别排名第28和第38，在高端装备制造产业知识创新维度表现较为出色。中国石油、中国石化和南方电网都是大型中央企业，在全球高端装备制造产业具有突出的创新能力。其中中国石油在高端装备制造产业的知识创新维度相对薄弱，但在技术创新和创新协作维度具有一定优势（见表2）。在入围企业中，百度和腾讯是中国的互联网巨头。近年来，它们不断拓宽业务边界，为工业企业、产业链和区域产业集群提供“AI+工业互联网”和智能制造整体解决方案。

表2　2023年中国高端装备制造产业全球企业创新指数100强

序号	企业	全球排名	综合得分	知识创新	技术创新	创新协作
1	华为	9	75.03	85.67	70.16	76.76
2	国家电网	14	73.08	86.76	64.84	83.22
3	中国中车	16	72.10	71.70	72.31	71.91
4	百度	28	70.19	76.73	69.11	63.60
5	航空工业	38	69.40	72.29	67.96	70.30
6	中国石油	59	67.64	65.33	68.33	68.71
7	中国石化	67	67.13	69.84	65.78	68.00
8	南方电网	77	66.55	75.64	62.30	68.40
9	腾讯	78	66.50	72.87	64.24	64.92
10	大疆	81	66.45	60.00	70.57	60.73
11	中国海油	97	65.36	67.15	64.32	66.56

（三）中国新材料产业处于全球第二梯队，积极推动技术创新和产业升级

新材料产业作为材料工业的前沿领域，具有基础性和支柱性的重要地位。《“十三五”国家战略性新兴产业发展规划》《新材料产业发展指南》为中国新材料产业发展提供宏观指引。“十四五”是原材料工业高质量发展的关键时期，面对新形势和新要求，《“十四五”原材料工业发展规划》部署了新材料创新发展工程、低碳制造试点工程、数字化赋能工程、战略资源安全保障工程、补链强链工程等五大工程。中国尽管是世界上最大的材料生产和消费国，但由于起步较晚，材料支撑保障能力相对薄弱，产业链自主可控性不强。与国外相比，中国新材料产业规模和技术水平等还有较大提升空间，尤其是在高品质新材料方面。GEII 2024 显示，中国共有 5 家企业跻身新材料产业全球企业创新指数 100 强，与日本（50 家）存在不小差距，但中国石化、华为两家企业均进入该领域创新指数全球前 10 名。

国内新材料产业发展潜力巨大，中国石化积极拓展新能源、新材料和高端产品研发领域，协同推进基础研究和应用研究，在新材料产业表现亮眼，创新指数全球排名第 6。中国石化拥有较多的论文合著者数量，同时国际合作论文数较为领先，说明中国石化广泛参与全球科研合作，积极投身新材料基础研究。华为研发新材料已应用在芯片、汽车装备等领域，培育了卓越的创新研发实力，创新指数排名第 8。华为在新材料产业的知识创新和创新协作维度均跻身全球前 20，显示出其在基础研究和创新合作方面的优势。同时，华为在知识创新影响和知识创新扩散维度表现十分突出，论文和专利得到了全球范围内的广泛关注和引用。中国跻身新材料产业创新指数 100 强的企业还有中国宝武和航空工业（见表 3）。在当前全球新材料产业中，中国尽管仍处于第二梯队，但已拥有一些新材料领先企业，说明中国在新材料科技创新方面取得了显著进展。

表 3　2023 年中国新材料产业全球企业创新指数 100 强

序号	企业	全球排名	综合得分	知识创新	技术创新	创新协作
1	中国石化	6	75.51	82.89	72.59	74.86
2	华为	8	73.49	86.42	68.24	72.93
3	国家电网	17	71.56	88.04	62.77	79.23
4	中国宝武	79	66.56	64.97	67.69	64.69
5	航空工业	80	66.55	72.50	64.44	65.08

（四）中国生物产业发展落后，缺乏具有全球竞争力的企业

近年来，中国生物产业相关政策不断出台，从行业规范、技术发展、区域规划等各维度进行政策支持及引导。2021 年，国家发展改革委印发的《“十四五”生物经济发展规划》指出，加快推进生物科技创新和产业化应用，打造国家生物技术战略科技力量，实现科技自立自强，提升产业链供应链安全稳定水平。此后，《计量发展规划（2021—2035 年）》《“十四五”国家科学技术普及发展规划》《扩大内需战略规划纲要（2022—2035 年）》等文件提到要加快生物医药、生物农业、生物制造、基因技术应用服务等产业化发展。随着中国经济实力的不断增强及科技创新能力的快速提升，以高技术附加值为特征的生物产业发展迅猛。但是，与欧美日等全球生物产业技术创新主导者相比，中国生物产业整体实力不强，仍有较大追赶空间。GEII 2024 显示，中国缺乏具有全球竞争力的头部企业，仅有 4 家企业进入全球企业创新指数 100 强，分别是中国化工、明德新药、恒瑞医药和正大天晴，并且没有领军企业进入生物产业第一梯队。

中国化工是唯一跻身生物产业创新指数全球 50 强的中国企业。该企业发挥创新平台公司特点，构建以化工新材料产业为龙头，以新能源、生物、环保产业为支柱的产业体系；积极推动种业自主创新，牵头组建国家玉米种业技术创新中心，推进生物育种产业化等，致力于发展成为有规模、有技术、全产业链、创新能力强的化工跨国企业。创新指数排名全球第 79 的明

德新药是一家具备制药、生物技术以及医疗器械研发能力的公司，拥有卓越的化学创新药研发和生产技术平台。恒瑞医药和正大天晴跻身百强，具有一定的生物创新研发实力（见表4）。

表4　2023年中国生物产业全球企业创新指数100强

序号	企业	全球排名	综合得分	知识创新	技术创新	创新协作
1	中国化工	42	68.43	68.69	69.44	63.93
2	明德新药	79	65.45	60.00	68.51	62.28
3	恒瑞医药	81	65.39	60.00	68.77	60.86
4	正大天晴	94	64.65	60.00	67.34	61.66

（五）中国开启新能源汽车"智"造时代，新能源汽车产业创新成绩斐然

汽车产业作为制造业中的集大成者，能综合反映国家工业实力。自2012年国务院发布《节能与新能源汽车产业发展规划（2012—2020年）》以来，我国新能源汽车产业始终坚持纯电驱动战略，取得了显著成就，成为全球汽车产业转型的重要推动力量之一。2020年，国务院发布《新能源汽车产业发展规划（2021—2035年）》，指出坚持电动化、网联化、智能化发展方向，深入实施发展新能源汽车国家战略，以融合创新为重点，突破关键核心技术，提升产业基础能力，推动我国新能源汽车产业高质量可持续发展，加快建设汽车强国。2023年，中国新能源汽车市场快速增长，销量949.5万辆，市场占有率31.6%，同比增长37.9%，产销量连续9年位居全球第1。① 从萌芽初现，到拥有全球最大的新能源汽车市场、完善的产业配套体系和政策支持体系，中国已培育出一批具有国际竞争力的优秀龙头企业，

① 《新能源汽车行业发展见证中国制造新成长》，中华人民共和国国家发展和改革委员会网站，2024年3月15日，https://www.ndrc.gov.cn/wsdwhfz/202403/t20240315_1364969.html。

走出了一条创新驱动发展的全新道路。GEII 2024 显示，共有 12 家中国企业上榜新能源汽车产业全球企业创新指数 100 强，其中华为位列前 10，具有世界领先的科技创新能力，以吉利、比亚迪为代表的中国车企表现优异。

表 5 显示，华为在新能源汽车产业全球企业创新指数 100 强中位列第 7，其知识创新和创新协作两个维度得分分列第 2 和第 4，体现了华为在新能源汽车产业的突出创新能力。华为将信息与通信技术领域多年的技术积累和领先的大数据、云计算、人工智能等数字化技术，融合于电动汽车的电驱控制、电池安全及三电故障预测等领域，打造“融合极简、安全可靠、卓越体验、AI 云智”的创新智能电动解决方案。国家电网不仅新能源产业创新实力斐然（第 1 位），其在新能源汽车产业也具有世界领先的创新水平（第 12 位）。随着新能源汽车大规模发展，国家电网积极推动充电服务网络的建设，助力中国新能源汽车及充换电设施产业快速健康发展。作为互联网巨头，创新指数综合得分排名第 18 的百度早已入局新能源汽车市场。百度依靠汽车云思路充分发挥自身优势，即由车企集团云、网联云、供应链协同云构成从制造到销售、运营、服务的整体。作为唯一为新能源汽车供应电驱系统的央企，中国中车从高铁挺进新能源汽车赛道，创新指数综合得分排名第 33，其在知识创新维度表现更优。在上榜企业中，吉利、中国中车、比亚迪、蔚来、东风汽车均为中国知名新能源汽车企业，近年来取得了显著的发展。宁德时代是全球领先的新能源创新科技公司，致力于为全球新能源应用提供一流解决方案和服务，占据了全球电动汽车电池市场的较大份额。综合来看，中国新能源汽车已经具备技术、成本、体系等综合优势，在整车制造、智能化、电池、电机、充电桩等领域具有世界领先的水平。

表 5　2023 年中国新能源汽车产业全球企业创新指数 100 强

序号	企业	全球排名	综合得分	知识创新	技术创新	创新协作
1	华为	7	74.06	81.93	70.96	73.33
2	国家电网	12	71.83	87.30	64.21	76.51
3	百度	18	70.28	76.34	69.45	63.49

续表

序号	企业	全球排名	综合得分	知识创新	技术创新	创新协作
4	吉利	27	68.46	64.92	70.63	65.66
5	中国中车	33	67.83	70.16	67.20	66.44
6	比亚迪	46	66.89	62.98	69.94	61.24
7	宁德时代	50	66.59	60.00	70.75	60.93
8	OPPO	69	65.62	60.00	69.34	60.11
9	宁德新能源	75	65.18	60.00	68.52	60.46
10	联想	84	64.85	70.18	63.74	60.40
11	蔚来	88	64.64	60.00	67.68	60.22
12	东风汽车	93	64.46	65.75	64.59	61.78

（六）中国企业在新能源产业持续发力，新能源技术水平不断提高

面对新一轮能源革命，中国在能源体制建设方面取得了一定成就。2020年，《中共中央关于制定国民经济和社会发展第十四个五年规划和二〇三五年远景目标的建议》指出，建设智慧能源系统，优化电力生产和输送通道布局，提升新能源消纳和存储能力。2021年，《2030年前碳达峰行动方案》提出，开展能源绿色低碳转型行动，构建新能源占比逐渐提高的新型电力系统。2022年，《“十四五”可再生能源发展规划》指出，促进可再生能源大规模、高比例、市场化、高质量发展，有效支撑清洁低碳、安全高效的能源体系建设。在相关政策的指导下，中国新能源发展迅猛，“双碳”战略目标也为风电、光伏发电的加速发展赋予了新动能。GEII 2024显示，中国共有17家企业进入新能源产业全球企业创新指数100强，国家电网位居全球第1，华为排名第5。由此可见，中国企业在全球新能源产业已具有一定的影响力和竞争力，孕育了一批具有较高研发水平的优质企业。

在上榜企业中，国家电网和华为在新能源产业处于世界领先水平。作为关系国家能源安全和国民经济的特大型国有企业，国家电网积极贯

彻创新驱动发展战略，加强基础研究和前沿技术布局，知识创新和创新协作维度得分都高居榜首。同时，国家电网不仅有庞大的专利发明人数量，而且积极参与技术合作活动，其国际合作论文数与合作专利数保持领先水平。华为积极发展清洁能源与能源数字化，同样在新能源产业表现出色，在知识创新、技术创新和创新协作三个维度都跻身前 20，创新指数综合得分排名第 5。南方电网创新指数在新能源产业排名第 16，知识创新和创新协作维度表现优异。电力是实现“双碳”目标的主力军，南方电网积极推动构建以清洁能源为主体的能源供给格局。全球排名第 25 的中国石化作为能源央企，积极推动能源转型、布局氢产业链。此外，美的、晶科能源、三峡集团等企业在新能源产业的全球排名也非常靠前。这些企业不仅在各自领域中展现出强大的创新能力和竞争力，而且在全球市场中逐渐占据了一席之地，成为推动全球新能源产业发展的重要力量。

表 6　2023 年中国新能源产业全球企业创新指数 100 强

序号	企业	全球排名	综合得分	知识创新	技术创新	创新协作
1	国家电网	1	82.11	88.12	76.64	93.94
2	华为	5	75.77	83.93	73.11	72.80
3	南方电网	16	70.48	76.93	66.98	73.71
4	中国石化	25	69.23	81.07	64.48	68.49
5	美的	59	66.49	69.00	66.85	60.88
6	晶科能源	60	66.36	60.00	70.53	60.27
7	比亚迪	70	65.75	68.48	65.92	60.56
8	三峡集团	73	65.51	72.25	63.28	63.15
9	中兴通讯	81	65.26	71.06	63.68	61.93
10	格力	82	65.20	67.82	65.21	60.78
11	阳光电源	83	65.18	60.00	68.54	60.37
12	金风	92	64.80	60.00	67.57	61.69
13	上海电气	94	64.61	68.04	63.99	61.35
14	中国中车	97	64.46	65.25	64.69	62.23

续表

序号	企业	全球排名	综合得分	知识创新	技术创新	创新协作
15	矽力杰	98	64.37	60.00	67.23	60.24
16	OPPO	99	64.37	60.00	67.23	60.23
17	中国电建	100	64.36	69.20	62.57	63.42

三　典型企业分析——华为

在 GEII 2024 的评估结果中，来自中国的华为凭借其卓越的自主创新能力，在新一代信息技术、高端装备制造、新材料、新能源汽车和新能源五大战略性新兴产业均强势入榜。因此，本节将华为作为中国企业创新的典范，结合创新指数测度结果展开分析。

（一）企业简介

华为技术有限公司成立于 1987 年，总部位于广东省深圳市。华为是全球领先的信息与通信技术（Information and Communications Technology，ICT）解决方案供应商。华为的愿景与使命是把数字世界带入每个人、每个家庭、每个组织，构建万物互联的智能世界。[①] 作为全球化和技术含量高的中国高科技企业之一，华为在成立之初只有 6 名员工、2 万元注册资金。[②] 经过 30 多年的发展，华为已成为全球最大的通信设备公司之一。

（二）创新指数结果

表 7 展示了华为在战略性新兴产业各领域中创新指数情况。作为世界领先的信息与通信基础设施和智能终端提供商，华为不仅主营业务表现出色，

① 《公司简介》，华为网站，https：//www. huawei. com/cn/corporate-information。

② 侯媛媛、刘云：《中国通讯产业自主创新体系国际化发展路径和影响机制研究——以华为公司为例》，第七届中国科技政策与管理学术年会论文集，2011。

在新一代信息技术产业中排名第 2，而且在其余四个产业中均进入全球 10 强，是全球科技企业的佼佼者之一。

表 7　2023 年华为在战略性新兴产业各领域中创新指数情况

战略性新兴产业	全球排名	综合得分	知识创新	技术创新	创新协作
新一代信息技术	2	85.86	87.22	85.58	84.72
高端装备制造	9	75.03	85.67	70.16	76.76
新材料	8	73.49	86.42	68.24	72.93
新能源汽车	7	74.06	81.93	70.96	73.33
新能源	5	75.77	83.93	73.11	72.80

华为在新一代信息技术产业领域具有全球顶尖的研发实力，创新指数综合得分位居世界第 3。华为在新一代信息技术产业的三个维度均处于领先水平。在知识创新维度，华为位列第 1，充分显示了其在新一代信息技术产业领域的基础研究实力；技术创新维度排名第 3，凸显了华为在推动技术发展方面的卓越表现；创新协作维度位列第 2，表明其在全球范围内建立了广泛而深入的创新合作关系。华为以其信息与通信技术的深厚积累为基础，融合 5G、云计算、物联网、大数据、人工智能、区块链等新兴技术，为新一代信息技术创新发展赋予了强大的动力。作为科技创新的领军者之一，华为将继续引领新一代信息技术的发展，为全球信息技术创新发展做出更为卓越的贡献。

华为在高端装备制造产业领域排名第 9，在知识创新维度表现亮眼，不仅有较多的论文产出，其高质量论文占比也相对较高，整体知识创新能力处于世界前列。华为在高端装备制造产业技术创新维度尚未跻身前 20，说明在专利表现上还有进步空间。在创新协作维度，华为是全球高端装备制造产业创新网络的重要参与者，依托 5G、云计算、大数据、人工智能等技术，赋能传统制造企业实现数字化转型升级，助力制造企业实现研发、生产、供应等业务的数字化、智能化，重塑制造行业价值链。

在新材料产业中，华为同样具有不俗实力，综合排名第 8。华为在新材料产业领域知识创新和创新协作维度均跻身 20 强，技术创新维度暂未进入第一梯队。综合来看，华为在新材料学术研究方面实力突出，不仅积极产出学术论文，也具有较高的国际影响力和学术竞争力。华为在新材料产业领域的研发团队规模庞大，合作专利数体现了华为积极寻求多方合作的努力。为打破美国对半导体行业的垄断，华为近年来在研发传统芯片的同时，积极探索新的方向。目前，华为新材料涉及多个种类，并衍生出不同的技术路线。

华为正在新能源汽车产业加速布局和跨界创新，其在新能源汽车产业的创新指数综合得分位列第 7。从知识创新维度看，华为在知识创新产出、知识创新影响和知识创新扩散三个方面的表现都十分突出，体现了华为在基础知识研究和应用方面的深厚积累。华为在全球新能源汽车产业论文合著网络和专利合作网络中具有重要地位，拥有数量可观的国际合作论文数和合作专利数。通过这些合作，华为不仅加强了与全球顶尖研究机构和企业的联系，还推动了知识和技术的全球流动与共享。华为通过不断投入研发资源，将电力电子技术与数字技术融合，为整个新能源汽车产业提供了新的发展动能。

华为在新能源产业拥有卓越实力，综合得分名列第 5。其中知识创新得分排名第 2，在知识创新产出、知识创新影响和知识创新扩散三个方面均跻身前 5，具有突出的基础研究实力。在技术创新维度，华为的专利施引国家数和专利施引国家多样性处于领先水平。在创新协作维度，华为拥有庞大的创新研发主体，合作专利数也较多。华为旗下的华为数字能源技术有限公司是全球领先的数字能源产品与解决方案提供商，聚焦清洁发电、数据中心能源及关键供电、站点能源、交通电动化等领域提供能源解决方案，构筑华为在新能源领域的领先优势。

（三）企业创新举措

华为不仅是商业驱动型企业，更是技术驱动型企业。作为中国标杆性的科技企业，华为突出的创新研发实力离不开企业自身的发展战略。

首先，华为长期坚持自主创新，将科技创新置于企业发展的核心位置。2023 年，华为研发费用支出占全年收入的 23.4%，近十年累计投入的研发费用超过 1.1 万亿元。[①] 通过大规模的研发投入，华为建立了完善的研发团队和创新体系。在技术创新方面，华为是全球最大的专利权人之一，截至 2023 年有效授权专利超过 14 万件，在无线、AI 算法、云计算、光网络、数据通信等多个前沿技术领域具有卓越研发能力。华为在超过 200 个标准组织中累计提交标准提案超过 68000 个，与国内外客户和产业伙伴共同促进全球技术进步和产业升级。

其次，华为高度重视人才队伍建设，把人才视为企业最重要的资源。《华为基本法》强调人力资本不断增值的目标优先于财务资本增值的目标。截至 2022 年，华为研发人员超过 11.4 万人，约占员工总数的 55.4%。[②] 华为对人才特别是顶尖人才的需求量极大，培育了一批具有国际竞争力的科技人才。华为通过具有竞争力的薪酬分配体系激励员工。具体来说，华为确保高级技术人员的薪资水平达到国际标准，并且设计了将个人能力贡献与华为整体经营状况挂钩的期权和股权激励政策。此外，华为建立了一套完善的培养体系，通过内外部培训、项目经验等方式，培养高素质人才。

最后，华为注重协同创新，在产学研合作方面取得了较好的成绩。华为积极开展国际技术合作，与全球 300 多所高校、900 多家研究机构合作，2021 年在大学合作上投入 27 亿元。[③] 通过"愿景假设+应用研究"双轮驱动，华为与大学和科研院所共同搭建了开放创新的联合科研和人才培养平台，促进了产业界和学术界的合作创新。

---

① 《研究与创新》，华为网站，https：//www.huawei.com/cn/corporate-information/resea rch-development。

② 《研究与创新》，华为网站，https：//www.huawei.com/cn/corporate-information/resea rch-development。

③ 《华为徐文伟：产学研用协同，共同定义大问题》，华为网站，2022 年 5 月 31 日，https：//www.huawei.com/cn/news/2022/5/the-summit-2022。

四 中国企业战略性新兴产业发展的特点

GEII 2024 揭示了中国企业在全球科技创新竞争版图中的表现，中国企业战略性新兴产业发展主要呈现以下特点。

（一）政策引领经济高质量发展，新型举国体制推动产业发展

“十四五”是中国战略性新兴产业发展的关键时期，亟须稳固、培育、发展一批战略性新兴产业企业，以提升中国在全球产业链价值链中的地位和竞争力。中国积极探索战略性新兴产业发展规律，深化体制机制改革，着力营造良好环境。新型举国体制促进了各类创新资源集聚，政府在关键核心技术攻关中的组织作用更加凸显，企业科技创新主体地位愈加重要。政府通过资金、税收、科研奖励、金融信贷、服务创新等政策扶持，建立产业政策和竞争政策协同促进战略性新兴产业发展的机制。在这些有利政策的推动下，近年来中国战略性新兴产业如新一代信息技术、新能源、高端装备制造和新能源汽车等领域取得了显著进展。这些领域的技术创新步伐不断加快、产业规模持续扩大，涌现出了一大批具有发展潜力的优质企业和产业集群，成为推动经济高质量发展的关键引擎。

（二）中国战略性新兴产业蓬勃发展，生物产业发展动力不足

中国在六大战略性新兴产业全球企业创新指数 100 强中上榜企业总频次位居全球第 3，这一成就不仅标志着中国前沿技术领域涌现了一批优质企业与产业集群，更凸显了中国企业在全球产业链和价值链中的积极作用。“十三五”以来，新一代信息技术产业作为战略性新兴产业中规模最大、创新最密集的领域，创新发展态势最为瞩目，共有 17 家中国企业跻身新一代信息技术产业创新指数全球 100 强，显示了中国在该产业具有强大的竞争力。在新能源、高端装备制造、新能源汽车、新材料等产业创新指数全球 100 强中，中国企业也频频亮相，其中华为、国家电网等科技领军企业更是在多个

领域跻身世界第一梯队。中国企业在生物产业仍拥有广阔的发展空间，需要进一步推动该领域的深入发展。

（三）中国企业的创新成果竞相涌现，科技创新人才队伍不断壮大

得益于各类创新主体活力充分迸发、创新创业环境不断优化，中国企业的创新产出多项指标全球领先，体现了中国企业普遍重视基础科学研究与科技创新，知识产权综合竞争力稳步增强。以国家电网、中国石化为代表的大型中央企业积极参与全球前沿科技创新，不仅在学术研究领域广泛合作，还在技术研发和产业化方面取得了显著成就。一大批创新型企业如华为、百度等，不断加大在新一代信息技术、新材料等产业领域的投入力度，推动技术创新不断迈向国际领先水平。但从总体上看，中国企业创新主体地位还不够突出，主要表现为规模以上工业企业研发投入强度仍显著低于发达国家、企业基础研究投入不足、技术“拿来主义”依然存在。① 在人才方面，中国企业科技创新队伍呈现蓬勃发展态势，引导企业建立健全技能人才薪酬分配制度，完善技能人才稳才留才引才机制，加大高技能人才表彰奖励力度，吸引和培养大批高素质科技创新人才。

（四）中国企业积极探索产学研合作，加快构建国内国际双循环新发展格局

产学研合作是推进中国企业创新发展的重要动力。中国企业通过联合实验室、研发机构、博士后工作站等平台，与高校和科研机构进行紧密合作。中国企业在产学研合作方面表现优异，但国内外合作与交流尚未达到应有的水平，在全球创新合作网络中处于相对边缘位置。就海外专利布局而言，中国企业对海外市场关注不足，技术与经济价值相对更高的三方专利数量相对

---

① 《如何发挥企业主体作用　推动产学研融合发展》，中国人事报刊社网站，2023 年 5 月 15 日，https：//www.zuzhirenshi.com/magazine/detail/a02c8326-092c-4995-ab0b-a61ee5390a35。

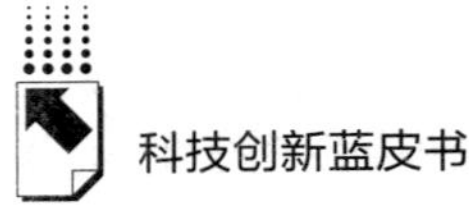

偏少。面对错综复杂的国内国际经济形势，战略性新兴产业相关企业的创新协作水平还有待提升，需要更加主动地融入全球创新网络，以实现企业在战略性新兴产业的优势互补。

参考文献

侯媛媛、刘云：《中国通讯产业自主创新体系国际化发展路径和影响机制研究——以华为公司为例》，第七届中国科技政策与管理学术年会论文集，2011。

《新能源汽车行业发展见证中国制造新成长》，中华人民共和国国家发展和改革委员会网站，2024 年 3 月 15 日，https：//www. ndrc. gov. cn/wsdwhfz/202403/t20240315_1364969. html。

指数评价篇

B.3 国内外创新指数调研与评述

李纲 黄颖 袁佳 苏奕宁 李林芯*

摘 要： 创新是推动社会进步的引擎，对国家、区域、城市和企业的发展至关重要。建立兼具科学性和可行性的创新指数对于全面评估创新水平、指导政策制定和资源配置尤为重要。本文全面梳理并比较分析国家、区域、城市/都市圈、企业等不同层面的创新指数及其指标体系。国家层面创新指数通常具备全球视野，其指标体系根据不同的评估目的各具特点。例如，有些指标强调创新过程，有些注重整体创新水平，还有些专注于特定领域。区域层面创新指数指标体系关注不同地区的创新能力，力求反映区域创新发展实际情况，从而为决策者提供更全面的创新生态信息。城市/都市圈层面创新指数指标体系旨在深入了解全球或中国城市的科技创新竞争力，为城市的创新发展提供客观评估工具。相比之下，面向企业的创新指数较少，国家、区域、城

* 李纲，武汉大学信息管理学院教授、博士生导师，主要研究方向为竞争情报与数字经济；黄颖，武汉大学信息管理学院副教授、博士生导师，主要研究方向为科技计量与科技创新管理；袁佳，武汉大学信息管理学院硕士研究生，主要研究方向为科技计量与科技管理；苏奕宁，武汉大学信息管理学院本科生；李林芯，武汉大学信息管理学院本科生。

市/都市圈层面的创新指数指标体系能够为构建和优化战略性新兴产业全球企业创新指数提供重要参考。

关键词： 国家层面创新指数　区域层面创新指数　企业层面创新指数

一　引言

近年来，全球科技呈现出突破性快速发展态势，国际科技创新环境与竞争格局加速调整，创新在当前全球科技竞争中扮演着至关重要的角色，成为推动企业涉足科技领域不可或缺的引擎。世界科技强国及创新型国家纷纷加强对科技创新的战略规划，以求引领新一轮科技创新。与此同时，我国科技整体实力也迈入系统性提升的新阶段。2016 年我国提出在 2020 年进入创新型国家行列、2030 年跻身创新型国家前列、2050 年建成世界科技强国“三步走”的战略目标，并在 2017 年将跻身世界创新型国家的时间节点提前到 2035 年。①

构建创新评价指标体系是科学评估一个国家、地区或企业创新水平的重要手段，通常综合考量科学、技术和创新的多个方面，如研发投入、科研成果、人才培养等。通过深入分析这些指标，可以更全面地了解创新主体的优势和不足，为精准制定科技政策和战略提供依据。许多国际组织、学术机构和专家学者研究开发了多种创新评价指标体系，采用复合指标对不同主体的创新水平和竞争力进行了评价。评价对象从以国家、主要经济体为主，扩展到区域、城市/都市圈和企业等多样化主体。从不同年份发布的报告内容来看，不同层级的创新评价指标体系和评价维度紧扣评价内容，各有特色。本文全面梳理和比较分析了在国家、区域、城市/都市圈及企业层面的相关创

① 《中共中央　国务院印发〈国家创新驱动发展战略纲要〉》，中国政府网，2016 年 5 月 19 日，http：//www. gov. cn/gongbao/content/2016/content_ 5076961. htm。

新指数及其指标体系，为构建和优化战略性新兴产业全球企业创新指数指标体系提供参考借鉴。

二　国家层面创新指数简述

（一）全球创新指数

全球创新指数（Global Innovation Index，GII）是由世界知识产权组织、康奈尔大学、欧洲工商管理学院于 2007 年共同创立的年度排名，对世界各地近 130 个经济体进行创新能力评价。全球创新指数包括创新投入指数和创新产出指数，根据 80 项指标对经济体进行排名（见表 1）。

表 1　全球创新指数指标体系

一级指标	二级指标	三级指标
创新投入指数	制度	政治环境，管理环境，商业环境
	人力资本和研究	教育，高等教育，研究和开发
	基础设施	信息和通信技术，通用基础设施，生态可持续性
	市场完善度	信用，投资，贸易多样化和市场规模
	商业完善度	知识工作者，创新联系，知识吸收
创新产出指数	科技产出	知识创新，知识影响，知识推广
	创新产出	创新无形资产，创新商品和服务，在线创意

资料来源："Global Innovation Index 2023：Innovation in the Face of Uncertainty"，WIPO，2023。

（二）知识经济指数

世界银行的知识评估方法（Knowledge Assessment Methodology，KAM）[①] 是一种在线互动工具，生成知识经济指数（Knowledge Economy Index，

① 参见 www. worldbank. org/kam。

KEI）。知识经济指数能够衡量一个国家或地区知识经济总体发展水平，包括经济和体制机制、人口教育和技能、信息基础设施、创新体系 4 个一级指标 12 个二级指标（见表 2）。

表 2　知识经济指数指标体系

一级指标	二级指标
经济和体制机制	关税和非关税壁垒，监管质量，法治
人口教育和技能	成人识字率，中学毛入学率，高等教育毛入学率
信息基础设施	每千人电话数，每千人计算机数，每千人互联网用户数
创新体系	特许权使用费付款和收入，每百万人技术期刊文章数，每百万人美国专利商标局授予专利数

资料来源："Measuring Knowledge in the World's Economies：Knowledge Assessment Methodology and Knowledge Economy Index"，World Bank Institute，2012。

（三）世界竞争力年鉴

世界竞争力年鉴（World Competitiveness Yearbook，又译"世界竞争力年报"）由瑞士洛桑国际管理发展学院发行，于 1989 年首次出版，是一份关于各国竞争力的综合性年度报告。世界竞争力年鉴基于广泛的研究统计和调查数据，对 60 多个国家 300 余个指标进行分析和排名，这些指标会定期修订和更新（见表 3）。

表 3　世界竞争力年鉴指标体系

一级指标	二级指标
经济表现	国内经济
	国际贸易
	国际投资
	就业
	价格

续表

一级指标	二级指标
政府效率	公共财政
	税收政策
	体制框架
	商业立法
	社会框架
业务效率	生产力与效率
	劳动市场
	金融
	管理实践
	态度和价值观
基础设施	基础设施
	技术基础设施
	科学基础设施
	健康与环境
	教育

资料来源："World Competitiveness Ranking 2023"，IMD World Competitiveness Center，2023。

（四）彭博创新指数

彭博创新指数（Bloomberg Innovation Index）由彭博社于 2013 年首次发布，指标广泛全面，侧重于评价一个国家的整体创新水平。彭博创新指数包括研发强度、制造业增加值、生产率、高科技密度、高等教育率、研发人员集中度和专利活动等 7 个一级指标（见表 4）。

表 4　彭博创新指数指标体系

一级指标	指标含义
研发强度	研发支出占 GDP 的比重
制造业增加值	制造业增加值占 GDP 的比重，人均制造业增加值（按照购买力平价计算）
生产率	15 岁以上就业人员的人均 GDP、人均 GNP 及 3 年间的增长

续表

一级指标	指标含义
高科技密度	高科技企业数量占本国上市公司和全球高科技企业的比重,包括航空航天和国防、生物技术、硬件、软件、半导体、互联网软件和服务、可再生能源等企业
高等教育率	高等教育入学人数占高中后教育人数比重,劳动力市场中至少拥有专科学历的最低比重,年度新增 STEM 毕业生占毕业生总数比重及劳动力占比
研发人员集中度	每百万人口中参与研发的专家、博士后和学生的比重
专利活动	专利申请数量,每百万人口拥有的专利授权数和有效专利数,每千亿美元 GDP 专利申请数占全球专利总数的比重

资料来源:"Bloomberg Innovation Index", Bloomberg, 2021。

(五)欧洲创新记分牌

欧洲创新记分牌(European Innovation Scoreboard, EIS)是欧盟委员会在产业政策领域针对创新能力发布的报告之一,系列报告旨在加速欧盟产业现代化,通过产业技术创新和商业模式创新促进产品和服务创新,加快创新广泛商业化、支持创新活动等政策的制定。系列报告还包括社会创新记分牌、工作场所创新记分牌、区域创新记分牌、商业创新观察站等。为了定量分析欧盟 15 国的创新绩效,欧洲创新记分牌设计了综合创新指数(Summary Innovation Index, SII),SII 为评价欧盟创新绩效提供了一个客观的参照标准(见表 5)。

表 5 欧洲创新记分牌指标体系

一级指标	二级指标	三级指标
框架条件	人力资源	应届博士毕业生,受过高等教育的人口,终身学习
	有吸引力的研究系统	国际科学联合出版物,前 10% 被引最多的出版物,外国博士生
	数字化	宽带普及率,具有基本数字技能的个人

续表

一级指标	二级指标	三级指标
投资	财务和支持	公共部门的研发支出,风险资本支出,政府直接资助,企业研发税收支持政策
	公司投资	商业领域研发支出,非研发创新支出,人均创新支出
	信息技术的使用	提供ICT技能培训的企业,受聘的ICT专家
创新活动	创新	拥有产品创新的中小企业,拥有业务流程创新的中小企业
	联系	创新中小企业与他人合作,公私合办刊物,科技人力资源的岗位流动
	知识资产	PCT专利申请,商标申请,设计应用程序
影响	就业影响	知识密集型企业就业,创新型企业就业
	经济影响	中高科技产品出口,知识密集型服务出口,新进入市场和新进入企业的创新产品销售
	环境可持续性	资源生产力,工业中细颗粒物($PM_{2.5}$)的空气排放,开发环境相关技术

资料来源:"European Innovation Scoreboard 2023", European Commission, 2023。

(六)中国国家创新指数

中国科学技术发展战略研究院从2006年起开展了国家创新指数的研究工作。国家创新指数借鉴国内外关于国家竞争力和创新评价等方面的理论与方法,从创新资源、知识创造、企业创新、创新绩效和创新环境5个方面构建指标体系(见表6),选取全球40个科技创新活动活跃的国家(其R&D经费投入之和占全球总量95%以上)作为研究对象,采用国际上通用的标杆分析法测算国家创新指数,所用数据均来自各国政府或国际组织的数据库和出版物,具有国际可比性。

表 6　国家创新指数指标体系

一级指标	二级指标
创新资源	研究与发展经费投入强度,研究与发展人力投入强度,科技人力资源培养水平,信息化发展水平,研究与发展经费占世界比重
知识创造	学术部门百万元研究与发展经费科学论文被引次数,万名研究人员科技论文数,有效专利数量占世界比重,百万人口发明专利申请数,亿美元经济产出发明专利授权数
企业创新	三方专利数占世界比重,企业研究与发展经费占增加值比重,万名企业研究人员 PCT 专利申请数,综合技术自主率,企业研究人员占全部研究人员比重
创新绩效	劳动生产率,单位能源消耗的经济产出,知识密集型产业增加值占 GDP 比重,高技术产业出口占制造业出口的比重,知识密集型产业增加值占世界比重
创新环境	知识产权保护力度,政府规章对企业负担影响,宏观经济环境,当地研究与培训专业服务状况,反垄断政策效果,企业创新项目获得风险资本支持的难易程度,员工收入与效率挂钩程度,产业集群发展状况,企业与大学研究与发展协作程度,政府采购对技术创新影响

注：指标数据主要来源于《中国科技统计年鉴》、OECD 主要科技指标、世界银行发展指标数据库、美国科学工程指标、世界知识产权组织、汤森路透统计数据以及联合国教科文组织统计所数据库等。

资料来源：中国科学技术发展战略研究院：《国家创新指数报告 2018》，科学技术文献出版社，2018。

（七）国家层面创新指数总结比较

国家层面创新指数指标体系以多维度的指标为基础，深入评估了国家或地区的创新能力、投入和产出。各指标体系普遍具备全球视野，在评价对象、评价机构、指标框架特点上存在显著差异。其中，评价对象涵盖了世界主要国家、欧盟成员国、特定地区以及科技活跃的国家。在指标框架方面，各指数采用了不同的维度和指标，如创新投入和产出、知识经济的基础建设、经济、政府效率、业务效率等。此外，各指标体系都有独特的特点，例如一些指标强调创新过程，一些注重整体创新，还有些专注于特定领域，如科技密度、研发强度等（见表7）。这样的差异性为研究者和决策者提供了灵活性，可以根据具体需求选择合适的指标体系进行深入分析和比较。

表7　国家层面创新指数比较

名称	评价机构	评价对象	指标体系
全球创新指数	世界知识产权组织、康奈尔大学、欧洲工商管理学院	世界主要经济体	创新投入指数 创新产出指数
知识经济指数	世界银行	世界主要国家或地区	经济和体制机制 人口教育和技能 信息基础设施 创新体系
世界竞争力年鉴	瑞士洛桑国际管理发展学院	世界主要国家或地区	经济表现 政府效率 业务效率 基础设施
彭博创新指数	彭博社	约60个国家和地区	研发强度 制造业增加值 生产率 高科技密度 高等教育率 研发人员集中度 专利活动
欧洲创新记分牌	欧盟委员会	欧盟15国	框架条件 投资 创新活动 影响
中国国家创新指数	中国科学技术发展战略研究院	40个科技活动活跃的国家	创新资源 知识创造 企业创新 创新绩效 创新环境

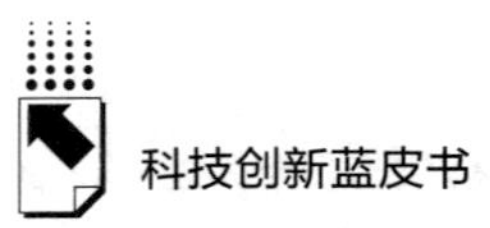

三　区域层面创新指数简述

（一）中国区域创新能力评价指数

《中国区域创新能力评价报告》由中国科技发展战略研究小组联合中国科学院大学中国创新创业管理研究中心编写，自1999年开始每年发布。中国区域创新能力评价指数指标体系包括5个一级指标、20个二级指标、40个三级指标和138个四级指标。其中，一级指标包括知识创造、知识获取、企业创新、创新环境和创新绩效（见表8）。

表8　中国区域创新能力评价指数指标体系

一级指标	二级指标
知识创造	研究开发
	专利综合指标
	科研论文综合指标
知识获取	科技合作综合指标
	技术转移综合指标
	外资企业投资综合指标
企业创新	企业研究开发投入综合指标
	设计能力综合指标
	技术提升能力综合指标
	新产品销售收入综合指标
创新环境	创新基础设施综合指标
	市场环境综合指标
	劳动者素质综合指标
	金融环境综合指标
	创业水平综合指标
创新绩效	宏观经济综合指标
	产业结构综合指标
	产业国际竞争力综合指标
	就业综合指标
	可持续发展与环保综合指标

资料来源：中国科技发展战略研究小组、中国科学院大学中国创新创业管理研究中心：《中国区域创新能力评价报告2023》，科学技术文献出版社，2023。

（二）中国区域科技创新评价指数

《中国区域科技创新评价报告》从 2015 年开始每年公开发行，由中国科学技术发展战略研究院编写，是对区域科技创新进行持续评价的年度报告。报告基于公开统计数据，对全国 31 个省、自治区、直辖市综合科技创新水平进行评价，对科技创新变化特征、发展态势和影响因素进行分析研究，旨在为地方科技管理决策提供参考和依据，为区域经济高质量发展提供研究支撑。报告从科技创新环境、科技活动投入、科技活动产出、高新技术产业化和科技促进经济社会发展等 5 个方面，选取 12 个二级指标和 43 个三级指标（见表 9）。

表 9　中国区域科技创新评价指数指标体系

一级指标	二级指标	三级指标
科技创新环境	科技人力资源	万人研究与发展(R&D)人员数,十万人博士毕业生数,万人大专以上学历人数,万人高等学校在校学生数,十万人创新中介从业人员数
	科研物质条件	每名 R&D 人员研发仪器和设备支出,科学研究和技术服务业固定资产占比,十万人累计孵化企业数
	科技意识	万名就业人员专利申请数,科学研究和技术服务业平均工资比较系数,万人吸纳技术成交额,有 R&D 活动的企业占比
科技活动投入	科技活动人力投入	万人 R&D 研究人员数,基础研究人员投入强度指数,企业 R&D 研究人员占比
	科技活动财力投入	R&D 经费支出占 GDP 比重,基础研究经费投入强度,地方财政科技支出占地方财政支出比重,企业 R&D 经费支出占营业收入比重,企业技术获取和技术改造经费支出占企业营业收入比重,上市公司 R&D 经费投入强度
科技活动产出	科技活动产出水平	万人科技论文数,获国家级科技成果奖系数,万人发明专利拥有量,每万人口高价值发明专利拥有量
	技术成果市场化	万人输出技术成交额,万元生产总值技术国际收入

续表

一级指标	二级指标	三级指标
高新技术产业化	高新技术产业化水平	高技术产业营业收入占工业营业收入比重,知识密集型服务业增加值占生产总值比重,高技术产品出口额占商品出口额比重,新产品销售收入占营业收入比重
	高新技术产业化效益	高技术产业劳动生产率,高技术产业利润率,知识密集型服务业劳动生产率
科技促进经济社会发展	经济发展方式转变	劳动生产率,资本生产率,综合能耗产出率,装备制造业区位熵
	环境改善	环境质量指数,环境污染治理指数
	社会生活信息化	万人移动互联网用户数,信息传输、软件和信息技术服务业增加值占生产总值比重,电子商务销售额占 GDP 比重

资料来源：中国科学技术发展战略研究院：《中国区域科技创新评价报告 2023》，科学技术文献出版社，2023。

（三）国家高新区创新能力评价指数

《国家高新区创新能力评价报告》由科学技术部火炬高技术产业开发中心、中国科学院科技战略咨询研究院编撰，自 2013 年开始发布。报告对我国国家高新区创新能力的发展水平进行评价，包括创新资源集聚、创新创业环境、创新活动绩效、创新国际化和创新驱动发展 5 个一级指标、25 个二级指标（见表 10）。

表 10　国家高新区创新能力评价指数指标体系

一级指标	二级指标
创新资源集聚	企业研究与试验发展人员全时当量,企业研究与试验发展投入占增加值比重,财政科技支出占当年财政支出比重,各类研发机构数量,当年认定的高新技术企业数量
创新创业环境	当年新增企业数占企业总数比重,各类创新服务机构数量,企业从业人员中海外留学归国人员所占比重,科技企业孵化器及加速器内企业数量,创投机构当年对企业的风险投资总额

续表

一级指标	二级指标
创新活动绩效	高新技术产业总收入占营业收入比重,企业100亿元增加值拥有知识产权数量,企业当年完成的技术合同交易额,高技术服务业从业人员占从业人员比重,企业净资产利润率
创新国际化	内资控股企业设立的海外研发机构数量,内资控股企业每万名从业人员拥有的欧美日专利授权数量及境外注册商标数量,技术服务出口占出口总额比重,企业当年引进国外技术和消化吸收再创新费用,企业从业人员中外籍常驻员工所占比重
创新驱动发展	园区GDP与所在城市GDP比例,企业单位增加值中劳动者报酬所占比重,规模以上企业万元增加值综合能耗,企业人均营业收入,全要素生产率

资料来源：科学技术部火炬高技术产业开发中心、中国科学院科技战略咨询研究院：《国家高新区创新能力评价报告2023》，科学技术文献出版社，2023。

（四）硅谷指数

硅谷指数（Index of Silicon Valley）由硅谷联合投资（Joint Venture Silicon Valley，创建于1992年的非营利机构）首创，后与硅谷社区基金会（Silicon Valley Community Foundation）共同编制和发布，自2001年起每年发布一次。评价维度和指标体系包含人口、经济、社会、空间和治理等（见表11）。

表11　硅谷指数指标体系

一级指标	二级指标
人口	人才流动与多样性
经济	就业,收入,创新创业,商业空间
社会	为经济成功做准备,早期教育与护理,艺术文化,健康质量,安全,慈善
空间	住房,交通,环境
治理	地方政府管理,公民参与,代表

资料来源：“Silicon Valley Index 2023”，Joint Venture Silicon Valley 2023。

（五）中关村指数

中关村指数在借鉴硅谷指数基础上，由北京方迪经济发展研究院、中关村创新发展研究院主导研制，于 2013 年开始发布。中关村指数包含创新引领、双创生态、产业发展、开放协同、宜居宜业 5 个一级指标、11 个二级指标、35 个三级指标，反映中关村创新发展的新动态、新特点、新趋势（见表 12）。

表 12　中关村指数指标体系

一级指标	二级指标	三级指标
创新引领	创新投入	全球顶尖科学家数量，全球 TOP500 高校和科研机构，企业研发经费投入强度
	创新产出	顶级科技奖项获奖数量（当量），ESI 高被引论文数量，累计主导创制国际标准数，PCT 专利申请量，每万从业人员当年发明专利授权数
双创生态	创业活力	全球杰出双创人才数量，29 岁及以下从业人员数，创新创业服务机构数，新注册科技型企业数
	成果转化与孵化	技术合同成交额，全球独角兽企业数，孵化机构毕业企业数量，企业当年获得股权投资额
产业发展	创新经济	高技术产业收入占比，国家高新技术企业总收入增速，科技型上市企业和新三板挂牌企业总市值
	质量效益	世界一流创新型领军企业数，劳动生产率，劳动生产率，地均产出，人均税收
开放协同	国际拓展	上市企业海外收入，出口总额，流向境外的技术交易合同成交额，企业境外直接投资额
	资源引入	留学归国人员和外籍从业人员数，外商实际投资额，跨国公司地区总部数
	区域辐射	流向外省市的技术交易合同成交额，企业外省市设立分子公司数量
宜居宜业	营商环境	全球营商环境综合评价
	生活品质	全球城市品质综合评价

资料来源：北京方迪经济发展研究院、中关村创新发展研究院：《中关村指数 2023》，https：//www. ncsti. gov. cn/kcfw/kchzhsh/2023zgczs/。

（六）区域层面创新指数总结比较

区域层面创新指数在评价特定地区的创新能力方面展现出一系列共同特点和独特之处。它们共同关注创新环境、资源、企业创新、创新产出、创新绩效等多个方面，采用多维度的指标以全面评估创新水平，评价对象涵盖了全国各省（区、市）、国家高新区以及硅谷地区等（见表13）。

表13　区域层面创新指数比较

名称	评价机构	评价对象	指标体系
中国区域创新能力评价指数	中国科技发展战略研究小组、中国科学院大学中国创新创业管理研究中心	中国31个省、自治区、直辖市	知识创造 知识获取 企业创新 创新环境 创新绩效
中国区域科技创新评价指数	中国科学技术发展战略研究院	中国31个省、自治区、直辖市	科技创新环境 科技活动投入 科技活动产出 高新技术产业化 科技促进经济社会发展
国家高新区创新能力评价指数	科学技术部火炬高技术产业开发中心、中国科学院科技战略咨询研究院	国家高新区	创新资源集聚 创新创业环境 创新活动绩效 创新国际化 创新驱动发展
硅谷指数	硅谷联合投资、硅谷社区基金会	硅谷地区	人口 经济 社会 空间 治理
中关村指数	北京方迪经济发展研究院、中关村创新发展研究院	中关村示范区企业	创新引领 双创生态 产业发展 开放协同 宜居宜业

四　城市/都市圈层面创新指数简述

（一）全球科技创新中心指数

全球科技创新中心指数（Global Innovation Hubs Index，GIHI）由清华大学产业发展与环境治理研究中心（Center for Industrial Development and Environmental Governance，CIDEG）联合自然集团发布。GIHI 秉承科学、客观、独立、公正的基本原则，从科学中心、创新高地和创新生态 3 个维度 31 个指标，评估了全球 100 个国际科技创新中心城市的发展状况（见表 14）。

表 14　全球科技创新中心指数指标体系

一级指标	二级指标	三级指标
科学中心	科技人力资源	活跃科研人员数量（每百万人），高被引科学家比例，顶级科技奖项获奖人数
	科研机构	世界领先大学数量，世界一流科研机构 200 强数量
	科学基础设施	大科学装置数量，超级计算机 500 强数量
	知识创造	高被引论文比例，论文被专利、政策、临床试验引用的比例
创新高地	技术创新能力	有效发明专利存量（每百万人），PCT 专利数量
	创新企业	创新领先企业数量，独角兽企业数量
	新兴产业	高技术制造业企业市值，新经济行业上市公司营业收入
	经济发展水平	GDP 增速，劳动生产率
创新生态	开放与合作	论文合著网络度中心度，专利合作网络度中心度，外商直接投资额（FDI），对外直接投资额（OFDI）
	创业支持	创业投资金额（VC），私募基金投资金额（PE），注册律师数量（每百万人）
	公共服务	数据中心（公有云）数量，宽带连接速度，国际航班数量（每百万人），电子政务水平
	创新文化	专业人才流入数量（每百万人），创意型人才数量（每百万人），公共博物馆与图书馆数量（每百万人）

资料来源：施普林格·自然集团、清华大学产业发展与环境治理研究中心：《国际科技创新中心指数 2022》，2022。

（二）城市科技创新能力评价

自2015年起，上海科学技术情报研究所、科睿唯安等机构每年发布一期国际大都市科技创新能力评价报告。报告选取全球50个城市为研究对象，构建了包含5个一级指标、10个二级指标和若干三级指标的评价体系（见表15）。

表15 城市科技创新能力评价指标体系

一级指标	二级指标	三级指标
创新趋势	技术创新趋势	PCT专利量，三年PCT专利的年均复合增长率
	学术创新趋势	学术论文量，三年学术论文的年均复合增长率
创新热点	技术创新热点	新兴技术PCT专利量，新兴技术PCT专利比重
	学术创新热点	新兴技术论文量，新兴技术论文比重
创新质量	技术创新质量	三年同族专利平均规模，三年平均权利要求，三年平均被引数量，三年高质量专利占比
	学术创新质量	三年论文平均被引量，三年高质量论文占比
创新主体	技术创新主体	领先研发机构数量及PCT专利量
	学术创新主体	领先学术机构数量及ESI论文量，全球高被引科学家数量
创新合力	技术创新合力	产学研专利量及占比，申请人合作量及占比，非专利引用量及占比
	学术创新合力	基金资助论文量及占比，国际合作论文量及占比，机构合作论文量及占比

资料来源：国际大都市科技创新评价中心、上海市前沿技术发展研究中心、上海科学技术情报研究所、科睿唯安：《2022国际大都市科技创新能力评价》，2022。

（三）全球城市竞争力标杆指数

全球城市竞争力标杆指数（The Global City Competitiveness Index）由英国经济学人智库（Economist Intelligence Unit）制定。该指数对全球120个主要城市群的8个一级指标和31个二级指标进行评价（见表16）。

表 16 全球城市竞争力标杆指数指标体系

一级指标	二级指标
经济实力	名义 GDP,人均 GDP,家庭年消费额大于 14000 美元,城市实际 GDP 增速,区域市场整合
人力资本	人口增长,劳动年龄人口,创业和冒险心态,教育质量,医疗质量,聘用外籍人士
制度有效性	选举程序和多元化,地方财政自治,征税,法治,政府效率
金融成熟度	金融集群的广度和深度,财富 500 强企业的数量
全球吸引力	国际航班频次,国际会议和公约编号,全球高等教育的领导者,国际著名智库
实物资本	基础设施质量,公共交通质量,电信基础设施质量
环境与自然灾害	自然灾害风险,环境治理
社会文化特征	言论自由和人权,开放多元,社会上犯罪的存在,文化活力

资料来源:"Hot Spots: Benchmarking Global City Competitiveness 2012", Economist Intelligence Unit 2012。

(四)全球科技创新中心评估指数

《全球科技创新中心评估报告》由上海市经济信息中心发布,对全球近 200 个主要创新城市或都市圈进行创新评估。基于全球通行、横向可比、纵向可考、动态更新的原则,该指数构建了包含基础研究、产业技术、创新经济、创新环境 4 个一级指标和 25 个二级指标的指标体系(见表 17)。

表 17 全球科技创新中心评估指数指标体系

一级指标	二级指标分类	二级指标名称
基础研究	论文发表	Nature Index,SCI 高引用论文
	一流大学	世界大学排名 Top200 上榜数量
	科研获奖	世界顶级科技奖励获奖人数
	科研设施	大科学设施数,超算中心科学计算能力

续表

一级指标	二级指标分类	二级指标名称
产业技术	专利申请	PCT 专利申请量
	高科技制造业	医药化工制造业福布斯 2000 企业上榜数,电子信息制造业福布斯 2000 企业上榜数,高端设备制造业福布斯 2000 企业上榜数
	生产性服务业	GaWC 生产性服务业世界一线城市分级
	企业研发投入	企业研发投入
创新经济	生产力水平	人均 GDP
	金融支撑	VC 募资,PE 募资,众筹募资
	企业活力	独角兽企业,企业创新力,企业成长性
创新环境	人才	高端职位供给
	便利化	航线连接性,高级宾馆
	宜居	宜居和生活质量
	繁荣	夜晚灯光亮度
	政策舆论	创新关键词检索

资料来源：上海市信息中心：《2017 全球科技创新中心评估报告》，2017。

（五）GN 中国城市综合竞争力评价指标体系

GN 中国城市综合竞争力评价指标体系对中国主要城市进行创新评价，由综合经济竞争力、产业竞争力、财政金融竞争力等 10 个一级指标和若干二级指标构成（见表 18）。

表 18　中国城市综合竞争力评价指标体系

一级指标	二级指标
综合经济竞争力	城市规模指数,城市效率指数,城市国际吸引指数,城市居民生活指数
产业竞争力	产业规模指数,产业贡献指数,产业效率指数,产业结构指数,产业国际化指数,产业集群指数
财政金融竞争力	财政金融规模指数,财政金融效率指数,金融资本质量指数,金融资本可获得指数,金融业人力资本指数

续表

一级指标	二级指标
商业贸易竞争力	国内商贸规模指数,外贸指数,商贸机构指数,商贸人力资本指数,居民消费指数
基础设施竞争力	基础设施投资指数,基础设施供应指数,居民居住指数,交通设施指数,对外交通设施指数,信息化设施指数,基础设施行业人力资本指数
社会体制竞争力	社会公平保障指数,社会治安指数,医疗保健指数,社会管理指数
资源、区位竞争力	区位指数,自然资源指数,环境资源指数,环境质量指数,环境改善投入指数
人力资本教育竞争力	人力资本规模指数,人力资本投入指数,人力资本素质指数,人力资本吸引指数,人力资本教育设施指数
科技竞争力	科技投入指数,科技人力资本指数,科研机构指数,科技创新指数,科研成果转化指数
文化形象竞争力	文化设施指数,文化意识指数,文化资源指数,城市营销能力指数

资料来源：中国城市竞争力研究会、中外城市竞争力研究院：《GN 中国城市综合竞争力评价指标体系》，http：//www. gqfgi. com/Ch/NewsView. asp？ ID = 262&SortID = 23。

（六）中国城市科技创新发展指数

《中国城市科技创新发展报告》是由首都科技发展战略研究院、中国社会科学院城市与竞争力研究中心和北京师范大学创新发展研究院联合发布的重要成果，按照逻辑性、代表性、可比性和导向性原则构建了中国城市科技创新发展指数指标体系，以综合反映中国城市之间的创新发展差异。其中，一级指标共 4 个，包括创新资源、创新环境、创新服务、创新绩效；二级指标共 10 个，包括创新人才、研发经费、政策环境、信息环境、创业服务、金融服务、科技产出、经济发展、绿色发展、辐射引领；三级指标共 21 个（见表 19）。

表 19 中国城市科技创新发展指数指标体系

一级指标	二级指标	三级指标
创新资源	创新人才	居民中大专以上学历人数比重,万名从业人员中科学技术人员数
	研发经费	地方财政科技投入占地方财政支出比重,R&D 投入强度
创新环境	政策环境	每万人吸引外商投资额,平均融资披露金额
	信息环境	人均教育经费,互联网宽带接入用户数
创新服务	创业服务	孵化器数量,在孵企业数
	金融服务	创业板上市和新三板、科创板挂牌企业数,A 股上市企业数
创新绩效	科技产出	每万人专利申请量,每万人发明专利授权量
	经济发展	地均 GDP,城镇居民人均可支配收入
	绿色发展	$PM_{2.5}$年均浓度,万元地区生产总值能耗
	辐射引领	国家技术转移示范机构数,中国大学 ESI 高被引论文数,科技创新型企业规模

资料来源：关成华、赵峥、刘杨等：《中国城市科技创新发展指数报告 2022》，科学技术文献出版社，2023。

（七）城市/都市圈层面创新指数总结比较

城市/都市圈层面创新指数致力于全球或中国特定城市科技创新能力评估，共同关注科技创新中心、科技创新能力、城市竞争力等不同层面，通过多维度的指标体系展现城市科技发展水平，为城市之间的创新能力差异提供了客观的分析工具。同时，在具体实施上不同指标体系存在差异（见表 20）。政府决策者、企业和学术研究者可以根据实际需求选择适用的评价指标体系，更全面地理解城市创新能力的现状和潜力。

表 20 城市/都市圈层面创新指数比较

名称	评价机构	评价对象	指标体系
全球科技创新中心指数	清华大学产业发展与环境治理研究中心、自然科研	全球 100 个国际科技创新中心城市	科学中心 创新高地 创新生态

续表

名称	评价机构	评价对象	指标体系
城市科技创新能力评价指数	上海科学技术情报研究所、科睿唯安	全球50个城市	创新趋势 创新热点 创新质量 创新主体 创新合力
全球城市竞争力标杆指数	英国经济学人智库	全球120个主要城市群	经济实力 人力资本 制度有效性 金融成熟度 全球吸引力 实物资本 环境与自然灾害 社会文化特征
全球科技创新中心评估指数	上海市经济信息中心	全球近200个主要创新城市或都市圈	基础研究 产业技术 创新经济 创新环境
GN中国城市综合竞争力评价指标体系	中国城市竞争力研究会、中外城市竞争力研究院	中国主要城市	综合经济竞争力 产业竞争力 财政金融竞争力 商业贸易竞争力 基础设施竞争力 社会体制竞争力 资源、区位竞争力 人力资本教育竞争力 科技竞争力 文化形象竞争力
中国城市科技创新发展指数	首都科技发展战略研究院、中国社会科学院城市与竞争力研究中心和北京师范大学创新发展研究院	中国城市	创新资源 创新环境 创新服务 创新绩效

五　企业层面创新指数简述

（一）中国企业创新能力评价指数

《中国企业创新能力评价报告》于 2016 年首次发布，旨在全面评价中国企业的创新活动和创新能力，为科技管理和决策提供参考。中国企业创新能力评价指数从创新投入能力、协同创新能力、知识产权能力、创新驱动能力 4 个维度对我国企业的创新能力进行评价（见表 21）。

表 21　中国企业创新能力评价指数指标体系

一级指标	二级指标	三级指标
创新投入能力	创新经费	创新经费投入占主营业务收入比重,R&D 经费支出占主营业务收入比重
	创新人力	R&D 人员占就业人员比重,就业人员中博士毕业生所占比重
	研发机构	研发机构 R&D 经费投入占企业 R&D 经费的比重,研发机构 R&D 人员投入占企业 R&D 人员的比重
协同创新能力	产学研合作	开展产学研合作的企业占全部企业的比重,企业 R&D 经费外部支出中高校和研究机构所占比重
	创新资源整合	技术引进经费占 R&D 经费的比重,消化吸收经费占技术引进经费的比重
	合作创新	开展合作创新的企业占全部企业的比重,合作申请专利量占专利申请总量的比重
知识产权能力	知识产权创造	企业发明专利申请量占专利申请量的比重,十万元 R&D 经费投入的发明专利申请量
	知识产权保护	拥有专利的企业数占全部企业的比重,万名企业就业人员发明专利拥有量
	知识产权运用	已实施发明专利占全部发明专利的比重,专利许可占转让收入与新产品销售收入的比重

续表

一级指标	二级指标	三级指标
创新驱动能力	创新价值体现	新产品营销费用占全部营销费用的比重,新产品销售收入占主营业务收入比重
	市场影响力	PCT 申请占发明专利申请的比重,有自主品牌的企业占全部企业比重
	经济社会发展	劳动生产率,综合能耗产出率

注：指标数据主要来源于《中国统计年鉴》、《中国科技统计年鉴》、OECD 主要科技指标、世界知识产权组织、国家统计局、企业创新调查等。

资料来源：中国科学技术发展战略研究院、中央财经大学经济学院：《中国企业创新能力评价报告 2021》，科学技术文献出版社，2022。

（二）科技型企业创新积分制

为引导金融机构精准支持科技创新，科技部自 2020 年起在国家高新区以试点形式，探索建立基于数据驱动、定量评价、积分赋能、精准支持科技创新发展的新型科技金融政策工具“创新积分制”，评价范围从试点高新区扩展至全国范围内的科技型企业，积分制应用场景也在持续深化。创新积分核心指标共涵盖 3 个一级指标和 18 个二级指标（见表 22）。

表 22　科技型企业创新积分制指标体系

一级指标	二级指标
技术创新指标	研发费用金额,研发费用增速,研发费用占营业收入的比重,研发费用占营业收入的比重,与主营业务相关的发明专利申请量,与主营业务相关的 PCT 专利申请量,企业技术合同成交额
成长经营指标	高新技术产品收入,营业收入,营业收入增长率,研究生以上人员占比,研发费用加计扣除所得税减免额,净资产利润率
辅助指标	吸纳应届毕业生人数,承担建设省级及以上研发或创新平台数量,获得省级及以上科技奖励数量,承担省级及以上科技计划项目数量,获得风险投资金额

资料来源：《科技部办公厅关于印发〈“创新积分制”工作指引（全国试行版）〉的通知》，https：//www. most. gov. cn/tztg/202408/t20240812_ 191380. html。

六 结论与讨论

创新指数指标体系的构建和应用在推动科技发展和社会进步中扮演关键角色。国家层面创新指数如全球创新指数，聚焦整个国家的创新生态，全面覆盖创新投入和产出等多个维度，反映了一个国家在制度、人力资源、科技产出等方面的整体创新水平。区域层面创新指数如中国区域创新能力评价指数，专注于国内不同的创新能力异质性。这些指数通过深入分析创新环境、资源、产出等关键指标，为地方政府提供了优化政策、促进创新发展的工具。城市都市圈层面创新指数如全球科技创新中心指数，凸显了城市在科技领域的竞争和合作关系。这些指数考量了科学中心、创新高地、创新生态等方面，为城市在全球竞争中谋求优势提供了重要参考。

企业层面创新指数相对较少，但企业创新能力对全球科技创新发展至关重要。企业是市场主体和经济社会发展的重要力量，企业创新已经成为我国科技创新事业的重要策源地。企业创新能力评估对引导金融资源配置、促进精准施策具有显著作用，是推动科技金融的重要政策工具。客观、可信的企业创新能力评价指数及科学、严谨的企业创新积分量化评价结果，可以进一步引导科技创新资源、财政优惠政策、金融资源、创业投资等向科技型企业精准集聚。GEII 2024 聚焦对全球企业创新能力的评价，致力于为全球科技创新提供深刻见解，深入挖掘并准确评价企业创新能力，为未来的科技进步和社会发展提供关键支持。

参考文献

关成华、赵峥、刘杨等：《中国城市科技创新发展指数报告 2022》，科学技术文献出版社，2023。

中国科学技术发展战略研究院：《国家创新指数报告 2018》，科学技术文献出版社，2018。

中国科技发展战略研究小组、中国科学院大学中国创新创业管理研究中心：《中国区域创新能力评价报告 2023》，科学技术文献出版社，2023。

产业篇

B.4

新一代信息技术产业全球企业科技创新发展评价

黄 颖　姜李丹　肖宇凡　李梓萌*

摘　要： 新一代信息技术产业是国民经济的战略性、基础性和先导性产业。在全球新一轮科技革命和产业变革蓬勃兴起的历史性交汇期，洞悉新一代信息技术产业发展与企业创新现状对掌握全球前沿科技的创新发展态势，进而优化科技资源配置和深化科技体制改革具有重要意义。研究发现，美日企业科技创新实力强劲，中国等新兴经济体呈现崛起态势；中美企业研发实力相当，中国企业引领辐射作用有待增强；技术创新有赖于基础科学的发展；各国企业积极融入全球创新生态，战略合作成为提升创新协作水平的关键手段。未来的优化路径包括明确新一代信息技术产业战略定位，形成数字技术有机赋能的“复合体”；培育科技创新龙头企业，高质量建设新一代信息技

* 黄颖，武汉大学信息管理学院副教授、博士生导师，主要研究方向为科技计量与科技创新管理；姜李丹，北京邮电大学经济管理学院副教授、硕士生导师，主要研究方向为科技政策创新与新兴技术治理；肖宇凡，武汉大学信息管理学院硕士研究生，主要研究方向为科技计量与科技管理；李梓萌，武汉大学信息管理学院本科生。

术产业集群“双核心”；加强新一代信息技术的基础研究，打造关键核心技术自主创新的“生态势”；持续深化国际交流和对外开放，打造互惠共赢的“协作生态”。

关键词： 新一代信息技术　知识创新　技术创新　创新协作

一　引言

习近平总书记指出：“整合科技创新资源，引领发展战略性新兴产业和未来产业，加快形成新质生产力。”① 其中，以人工智能、量子信息、移动通信、物联网、区块链等为代表的新一代信息技术迅猛发展，不断改变着人们的生产方式、生活方式和思维方式，② 促进数字经济与实体经济深度融合，加速重塑产业形态和商业模式，为加快形成新质生产力提供了重要支撑。2010 年 10 月，国务院正式提出新一代信息技术将被列入七大战略性新兴产业。作为科技革命中最密集、最具创新性的产业领域，新一代信息技术产业逐渐成为引领创新、推动经济可持续发展的主导力量。其中，“新一代”是新一代信息技术产业本质内涵的体现，主要指两个方面，一是技术领域发生革新，二是同其他产业之间存在融合性。这种本质内涵直接促进了信息技术产业“代际变迁”，即从传统电子产业逐渐转变为新一代信息技术产业。《战略性新兴产业分类（2018）》明确提出新一代信息技术产业包括下一代信息网络、电子核心产业、新兴软件和

① 《加快形成新质生产力》，新华网，2023 年 11 月 9 日，http：//www. news. cn/politics/20231109/8d7cf7407d0443e18622c5aa5b227d4c/c. html。

② Tylecote A. , “Biotechnology as a New Techno-economic Paradigm That Will Help Drive the World Economy and Mitigate Climate Change,” *Research Policy* 48 （2019）：858－868；Stucki T. , Woerter M. , “The Private Returns to Knowledge：A Comparison of ICT，Biotechnologies，Nanotechnologies，and Green Technologies,” *Technological Forecasting and Social Change* 145 （2019）：62-81.

新型信息技术服务、互联网与云计算大数据服务、人工智能等产业，这些产业具有科技含量高、关联度高、集成度高、智能化程度高、应用性强等特点。

新一代信息技术作为人类发展进步的核心驱动力，正深刻改变着全球的战略格局。近年来，新一代信息技术成为世界各国战略竞争的重点领域和各国政府优先发展的重点方向。① 如美国在《2016~2045 年新兴技术趋势报告》中明确将信息技术视为未来科技发展的关键方向，同时《2022 财年国防授权法案》批准了 147 亿美元的研究支出，重点发展微电子、人工智能、5G 等新一代信息技术；日本先后发布《科学技术创新综合战略 2016》《日本制造业白皮书》《综合创新战略》等；欧盟于 2020 年 3 月发布《欧洲新工业战略》，支持发展对欧洲未来工业具有重要战略意义的关键使能技术，包括机器人技术、区块链、量子技术等，以增强欧盟在全球产业竞赛中的竞争力和在地缘政治角逐中的战略自主性。我国高度重视新一代信息技术发展，在云计算、大数据、人工智能等领域做出一系列战略部署。② 2016 年，国务院印发《“十三五”国家战略性新兴产业发展规划》，将新一代信息技术产业排在九大战略性新兴产业之首；2021 年《“十四五”信息化和工业化深度融合发展规划》指出，要推动新一代信息技术对产业全方位、全角度、全链条的改造创新，激发数据对经济发展的放大、叠加、倍增作用。2022 年，ChatGPT 横空出世。以 ChatGPT 为代表的大语言模型向世人展现了前所未有的能力，多模态大模型、视频生成大模型、具身智能、通用人工智能等前沿技术迅速发展，各国对人工智能的投资力度持续加大，新一代信息技术赛道的竞争越发激烈。

然而，新一代信息技术产业作为一种战略性新兴产业，在发展过程

---

① Oztemel E.，Gursev S.，“Literature Review of Industry 4.0 and Related Technologies，” *Journal of Intelligent Manufacturing* 31（2020）：127-182；Sahoo S.，Lo C. Y.，“Smart Manufacturing Powered byRecent Technological Advancements：A Review，” *Journal of Manufacturing Systems* 64（2022）：236-250；赵刚：《新一代信息技术产业发展的国际经验分享》，《中国科技财富》2011 年第 9 期。

② 娄峰：《新一代信息技术国内外发展现状与经验借鉴》，《科技智囊》2022 年第 12 期。

中仍然存在许多亟待解决的问题。从国际产业分工格局来看，发达国家主要从事技术研发、品牌营销等高附加值业务，占据电子信息产业价值链的高端环节，能够从中获取高额垄断利润。而中国传统电子信息产业以装配加工为主，产业所处价值链的位置不高，许多传统行业的发展惯性思维和路径依赖严重，关键核心技术发展落后于发达国家，数字化转型内生动力不足，产业配套数字化服务能力有待加强。从国内产业要素支撑来看，在我国经济由高速增长转向高质量增长的新阶段，要紧抓全球新一轮科技革命和产业变革蓬勃兴起的历史性机遇，全面突破新一代信息技术复合型人才短缺、关键核心技术源头供给不足、新旧动能转换韧性不强等发展困境，加快抢占未来科技和产业竞争制高点，构建全球竞争新优势。

结合客观数据和量化分析方法，本文评估了全球企业在知识创新、技术创新和创新协作等方面的综合表现。本文旨在回顾并清晰展现当前全球信息技术创新发展的全景，有助于理解全球信息技术领域的创新趋势，并为提升国家战略科技力量和攻克关键核心技术提供重要的决策依据。

二 发展态势分析

（一）发展格局

表 1 展示了 2023 年新一代信息技术产业综合排名前 20 的企业及其各项指标得分情况。结果显示，三星在全球企业创新指数中排名第一，华为和高通分别位居第二和第三，IBM 和谷歌跻身前五。其余综合排名前二十的企业分别为微软、爱立信、阿里巴巴、LG、诺基亚、苹果、英特尔、Meta、索尼、腾讯、亚马逊、日本电气、国家电网、佳能、NTT。

从发展模式来看，综合排名前二十的企业在不同科技创新维度的发展态势各异。三星在电子科技领域取得显著成就，特别是在半导体与显示技术方面展现出了非凡的实力，凭借其在技术创新和创新协作两个维度上的卓越表现，综合排名位居第一；华为多年来深耕通信设备与芯片技术，推动一批具有产业带动性的创新企业加速成长，其在知识创新、技术创新以及创新协作三个方面均具有显著优势，成功赶超其他企业，位列行业第二；高通具有行业领先的终端侧人工智能技术和能力，推动了智能手机、可穿戴设备、物联网终端等多个领域的发展，在技术创新维度有不错的表现，综合排名第三；IBM 深耕人工智能、混合云、量子计算等领域，各方面科研实力强劲，在知识创新、技术创新和创新协作三个维度均有不错的表现，综合排名第四；谷歌的科研人员经常在顶级学术期刊和会议上发表高水平论文，分享他们的研究成果和见解，并获得各类奖项和荣誉，其在知识创新维度表现突出，综合排名第五。

表 1　2023 年新一代信息技术产业全球企业创新指数 20 强

综合排名	企业	国家/地区	综合得分	知识创新	技术创新	创新协作
1	三星	韩国	87.56	79.11	91.58	85.57
2	华为	中国大陆	85.86	87.22	85.58	84.72
3	高通	美国	80.01	71.42	85.72	71.48
4	IBM	美国	78.75	80.27	78.46	77.38
5	谷歌	美国	77.49	83.28	75.04	77.61
6	微软	美国	77.15	80.93	75.68	76.71
7	爱立信	瑞典	75.89	73.92	77.87	71.25
8	阿里巴巴	中国大陆	74.37	76.17	72.87	77.42
9	LG	韩国	74.32	66.13	79.54	67.08
10	诺基亚	芬兰	74.22	76.16	73.80	72.68
11	苹果	美国	73.93	67.44	76.71	73.64
12	英特尔	美国	72.73	63.01	77.74	68.86
13	Meta	美国	72.45	80.15	70.62	66.98
14	索尼	日本	72.15	65.58	76.55	65.49

续表

综合排名	企业	国家/地区	综合得分	知识创新	技术创新	创新协作
15	腾讯	中国大陆	71.89	75.30	71.19	69.01
16	亚马逊	美国	71.53	70.23	72.77	68.78
17	日本电气	日本	71.50	70.27	72.62	69.06
18	国家电网	中国大陆	71.42	85.43	64.45	75.92
19	佳能	日本	71.36	63.01	76.72	63.87
20	NTT	日本	71.28	73.05	71.75	66.48

从区域分布情况来看，新一代信息技术领域全球科技创新呈现“东亚—北美—欧洲”的发展格局。美国企业的科技创新水平在全球处于领先地位，其中，共有 38 家美国企业跻身新一代信息技术产业创新指数 100 强，企业整体科技创新实力较强。同时，日本和中国分别有 24 家、17 家企业进入新一代信息技术产业创新指数 100 强。其中，中国有 2 家企业进入 10 强，4 家企业跻身 20 强，是全球新一代信息技术产业发展的重要力量。而日本有 4 家企业进入 20 强，同样是新一代信息技术产业不容小觑的黑马。德国和韩国各有 5 家企业进入 100 强榜单，荷兰有 3 家企业上榜。

（二）知识创新

如表 2 所示，知识创新得分排名第一的企业是华为，其作为全球领先的信息与通信技术（ICT）解决方案供应商，重视研究与创新，投入高额研发经费，布局全球研发团队，采用先进的研发管理体系、加强知识产权保护、开展广泛的国际合作以及制定客户导向等研发策略，体现了其出类拔萃的知识创新能力。知识创新得分排名第二的是国家电网，其坚持科学研究与技术标准协同发展、推动创新合作，以强大的科技创新能力为依托，持续推动能源互联网和新型电力系统高质量发展。知识创新得分排名第三的是谷歌，其擅长利用大数据、人工智能等先进技术，不断优化其内部知识管理体系，促进跨学科知识的融合与碰撞。微软通过激发生态系统创新活力，全方位推进数字化转型，其知识创新得分排名第四。IBM 的知识创新得分位列第五，其作为全球领先的技术和服务供应商，积极融入下一代连接技术与数字体验的浪潮。

表 2 2023 年新一代信息技术产业全球企业知识创新得分 20 强情况

排名	企业	国家/地区	知识创新	知识创新产出	知识创新影响	知识创新扩散
1	华为	中国大陆	87.22	93.10	83.13	83.65
2	国家电网	中国大陆	85.43	97.88	80.04	71.31
3	谷歌	美国	83.28	78.10	84.10	92.04
4	微软	美国	80.93	79.39	82.17	81.52
5	IBM	美国	80.27	75.99	82.38	84.63
6	Meta	美国	80.15	66.58	92.21	83.14
7	三星	韩国	79.11	83.61	77.98	72.34
8	阿里巴巴	中国大陆	76.17	74.35	80.43	71.29
9	诺基亚	芬兰	76.16	72.70	80.71	73.97
10	腾讯	中国大陆	75.30	75.73	79.11	66.79
11	南方电网	中国大陆	74.16	77.29	77.00	62.20
12	百度	中国大陆	74.10	69.90	81.18	68.34
13	爱立信	瑞典	73.92	68.84	80.08	71.73
14	NTT	日本	73.05	73.93	75.00	67.37
15	赛富时	美国	72.99	60.92	90.13	62.87
16	中国移动	中国大陆	71.48	66.72	78.70	66.55
17	高通	美国	71.42	66.01	77.81	69.48
18	西门子	德国	71.16	67.07	77.98	65.68
19	博世	德国	70.86	66.09	76.66	68.78
20	通用电气	美国	70.64	64.09	77.88	69.25

从知识创新产出情况来看，如表 3 所示，在 Web of Science 论文数上，国家电网、华为、三星、南方电网、微软位列前五；在被引排名前 10%论文数上，华为、国家电网、腾讯的高质量论文占比较高；在第一/通讯作者论文数上，国家电网位列第一，作为世界领先的电力能源企业，其不仅在电力输送与分配领域具有举足轻重的地位，还积极投身基础科学研究与技术创新。国家电网不断提升自身的技术实力和市场竞争力，为电力行业的可持续发展和全球能源转型做出了重要贡献。

表 3　2023 年新一代信息技术产业全球企业知识创新产出 20 强表现

单位：篇

企业	Web of Science 论文数	被引排名前 10% 论文数	第一/通讯作者论文数
国家电网	619.6	53.9	133.8
华为	473.6	64.1	96.1
三星	299.5	26.1	117.8
微软	227.0	36.8	68.7
谷歌	205.0	35.7	62.8
南方电网	274.8	19.4	73.7
IBM	173.0	28.9	62.8
腾讯	182.7	40.6	33.7
阿里巴巴	197.3	30.8	37.1
NTT	132.9	6.9	96.7
诺基亚	123.4	23.6	51.5
百度	107.9	20.7	32.8
爱立信	116.2	12.1	38.4
意法半导体	103.6	4.8	42.3
西门子	93.5	8.7	32.6
中国移动	93.0	11.4	23.6
Meta	64.5	16.5	17.7
英飞凌	81.0	5.9	34.7
博世	65.7	6.0	34.4
高通	72.0	9.3	25.3

从知识创新影响来看，如表 4 所示，在篇均论文被引频次上，赛富时位居第一，作为全球领先的客户关系管理解决方案提供商，其不仅在推动企业数字化转型和增强客户体验方面树立了行业标杆，背后的研发团队同样在技术创新与学术研究上展现出卓越实力；在学科规范化引文影响力（CNCI）上，在知识创新影响 20 强中有 17 家企业的 CNCI 值大于 1，表明它们论文的被引表现高于全球平均水平；在施引文献国家分布上，国家电网的学术研究成果被来自全球 97.0 个国家和地区的研究人员引用。

表 4　2023 年新一代信息技术产业全球企业知识创新影响 20 强表现

企业	篇均论文被引频次（次）	学科规范化引文影响力	论文施引国家数（个）	论文施引国家多样性
Meta	35.37	5.66	74.8	2.94
赛富时	50.18	6.58	40.1	1.99
谷歌	18.72	2.45	79.0	2.82
华为	9.94	2.02	95.8	2.73
IBM	9.04	1.80	82.7	3.09
微软	10.55	2.10	82.3	2.79
百度	12.63	2.24	72.6	2.58
诺基亚	8.03	1.38	70.5	3.23
阿里巴巴	8.68	1.93	79.0	2.53
爱立信	6.23	1.07	69.9	3.32
国家电网	5.42	0.89	97.0	2.52
腾讯	9.61	1.66	72.5	2.39
飞利浦	6.91	1.26	56.6	3.21
中国移动	9.49	1.31	64.6	2.71
三星	4.56	0.81	71.5	2.82
西门子	4.83	0.84	63.5	3.05
通用电气	7.35	1.23	57.4	2.86
联想	13.23	2.43	42.8	2.36
高通	7.51	1.49	53.7	2.83
日本电气	5.81	1.06	53.0	3.03

从知识创新扩散表现来看，如图 1 所示，专利引用频次反映了知识创新成果对以专利为代表的技术创新成果的影响。其中，华为的专利引用频次居于首位，其次为谷歌和诺基亚；从政策引用频次来看，谷歌、IBM、通用电气、微软和华为等企业的学术研究成果在各国出台政策文件时被广泛采纳并引用；媒体关注频次也相对直观地体现了创新主体的社会影响力。Meta、微软、泰雷兹等企业的学术研究成果得到社会各界较高的关注，其知识创新成果在全球范围内广泛传播。

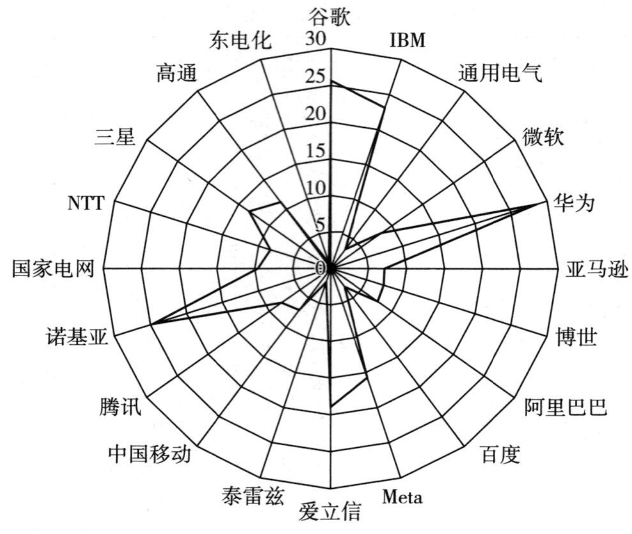

（1）专利引用频次

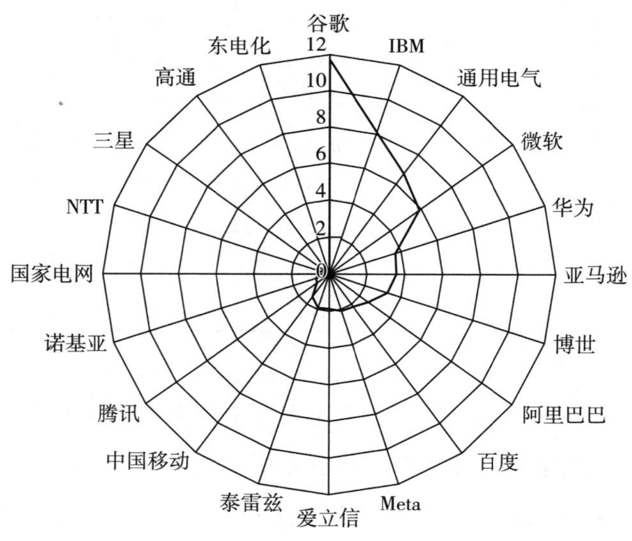

（2）政策引用频次

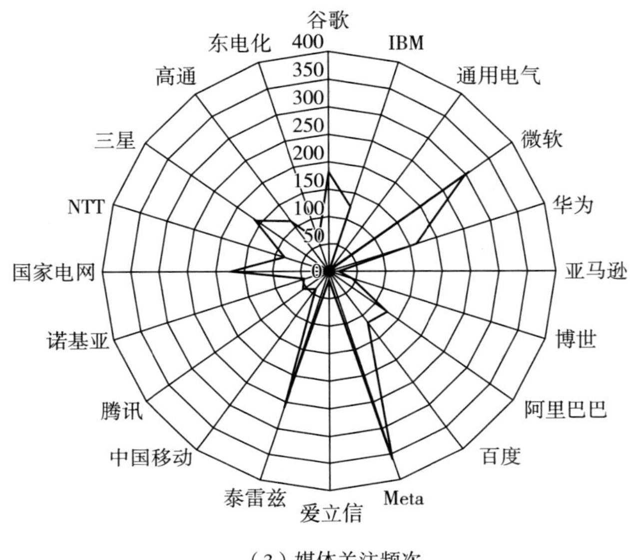

（3）媒体关注频次

图 1　2023 年新一代信息技术产业全球企业知识创新扩散 20 强表现

（三）技术创新

如表 5 所示，三星在新一代信息技术产业中技术创新得分居首位。该公司在芯片产业的上下游环节进行多方面布局，迅速确立了其在全球芯片领域的领先地位。高通位列第二，其在移动连接和终端侧人工智能领域处于领先地位，提供先进的芯片、模块、软件及服务。华为排名第三，其主要从事通信设备生产和销售，为全球通信运营商及专业网络所有者提供硬件、软件、服务和解决方案。LG 和 IBM 也跻身技术创新前 5 位。

表 5　2023 年新一代信息技术产业全球企业技术创新得分 20 强情况

排名	企业	国家/地区	技术创新	技术创新产出	技术创新质量	技术创新影响
1	三星	韩国	91. 58	94. 35	91. 11	85. 81
2	高通	美国	85. 72	76. 80	94. 27	86. 66
3	华为	中国大陆	85. 58	84. 91	85. 85	86. 58
4	LG	韩国	79. 54	76. 13	79. 94	87. 06

续表

排名	企业	国家/地区	技术创新	技术创新产出	技术创新质量	技术创新影响
5	IBM	美国	78.46	69.03	87.18	80.27
6	爱立信	瑞典	77.87	70.63	84.14	80.32
7	英特尔	美国	77.74	69.91	83.13	83.84
8	佳能	日本	76.72	69.43	79.85	87.11
9	苹果	美国	76.71	66.60	82.76	86.84
10	索尼	日本	76.55	71.38	78.32	85.06
11	微软	美国	75.68	67.21	81.41	82.54
12	谷歌	美国	75.04	66.56	79.25	85.74
13	诺基亚	芬兰	73.80	64.73	80.50	79.77
14	松下	日本	73.69	66.31	75.98	86.45
15	京东方	中国大陆	73.60	70.44	74.19	80.04
16	OPPO	中国大陆	73.23	67.21	75.31	83.06
17	飞利浦	荷兰	73.17	64.49	76.21	87.24
18	阿里巴巴	中国大陆	72.87	64.44	77.12	83.30
19	亚马逊	美国	72.77	62.14	76.47	90.08
20	通用电气	美国	72.71	61.12	80.68	81.78

从技术创新产出情况来看，如表 6 所示，在发明专利数上，三星、华为和 LG 位列前三，分别达 14679.4 件、8649.8 件、6454.3 件；在非单方专利数上，三星、华为和 LG 位居前三，高通和佳能位居第四和第五；在三方专利数上，三星、华为、高通、IBM 和 LG 位于第一梯队；在 PCT 专利数上，华为和高通具有突出优势，分别以 4441.9 件和 2746.1 件位居第一和第二，爱立信、LG 和索尼也拥有较多的 PCT 专利数。

表 6　2023 年新一代信息技术产业全球企业技术创新产出 20 强表现

单位：件

企业	发明专利数	非单方专利数	三方专利数	PCT 专利数
三星	14679.4	12801.0	13315.6	1932.1
华为	8649.8	5544.2	6303.6	4441.9
高通	5634.0	3405.2	5572.9	2746.1
LG	6454.3	3791.4	4691.6	2355.3

续表

企业	发明专利数	非单方专利数	三方专利数	PCT 专利数
索尼	2978.5	2651.9	2946.6	2289.6
爱立信	2663.7	2020.1	2622.1	2376.6
京东方	4260.1	2823.1	2840.9	1452.3
英特尔	3637.6	1911.8	3490.8	1510.4
佳能	4363.0	3315.5	4316.9	311.3
IBM	4785.8	1158.6	4770.0	599.4
NTT	2125.7	1622.7	2107.8	1500.3
微软	2572.4	1581.0	2541.2	1067.6
OPPO	3635.4	1245.9	1467.7	1215.3
三菱	2033.8	1350.9	2009.0	1239.6
苹果	2703.7	1110.4	2479.5	938.7
谷歌	2291.0	1276.2	2257.2	1063.6
台积电	3967.1	1729.4	3173.6	13.7
松下	2064.0	1434.3	2030.7	1042.5
日本电气	1911.3	1198.4	1901.8	1131.8
TCL	2860.6	1345.0	1361.7	792.1

从技术创新质量来看，如表 7 所示，就专利转让而言，三星的专利转让活动最为活跃，IBM 和高通的专利转让数分别位居第二和第三。专利的权利要求数量是衡量专利质量的重要指标，高通的平均权利要求数为 26.01 项。高通是一家美国的无线电通信技术研发公司，在以技术创新推动无线通信发展方面扮演重要角色。专利家族国家数可以用来表征专利市场的布局情况，高通和爱立信的专利家族国家数分别为 49.8 个和 46.2 个，通用电气和华为分别为 45.8 个和 40.6 个，其余企业的专利家族国家数均在 40.0 个以下。

表 7　2023 年新一代信息技术产业全球企业技术创新质量 20 强表现

企业	专利转让数(件)	平均权利要求数(项)	专利家族国家数(个)
高通	2581.9	26.01	49.8
三星	4522.9	16.11	39.3
IBM	3981.5	17.63	27.4
华为	1923.5	19.49	40.6

续表

企业	专利转让数(件)	平均权利要求数(项)	专利家族国家数(个)
爱立信	963.5	18.81	46.2
英特尔	1825.6	19.68	31.3
苹果	1144.9	21.30	33.7
微软	1488.0	17.77	32.9
通用电气	203.1	17.00	45.8
诺基亚	752.8	17.85	37.3
LG	1824.4	12.63	35.3
佳能	1281.8	13.94	37.9
谷歌	1145.9	18.54	27.0
索尼	1007.8	15.05	32.8
康普	168.4	20.01	26.8
阿里巴巴	1385.5	16.75	20.6
交叉科技	277.8	16.52	32.7
台积电	1927.0	18.32	10.6
美光科技	1345.3	20.20	11.6
康宁	121.4	20.24	24.5

从技术创新影响来看，如表8所示，在篇均专利被引频次上，字节跳动的篇均专利被引频次为5.01次，其次为亚马逊、Meta和应用材料。就专利施引国家数而言，佳能、LG、三星、高通和亚马逊的专利得到了其他国家/地区发明人的广泛借鉴。专利施引国家多样性的统计结果显示出一定的差异，东电电子和三菱的专利施引国家多样性最高，达到1.08，其次为电装。在技术创新影响力排名前20的新一代信息技术产业企业中，专利施引国家数和专利施引国家多样性的平均值分别为6.1个和0.88，表明以上企业的专利得到全球诸多国家的借鉴和参考。

表8　2023年新一代信息技术产业全球企业技术创新影响20强表现

企业	篇均专利被引频次(次)	专利施引国家数(个)	专利施引国家多样性
亚马逊	4.37	7.1	0.58
应用材料	2.66	5.9	1.00
三菱	2.00	5.8	1.08

续表

企业	篇均专利被引频次(次)	专利施引国家数(个)	专利施引国家多样性
飞利浦	2.44	6.6	0.85
佳能	1.81	7.5	0.83
LG	1.97	7.4	0.81
苹果	2.64	6.9	0.72
高通	1.82	7.2	0.84
华为	1.66	6.7	0.95
丰田	2.24	5.9	0.94
松下	2.00	6.2	0.94
阿斯麦	2.03	5.6	1.03
东电电子	2.11	5.1	1.08
日立	1.98	5.6	1.01
三星	1.82	7.3	0.75
谷歌	2.33	6.2	0.81
电装	2.11	4.9	1.06
Meta	3.55	5.6	0.60
腾讯	1.82	5.6	0.97
字节跳动	5.01	2.9	0.69

（四）创新协作

如表 9 所示，创新协作得分排名第一的三星，其创新主体规模、创新主体地位得分均位居第一，体现了该企业与世界众多研发主体的合作交流广泛且深入，在全球科学合作网络中占据重要地位；华为和谷歌位居第二和第三，其中华为的创新主体规模得分位居第三和创新主体地位得分位居第二；谷歌在创新主体地位上的表现突出，位居第三；阿里巴巴在创新协作水平上优势显著，位居第四；IBM 在三个维度上的表现均较好，位居第五。

表 9　2023 年新一代信息技术产业全球企业创新协作 20 强情况

排名	企业	国家/地区	创新协作	创新主体规模	创新主体地位	创新协作水平
1	三星	韩国	85.57	90.37	92.86	73.47
2	华为	中国大陆	84.72	80.52	90.20	83.44
3	谷歌	美国	77.61	74.60	86.04	72.20

续表

排名	企业	国家/地区	创新协作	创新主体规模	创新主体地位	创新协作水平
4	阿里巴巴	中国大陆	77.42	69.48	73.14	89.63
5	IBM	美国	77.38	77.91	82.74	71.49
6	微软	美国	76.71	77.82	80.93	71.39
7	国家电网	中国大陆	75.92	83.22	69.34	75.20
8	苹果	美国	73.64	69.84	81.06	70.01
9	诺基亚	芬兰	72.68	66.61	81.88	69.56
10	高通	美国	71.48	67.43	82.27	64.75
11	爱立信	瑞典	71.25	67.20	78.86	67.68
12	松下	日本	69.18	64.28	78.39	64.86
13	日本电气	日本	69.06	64.90	78.80	63.49
14	腾讯	中国大陆	69.01	68.65	70.19	68.19
15	英特尔	美国	68.86	68.64	69.71	68.23
16	亚马逊	美国	68.78	66.66	75.55	64.11
17	东芝	日本	68.64	64.21	78.43	63.29
18	西门子	德国	67.45	65.71	71.97	64.68
19	南方电网	中国大陆	67.17	70.49	65.74	65.30
20	LG	韩国	67.08	68.03	70.27	62.95

从创新主体规模来看，如表 10 所示，在论文合著者数量方面，排名前五的企业分别是国家电网、华为、三星、南方电网和微软。其中，国家电网的论文合著者数量高达 2951.9 人，表明其与各方携手共同探索科技价值，全面深化数字化转型；在专利发明人数量上，三星拥有最高的专利发明人数量，达到 15938.4 人，为断层第一。

表 10　2023 年新一代信息技术产业全球企业创新主体规模 20 强表现

单位：人

企业	论文合著者数量	专利发明人数量
国家电网	2951.9	2706.8
华为	2314.9	3984.6
三星	1530.5	15938.4
南方电网	1290.5	1550.3

续表

企业	论文合著者数量	专利发明人数量
微软	1248.9	7545.7
谷歌	1213.6	5196.5
阿里巴巴	1127.6	1624.2
IBM	1059.4	8631.1
腾讯	966.3	1833.3
诺基亚	594.1	2206.4
西门子	570.0	1627.3
爱立信	546.9	2926.5
NTT	516.9	2563.8
亚马逊	416.9	3199.4
高通	317.1	4335.0
苹果	252.7	6578.3
台积电	202.2	3688.3
LG	91.9	6009.3
英特尔	19.3	6877.3
佳能	19.3	4770.1

从创新主体地位来看，如表11所示，在论文合著网络度中心度上，华为、谷歌、诺基亚、微软和苹果在创新合作网络中扮演着十分重要的角色；在专利合作网络度中心度上，三星在专利合作方面表现十分突出，专利合作网络度中心度为18.60。

表11　2023年新一代信息技术产业全球企业创新主体地位20强表现

企业	论文合著网络		专利合作网络	
	度中心度	特征向量中心度	度中心度	特征向量中心度
华为	15.10	0.81	10.20	0.49
谷歌	13.80	0.85	6.20	0.35
诺基亚	13.30	0.74	4.80	0.17
微软	12.30	0.80	2.50	0.19
苹果	11.40	0.53	7.00	0.33
高通	11.10	0.73	6.60	0.26

续表

企业	论文合著网络		专利合作网络	
	度中心度	特征向量中心度	度中心度	特征向量中心度
IBM	9.90	0.56	9.50	0.44
亚马逊	9.80	0.66	1.70	0.04
三星	9.60	0.55	18.60	0.97
爱立信	9.00	0.55	5.70	0.33
阿里巴巴	8.20	0.55	1.60	0.04
Meta	8.10	0.58	0.80	0.04
西门子	7.20	0.35	3.70	0.11
日本电气	6.30	0.30	10.70	0.52
丰田	2.90	0.10	9.10	0.54
松下	1.20	0.09	15.10	0.82
三菱	0.80	0.04	9.50	0.55
东芝	0.70	0.05	15.50	0.88
夏普	0.70	0.01	8.80	0.50
电装	0.50	0.01	9.30	0.59

从创新协作水平来看，如图2所示，在国际合作论文数上，华为以197篇国际合作论文遥遥领先，表明其进行了频繁且积极的跨国科研合作；在合作专利数上，排名前五的企业分别是阿里巴巴、蚂蚁集团、苹果、英特尔和国家电网。

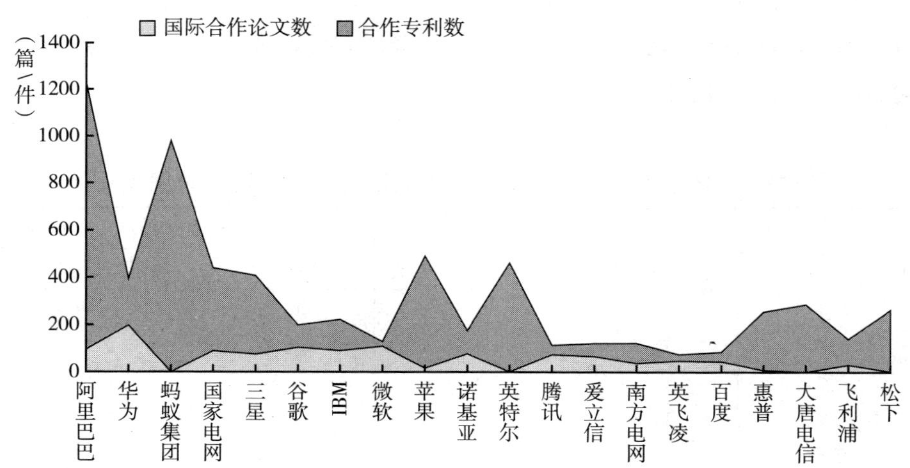

图2　2023年新一代信息技术产业全球企业创新协作水平20强表现

三　研究结论与优化路径

（一）研究结论

基于上述分析结果，本文主要得到以下四个结论。

第一，美日企业科技创新实力强劲，中国等新兴经济体呈现崛起态势。在综合排名前100的新一代信息技术企业中，美国和日本的企业各占据38席和24席，合计超过半数，说明美国和日本企业在新一代信息技术领域表现出了卓越的综合实力。以高通、IBM、谷歌和微软等为代表的美国企业在引领全球科学研究、集聚科技创新要素等方面具有突出的竞争力，科技创新综合实力遥遥领先。以华为、阿里巴巴、腾讯和国家电网为代表的中国企业快速崛起，逐步实现高水平科技自立自强。韩国企业占据的席位虽少，但三星和LG在全球科技创新格局中的地位十分重要。从全球范围来看，信息技术给后发国家/地区的创新创业发展提供了重要的机会窗口，亚洲地区凭借众多新崛起的数字创新高地，打破欧美“双寡头”垄断的格局，形成“东亚—北美—欧洲”的演进态势。东亚地区，特别是日本、中国和韩国等的企业在新一代信息技术产业表现卓越，其不仅在数字化技术创新方面取得了显著进展，还在市场应用和国际合作方面展现出强大的综合实力。

第二，中美企业研发实力相当，中国企业引领辐射作用有待增强。在新一代信息技术产业知识创新20强中，有7家企业来自美国。可见，该国企业在新一代信息技术产业的基础科学研究中展现出较强的实力。其中，谷歌、微软、IBM和Meta等美国企业的知识创新影响和扩散能力遥遥领先，展现了美国知名企业在新一代信息技术产业基础研究上具有较大的影响力。中国企业的科学研究实力也较为突出，共有7家企业进入20强，分别是华为、国家电网、阿里巴巴、腾讯、南方电网、百度和中国移动。这些企业在不断推进基础研究的同时，应着力提升其学术影响力。对于 Meta、赛富时、谷歌和微软等具有较高学术影响力的企业，它们在此基础上打造核心技术，并促进技术的扩散与汇聚，是增强其知识创新实力并提升知识创新水平的重要举措。

第三，技术创新有赖于基础科学的发展，三星、高通与华为领跑全球。新一代信息技术产业技术创新维度前 5 位的企业在综合排名中也表现不俗，说明技术创新才是企业赢得未来的关键。在新一代信息技术产业的技术创新维度，有 8 家美国企业跻身 20 强，体现出美国不俗的技术创新实力。企业高质量发展离不开科学技术，三星与华为的技术创新实力尤其突出。三星专注于开发芯片制造领域的前沿生产技术，并在这一技术领域成功超越了台积电。同时，三星通过加大对芯片及相关技术的研发投入，取得了大量专利，从而显著增强了其知识产权的保护壁垒。未来，各国仍要加强多种技术要素的协同创新，持续构建和提升差异化优势，支持产品和解决方案的持续领先。

第四，各国企业积极融入全球创新生态，战略合作成为提升创新协作水平的关键手段。当今世界，新一轮科技革命和产业变革蓬勃兴起，对推动全球科技创新协作意义重大、影响深远。创新协作水平前 5 位的企业来自韩国、中国和美国，它们在一定程度上代表了不同经济体在国际合作、全球治理方面的范式。美国和中国企业在新一代信息技术产业技术协作网络中居于主导位置，在创新协作 20 强中分别占据了 7 个和 5 个席位。三星、华为、谷歌、阿里巴巴和 IBM 始终以开放的姿态融入全球创新网络，持续与学界、产业界开展深度合作，共同推动新一代信息技术产业创新发展。三星作为全球领先的科技企业，不仅在中国市场深耕多年，更积极参与中国经济的高质量发展进程，与中国政府及各界合作伙伴携手构建了互利共赢的创新生态体系。在科研领域，三星同样展现出强大的国际影响力，其论文合著者数量与国际合作论文数量均名列前茅，充分彰显了其在科技创新与国际合作方面的卓越实力。华为与国家电网在创新协作方面表现卓越。双方携手在 5G 智慧电网领域取得重大突破，通过分布式光伏并网控制、配电自动化等应用，加速构建新型电力系统。此外，华为

IdeaHub 等智能协作产品也获得了国家电网的广泛认可，助力提升电力行业的办公效率与协同能力，展现了双方在科技创新与数字化转型中的紧密合作与取得的显著成效。

（二）优化路径

作为科技革命中最密集、最具创新性的产业领域，新一代信息技术产业已成为引领创新、推动经济可持续发展的主导力量。[①] 立足我国新一代信息技术产业的发展现状与发展态势，提出以下优化路径，以迎接未来的机遇与挑战，力争在关键领域抢占竞争制高点，[②] 支持和促进新一代信息技术产业发展。

其一，明确新一代信息技术产业战略定位，形成数字技术有机赋能的“复合体”。我国新一代信息技术产业赋能、赋值、赋智作用深入显现，面向教育、金融、能源、医疗、交通等领域典型应用场景的软件产品和解决方案不断涌现。[③] 新一代信息技术产业是多种产业的基础。[④] 新一代信息技术产业通过向信息通信技术（ICT）以外的其他产业渗透，带来生态链的重构、新业态的形成，为其他行业创造价值和新的空间。我国有条件、有能力把握以数字技术为核心的新一代科技和产业变革历史机遇，加快发展数字经济，促进数字经济与实体经济深度融合，实现区域高质量可持续发展。[⑤] 一

① Han B., Li S., “Software and Information Technology Service Industry and China's Economic Growth,” *The Journal of Quantitative & Technical Economics* 35 (2018): 128-141.

② 樊睿、于明：《新一代信息技术产业面临的挑战及未来发展趋势》，《中国工业和信息化》2023 年第 7 期。

③ 余晓晖：《新一代信息技术产业：“十三五”仍将保持高速创新发展》，《中国战略新兴产业》2017 年第 1 期。

④ Guo T., Ding X., Ren X., “The Relationship Among Institutional Environment, Business Model and Innovation Performance—Based on the Simulation Analysis of System Dynamics,” *Management Review* 31 (2019): 193-206; Soogwan D., “Social Entrepreneurship and Regional Economic Development: The Case of Social Enterprise in South Korea,” *Sustainability* 12 (2020): 1-20.

⑤ Cheng L. et al., “The Penetration of New Generation Information Technology and Sustainable Development of Regional Economy in China—Moderation Effect of Institutional Environment,” *Sustainability* 13 (2023): 1163.

方面，利用新的信息技术对传统产业进行全方位、全链条的改造，赋能传统产业转型升级，催生新产业、新业态、新模式，全面提高实体经济的质量、效益和竞争力，打造数字经济形态下的实体经济，进而壮大经济发展新引擎，推动经济体系优化升级。另一方面，以数字平台资源整合赋能实体经济组织变革，利用平台企业促进传统行业的效率提升。围绕数字平台构建一个广泛参与、资源共享、精准匹配和紧密协作的产业生态系统，打破传统的产业与企业的边界，推动生产组织模式向平台化和生态化转型。

其二，培育科技创新龙头企业，高质量建设新一代信息技术产业集群“双核心”。根据世界知识产权组织发布的《2023 年全球创新指数》（GII），中国是集群数量最多的国家。科技集群通过把科学、企业和企业家集聚在一起，使得这些城市或区域能够建立一个生态系统，将科学创意转化为切实的影响力。我国的新一代信息技术产业 100 强企业初步形成了以深圳和北京为首的科技产业集聚效应：总部位于深圳的企业有华为、腾讯、中兴通讯、OPPO，总部位于北京的企业有百度、中国移动、京东方、联想、大唐电信、小米、字节跳动。新一代信息技术产业的集聚效应初显，未来将从产业链分工切入，布局各个创新集群的优势子产业。一是以区域性布局新一代信息技术产业集群为核心，做优做强网络通信、智能计算、高端软件、集成电路等特色优势产业集群，进一步推动未来网络、区块链、第三代半导体、能源电子等未来产业能级跃升。二是以龙头企业为核心构建新一代信息技术产业集群，发挥龙头企业的辐射带动作用，促进产业链上细分领域小微企业技术创新；同时鼓励龙头企业采取兼并、收购等多种方式整合产业链上下游资源，扶持专精特新中小企业发展，提高关键环节的本地配套能力，强化产业链耦合、协同，提升价值链水平。

其三，加强基础研究，瞄准新一代信息技术前沿，打造关键核心技术自主创新的“生态势”。高质量发展的核心是技术进步，相对科学原发国家而言，尽管我国在很多领域实现了技术突破，但依然有许多核心技术及关键零部件对外依赖度非常高，无论从供应链、产业链还是价值链来看，目前我国的技术水平大体上处于中游，亟须跨越“中等技术陷阱”，加快新一代信息技术各个子产业的核心技术创新突破。随着创新驱动型经济的发展，基础研究在科技创新和技术进步中的作用变得愈加重要。因此，需要加大对关键核心技术前端基础研究的投入，强化基础研发项目的资助，推动相关基础学科的发展，促进科学与教育以及产业与教育的融合，从而增强突破关键技术的基础研究能力。为实现产业结构的升级转型，以新一代信息技术产业为核心，将我国建设成新一代信息技术产业强国，必须在新一代信息技术产业的“代际变迁”和“演化裂变”过程中，紧跟信息技术的发展趋势。生成式人工智能的出现反映了人工智能技术的发展新趋势，即人工智能技术正在加快从感知智能向认知智能转变，为新一代信息技术产业带来巨大变革。中国作为人工智能领域发展的重要参与者，正加快在通用大模型领域的投资与研究。百度、腾讯、阿里巴巴、科大讯飞等大型科技公司纷纷加入大模型开发和应用的队伍。我国应持续提升对国际前沿领域的关注度和敏感度，实现由“跟跑”“并跑”向“领跑”的跨越。同时推动产品和服务领域的模式创新，以及价值链向上游延伸，最终构建全面的产业生态体系。协调多个创新主体，完善产业创新体系，推动科研主体与产业发展主体融合，发挥科研与产业发展的协同效应，确保创新资源的高效配置。完善创新成果转化机制，形成“基础研究—应用研究—产业化”的完整创新链。①

其四，持续深化国际交流和对外开放，打造互惠共赢的“协作生态”。新科技革命和产业革命将导致新的分化组合，发达国家与发展中国家将迎来新的挑战与机遇。一方面，我国需积极主导建设全面经济伙伴关系、全球性经济合作关系，强化与周边国家、RCEP 国家、“一带一路”共建国家、其他经济体间的经济与产业合作关系，实现利益一体化、产业链国际化、供给需求多样化等，冲破以美国为首的西方国家对我国信息技术产业发展的技术封锁，为我国新一代信息技术产业的快速发展营造良好的国际环境。另一方

① Wang F., Huang Z., “Analysis of International Competitive Situation of Key Core Technology in Strategic Emerging Industries: New Generation of Information Technology Industry as an Example,” *Plos One* 18 (2023): e0287034.

面，鼓励企业与国际优势企业共同研发，参与国际标准制定，提高新一代信息技术产业发展的国际话语权。推动企业积极拓展海外市场，构建跨境产业链体系。依托世界智能大会，打造产品展示、项目对接、峰会交流平台，提升新一代信息技术产业国际竞争力。

参考文献

樊睿、于明：《新一代信息技术产业面临的挑战及未来发展趋势》，《中国工业和信息化》2023 年第 7 期。

娄峰：《新一代信息技术国内外发展现状与经验借鉴》，《科技智囊》2022 年第 12 期。

余晓晖：《新一代信息技术产业："十三五"仍将保持高速创新发展》，《中国战略新兴产业》2017 年第 1 期。

赵刚：《新一代信息技术产业发展的国际经验分享》，《中国科技财富》2011 年第 9 期。

Guo T., Ding X., Ren X., "The Relationship Among Institutional Environment, Business Model and Innovation Performance——Based on the Simulation Analysis of System Dynamics," *Management Review* 31 (2019).

Han B., Li S., "Software and Information Technology Service Industry and China's Economic Growth," *The Journal of Quantitative & Technical Economics* 35 (2018).

Oztemel E., Gursev S., "Literature Review of Industry 4.0 and Related Technologies," *Journal of Intelligent Manufacturing* 31 (2020).

Sahoo S., Lo C. Y., "Smart Manufacturing Powered by Recent Technological Advancements: A Review," *Journal of Manufacturing Systems* 64 (2022).

Stucki T., Woerter M., "The Private Returns to Knowledge: A Comparison of ICT, Biotechnologies, Nanotechnologies, and Green Technologies," *Technological Forecasting and Social Change* 145 (2019).

Tylecote A., "Biotechnology as a New Techno-economic Paradigm that Will Help Drive the World Economy and Mitigate Climate Change," *Research Policy* 48 (2019).

附表

附表　2022~2023年新一代信息技术产业全球企业创新指数100强

企业	国家/地区	2023年					2022年				
		综合排名	综合得分	知识创新	技术创新	创新协作	综合排名	综合得分	知识创新	技术创新	创新协作
三星	韩国	1	87.56	79.11	91.58	85.57	1	87.93	82.45	90.75	85.77
华为	中国大陆	2	85.86	87.22	85.58	84.72	2	84.94	84.49	85.45	83.66
高通	美国	3	80.01	71.42	85.72	71.48	4	78.42	70.03	83.38	72.56
IBM	美国	4	78.75	80.27	78.46	77.38	3	79.43	80.01	79.18	79.47
谷歌	美国	5	77.49	83.28	75.04	77.61	5	76.84	82.41	74.58	76.58
微软	美国	6	77.15	80.93	75.68	76.71	6	76.72	78.51	75.41	79.02
爱立信	瑞典	7	75.89	73.92	77.87	71.25	7	75.99	73.15	78.11	72.25
阿里巴巴	中国大陆	8	74.37	76.17	72.87	77.42	12	73.26	73.07	72.41	76.98
LG	韩国	9	74.32	66.13	79.54	67.08	8	74.20	66.18	79.21	67.52
诺基亚	芬兰	10	74.22	76.16	73.80	72.68	9	73.98	76.16	73.12	73.76
苹果	美国	11	73.93	67.44	76.71	73.64	10	73.91	67.57	76.62	73.64
英特尔	美国	12	72.73	63.01	77.74	68.86	11	73.32	64.01	78.22	69.26
Meta	美国	13	72.45	80.15	70.62	66.98	15	71.40	74.56	70.82	68.47
索尼	日本	14	72.15	65.58	76.55	65.49	14	71.69	65.66	75.61	66.06
腾讯	中国大陆	15	71.89	75.30	71.19	69.01	20	70.56	72.84	70.29	67.85
亚马逊	美国	16	71.53	70.23	72.77	68.78	13	71.81	68.97	73.78	68.68
日本电气	日本	17	71.50	70.27	72.62	69.06	17	70.88	69.15	71.71	70.44
国家电网	中国大陆	18	71.42	85.43	64.45	75.92	22	70.28	83.67	63.48	75.14
佳能	日本	19	71.36	63.01	76.72	63.87	19	70.65	64.03	75.08	64.00
NTT	日本	20	71.28	73.05	71.75	66.48	23	70.24	72.34	70.14	67.12
飞利浦	荷兰	21	71.28	69.85	73.17	66.14	16	71.01	69.26	72.76	66.91
通用电气	美国	22	70.81	70.64	72.71	63.50	21	70.28	70.03	72.00	63.83
松下	日本	23	70.57	63.91	73.69	69.18	24	70.20	64.36	72.68	69.98
西门子	德国	24	70.30	71.16	70.65	67.45	18	70.74	73.59	70.37	67.44
百度	中国大陆	25	70.14	74.10	69.58	65.82	31	68.58	71.46	68.19	65.36
台积电	中国台湾	26	69.72	66.55	72.30	64.69	26	69.26	66.36	71.59	64.74
三菱	日本	27	69.70	67.17	71.69	65.96	25	69.47	66.69	71.32	66.72
东芝	日本	28	69.49	67.07	70.71	68.64	27	69.19	67.42	70.01	68.83
中兴通讯	中国大陆	29	69.39	68.20	71.16	64.31	32	68.56	67.56	70.02	64.41
英飞凌	德国	30	69.37	70.04	69.68	67.00	29	68.85	69.26	69.31	66.29

续表

企业	国家/地区	2023年					2022年				
		综合排名	综合得分	知识创新	技术创新	创新协作	综合排名	综合得分	知识创新	技术创新	创新协作
交叉科技	美国	31	69.34	66.85	71.65	64.23	28	68.96	66.92	70.87	64.71
博世	德国	32	69.03	70.86	69.33	64.77	36	68.39	70.01	68.79	64.12
美光科技	美国	33	68.98	65.14	72.37	61.87	34	68.46	65.00	71.63	61.56
日立	日本	34	68.84	68.43	69.95	65.11	33	68.55	68.79	69.00	66.32
泰雷兹	法国	35	68.74	69.90	69.45	63.96	42	67.67	68.18	68.35	64.15
惠普	美国	36	68.61	65.29	70.77	65.48	30	68.64	65.84	70.49	65.90
丰田	日本	37	68.52	67.24	69.47	66.83	40	67.88	66.85	68.52	67.04
OPPO	中国大陆	38	68.38	60.00	73.23	62.93	46	67.39	60.02	71.58	62.90
京东方	中国大陆	39	68.37	60.00	73.60	61.41	41	67.88	60.02	72.75	61.50
赛富时	美国	40	68.35	72.99	68.22	61.11	49	67.20	69.58	67.71	61.17
思科	美国	41	68.31	67.11	70.08	63.26	37	68.09	66.59	69.97	63.10
意法半导体	瑞士	42	68.18	69.27	68.66	64.46	38	68.08	69.73	68.13	65.10
应用材料	美国	43	68.08	64.50	70.96	62.48	48	67.22	64.94	69.52	61.84
蚂蚁集团	中国大陆	44	68.04	60.00	71.79	66.40	39	67.94	60.03	71.63	66.37
中国移动	中国大陆	45	67.92	71.48	67.07	65.42	63	66.69	68.93	66.52	63.62
AT&T	美国	46	67.82	66.71	69.34	63.56	35	68.44	66.75	70.30	63.85
阿斯麦	荷兰	47	67.75	65.27	70.14	62.30	51	67.14	65.11	69.19	62.34
联发科	中国台湾	48	67.68	66.04	69.56	62.93	43	67.60	66.34	69.25	63.12
夏普	日本	49	67.68	60.20	71.42	65.20	44	67.41	60.51	70.63	66.03
海力士	韩国	50	67.65	65.72	69.37	64.01	54	66.97	65.46	68.27	64.31
富士通	日本	51	67.58	65.77	69.08	64.62	45	67.41	67.16	68.15	64.89
富士	日本	52	67.50	64.29	70.24	61.87	58	66.83	63.84	69.33	61.85
康宁	美国	53	67.47	64.16	70.44	61.08	47	67.32	64.67	69.93	61.31
大唐电信	中国大陆	54	67.35	64.66	69.71	62.43	65	66.62	65.02	68.27	62.67
联想	中国大陆	55	67.28	67.89	68.19	62.63	70	66.42	66.44	67.27	62.97
威睿	美国	56	67.23	66.36	68.91	61.92	68	66.52	64.81	68.39	61.92
德州仪器	美国	57	67.23	66.27	68.42	64.04	60	66.75	66.68	67.46	64.00
奥多比	美国	58	67.16	68.55	67.35	64.10	55	66.96	68.20	67.05	64.52
甲骨文	美国	59	67.15	64.10	69.84	61.46	59	66.79	64.49	69.06	61.55
电装	日本	60	67.14	64.96	68.47	65.46	66	66.58	65.19	67.48	65.32
西部数据	美国	61	67.11	64.65	69.28	62.53	64	66.68	64.82	68.63	61.96
波音	美国	62	67.09	66.07	68.96	61.29	57	66.85	65.72	68.71	61.31

续表

企业	国家/地区	2023年					2022年				
		综合排名	综合得分	知识创新	技术创新	创新协作	综合排名	综合得分	知识创新	技术创新	创新协作
戴尔	美国	63	67.07	62.30	70.44	61.56	50	67.19	63.52	70.09	61.67
福特	美国	64	66.94	67.69	67.86	62.02	53	67.05	67.11	68.22	62.27
雷神技术	美国	65	66.81	65.83	68.54	61.56	52	67.10	66.01	68.89	61.75
霍尼韦尔	美国	66	66.79	64.66	69.21	60.67	61	66.73	65.10	68.90	60.78
马威尔	美国	67	66.78	64.51	68.82	62.36	73	66.26	64.36	68.06	62.22
村田	日本	68	66.73	62.68	69.64	61.85	69	66.49	62.80	69.14	62.08
小米	中国大陆	69	66.72	60.00	70.81	61.59	79	65.90	60.01	69.41	61.63
格罗方德	美国	70	66.67	65.66	67.70	64.25	62	66.71	66.06	67.52	64.52
恩智浦	荷兰	71	66.63	66.14	67.59	63.61	56	66.89	66.21	67.87	64.11
赛灵思	美国	72	66.60	66.45	67.99	61.29	67	66.53	65.59	68.13	61.67
南方电网	中国大陆	73	66.57	74.16	63.25	67.17	90	65.46	73.38	61.86	66.68
现代汽车	韩国	74	66.50	67.57	66.76	63.70	71	66.41	66.91	66.97	63.36
理光	日本	75	66.48	62.00	69.59	61.51	82	65.83	61.70	68.60	61.64
泛林集团	美国	76	66.47	62.49	69.54	60.82	74	66.21	63.49	68.68	60.87
住友电气	日本	77	66.43	64.66	68.07	62.85	81	65.85	64.49	67.18	62.81
本田	日本	78	66.35	66.06	67.54	62.07	78	65.93	66.37	66.71	62.07
TCL	中国大陆	79	66.30	62.55	68.99	61.77	77	65.94	60.81	69.17	61.58
东电电子	日本	80	66.22	61.87	68.97	62.47	84	65.79	62.24	67.97	62.98
摩托罗拉	美国	81	66.22	60.00	70.04	61.26	75	66.17	60.00	69.93	61.45
思爱普	德国	82	66.15	65.61	67.68	60.93	96	65.37	64.06	67.09	60.67
欧司朗	德国	83	66.12	64.10	68.18	61.25	85	65.66	63.08	67.79	61.45
京瓷	日本	84	66.12	61.78	68.92	62.14	89	65.53	61.81	67.84	62.49
埃森哲	爱尔兰	85	66.04	63.33	68.52	60.63	72	66.28	63.46	68.86	60.67
康普	美国	86	66.03	60.00	69.92	60.49	76	66.11	60.02	70.05	60.50
瑞萨电子	日本	87	65.92	65.25	67.18	62.02	95	65.39	64.75	66.37	62.57
瞻博	美国	88	65.92	62.89	68.55	60.46	80	65.86	62.95	68.38	60.64
微芯	美国	89	65.88	63.17	68.17	61.28	97	65.34	61.93	67.99	60.46
威瑞森	美国	90	65.87	63.81	67.73	61.90	83	65.80	63.50	67.72	61.97
KDDI	日本	91	65.87	66.23	66.55	62.53	98	65.31	66.03	65.72	62.47
Capital One	美国	92	65.86	60.00	69.68	60.34	86	65.60	60.00	69.26	60.26
SK 电讯	韩国	93	65.86	65.14	67.12	62.00	87	65.57	65.01	66.70	61.97
亚德诺	美国	94	65.76	61.57	68.80	60.55	93	65.41	61.28	68.31	60.68

续表

企业	国家/地区	2023年					2022年				
		综合排名	综合得分	知识创新	技术创新	创新协作	综合排名	综合得分	知识创新	技术创新	创新协作
字节跳动	中国大陆	95	65.73	60.00	69.40	60.57	—	64.65	60.02	67.64	60.39
vivo	中国大陆	96	65.70	60.00	69.35	60.61	—	64.78	60.01	67.81	60.59
ARM 公司	英国	97	65.70	60.00	69.27	60.90	—	65.04	60.01	68.12	61.10
富士电机	日本	98	65.65	63.81	67.07	63.00	88	65.54	64.61	66.56	63.00
兄弟工业	日本	99	65.63	60.00	69.28	60.38	—	64.89	60.02	68.04	60.39
罗姆半导体	日本	100	65.61	63.56	67.51	61.45	—	64.96	63.07	66.69	61.15

B.5

高端装备制造产业全球企业科技创新发展评价

黄颖　姜李丹　袁艺凡　毛雨亭*

摘　要： 高端装备制造是工业现代化的重要基石，推动高端装备制造业创新发展，对加快构建现代化经济体系、推动我国产业进步和相关工业发展、实现经济高质量发展等至关重要。研究发现，日美企业科技创新实力突出，高端装备制造地区性发展格局特征显著；企业积极投身基础科学研究，中美企业知识创新能力领先全球；美国企业技术创新水平领先，日本企业技术创新发展态势持续向好；中美企业积极带动技术协作，全球科技创新合作网络有待完善。未来的优化路径包括加强关键技术攻关，建设具有核心竞争力的高端装备制造企业；加强国内外高端装备制造产业创新合作，提升在全球制造业价值链的分工地位；加强高端装备制造与其他产业互联互通，形成基于自主工艺的全套生产线；利用新兴技术促进生产过程节能减排，实现制造业绿色、清洁、可持续发展。

关键词： 高端装备制造　战略性新兴产业　企业创新评价　创新协作

* 黄颖，武汉大学信息管理学院副教授、博士生导师，主要研究方向为科技计量与科技创新管理；姜李丹，北京邮电大学经济管理学院副教授、硕士生导师，主要研究方向为科技政策创新与新兴技术治理；袁艺凡，武汉大学信息管理学院硕士研究生，主要研究方向为科技计量与科技管理；毛雨亭，武汉大学信息管理学院硕士研究生，主要研究方向为科技计量与科技管理。

一　引言

制造业是立国之本、兴国之器、强国之基。[①] 高端装备制造业是制造业中的核心领域，是推动我国工业转型升级的关键，也是提升我国制造业核心竞争力的重要支撑。高端装备制造业主要为航空、航天、船舶、轨道交通、汽车和电力等关键生产领域提供产品和服务支持，具有技术含量高、附加值高、竞争力强的特点，带动了我国装备制造业的转型升级。此外，高端装备制造业处于产业链和价值链的顶端，集中了大量的高新技术和跨学科领域的创新成果，其发展水平直接影响我国装备制造业的整体竞争力。

全球产业竞争格局正在发生重大调整，国际金融危机发生后，发达国家纷纷实施“再工业化”战略，重塑制造业竞争新优势。美国、德国、日本等国家先后针对制造业发展提出战略规划。美国于 2009 年提出《重振美国制造业政策框架》，以支持制造业领域的高科技研发；2011 年实施《先进制造伙伴计划》，重点关注智能自动化领域，发展智能机器人相关技术；[②] 2012 年发布《先进制造业国家战略》，客观描述了美国制造业面临的挑战，提出一系列配套措施，为先进制造领域的技术创新提供政策保障；[③] 2022 年发布《国家先进制造业战略》，[④] 对 2018 年发布的《美国先进制造业领导力战略》进行更新，围绕先进制造技术、劳动力和供应链三大

---

① 李晓华：《推动我国从制造大国向制造强国转变》，《中国党政干部论坛》2023 年第 8 期。

② “The Advanced Manufacturing Partnership, The President’s Council of Advisors on Science and Technology,” May 5, 2015, https://obamawhitehouse.archives.gov/the-press-office/2011/06/24/president-obama-launches-advanced-manufacturing-partnership.

③ Hemphill Thomas A., Perry Mark J., “A U.S. Manufacturing Strategy for the 21st Century: What Policies Yield National Sector Competitiveness?” *Business Economics* 47 (2012): 126-147.

④ “National Strategy for Advanced Manufacturing”, https://www.whitehouse.gov/wp-content/uploads/2022/10/National-Strategy-for-Advanced-Manufacturing-10072022.pdf.

方向制定战略目标，旨在保持美国制造业的全球领先地位。德国作为历史底蕴深厚的工业强国，在 2013 年汉诺威自动化展上正式推出“工业 4.0”战略，[①] 以支持关键技术的创新研发，促进智能工厂与智能生产的实现，提升制造业的智能化水平；2019 年德国发布“国家工业战略 2030”，[②] 指出改善工业基地的条件、加强新技术研发、在全球范围内维护德国工业的技术主权。日本则早在 1989 年就发起“智能制造系统”计划，在 2015 年发布《新机器人战略》，提出要保持自身“机器人大国”的优势地位，将机器人与大数据、人工智能等技术深度融合；[③] 2016 年正式发布《工业价值链参考架构》，[④] 成为日本产业界发展互联工业的行动指南；在《制造业白皮书（2018）》[⑤] 中，日本明确了互联工业是日本制造的未来。美国、德国与日本均以重振制造业为核心，以高端制造业为主要抓手，不断巩固自身在全球制造业中的地位。

改革开放以来，我国充分发挥劳动力丰富的优势，迅速嵌入全球生产网络，成为全球最大的加工制造基地之一。[⑥] 我国通过强化核心领域、攻克薄弱环节等途径推进高端装备制造业创新发展，走出了一条具有中国特色的高端装备制造业创新发展之路。为应对新科技革命和产业变革带来的挑战，近年来我国将智能制造与先进制造确定为强国战略的主攻方向，推出并实施《“十四五”智能制造发展规划》《关于推动先进制造业和现代服务业深度融合发展的实施意见》《关于加快发展先进制造业集群的意见》等一系列战略、政策与具体措施，提出加快智能工厂建设、促进工业互联网创新应用等

① Lasi H. et al., “Industry 4.0,” *Business & Information Systems Engineering* 4（2014）：239-242.

② National Industrial Strategy 2030：Strategic Guidelines for a German and European Industrial Policy.

③ 《国际重要科技信息专报（2015 年第 4 期）》，科学技术部网站，2015 年 5 月 14 日，http：//www. most. gov. cn/gnwkjdt/201505/t20150514_ 119467. htm。

④ “Industrial Value Chain Reference Architecture-Next”，https：//ivi-iot. sakura. ne. jp/iviwp_renewal/wp-content/uploads/2018/04/IVRA-Next_ en. pdf。

⑤ 《2018 年版ものづくり白書（PDF 版）》，日本经济产业省网站，2018 年 12 月 10 日，https：//www. meti. go. jp/report/whitepaper/mono/2018/honbun_ pdf/index. html。

⑥ 周济：《走向新一代智能制造》，《中国科技产业》2018 年第 6 期。

要求，探索关键行业与领域融合发展的新路径，为我国高端装备制造业发展提供有力支持，打造制造业的国际竞争新优势。当前，我国制造业智能化、高端化发展取得长足进步，支撑体系逐步完善，构建了国际领先的标准体系，发布285项国家标准，牵头制定国际标准28项；培育具有行业和区域影响力的工业互联网平台近80个，涌现出离散型智能制造、流程型智能制造、网络协同制造、大规模个性化定制、远程运维服务等新模式、新业态。[①] 我国高端装备制造业规模持续扩张，产业结构持续优化，“大国重器”亮点纷呈，对经济社会的支撑作用更加突出。

然而，我国高端装备制造业仍面临一些挑战，例如产业基础相对薄弱，产业链和供应链存在断裂风险，产业发展环境也有待进一步优化。此外，面对发达国家和其他发展中国家的双重压力，我国制造业亟待转型升级。为应对这些挑战，必须从全球视角出发，加快战略布局，着力建设制造强国，并争取在新一轮全球制造业竞争中占据制高点。因此，本文基于企业创新指数评估的概念模型，结合客观数据统计和量化分析方法，通过测度全球企业在知识创新、技术创新、创新协作等方面的综合表现，洞悉高端装备制造领域各国企业的创新态势，系统刻画当今高端装备制造产业的全球科技创新发展格局，直观呈现当前全球制造业创新发展的全貌，以期为增强国家战略科技力量与突破关键核心技术提供决策参考。

二　高端装备制造产业发展概况

（一）发展格局

表1展示了高端装备制造产业创新指数综合排名前20的企业及其各项

① 《八部门关于印发〈“十四五”智能制造发展规划〉的通知》，中国政府网，2021年12月21日，https://www.gov.cn/zhengce/zhengceku/2021-12/28/content_5664996.htm。

指标得分情况。从发展模式来看，创新指数综合排名前20的企业在不同科技创新维度的发展态势各异。通用电气在技术创新与创新协作方面均表现突出，综合得分位居第一。通用电气是世界上最大的多元化服务型公司，公司业务集制造、技术和服务于一体，多元丰富的业务集团和科研组织为通用电气提供了源源不断的创新动力。西门子专注于工业制造领域，推动产业和市场变革，在三个维度上均有优异表现，综合排名第二；排名第三的波音是全球航空航天领域最大的公司，也是世界领先的民用和军用飞机制造商，设计并制造旋翼飞机、电子和防御系统、导弹和卫星发射装置以及先进的通信系统；综合排名第四的三星在半导体、电子产品、智能设备等领域均处于全球领先地位，同时通过持续创新推动人工智能和5G通信技术等发展；作为知名油服公司，哈里伯顿长期被视为行业发展的风向标，在全球工业数字化浪潮下，哈里伯顿开始探索石油工业与数字化技术的融合，不断开拓石油智能化领域。

表1　2023年高端装备制造产业全球企业创新指数20强

综合排名	企业	国家/地区	综合得分	知识创新	技术创新	创新协作
1	通用电气	美国	81.46	72.77	86.36	76.34
2	西门子	德国	80.01	73.26	84.34	73.92
3	波音	美国	79.21	67.63	86.70	68.59
4	三星	韩国	77.73	77.73	77.83	77.31
5	哈里伯顿	美国	76.25	66.36	83.43	64.01
6	谷歌	美国	76.06	82.30	73.96	74.02
7	空客	法国	75.29	70.23	78.80	69.65
8	雷神技术	美国	75.10	67.35	80.20	67.61
9	华为	中国大陆	75.03	85.67	70.16	76.76
10	爱普生	日本	74.61	62.06	82.75	62.98
11	惠普	美国	73.96	64.77	80.19	64.33
12	丰田	日本	73.92	68.99	74.92	78.16
13	三菱电机	日本	73.27	67.51	77.43	66.24

续表

综合排名	企业	国家/地区	综合得分	知识创新	技术创新	创新协作
14	国家电网	中国大陆	73.08	86.76	64.84	83.22
15	佳能	日本	72.89	63.49	78.71	65.28
16	中国中车	中国大陆	72.10	71.70	72.31	71.91
17	赛峰	法国	71.98	67.35	74.91	67.99
18	博世	德国	71.97	72.51	73.26	65.91
19	英特尔	美国	71.96	80.92	67.95	73.08
20	贝克休斯	美国	71.31	64.94	75.54	64.99

从区域分布情况来看，高端装备制造领域全球科技创新呈现“东亚—北美—欧洲”的发展格局。整体上，日本企业表现强劲，在高端装备制造产业创新指数100强中占据35席，企业整体科技创新能力较强。美国有27家企业进入高端装备制造产业创新指数100强，并有5家企业进入前十，是高端装备制造产业创新发展的重要策源地。中国和德国分别有11家和9家企业入围百强，在该领域的发展势头良好。

（二）知识创新

如表2所示，知识创新得分排名第一的企业是国家电网。近年来，国家电网坚持创新驱动发展，凝聚科技创新强大力量，攻克关键核心技术，走出了一条具有中国特色的电网创新发展之路，在知识创新产出上位列榜首。国家电网在知识创新产出方面遥遥领先，体现了其在知识创新领域拥有的强大实力。排名第二的华为秉持“深耕制造，让智能扎根”的理念，坚持通过自主技术创新、行业实践和生态合作夯实企业智能化基础，致力于打造具有“中国特色”的智能制造模式。谷歌排名第三，在知识创新影响方面表现突出。近年来，谷歌将科技研发投入重点放在人工智能领域，试图为人工智能的不同应用领域带来变革，赋能智能制造；英特尔则位列第四，其知识创新产出、知识创新影响与知识创新扩散三方面表现均衡。排名第五的三星持续加码高端产业投资，投资布局偏重高端装备制造产业，涵盖半导体、多层陶瓷电容等多个领域。

表 2　2023 年高端装备制造产业全球企业知识创新得分 20 强情况

排名	企业	国家/地区	知识创新	知识创新产出	知识创新影响	知识创新扩散
1	国家电网	中国大陆	86.76	100.00	82.97	67.85
2	华为	中国大陆	85.67	87.02	88.28	77.74
3	谷歌	美国	82.30	69.49	95.69	81.13
4	英特尔	美国	80.92	74.32	84.96	86.03
5	三星	韩国	77.73	76.37	78.96	77.96
6	百度	中国大陆	76.73	66.09	92.88	65.71
7	IBM	美国	76.00	68.47	86.88	69.32
8	南方电网	中国大陆	75.64	77.25	80.19	63.31
9	西门子	德国	73.26	70.07	80.96	64.23
10	腾讯	中国大陆	72.87	68.61	82.09	62.98
11	通用电气	美国	72.77	65.81	81.20	69.81
12	高通	美国	72.53	65.74	83.43	64.32
13	博世	德国	72.51	67.45	80.41	66.83
14	航空工业	中国大陆	72.29	71.48	77.71	63.10
15	NTT	日本	72.08	70.90	77.33	63.96
16	中国中车	中国大陆	71.70	69.92	78.95	60.74
17	通用汽车	美国	71.11	65.02	80.98	63.56
18	宝马	德国	70.90	64.10	78.79	68.72
19	罗罗公司	英国	70.77	64.82	77.94	68.33
20	日本电气	日本	70.71	63.71	80.85	64.42

从知识创新产出情况来看，如表 3 所示，在 Web of Science 论文数上，国家电网、华为、南方电网、三星和航空工业位列前五；在第一/通讯作者论文数上，国家电网依然稳坐头把交椅，三星、NTT、华为和南方电网位列

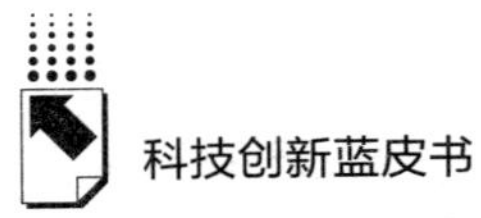

前五；在被引排名前10%论文数上，国家电网、华为、英特尔、腾讯和南方电网的高质量论文占比较高。

表3　2023年高端装备制造产业全球企业知识创新产出20强表现

单位：篇

企业	Web of Science 论文数	被引排名前10% 论文数	第一/通讯作者 论文数
国家电网	668.8	58.7	145.8
华为	391.7	52.4	79.9
南方电网	281.1	20.6	76.2
三星	233.9	16.2	87.8
英特尔	180.1	22.5	61.4
航空工业	204.4	16.9	39.0
NTT	111.2	6.0	80.0
西门子	139.1	10.4	54.0
中国中车	157.0	17.5	30.8
谷歌	113.5	18.1	34.1
腾讯	100.7	21.8	18.0
IBM	100.8	13.4	37.4
博世	83.5	6.6	46.9
日本制铁	92.2	1.2	57.5
百度	60.3	14.9	16.4
中国石化	97.8	10.8	17.4
通用电气	84.2	7.5	26.6
高通	69.3	9.2	24.8
日立	70.2	2.0	39.8
JFE钢铁	63.0	1.6	41.0

从知识创新影响情况来看，如表4所示，在篇均论文被引频次上，谷歌的篇均论文被引频次最高，它在人工智能领域的研究投入巨大，同

时对世界范围内人工智能技术在制造业的应用影响颇深。在学科规范化引文影响力（CNCI）上，在知识创新影响20强中有12家企业的CNCI值大于1，表明它们论文的被引表现高于全球平均水平，其中百度的CNCI值最高，达到3.03。在论文施引国家数上，知识创新影响20强的论文施引国家数平均值为63.14个，说明以上企业的学术成果得到广泛引用。其中，国家电网的学术研究成果被97.1个国家/地区的研究人员引用，华为的论文施引国家数也高达85.4个；泰雷兹的论文施引国家多样化程度居于榜首，达到3.12，而IBM、飞利浦、西门子等也积极向其他国家传输知识。

表4　2023年高端装备制造产业全球企业知识创新影响20强表现

企业	篇均论文被引频次（次）	学科规范化引文影响力	论文施引国家数（个）	论文施引国家多样性
谷歌	24.12	2.89	72.0	2.73
百度	18.24	3.03	69.7	2.54
华为	10.09	2.01	85.4	2.71
IBM	9.21	1.69	73.9	3.09
英特尔	7.65	1.38	75.0	2.98
联想	13.07	2.54	31.2	2.08
高通	7.61	1.54	58.0	2.89
国家电网	5.10	0.90	97.1	2.47
腾讯	9.43	1.51	60.9	2.16
飞利浦	6.23	1.10	50.5	3.07
通用电气	5.55	1.06	61.3	2.84
通用汽车	6.70	1.09	57.3	2.72
西门子	4.72	0.73	66.8	3.03
日本电气	6.04	1.16	50.8	2.91
博世	5.19	0.84	58.3	2.97

续表

企业	篇均论文被引频次（次）	学科规范化引文影响力	论文施引国家数（个）	论文施引国家多样性
南方电网	4.72	0.80	76.7	2.41
福特	5.02	0.83	57.7	2.72
丰田	5.78	1.00	44.5	2.79
泰雷兹	3.75	0.63	52.9	3.12
三星	4.30	0.71	62.8	2.62

从知识创新扩散情况来看，如图 1 所示，华为的专利引用频次居于首位，其次是英特尔和谷歌。从政策引用情况来看，谷歌、英特尔、大众汽车、IBM、通用电气等企业的学术研究成果被各国政策文件采纳。媒体关注频次相对直观地体现了创新主体的社会影响力。三星、罗罗公司、宝马等企业的学术研究成果得到社会的广泛关注，其知识创新成果在全球范围内广泛传播。

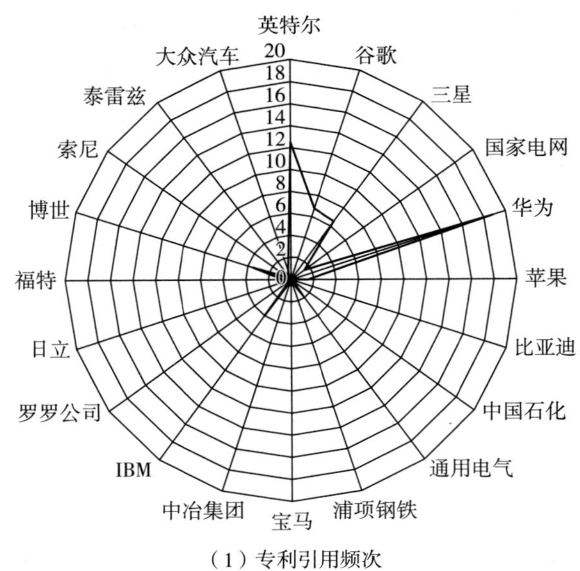

（1）专利引用频次

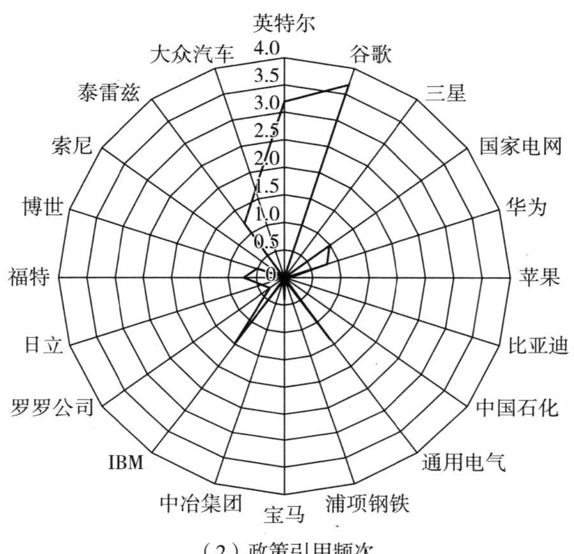

（2）政策引用频次

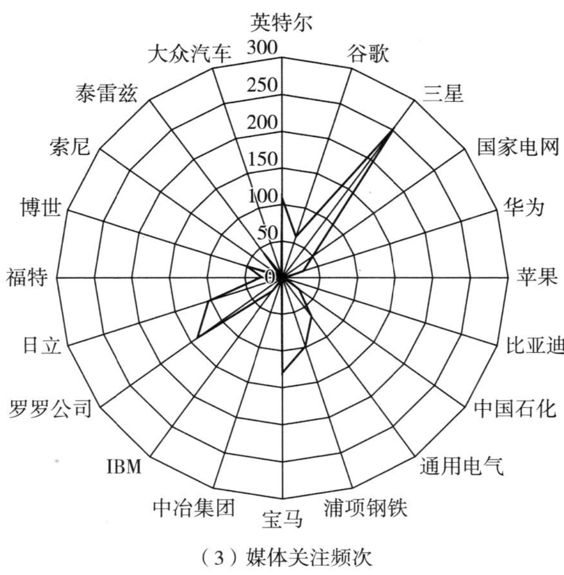

（3）媒体关注频次

图 1　2023 年高端装备制造产业全球企业知识创新扩散 20 强表现

（三）技术创新

如表 5 所示，技术创新得分排名第一的是波音。作为国际飞机制造的领军企业，波音公司在工业制造领域具有强劲的实力。通用电气通过设立大量的研究部门和一流实验室，支撑其多元化的经营业务，为其技术创新与服务奠定坚实的基础，在高端装备制造企业技术创新得分中排名第二。西门子的技术创新得分排名第三。排名第四的是油服行业的领头者——哈里伯顿，其不断探索石油开发智能化领域，在油气勘探、开发及开采的作业服务和设备提供方面处于世界领先地位。爱普生跻身高端装备制造产业技术创新 5 强。

表 5　2023 年高端装备制造产业全球企业技术创新得分 20 强情况

排名	企业	国家/地区	技术创新	技术创新产出	技术创新质量	技术创新影响
1	波音	美国	86.70	86.90	87.91	83.13
2	通用电气	美国	86.36	83.95	90.90	81.07
3	西门子	德国	84.34	83.35	87.41	79.17
4	哈里伯顿	美国	83.43	80.66	88.71	77.14
5	爱普生	日本	82.75	83.83	83.46	78.25
6	雷神技术	美国	80.20	75.34	86.13	77.56
7	惠普	美国	80.19	80.69	83.84	69.84
8	空客	法国	78.80	78.24	81.18	74.27
9	佳能	日本	78.71	76.38	79.96	81.38
10	三星	韩国	77.83	75.50	79.58	79.29
11	三菱电机	日本	77.43	79.77	71.55	86.28
12	贝克休斯	美国	75.54	71.49	79.62	75.49
13	丰田	日本	74.92	71.80	75.51	81.28
14	赛峰	法国	74.91	74.57	74.04	77.94
15	斯特兰蒂斯	荷兰	74.14	68.38	78.83	76.85
16	迪尔	美国	74.02	68.01	79.63	74.99
17	谷歌	美国	73.96	65.78	78.76	82.46
18	发那科	日本	73.96	73.09	71.09	83.29
19	久保田	日本	73.78	70.95	72.31	84.53
20	沙特阿美	沙特阿拉伯	73.64	65.52	79.94	78.18

从技术创新产出情况来看，如表 6 所示，在发明专利数上，爱普生、中国中车、波音位列前三；在非单方专利数上，爱普生、通用电气、空客分别达 672.9 件、515.5 件和 503.6 件，西门子和波音位居第四和第五；在三方专利数上，波音、欧姆龙、通用电气、爱普生处于第一梯队；在 PCT 专利数上，惠普和哈里伯顿具有突出优势，分别以 342.6 件和 309.9 件位居第一和第二，三菱电机、西门子和贝克休斯也拥有较多的 PCT 专利数。

表 6　2023 年高端装备制造产业全球企业技术创新产出 20 强表现

单位：件

企业	发明专利数	非单方专利数	三方专利数	PCT 专利数
波音	715.5	492.7	283.0	19.2
通用电气	628.1	515.5	126.8	135.3
爱普生	751.2	672.9	111.2	14.0
西门子	586.7	495.5	30.3	260.7
惠普	390.4	273.1	55.0	342.6
哈里伯顿	568.1	306.0	0.5	309.9
三菱电机	457.7	259.6	49.4	294.2
空客	570.1	503.6	32.8	86.1
佳能	553.0	398.1	77.7	29.7
三星	557.1	392.8	23.4	65.9
雷神技术	580.3	406.1	23.9	42.6
赛峰	349.2	276.3	56.4	148.4
LG	316.6	226.8	71.0	123.4
发那科	455.3	401.5	15.9	34.7
欧姆龙	229.0	178.4	153.7	67.8
中国中车	733.2	70.4	10.8	46.0
丰田	414.1	263.5	63.0	22.4
贝克休斯	271.9	210.7	3.1	176.1
松下	235.5	169.7	82.6	112.7
久保田	459.3	166.3	45.1	43.9

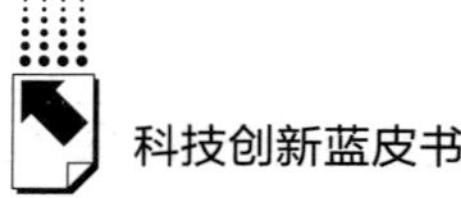

从技术创新质量来看，如表 7 所示，就专利转让数而言，雷神技术公司的专利转让活动最为活跃，波音和通用电气的专利转让数分别位居第二和第三。专利的权利要求数是衡量专利质量的重要指标，大疆的平均权利要求数为 29.24 项，排名第一。大疆是一家专业的航拍无人机、相机、麦克风等产品的生产企业，在无人机、手持影像、机器人教育及更多前沿创新领域不断革新技术产品与解决方案。专利家族国家数可以用来表征专利市场的布局情况，通用电气、西门子、爱普生和哈里伯顿的专利家族国家数分别为 39.7 个、32.4 个、29.5 个和 29.2 个。

表 7　2023 年高端装备制造产业全球企业技术创新质量 20 强表现

企业	专利转让数(件)	平均权利要求数(项)	专利家族国家数(个)
通用电气	282.9	14.59	39.7
哈里伯顿	274.4	18.19	29.2
波音	301.4	18.21	23.7
西门子	278.9	12.93	32.4
雷神技术	329.9	13.91	21.3
惠普	244.0	14.93	23.3
爱普生	245.4	9.69	29.5
空客	223.1	12.84	21.0
佳能	203.9	14.89	16.8
沙特阿美	216.8	17.29	11.8
斯伦贝谢	99.3	17.04	25.6
迪尔	156.1	15.62	20.4
贝克休斯	120.7	15.63	24.5
三星	159.5	14.04	22.1
斯特兰蒂斯	173.9	15.61	16.0
谷歌	114.9	18.70	18.3
德事隆	166.3	16.98	11.9
高通	32.2	24.79	16.0
霍尼韦尔	112.3	14.76	20.7
大疆	35.3	29.24	7.7

从技术创新影响情况来看，如表 8 所示，在篇均专利被引频次上，日本企业洋马的篇均专利被引频次为 6.18 次，其次为亚马逊和谷歌，二者的篇均专利被引频次分别为 3.54 次和 2.89 次。日本制铁和东芝的篇均专利被引频次分别为 2.60 次和 2.25 次，居于第 4 位和第 5 位。在专利施引国家数上，波音的技术创新成果平均被来自 6 个国家/地区的专利引用，三菱电机、通用电气、液化空气和久保田的专利也得到了其他国家/地区学者的广泛借鉴。专利施引国家多样性的统计结果显示出一定的差异，液化空气的专利施引国家多样性程度最高，达到 1.50，其次为神钢集团和住友化学。技术创新影响得分排名前 20 的高端装备制造产业相关企业专利施引国家数和专利施引国家多样性的平均值分别为 4.435 个和 0.978，表明以上企业的专利得到全球多个国家/地区的借鉴和参考。

表 8　2023 年高端装备制造产业全球企业技术创新影响 20 强表现

企业	篇均专利被引频次(次)	专利施引国家数(个)	专利施引国家多样性
洋马	6.18	2.8	0.91
三菱电机	1.79	5.8	1.14
液化空气	0.82	5.2	1.50
久保田	1.93	5.0	1.11
发那科	1.62	4.9	1.07
波音	2.14	6.0	0.64
神钢集团	1.89	4.0	1.20
住友化学	1.62	4.3	1.18
亚马逊	3.54	4.6	0.61
谷歌	2.89	4.2	0.83
鞑靼石油	1.45	4.3	1.11
东芝	2.25	3.9	1.00
住友重机	1.87	3.7	1.12
三菱重工	1.61	3.9	1.12
佳能	2.02	4.4	0.88
丰田	2.12	4.7	0.77
通用电气	1.78	5.2	0.71
霍尼韦尔	1.81	4.5	0.84
日本制铁	2.60	3.3	0.89
小松制作所	1.78	4.0	0.93

（四）创新协作

如表 9 所示，排名第一的国家电网表现突出，其创新主体规模和创新协作水平均居首位，体现了该企业与世界众多研发主体展开了广泛深入的合作与交流，在全球科技合作网络中占据重要位置。丰田和三星位居第二和第三，其中丰田的创新主体地位得分居首位。三星设立的三星研究院通过积极的开放式创新，与拥有世界顶尖技术的知名大学、研究机构、企业开展科研合作与技术协作。华为和通用电气跻身创新协作前 5 位。

表 9　2023 年高端装备制造产业全球企业创新协作 20 强情况

排名	企业	国家/地区	创新协作	创新主体规模	创新主体地位	创新协作水平
1	国家电网	中国大陆	83.22	91.08	67.19	91.37
2	丰田	日本	78.16	70.77	87.73	75.97
3	三星	韩国	77.31	85.90	73.53	72.50
4	华为	中国大陆	76.76	75.65	72.46	82.17
5	通用电气	美国	76.34	79.12	75.62	74.29
6	谷歌	美国	74.02	67.94	80.40	73.74
7	西门子	德国	73.92	76.77	71.55	73.44
8	英特尔	美国	73.08	68.30	81.46	69.49
9	日立	日本	72.52	69.83	79.96	67.77
10	中国中车	中国大陆	71.91	76.54	68.58	70.62
11	航空工业	中国大陆	70.30	77.74	64.93	68.24
12	空客	法国	69.65	75.14	66.37	67.45
13	中国石油	中国大陆	68.71	73.45	65.49	67.20
14	波音	美国	68.59	80.96	61.86	62.96
15	南方电网	中国大陆	68.40	73.62	64.38	67.21
16	IBM	美国	68.35	66.03	71.61	67.41
17	中国石化	中国大陆	68.00	72.09	65.37	66.55
18	赛峰	法国	67.99	71.01	65.01	67.96
19	苹果	美国	67.82	64.61	76.40	62.45
20	雷神技术	美国	67.61	70.86	68.87	63.09

从创新主体规模来看，如表 10 所示，在论文合著者数量上，排名前五的企业分别是国家电网、华为、南方电网、三星和航空工业。其中，国家电网是中国最大的电力输送公司，其在制造智能化等方面开展广泛研究，论文合著者规模高达 3196. 20 人；在专利发明人数量上，波音拥有最高的发明人数量，其次为三星。通用电气、中国石油和空客的专利发明人数量位于第一梯队，体现了世界知名企业以及国有重要骨干企业的研究人员积极参与技术创新研发活动，这些企业拥有强大的科技创新力量。

表 10　2023 年高端装备制造产业全球企业创新主体规模 20 强表现

单位：人

企业	论文合著者数量	专利发明人数量
国家电网	3196. 20	1195. 80
三星	1202. 80	1948. 00
波音	153. 20	2115. 20
通用电气	420. 30	1753. 20
航空工业	1032. 20	1217. 00
西门子	724. 10	1315. 60
中国中车	769. 50	1262. 00
华为	1963. 70	400. 90
空客	330. 90	1401. 20
南方电网	1379. 30	567. 90
中国石油	59. 50	1402. 00
中国石化	571. 60	931. 20
赛峰	169. 80	1079. 10
雷神技术	149. 30	1076. 60
丰田	228. 10	1016. 70
三菱电机	207. 80	966. 40
日立	332. 80	852. 90
佳能	17. 70	1022. 00
哈里伯顿	19. 20	1018. 60
久保田	5. 50	1004. 60

如表 11 所示，从创新主体地位来看，在论文合著网络度中心度上，英特尔、谷歌、亚马逊、苹果、华为处在相对重要的网络地位；在专利合作网络度中心度上，丰田鼓励新技术的研发推广，在专利合作方面表现十分突出，发挥着关键的连接作用。此外，日立、电装、通用电气等在整个专利合作网络中也占据重要位置。

表 11　2023 年高端装备制造产业全球企业创新主体地位 20 强表现

企业	论文合著网络		专利合作网络	
	度中心度	特征向量中心度	度中心度	特征向量中心度
丰田	4.70	0.24	5.70	0.82
英特尔	8.80	0.99	0.70	0.02
谷歌	7.90	0.88	1.10	0.04
日立	3.70	0.14	4.10	0.59
亚马逊	7.30	0.83	0.00	0.00
苹果	6.90	0.72	0.60	0.01
通用电气	4.80	0.33	2.70	0.17
电装	1.00	0.04	3.30	0.59
高通	5.40	0.75	0.10	0.01
三星	4.70	0.38	2.00	0.07
华为	6.10	0.54	0.00	0.00
松下	1.10	0.11	2.50	0.41
IBM	4.90	0.58	0.10	0.00
西门子	4.20	0.27	2.00	0.05
日本制铁	2.10	0.05	2.30	0.27
本田	1.40	0.11	2.10	0.27
ABB	1.90	0.10	1.80	0.27
雷神技术	3.10	0.27	1.20	0.04
日本电气	2.40	0.30	0.70	0.15
中国中车	2.50	0.06	1.90	0.15

从创新协作水平来看，如图 2 所示，在国际合作论文数上，华为以 161 篇国际合作论文遥遥领先，表明其进行了频繁且积极的跨国科研合作。此外，国家电网、英特尔、西门子和谷歌的国际合作论文数也较高，表明以上

企业广泛参与全球科研合作。在合作专利数上，排名前五的企业分别是国家电网、丰田、通用电气、中国中铁和中国中车。

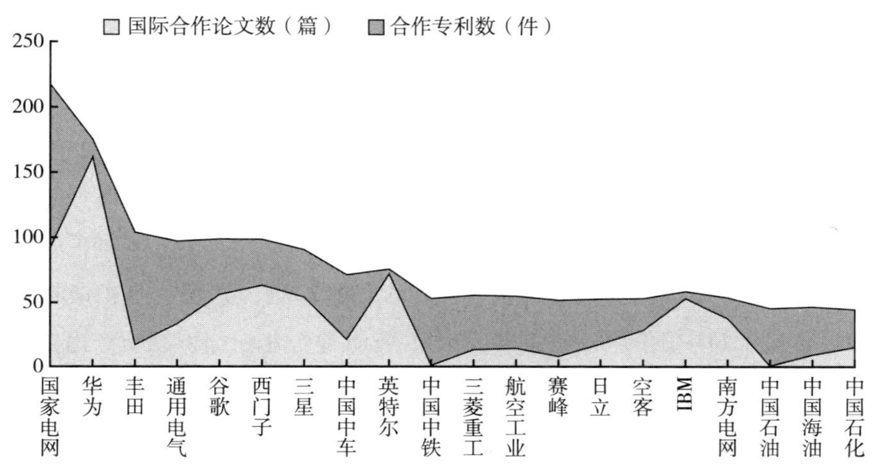

图 2　2023 年高端装备制造产业全球企业创新协作水平 20 强表现

三　研究结论与优化路径

（一）研究结论

基于上述分析结果，本文主要得到以下四个结论。

第一，日美企业科技创新实力突出，高端装备制造地区性发展格局特征显著。在综合排名前 100 的高端装备制造产业相关企业中，日本占据 35 席，领跑全球，在引领全球科学研究、集聚科技创新要素等方面具有突出的竞争力，科技创新综合实力强劲。以通用电气、波音、谷歌等为代表的美国企业在高端装备制造领域具有强大的科技创新能力，共有 27 家美国企业进入创新指数 100 强。中国企业在高端装备制造领域表现突出，上榜的 11 家企业引领“中国智造”转型升级。从全球范围来看，高端装备制造企业的科技创新水平呈现“东亚—北美—欧洲”的发展格局。其中，东亚地区，特别是日本、中国和韩国等国家的企业在高端装备制造产业表现突出，不仅在技术研发方面取得了显著进展，还在市场应用和国际合作方面展现出强大的综合实力。欧洲特别是德国、法国和荷兰等国家的企业在高端装备制造领域发挥了关键作用，大力推动高端装备制造产业朝着数字化、绿色化方向发展。

第二，企业积极投身基础科学研究，中美企业知识创新能力领先全球。中国和美国分别有 7 家和 6 家高端装备制造企业跻身知识创新得分 20 强，彰显了中美企业在高端装备制造基础科学研究中的雄厚实力。不同的是，谷歌、英特尔、IBM、高通等美国企业在知识创新影响、知识创新扩散维度优势明显；而来自中国的国家电网、华为、腾讯等企业在知识创新产出方面表现亮眼，具有潜在的后发优势。德国和日本企业同样具有突出的知识创新能力，分别有 3 家和 2 家企业进入 20 强。高端装备制造产业知识创新得分排名第一的企业是来自中国的国家电网，作为特大型国有重点骨干企业，国家电网在知识创新产出上表现亮眼，且知识创新影响和知识创新扩散也保持较高水平。

第三，美国企业技术创新水平领先，日本企业技术创新发展态势持续向好。企业的生命力在于科技创新，创新是引领企业发展的第一动力，科技是支撑企业发展的核心要素。美国企业在高端装备制造产业技术创新上表现十分突出，有 8 家企业进入技术创新 20 强榜单，并在技术创新产出、技术创新质量和技术创新影响方面表现出色。日本高端装备制造产业在政策支持、技术进步等推动下提质增量，以爱普生、佳能、三菱电机、丰田、发那科和久保田为代表的日本企业技术创新能力较为突出。德国的西门子、韩国的三星、法国的空客和赛峰、荷兰的斯特兰蒂斯在高端装备制造领域实力不俗。综合来看，美日企业无论是在技术创新产出方面，还是在技术创新质量和技术创新影响方面，均具有卓越表现。

第四，中美企业积极带动技术协作，全球科技创新合作网络有待完善。科技创新推动了全球产业合作格局的重构，也促进了全球企业之间的开放交流。中国和美国企业在高端装备制造产业技术协作网络中居于主导位置，在创新协作 20 强中均占据了 7 个席位，在科技创新网络中作为重要节点起到联系与带动作用。总体而言，高端装备制造企业的创新协作水平还有一定的提升空间，全球科技创新合作网络仍需进一步发展与完善。在经济全球化与第四次工业革命兴起的时代背景下，各国企业要更加主动地融入全球创新网络，以发挥高端装备制造企业在科技创新领域的优势，加速推进装备制造业的信息化、自动化、智能化、生态化转型。

（二）优化路径

制造业是国民经济的重要支柱，也是今后我国经济“创新驱动、转型升级”的主战场。① 高端装备制造产业的发展是我国实现由制造大国向制造强国转变的重要环节，打造具有国际竞争力的高端装备制造企业，是我国提升综合国力、保障国家安全、建设世界强国的必由之路。综观全球科技革命与产业变革带来的机遇与挑战，立足我国高端装备制造产业的发展现状与发展态势，提出以下优化路径，以推进技术创新、促进产业转型升级，争取实现由制造大国向制造强国的历史性跨越。

其一，加强关键技术攻关，建设具有核心竞争力的高端装备制造企业。目前，我国制造业领域的关键技术和核心零部件在很大程度上依赖进口，缺乏能与国际一流跨国公司在高端装备制造产业展开技术竞争的创新型领军企业。② 从整体来看，有十余家中国高端装备制造企业入围百强，但其中真正处于世界领先水平的企业还非常有限。绝大部分中小制造企业与初创企业，由于资金不足、人才匮乏等，难以真正激发自身的创新潜能，突破“卡脖子”技术壁垒。在此背景下，亟须优化制造业创新体系，以企业为主导、市场为导向，通过强化关键核心技术攻关，加快科技成果产业化进程，全面提升关键环节和重点领域的创新能力。在生产阶段，加强“专精特新”企业培育，在细分领域引导企业深耕专业，提高创新能

---

① 周济：《智能制造——“中国制造 2025”的主攻方向》，《中国机械工程》2015 年第 17 期。
② 余东华：《制造业高质量发展的内涵、路径与动力机制》，《产业经济评论》2020 年第 1 期。

力，培育一批掌握核心技术和卓越制造工艺的中小企业，为大型领军企业提供高品质配套产品和服务。加强技术人才培育，拓宽人才输送渠道，推进产教融合型企业发展，实现企业与高校和科研院所的深度合作。在研发阶段，加强对初创企业发展的融资支持，充分释放市场微观主体的创新活力，鼓励企业加大技术创新投入，积极探索新兴技术及其产业化的实现路径；支持企业、高校、科研院所等组建联合体，着力突破关键核心技术瓶颈。

此外，充分发挥我国超大规模市场优势。超大规模市场有利于促进创新技术链与应用产业链深度融通，推动产业基础研究取得突破，同时为创新技术的检验提供丰富的场景。随着数字经济的发展和高端装备制造业的数字化水平提升，我国超大规模市场优势可以大大加速产业数据积累和算法、软件的技术创新，拓展大数据、云计算、人工智能、工业互联网等新技术应用领域，为高端装备制造业发展提供更加丰富多元的迭代发展空间。

其二，加强国内外高端装备制造产业创新合作，提升在全球制造业价值链中的地位。与美日等世界制造业强国相比，中国制造业的质量、效率、价值增值能力和国际竞争力均有待提高。在国际产业分工体系和全球价值链中，中国制造业处于“微笑曲线”的中低端，主要从事技术含量低、附加值低的“制造、加工、组装”等生产环节，在附加值较高的研发、设计等环节缺乏竞争力。[①] 因此，为提升中国制造在全球价值链中的地位，应从国内国际两大方面入手。在国内推动创新网络建设，围绕智能制造装备、航空航天装备等重点领域，支持行业龙头企业联合高校、科研院所和上下游企业建设一批制造业创新载体，开展协同创新，加快创新成果的转移转化，不断提升我国制造业附加值。在国际上推动开放合作与各国进行协同创新，加强与相关国家、地区及国际组织的交流，加强高端制造技术、标准、人才等方面的合作。我国应当更加积极地参与全球产业链分工，逐渐成为具有全产业

---

① 余东华：《制造业高质量发展的内涵、路径与动力机制》，《产业经济评论》2020 年第 1 期。

整合能力的区域性价值链“链主”，提升在全球科技创新网络与全球价值链上的地位。

其三，加强高端装备制造与其他产业互联互通，形成基于自主工艺的全套生产线。拓宽高端装备制造的行业领域，与其他新兴产业互联互通，在拓展自身行业应用的同时，实现制造业由传统制造到“设计—生产—服务”全产业链的转型升级。高端装备制造产业排名靠前的企业如通用电气、西门子等都已实现制造服务化转型，致力于为企业用户提供完整的数字化系统解决方案，而谷歌作为互联网头部企业，更加注重信息技术、人工智能、大数据等与制造业的融合，在自身优势领域不断开拓创新。对于我国企业而言，针对高端装备制造细分领域不同的行业特点和痛点，应在促进其相互融合的同时，满足其特定需求，最终在不同领域形成一套基于自主工艺的全价值链生产线。在高端装备制造领域，提高产品可靠性和实现高端化发展是生产的重中之重，因此，需要开发面向特定场景的智能成套生产线，将各项新兴技术与制造工艺相结合。在产品加工阶段使用增材制造技术，在组装与生产流程中应用机器人与自动化技术，利用先进电子技术实现产品与服务的融合，在生产材料的设计、利用与回收中使用清洁生产技术与分子生物学，使用物联网、云计算等对产品全生命周期进行全方位跟踪，以实现对制造流程的优化改进等。这一系列的技术应用不仅使得制造过程更加高效、快捷，更促进整条产业链的智能化与可持续发展。这一流程的实现需要企业加大自身技术投入，持续推动工艺革新、装备升级、管理优化与生产过程的智能化，推广新技术、新装备和新模式，将技术作为企业的核心竞争力。

其四，利用新兴技术促进生产过程节能减排，实现制造业绿色、清洁、可持续发展。保护自然环境、实现绿色发展已成为世界各国的共识。中国信息通信研究院发布的《数字碳中和白皮书》指出，数字技术能够与电力、工业、建筑、交通等重点碳排放领域深度融合，减少能源与资源消耗。高端装备制造产业综合排名位列榜首的通用电气应用智能电网实现减碳，并通过精益管理减少能源方面的浪费，其能源产品为全球 24 个生产基地降低了能源消耗。不难看出，以大数据、人工智能为代表的数字技术对制造业全供应链的绿色化发展带来了重大机遇。为加快解决这一“绿色”难题，在国家层面，我国应发挥举国体制的巨大优势，在满足制造业高端发展需求的同时，集中各项资源合力推进低碳技术攻关，对各类虚拟化后的制造资源进行集中管理，同时针对不同规模的企业提出个性化赋能方案，搭建好产业发展平台，推动“绿色”政策的精准定位、精准支持。[①] 从企业层面来看，我国制造业企业应当提升“绿色”意识，不断优化生产工艺，提高生产效率，降低能源消耗和碳排放，并通过智能协同管理提升能源、资源、环境管理水平，深化生产制造过程的数字技术应用，不断建成绿色工厂、绿色工业园区等，发挥示范效应。

参考文献

李晓华：《推动我国从制造大国向制造强国转变》，《中国党政干部论坛》2023 年第 8 期。

赵升吨、贾先：《智能制造及其核心信息设备的研究进展及趋势》，《机械科学与技术》2017 年第 1 期。

周济：《走向新一代智能制造》，《中国科技产业》2018 年第 6 期。

周佳军、姚锡凡：《先进制造技术与新工业革命》，《计算机集成制造系统》2015 年第 8 期。

Hemphill Thomas A., Perry Mark J., “A U. S. Manufacturing Strategy for the 21st Century: What Policies Yield National Sector Competitiveness?” *Business Economics* 47 (2012).

① 徐蒙：《数字经济赋能绿色制造的作用机制与实现路径》，《企业经济》2023 年第 10 期。

附表

附表　2022~2023 年高端装备制造产业全球企业创新指数 100 强

企业	国家/地区	2023年					2022年				
		综合排名	综合得分	知识创新	技术创新	创新协作	综合排名	综合得分	知识创新	技术创新	创新协作
通用电气	美国	1	81.46	72.77	86.36	76.34	1	83.27	73.89	88.13	79.47
西门子	德国	2	80.01	73.26	84.34	73.92	2	80.92	74.84	84.66	76.13
波音	美国	3	79.21	67.63	86.70	68.59	3	79.40	68.03	86.59	69.56
三星	韩国	4	77.73	77.73	77.83	77.31	4	78.05	79.12	77.47	78.58
哈里伯顿	美国	5	76.25	66.36	83.43	64.01	5	76.61	65.12	84.49	64.24
谷歌	美国	6	76.06	82.30	73.96	74.02	6	76.10	83.44	73.56	74.03
空客	法国	7	75.29	70.23	78.80	69.65	7	76.03	70.94	79.59	70.30
雷神技术	美国	8	75.10	67.35	80.20	67.61	8	75.60	67.83	80.69	68.22
华为	中国大陆	9	75.03	85.67	70.16	76.76	9	75.01	85.37	70.29	76.61
爱普生	日本	10	74.61	62.06	82.75	62.98	11	74.50	62.47	82.37	63.08
惠普	美国	11	73.96	64.77	80.19	64.33	10	74.90	65.12	81.21	65.94
丰田	日本	12	73.92	68.99	74.92	78.16	12	74.05	69.49	74.65	79.24
三菱电机	日本	13	73.27	67.51	77.43	66.24	14	72.98	68.00	76.47	67.32
国家电网	中国大陆	14	73.08	86.76	64.84	83.22	16	72.71	86.73	64.37	82.72
佳能	日本	15	72.89	63.49	78.71	65.28	13	73.56	64.84	78.89	66.82
中国中车	中国大陆	16	72.10	71.70	72.31	71.91	19	71.69	71.23	72.19	70.47
赛峰	法国	17	71.98	67.35	74.91	67.99	15	72.86	68.34	75.36	70.40
博世	德国	18	71.97	72.51	73.26	65.91	18	72.11	73.61	73.05	65.85
英特尔	美国	19	71.96	80.92	67.95	73.08	17	72.34	81.11	68.11	74.62
贝克休斯	美国	20	71.31	64.94	75.54	64.99	22	71.18	63.63	75.74	65.48
日立	日本	21	71.22	69.44	71.63	72.52	20	71.63	71.03	71.24	74.22
LG	韩国	22	70.72	67.31	73.50	65.25	21	71.37	68.39	73.66	67.19
高通	美国	23	70.71	72.53	70.82	67.27	30	70.29	72.24	70.04	68.00
迪尔	美国	24	70.65	66.76	74.02	63.65	28	70.43	65.89	74.06	63.48
沙特阿美	沙特阿拉伯	25	70.62	67.73	73.64	63.37	36	69.47	66.43	72.47	62.53
斯伦贝谢	美国	26	70.34	66.73	73.27	64.61	25	70.80	67.23	73.53	65.79
飞利浦	荷兰	27	70.33	70.49	72.07	63.09	23	71.09	70.54	73.09	64.03
百度	中国大陆	28	70.19	76.73	69.11	63.60	45	68.85	75.06	67.76	62.88
东芝	日本	29	69.87	68.26	71.58	65.72	29	70.30	68.67	71.62	67.73
IBM	美国	30	69.86	76.00	67.68	68.35	24	71.00	78.33	68.14	70.22

续表

企业	国家/地区	2023年					2022年				
		综合排名	综合得分	知识创新	技术创新	创新协作	综合排名	综合得分	知识创新	技术创新	创新协作
ABB	瑞士	31	69.69	69.39	70.59	66.61	27	70.54	71.69	70.60	68.39
霍尼韦尔	美国	32	69.62	66.05	72.79	62.87	32	69.79	67.17	72.49	63.35
久保田	日本	33	69.58	62.31	73.78	64.91	38	69.30	61.73	73.58	64.82
发那科	日本	34	69.57	63.00	73.96	62.96	34	69.66	62.83	74.12	63.20
本田	日本	35	69.51	67.58	71.07	66.47	33	69.66	68.04	71.05	66.81
三菱重工	日本	36	69.44	65.82	71.59	66.83	31	69.91	66.00	71.72	69.20
泰雷兹	法国	37	69.41	70.39	70.21	64.54	39	69.17	70.71	69.70	64.49
航空工业	中国大陆	38	69.40	72.29	67.96	70.30	49	68.58	71.77	67.10	69.21
现代汽车	韩国	39	69.32	69.26	70.05	66.51	35	69.63	70.02	70.08	67.21
松下	日本	40	69.18	64.19	71.90	66.59	40	69.15	65.31	70.97	68.23
神钢	日本	41	69.05	66.10	71.51	64.12	42	68.89	66.34	70.83	65.42
亚马逊	美国	42	68.94	66.75	70.43	66.66	26	70.65	68.07	72.58	67.19
苹果	美国	43	68.92	68.53	69.35	67.82	41	68.99	69.04	69.43	67.11
富士胶片	日本	44	68.83	65.25	71.62	63.66	48	68.76	65.02	71.57	63.77
小松	日本	45	68.83	63.80	72.50	62.51	47	68.81	64.49	72.17	62.55
斯特兰蒂斯	荷兰	46	68.80	60.00	74.14	62.11	37	69.44	60.00	75.05	62.71
罗罗公司	英国	47	68.76	70.77	68.92	64.78	44	68.86	71.53	68.67	65.15
日本电气	日本	48	68.57	70.71	68.51	65.25	50	68.47	71.10	67.94	66.24
日本制铁	日本	49	68.48	68.73	68.89	66.45	46	68.82	69.75	68.95	66.71
川崎重工	日本	50	68.37	64.51	71.22	63.38	51	68.46	65.24	70.61	65.24
大众汽车	德国	51	68.15	70.03	68.48	63.69	43	68.86	70.45	69.20	64.85
索尼	日本	52	68.02	64.82	70.85	62.07	57	67.79	66.03	69.90	62.27
福特	美国	53	68.00	70.56	67.60	65.36	52	68.29	70.96	67.90	65.40
山特维克	瑞典	54	67.98	66.71	70.22	61.10	55	67.92	67.35	69.77	61.47
理光	日本	55	67.93	62.54	71.51	62.58	59	67.77	62.59	71.23	62.59
兄弟	日本	56	67.92	60.00	72.98	60.84	56	67.81	60.00	72.84	60.71
液化空气	法国	57	67.91	64.62	70.62	62.54	53	68.09	65.89	70.27	63.06
京瓷	日本	58	67.67	62.58	71.17	62.16	67	67.08	62.77	70.06	62.33
中国石油	中国大陆	59	67.64	65.33	68.33	68.71	82	66.48	64.65	66.94	67.70
欧姆龙	日本	60	67.62	62.12	71.47	61.38	61	67.52	62.69	70.99	61.67
卡特彼勒	美国	61	67.59	60.00	72.21	61.75	63	67.26	60.00	71.59	62.04
应用材料	美国	62	67.54	66.30	69.36	62.36	73	66.82	67.12	67.94	61.86

续表

企业	国家/地区	2023年					2022年				
		综合排名	综合得分	知识创新	技术创新	创新协作	综合排名	综合得分	知识创新	技术创新	创新协作
通用汽车	美国	63	67. 48	71. 11	66. 46	65. 50	54	68. 09	71. 79	66. 98	66. 37
电装	日本	64	67. 40	65. 89	67. 99	67. 58	62	67. 40	65. 92	67. 91	67. 79
蔡司	德国	65	67. 35	65. 40	69. 66	61. 36	60	67. 64	64. 98	70. 26	61. 61
宝马	德国	66	67. 25	70. 90	67. 11	61. 69	64	67. 26	71. 04	67. 03	61. 83
中国石化	中国大陆	67	67. 13	69. 84	65. 78	68. 00	72	66. 93	69. 94	65. 48	67. 68
住友电工	日本	68	67. 06	65. 74	68. 74	62. 58	68	67. 05	65. 78	68. 53	63. 27
NTT	日本	69	67. 03	72. 08	65. 38	65. 26	75	66. 73	72. 49	64. 72	65. 16
JFE 钢铁	日本	70	67. 03	67. 23	67. 78	63. 71	74	66. 78	67. 87	67. 00	64. 11
日立建机	日本	71	66. 93	64. 32	69. 14	62. 45	76	66. 72	62. 70	69. 34	62. 94
3M	美国	72	66. 92	65. 07	68. 97	61. 79	78	66. 67	64. 81	68. 69	61. 69
住友重机	日本	73	66. 90	62. 78	70. 02	61. 26	85	66. 32	64. 12	68. 38	61. 76
德事隆	美国	74	66. 86	60. 00	71. 09	61. 33	65	67. 21	60. 00	71. 73	61. 13
艾默生	美国	75	66. 85	60. 89	70. 73	61. 26	69	67. 03	60. 98	71. 02	61. 15
通快	德国	76	66. 70	63. 93	69. 12	61. 67	71	66. 94	64. 98	68. 96	62. 09
南方电网	中国大陆	77	66. 55	75. 64	62. 30	68. 40	77	66. 67	76. 02	62. 39	68. 23
腾讯	中国大陆	78	66. 50	72. 87	64. 24	64. 92	89	66. 12	72. 19	64. 10	64. 08
利勃海尔	德国	79	66. 49	63. 90	68. 92	61. 06	87	66. 15	62. 86	68. 86	60. 82
日产汽车	日本	80	66. 47	65. 95	67. 64	62. 68	83	66. 40	66. 10	67. 49	62. 57
大疆	中国大陆	81	66. 45	60. 00	70. 57	60. 73	66	67. 10	60. 00	71. 59	60. 95
大陆集团	德国	82	66. 38	66. 91	67. 30	61. 78	79	66. 60	66. 94	67. 57	62. 19
优步	美国	83	66. 28	66. 78	67. 51	60. 52	58	67. 78	72. 07	67. 80	60. 56
ITW	美国	84	66. 24	60. 00	70. 21	60. 80	88	66. 12	60. 00	69. 97	60. 96
住友化学	日本	85	66. 20	60. 31	69. 75	61. 81	84	66. 33	60. 02	70. 03	62. 03
精密播种	美国	86	66. 19	60. 00	70. 08	60. 91	—	65. 25	60. 00	68. 50	61. 01
埃克森美孚	美国	87	66. 09	65. 45	67. 59	61. 15	70	66. 96	66. 52	68. 46	61. 70
蒂森克虏伯	德国	88	66. 08	65. 93	67. 29	61. 48	80	66. 55	66. 47	67. 88	61. 36
IHI	日本	89	65. 93	63. 46	67. 50	63. 75	81	66. 52	64. 70	67. 83	64. 31
台积电	中国台湾	90	65. 89	68. 86	65. 66	61. 83	95	65. 61	68. 79	65. 19	62. 03
罗克韦尔	美国	91	65. 80	60. 00	69. 36	61. 25	92	65. 97	60. 00	69. 65	61. 24
富士通	日本	92	65. 79	67. 51	65. 80	62. 89	91	66. 00	68. 40	65. 56	63. 75
贝宜系统	英国	93	65. 53	65. 60	66. 76	60. 46	86	66. 20	66. 48	67. 49	60. 58
伊斯卡	以色列	94	65. 51	60. 00	69. 18	60. 02	94	65. 65	60. 00	69. 38	60. 12

续表

企业	国家/地区	2023年					2022年				
		综合排名	综合得分	知识创新	技术创新	创新协作	综合排名	综合得分	知识创新	技术创新	创新协作
SKF	瑞典	95	65.40	62.72	67.43	61.74	93	65.95	64.44	67.61	61.81
威德福	瑞士	96	65.37	60.00	68.73	60.90	96	65.60	60.01	68.93	61.57
中国海油	中国大陆	97	65.36	67.15	64.32	66.56	—	65.17	67.46	63.93	66.33
安川电机	日本	98	65.36	61.95	67.81	61.24	97	65.60	63.02	67.64	61.71
大福	日本	99	65.34	60.00	68.60	61.21	—	65.29	60.00	68.30	62.07
日东电工	日本	100	65.30	60.52	68.15	61.86	98	65.34	60.14	68.29	62.25

B.6

新材料产业全球企业科技创新发展评价

张 琳　李 纲　毛雨亭　王 冕*

摘　要：　新材料产业是支撑国民经济发展的基础产业，是发展其他高技术产业的物质基础。在全球新一轮科技革命和产业变革蓬勃兴起的历史交汇期，洞悉新材料产业发展与企业创新现状对掌握全球前沿科技的创新发展态势，进而优化科技资源配置和深化科技体制改革具有重要意义。研究发现：一是日美企业科技创新水平较高，欧洲企业的传统优势不容忽视；二是企业积极投身基础科学研究，推动科学研究活动向纵深发展；三是日本企业引领新材料技术革新，创新赋能国际新材料产业发展；四是企业间技术创新协同合作不够深入，科技创新国际化程度有待提升。未来的优化路径包括突破传统材料研发模式，建立健全新材料自主创新体系；推进产业高质量集聚，打造新材料现代化集群生态；着力提升原始创新能力，重点发展关键前沿领域；以专项计划引领新材料发展，充分发挥市场需求牵引作用。

关键词：　新材料产业　知识创新　技术创新　创新协作

一　引言

新材料是指新出现的具有优异性能和特殊功能的材料，或是传统材料

* 张琳，武汉大学信息管理学院教授、博士生导师，主要研究方向为科学计量学与科技管理；李纲，武汉大学信息管理学院教授、博士生导师，主要研究方向为竞争情报与数字经济；毛雨亭，武汉大学信息管理学院硕士研究生，主要研究方向为科技计量与科技管理；王冕，武汉大学信息管理学院本科生。

改进后性能明显提高和具有新功能的材料。新材料产业是战略性、基础性产业，是未来高新技术产业发展的基石和先导。[①] 新材料因其种类繁多、覆盖面广、产品结构复杂等特点，与多个产业密切衔接。资源对先进基础材料的影响尤为明显，市场需求引领关键战略材料的发展方向，而技术进步在前沿新材料领域发挥至关重要的作用。作为一种新型生产力，新材料一旦取得突破，可能会彻底改变高新技术产业链的整体联动格局。如今，新材料产业的发展水平已成为衡量一国科技实力和综合国力的重要指标之一。

为抢占新材料产业发展的战略制高点，世界各国相继制定新材料产业发展战略，启动了100多个专项计划。美国于2009年、2011年和2015年陆续发布《国家创新战略》，其中清洁能源、生物技术、纳米技术、空间技术、健康医疗等优先发展领域均涉及新材料；2010年，日本政府曾经发布《日本产业结构展望》报告，以新成长战略为指导，将高温超导、纳米、功能化学、碳纤维、IT等新材料技术在内的十大尖端技术确定为未来产业发展主要战略领域。2012年美国制定的《先进制造业国家战略计划》则进一步加大了对新材料领域科技创新的扶持力度。2020年，欧盟推出《资助石墨烯旗舰计划》，对重点新材料进行精准扶持和提前布局。韩国《2023-2037年国防科技创新基本计划》提出在人工智能、量子信息、航天、新材料等十大战略技术领域重点支持30项国防战略技术。

我国政府高度重视新材料产业的发展，2009年新材料产业被列为战略性新兴产业之一。2012年国务院发布《“十二五”国家战略性新兴产业发展规划》，明晰了新材料产业的主要发展方向，为新材料产业发展营造了良好的环境。2015年国务院将新材料产业列入十大重点领域之一，强调建设新材料基础研究体系。2016年国务院颁布《“十三五”国家战略性新兴产业发展规划》，明确提出加快壮大新材料等新兴领域。2017

---

① 《工业和信息化部　国务院国资委关于印发前沿材料产业化重点发展指导目录（第一批）的通知》，工业和信息化部网站，2023年8月3日，https：//wap.miit.gov.cn/jgsj/ycls/wjfb/art/2023/art_a89efb23e3694962929bb30c6d839867.html。

年工业和信息化部发布《新材料产业发展指南》，这对新材料产业健康发展具有重要的指导意义。同年，中国工程院正式启动“新材料强国2035战略研究”重大咨询项目，旨在对我国新材料产业发展进行顶层设计。2024年1月，工业和信息化部等七部门发布《关于推动未来产业创新发展的实施意见》，旨在推进未来材料产业发展，推动有色金属、化工、无机非金属等先进基础材料升级。近年来，我国材料科学的论文数量已经跃居世界第一。在国家科技计划和产业政策的支持下，我国新材料研发的自身特色逐渐形成，少数细分领域已初具国际竞争力，形成了较为完整的研发与产业体系，已进入材料大国行列。① 但是部分关键性、战略性材料对外依赖程度较高，“卡脖子”现象严重，与美国、日本等材料强国相比仍有一定差距。

我国新材料产业正处于关键转型期，加快新材料产业的培育与发展，对推动新材料技术的升级换代、支撑战略性新兴产业的发展、保障国家重大工程的顺利实施、促进传统产业的转型升级具有重要的战略意义。为此，本文通过分析新材料产业的发展态势，系统描绘了当前全球新材料产业的科技创新格局。具体而言，本文基于企业创新指数评估，结合行业数据和科学的量化方法，测评了全球新材料企业在知识创新、技术创新和创新协作等方面的综合表现，从而直观展现当前新材料产业的创新全貌，为中国新材料产业的崛起和短板的弥补提供决策参考。

二　发展态势分析

（一）发展格局

综合排名前20的企业在不同科技创新维度的发展态势各异，如表1所

① 屠海令等：《我国新材料产业现状分析与前瞻思考》，《稀有金属》2019年第11期；王育萍、叶志镇：《关于加速推进我国“十四五”新材料产业高质量发展的几点思考》，《材料科学与工程学报》2021年第1期。

示。三星在 3 个主要测度维度上均具有卓越表现，综合排名第一。三星集团旗下的三星电子、三星半导体、三星化工等子公司均在新材料领域有所作为。排名第二的 LG 在技术创新方面表现优异，旗下企业 LG 化学拥有石油化学事业本部和尖端材料事业本部，以环保材料和综合电池材料引领行业发展。巴斯夫的业务涉及化学品、特性产品、功能性材料与解决方案、农业解决方案、石油和天然气相关产品，综合得分排名第三。排名第四的陶氏是全球领先的化学公司，以其领先的特种化学、高新材料、塑料等业务为来自各行业的客户提供创新和可持续的解决方案。新日铁是国际市场竞争力最强的钢铁企业之一，综合排名第五，发展了先进的钢铁材料加工业，最大限度地提高了钢轨、工型钢等材料的生产率和生产量，成为钢铁产业的一面旗帜。

表 1　2023 年新材料产业全球企业创新指数 20 强

综合排名	企业	国家/地区	综合得分	知识创新	技术创新	创新协作
1	三星	韩国	82. 03	80. 79	81. 08	87. 88
2	LG	韩国	81. 98	67. 97	90. 01	73. 20
3	巴斯夫	德国	79. 66	75. 73	80. 70	82. 03
4	陶氏	美国	79. 38	69. 19	84. 15	77. 30
5	新日铁	日本	76. 41	68. 48	79. 79	76. 09
6	中国石化	中国大陆	75. 51	82. 89	72. 59	74. 86
7	力森诺科	日本	73. 70	67. 42	77. 53	68. 86
8	华为	中国大陆	73. 49	86. 42	68. 24	72. 93
9	JFE 钢铁	日本	73. 37	67. 21	77. 17	68. 43
10	丰田	日本	72. 92	72. 20	71. 01	81. 74
11	三菱化学	日本	72. 85	69. 04	74. 52	72. 52
12	阿科玛	法国	72. 74	68. 48	76. 31	65. 54
13	富士胶片	日本	71. 92	67. 06	75. 75	64. 72
14	IBM	美国	71. 79	84. 14	65. 94	74. 61
15	圣戈班	法国	71. 75	67. 68	75. 41	63. 87
16	浦项制铁	韩国	71. 73	68. 81	74. 70	64. 75
17	国家电网	中国大陆	71. 56	88. 04	62. 77	79. 23

续表

综合排名	企业	国家/地区	综合得分	知识创新	技术创新	创新协作
18	康宁	美国	71.48	69.67	73.43	66.70
19	住友电气	日本	71.08	67.23	73.29	68.63
20	住友化学	日本	70.84	65.33	74.01	67.34

从区域分布情况来看，新材料产业全球科技创新呈现“东亚—欧洲—北美”的发展格局。整体上，日本企业表现强劲，在新材料产业创新指数100强中占据50席，企业整体科技创新能力较强。美国有17家企业进入新材料产业创新指数100强榜单，是新材料技术创新发展的重要策源地。德国和中国分别有9家和5家企业入围新材料产业科技创新100强榜单，其中，中国有2家企业进入前十。韩国和法国分别有6家和4家企业上榜，其中韩国企业三星的综合表现最为亮眼。其余上榜企业分别来自瑞士、荷兰、沙特阿拉伯、奥地利、比利时和卢森堡。

（二）知识创新

表2展示了知识创新得分排名前20的企业。新材料产业知识创新得分排名第一的企业是国家电网。国家电网的科技研发重点在新型电力系统建设、大电网安全运行、新能源并网等关键领域，借助前沿新材料攻克能源转型发展中的技术难题。国家电网在知识创新产出方面遥遥领先，体现其出类拔萃的知识创新能力。位居第二的是华为。华为作为全球领先的信息与通信技术解决方案供应商，正进军光刻胶生产领域，研发新型绿色材料与工艺，以创新技术为高端化工与绿色环保注入科技动能。华为在知识创新影响方面位居第一，显示出其强大的影响力。排名第三的IBM作为计算机产业长期的领导者，希望将计算机技术与新材料的研发结合起来，以应对新材料的产出问题。中国石化和三星分列第4位和第5位。中国石化在知识创新产出方面表现优异，三星的知识创新扩散表现较好。其余进入知识创新前20的企业还有巴斯夫、西门子、默克、航空工业、丰田、沙特

阿美、现代汽车、惠普、博迈立铖、日立、南方电网、东芝、旭化成、康宁、SK。

从地区分布情况来看，中国、日本的企业在知识创新上表现优异，各有5家企业跻身知识创新20强，彰显了其在新材料领域占据优势地位。美国、德国、韩国的企业同样具有突出的知识创新能力，各有3家企业进入20强。此外，沙特阿拉伯有1家企业上榜。

表2 2023年新材料产业全球企业知识创新得分20强情况

排名	企业	国家/地区	知识创新	知识创新产出	知识创新影响	知识创新扩散
1	国家电网	中国大陆	88.04	99.86	85.35	69.78
2	华为	中国大陆	86.41	81.26	93.58	82.38
3	IBM	美国	84.14	74.00	93.44	85.82
4	中国石化	中国大陆	82.89	92.41	84.82	60.00
5	三星	韩国	80.79	78.31	84.18	78.97
6	巴斯夫	德国	75.73	70.50	87.81	62.02
7	西门子	德国	73.23	68.44	83.64	61.99
8	默克	德国	72.63	63.61	87.97	60.00
9	航空工业	中国大陆	72.50	70.47	80.77	60.00
10	丰田	日本	72.19	65.64	84.66	60.38
11	沙特阿美	沙特阿拉伯	71.93	62.83	86.99	60.00
12	现代汽车	韩国	71.52	65.85	81.46	62.98
13	惠普	美国	71.16	61.99	85.80	60.23
14	博迈立铖	日本	70.86	67.38	77.14	65.26
15	日立	日本	70.86	67.38	77.14	65.26
16	南方电网	中国大陆	70.75	77.66	66.89	64.66
17	东芝	日本	70.44	64.56	80.75	61.59
18	旭化成	日本	69.80	61.77	82.72	60.00
19	康宁	美国	69.67	63.14	79.58	62.91
20	SK	韩国	69.64	63.71	79.12	62.56

从知识创新产出情况来看，如表3所示，在Web of Science论文数上，国家电网、中国石化、华为、南方电网和三星位列前五；在被引排名前10%论

文数上，国家电网、华为、中国石化、IBM、三星的高质量论文占比较高；在第一/通讯作者论文数上，中国石化、国家电网和三星占据前三的位置。

表 3　2023 年新材料产业全球企业知识创新产出 20 强表现

单位：篇

企业	Web of Science 论文数	被引排名前 10% 论文数	第一/通讯作者论文数
国家电网	849.6	79.9	193.6
中国石化	670.3	51.3	195.6
华为	415.9	55.1	81.3
三星	348.0	29.5	116.3
南方电网	372.9	24.5	113.2
IBM	190.4	33.9	78.6
巴斯夫	204.7	21.6	54.0
航空工业	233.8	21.8	46.4
西门子	152.1	11.5	60.6
日立金属	116.5	4.0	71.6
日立	116.5	4.0	71.6
新日铁	108.4	2.8	65.1
现代汽车	134.4	11.4	26.9
丰田	105.2	12.7	27.4
东芝	60.4	6.9	36.1
JFE 钢铁	69.2	1.6	42.8
三菱电机	55.8	1.4	39.0
SK	88.1	4.9	22.1
默克	57.9	8.4	19.0
中国宝武	102.6	5.8	14.0

从知识创新影响情况来看，如表 4 所示，IBM 的篇均论文被引频次最高。在学科规范化引文影响力（CNCI）上，在知识创新影响得分前 20 的企业中，有 8 家企业的 CNCI 值大于 1，表明它们论文的被引表现高于全球平均水平，其中华为的 CNCI 值最高，达到 1.95。在知识创新影响得分前 20 的企业中，论文施引国家数的平均值为 59.66 个，说明这些企业的学术成果

得到了广泛引用。其中，中国石化的学术研究成果被 95.90 个国家/地区的研究人员引用，国家电网的论文施引国家数也高达 94.40 个。西门子的论文施引国家多样化程度居于榜首。

表 4　2023 年新材料产业全球企业知识创新影响 20 强表现

企业	篇均论文被引频次（次）	学科规范化引文影响力	论文施引国家数（个）	论文施引国家多样性
华为	9.94	1.95	92.20	2.70
IBM	11.72	1.66	77.90	3.07
默克	8.64	1.44	56.80	3.06
巴斯夫	8.83	1.05	70.50	3.00
沙特阿美	7.40	1.13	71.90	2.94
惠普	9.92	1.50	39.80	2.55
国家电网	5.45	0.90	94.40	2.44
中国石化	6.37	0.79	95.90	2.14
丰田	8.22	0.98	54.80	2.76
三星	5.84	0.84	76.00	2.66
西门子	5.16	0.72	66.50	3.11
旭化成	9.02	1.17	33.70	2.41
现代汽车	5.48	0.80	60.70	2.44
三菱化学	6.63	0.97	36.40	2.69
蔡司	5.46	1.36	30.00	2.65
埃克森美孚	5.90	0.65	50.20	2.75
航空工业	4.67	0.86	70.40	2.02
东芝	5.12	0.94	40.40	2.79
应用材料	5.94	0.78	39.80	2.73
瓦克	6.31	0.94	34.80	2.59

从知识创新扩散情况来看，如图 1 所示，专利引用频次反映了知识创新成果对技术创新的影响。其中，华为的专利引用频次居首位，其次为 IBM

和三星。从政策引用情况来看，IBM、华为、国家电网等企业的学术研究成果得到了多国政策文件的引用或采纳。媒体关注频次直观地体现了创新主体的社会影响力。三星、IBM、国家电网等企业的学术研究成果得到社会各界的广泛关注，其知识创新成果在全球范围内广泛传播。

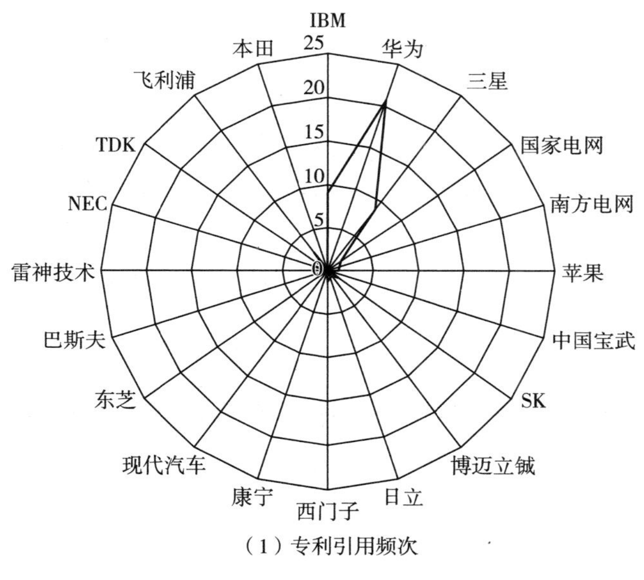

（1）专利引用频次

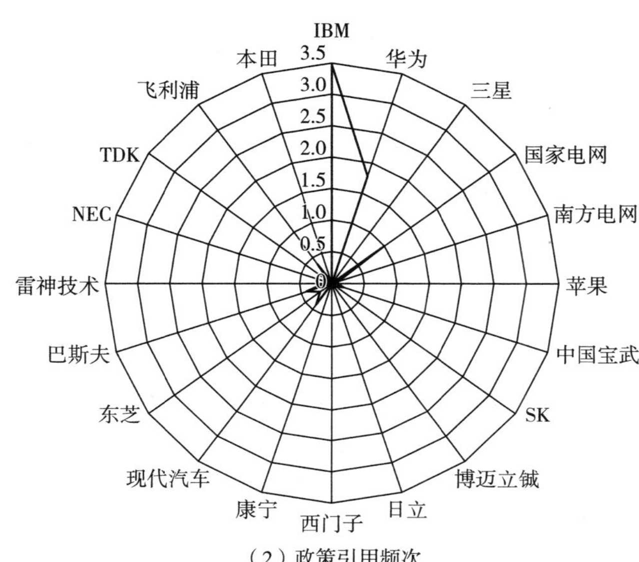

（2）政策引用频次

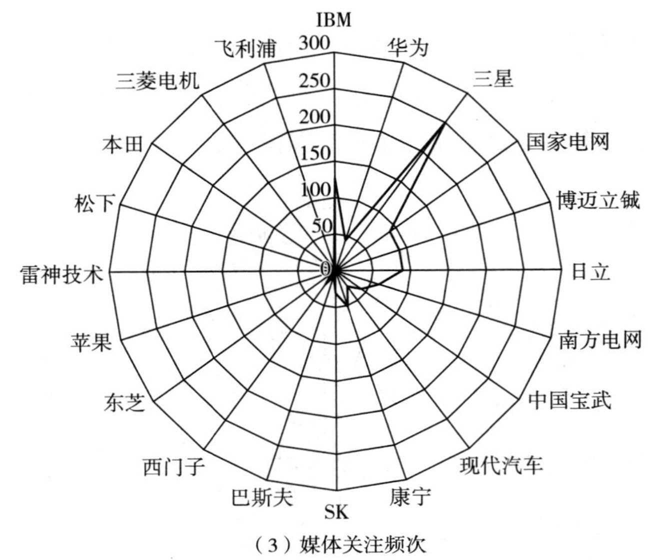

（3）媒体关注频次

图 1　2023 年新材料产业全球企业知识创新扩散 20 强表现

（三）技术创新

表 5 展示了技术创新得分排名前 20 的企业。LG 以 90.01 分居新材料企业技术创新榜首。LG 作为全球领先的科技公司，一直积极参与新材料领域的研究和开发。陶氏和三星位列第二和第三，巴斯夫和新日铁也跻身新材料领域技术创新 5 强。其余进入技术创新 20 强的新材料企业包括力森诺科、JFE 钢铁、阿科玛、富士胶片、圣戈班、浦项制铁、三菱化学、住友化学、信越化学、通用电气、赢创工业、康宁、泰科电子、住友电气、东丽。

从地区分布情况来看，日本企业在新材料领域技术创新上表现十分突出，共有 9 家日本新材料企业进入技术创新 20 强；美国、韩国各有 3 家企业进入 20 强。此外，法国和德国各有两家企业进入技术创新 20 强榜单，瑞士有 1 家企业跻身技术创新 20 强。

表 5　2023 年新材料产业全球企业技术创新得分 20 强情况

排名	企业	国家/地区	技术创新	技术创新产出	技术创新质量	技术创新影响
1	LG	韩国	90. 01	100. 00	82. 44	83. 93
2	陶氏	美国	84. 15	87. 45	81. 05	83. 66
3	三星	韩国	81. 08	76. 67	84. 60	83. 33
4	巴斯夫	德国	80. 70	78. 56	82. 41	81. 79
5	新日铁	日本	79. 79	78. 30	77. 74	88. 64
6	力森诺科	日本	77. 53	70. 44	80. 80	87. 10
7	JFE 钢铁	日本	77. 17	79. 02	71. 63	86. 38
8	阿科玛	法国	76. 31	69. 70	80. 54	82. 27
9	富士胶片	日本	75. 75	75. 40	73. 83	81. 44
10	圣戈班	法国	75. 41	68. 19	81. 22	78. 94
11	浦项制铁	韩国	74. 70	70. 97	74. 81	83. 72
12	三菱化学	日本	74. 52	69. 56	76. 36	82. 34
13	住友化学	日本	74. 01	70. 70	72. 96	84. 94
14	信越化学	日本	73. 87	72. 55	71. 59	82. 88
15	通用电气	美国	73. 49	65. 76	77. 45	82. 93
16	赢创工业	德国	73. 43	65. 80	78. 83	79. 04
17	康宁	美国	73. 43	67. 70	75. 98	81. 38
18	泰科电子	瑞士	73. 38	66. 35	77. 47	80. 72
19	住友电气	日本	73. 29	71. 81	71. 65	81. 10
20	东丽	日本	73. 26	71. 12	71. 15	83. 89

从技术创新产出情况来看，如表 6 所示，在发明专利数上，LG、三星和陶氏位列前三；在非单方专利数上，LG、三星和陶氏排名前三；在三方专利数上，LG、新日铁、JFE 钢铁、巴斯夫和信越化学位于第一梯队；在 PCT 专利数上，LG、陶氏和新日铁具有突出优势，分别以 994. 9 件、992. 2 件和 670. 2 件位列前三。

表 6　2023 年新材料产业全球企业技术创新产出 20 强表现

单位：件

企业	发明专利数	非单方专利数	三方专利数	PCT 专利数
LG	1926.5	1359.5	729.2	994.9
陶氏	1229.0	1048.2	253.3	992.2
JFE 钢铁	811.0	568.5	378.8	555.5
巴斯夫	638.6	591.8	367.6	598.8
新日铁	46.6	710.7	462.0	670.2
三星	1298.8	1073.5	78.4	103.7
富士胶片	705.2	616.1	174.8	494.0
信越化学	620.5	528.2	299.9	149.7
住友电气	628.8	553.2	105.1	319.3
东丽	514.1	363.8	198.7	322.0
浦项制铁	520.6	350.4	239.9	257.2
住友化学	698.7	502.5	112.3	199.0
力森诺科	567.1	381.9	137.2	296.8
阿科玛	371.5	342.0	202.4	267.5
三菱化学	557.2	292.0	162.0	246.1
松下	555.3	351.0	124.1	202.9
富士机械制造	406.5	238.9	165.0	300.0
日东电工	461.7	399.1	99.4	208.2
可乐丽	335.5	264.9	182.9	251.0
DIC	456.5	298.6	86.8	288.8

从技术创新质量来看，如表 7 所示，从专利转让情况来看，LG 的专利转让活动最为活跃，三星和力森诺科分别位居第二和第三。专利的权利要求数是衡量专利质量的重要指标，帝斯曼的平均权利要求数为 20.77 项，其次为 PPG 和阿科玛。专利家族国家数可以用来表征专利市场的布局情况，圣戈班、巴斯夫和阿科玛的专利家族国家数位列前三，分别为 44.9 个、42.3 个和 39.6 个，赢创工业和安赛乐米塔尔位列第四和第五。

表 7　2023 年新材料产业全球企业技术创新质量 20 强表现

企业	专利转让数(件)	平均权利要求数(项)	专利家族国家数(个)
三星	369.0	15.52	25.1
LG	388.1	11.90	21.2
巴斯夫	128.6	17.14	42.3
圣戈班	85.2	16.00	44.9
陶氏	247.7	10.65	34.0
力森诺科	352.1	9.71	23.0
阿科玛	81.1	18.53	39.6
中国石化	184.4	15.88	27.6
赢创工业	76.7	15.57	38.8
安赛乐米塔尔	23.6	17.83	38.8
新日铁	195.7	6.70	34.7
泰科电子	167.7	13.88	26.8
通用电气	125.5	14.94	29.9
帝斯曼	38.0	20.77	30.9
汉高	95.8	16.22	30.0
PPG	37.1	18.95	32.6
道达尔能源	52.1	15.98	35.1
科思创	97.3	16.92	28.5
索尔维	55.9	17.51	32.2
三菱化学	170.5	10.09	28.3

从技术创新影响情况来看，如表 8 所示，在篇均专利被引频次上，ASM 的篇均专利被引频次为 5.13 次，其次为东曹和本田。就专利施引国家数而言，新日铁的技术创新成果被 6.80 个国家/地区的专利引用，三星、JFE 钢铁、力森诺科、LG、陶氏的专利也得到了其他国家/地区学者的广泛借鉴。专利施引国家多样性的统计结果显示出一定的差异，浦项制铁的专利施引国家多样性程度最高，达到 1.33，其次为住友化学、力森诺科和 SK。在技术创新影响得分前 20 的新材料企业中，专利施引国家数和专利施引国家多样性的平均值分别为 4.67 个和 1.15，表明这些企业的专利得到全球诸多国家/地区的借鉴和参考。

表 8 2023 年新材料产业全球企业技术创新影响 20 强表现

企业	篇均专利被引频次(次)	专利施引国家数(个)	专利施引国家多样性
ASM	5.13	3.90	0.92
新日铁	1.84	6.80	1.21
力森诺科	2.07	5.40	1.30
JFE 钢铁	1.89	5.70	1.22
日东电工	2.74	4.10	1.24
大日本印刷	2.52	4.30	1.20
住友化学	2.05	4.40	1.32
东曹	3.89	3.10	0.96
SK	1.62	4.70	1.30
本田	3.29	3.50	1.04
LG	1.78	5.10	1.15
东丽	1.85	4.70	1.21
浦项制铁	1.33	4.80	1.33
陶氏	1.93	5.10	1.07
三星	1.90	5.90	0.87
通用电气	1.64	5.00	1.11
信越化学	2.58	3.90	1.06
三菱化学	1.87	4.40	1.12
阿科玛	1.53	4.60	1.17
凸版控股	1.99	4.10	1.13

(四)创新协作

表 9 展示了创新协作排名前 20 的企业。从创新协作角度来看，排名第一的三星创新协作水平突出，其创新主体规模和创新协作水平都居第 1 位，体现了该企业与世界众多研发主体开展了广泛且深入的合作与交流，在全球科学合作网络中占据重要位置。巴斯夫和丰田位居第二和第三，其中丰田的创新主体地位得分居首位。国家电网和陶氏跻身创新协作前五。进入创新协作排名前 20 的企业还有新日铁、中国石化、IBM、现代汽车、LG、华为、

三菱化学、SK、力森诺科、西门子、住友电气、JFE 钢铁、电装、杜邦、南方电网。

从地区分布情况来看，日本企业在新材料技术协作网络中居于主导位置，在创新协作 20 强中占据 7 个席位。韩国和中国同样发挥着一定的引领作用，在 20 强中各占据 4 席。此外，美国有 3 家企业进入创新协作 20 强榜单，德国有 2 家企业进入 20 强榜单。其中，三星设立的三星研究院通过积极的开放式创新，与世界知名大学、研究机构、企业进行科研合作与技术协作，在全球科学合作网络中表现突出。

表 9　2023 年新材料产业全球企业创新协作 20 强情况

排名	企业	国家/地区	创新协作	创新主体规模	创新主体地位	创新协作水平
1	三星	韩国	87.88	89.77	87.18	86.68
2	巴斯夫	德国	82.03	80.22	82.63	83.24
3	丰田	日本	81.74	70.11	89.60	85.52
4	国家电网	中国大陆	79.23	86.65	66.03	85.00
5	陶氏	美国	77.30	80.05	75.64	76.23
6	新日铁	日本	76.09	74.99	75.20	78.07
7	中国石化	中国大陆	74.86	84.90	64.17	75.53
8	IBM	美国	74.61	67.60	82.33	73.89
9	现代汽车	韩国	74.53	68.97	80.21	74.40
10	LG	韩国	73.20	78.38	69.41	71.80
11	华为	中国大陆	72.93	72.25	63.97	82.58
12	三菱化学	日本	72.52	68.40	70.53	78.62
13	SK	韩国	70.08	66.53	75.67	68.04
14	力森诺科	日本	68.86	67.60	70.35	68.63
15	西门子	德国	68.73	66.66	68.77	70.78
16	住友电气	日本	68.63	67.85	71.33	66.70
17	JFE 钢铁	日本	68.43	70.51	70.85	63.93
18	电装	日本	68.43	63.49	74.82	66.98
19	杜邦	美国	67.73	63.60	67.74	71.85
20	南方电网	中国大陆	67.64	71.91	63.81	67.22

从创新主体规模来看，如表 10 所示，在论文合著者数量上，排名前五的企业分别是国家电网、中国石化、华为、三星和南方电网。其中，国家电网论文合著者规模高达 4026.2 人；在专利发明人数量上，三星拥有最高的专利发明人数量，达到 3553.5 人。

表 10　2023 年新材料产业全球企业创新主体规模 20 强表现

单位：人

企业	论文合著者数量	专利发明人数量
三星	1966.2	3553.5
国家电网	4026.2	1247.6
中国石化	3513.5	1385.9
巴斯夫	1230.2	2535.8
陶氏	404.4	3214.6
LG	170.4	3127.3
新日铁	398.5	2345.9
华为	2103.7	410.4
南方电网	1733.8	669.6
JFE 钢铁	255.8	1696.2
丰田	629.9	1304.7
航空工业	1196.4	667.1
现代汽车	699.2	1049.6
三菱化学	197.0	1380.9
住友电气	200.7	1283.6
富士胶片	176.6	1302.9
松下	193.5	1264.8
IBM	1242.2	347.6
力森诺科	17.7	1397.0
中国宝武	511.8	953.4

如表 11 所示，从创新主体地位来看，在论文合著网络度中心度上，IBM、三星、巴斯夫、丰田、现代汽车具有相对重要的网络地位；三星、IBM、巴斯夫、陶氏、现代汽车和 SK 具有较高的论文合著网络特征向量中心度，在知识创新合作网络中扮演着十分重要的角色。在专利合作网络度中

心度上，丰田鼓励新技术的开发推广，在专利合作方面表现十分突出，其专利合作网络度中心度和特征向量中心度都排名第一，发挥着关键的网络连接作用。此外，三星、巴斯夫在整个专利合作网络中也占据重要位置。

表 11　2023 年新材料产业全球企业创新主体地位 20 强表现

企业	论文合著网络		专利合作网络	
	度中心度	特征向量中心度	度中心度	特征向量中心度
丰田	3.60	0.31	22.20	1.00
三星	5.90	0.69	12.30	0.33
巴斯夫	5.00	0.50	11.30	0.32
IBM	7.10	0.63	3.80	0.14
现代汽车	3.50	0.46	11.10	0.36
SK	3.10	0.46	6.30	0.17
陶氏	3.40	0.48	4.50	0.19
新日铁	3.40	0.16	8.80	0.40
电装	1.80	0.11	10.70	0.59
本田	1.90	0.18	8.10	0.36
住友电气	1.50	0.12	7.50	0.41
JFE 钢铁	2.10	0.15	6.50	0.27
三菱化学	2.00	0.18	7.20	0.19
力森诺科	0.60	0.04	9.20	0.48
古河电工	2.20	0.13	4.20	0.32
LG	1.30	0.16	6.40	0.24
苹果	3.00	0.30	0.50	0.00
西门子	3.00	0.21	2.80	0.03
住友化学	0.30	0.00	11.00	0.33
博迈立铖	2.50	0.18	3.20	0.08

从创新协作水平来看，如图 2 所示，在国际合作论文数上，华为的国际合作论文数遥遥领先。此外，巴斯夫、国家电网、IBM 和三星的国际合作论文数也较高。合作专利数排名前五的企业分别是丰田、三菱化学、新日铁、三星、陶氏。

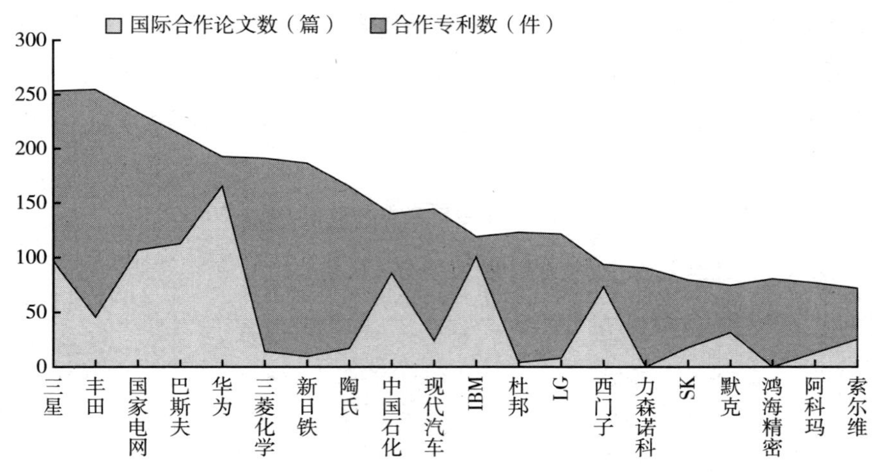

图 2　2023 年新材料产业全球企业创新协作水平 20 强表现

三　研究结论与优化路径

（一）研究结论

以新材料领域相关企业为研究对象，基于全球企业创新指数排名结果，得到如下结论。第一，日美企业科技创新水平较高，欧洲企业的传统优势不容忽视。在综合排名前 100 的新材料企业中，日本占据 50 席，日本企业在新材料领域展现出卓越的综合实力。日本新材料产业凭借其研发优势与研发成果，在全球市场处于领先地位。以陶氏、IBM、康宁等为代表的美国企业在引领全球科学研究、集聚科技创新要素等方面具有突出的竞争力。中国共有 5 家企业进入 100 强，其中，华为的企业创新指数位列第八。近年来，华为重点关注半导体领域，为实现芯片制造的自立自强，大力研发芯片制备相关的多种材料，其新材料技术创新水平得到进一步提高。从全球范围来看，新材料企业的科技创新水平呈现“东亚—欧洲—北美”的发展格局。东亚地区，特别是日本、中国和韩国等国家的企业在新材料领域表现突出，不仅在技术研发方面取得了显著进展，还在市场应用和国际合作方面展现出强大的实力。欧洲企业在新材料领域表现突出，科技研发的传统优势明显。特别是德国、法国等国家的企业在结构材料、光学与光电材料方面发挥了关键作用，塑造了全球新材料市场格局。

第二，企业积极投身基础科学研究，推动科学研究活动向纵深发展。在新材料产业知识创新排名前 20 的企业中，有 5 家企业来自中国。中国企业在新材料领域的基础科学研究中展现出较强的实力。其中，国家电网、华为、中国石化、航空工业、南方电网等中国企业的知识创新影响和知识创新扩散能力居于优势地位，展现了中国知名企业在新材料领域基础研究上具有的重要影响力。日本企业同样具有突出的知识创新能力，同样有 5 家企业进入 20 强，分别是丰田、博迈立铖、日立、东芝和旭化成。作为新材料领域知识创新得分排名第一的企业，来自中国的国家电网围绕电网高效节能、安全环保，以及新技术发展对高性能电工材料的技术需求，集中力量在电工磁性材料、固体绝缘材料、电网复合材料、智能传感材料等方面实现了关键技术突破，争夺新材料产业发展主导权，在知识创新产出、知识创新影响和知识创新扩散 3 个方面均有不错的表现。

第三，日本企业引领新材料技术革新，创新赋能新材料产业发展。从地区分布情况来看，日本企业在新材料领域技术创新上表现十分突出，共有 9 家日本企业进入技术创新 20 强，并在技术创新产出、技术创新质量和技术创新影响 3 个二级指标上均有不错的表现。欧洲新材料产业在政策支持、技术进步等推动下取得了显著增长，以巴斯夫、阿科玛、泰科电子等为代表的欧洲企业技术创新能力突出。来自美国的陶氏和通用电气、韩国的 LG 和三星在技术创新综合实力上更是全球领先。综合来看，欧洲与美国、日本、韩国的企业无论是在技术创新产出方面，还是在技术创新质量和技术创新影响上，均具有卓越表现。

第四，企业间技术创新协同合作不够深入，科技创新国际化程度有待提升。科技创新推动了全球产业合作格局的重构，也促进了全球企业之间的开放交流。日本企业相对积极地与其他企业展开了技术交流与合作，其在科技创新网络中发挥着重要的辐射带动作用，有力支撑并服务创新发展。但整体来看，新材料企业间的合作与交流相对匮乏，技术创新协作网络十分稀疏。三星在创新协作维度的综合表现最为亮眼，其拥有庞大的创新主体规模，并且积极参与技术合作创新活动，其国际合作论文数与合作专利数保持领先水平。整体来看，新材料企业的创新协作水平还有进一步提升的空间，各国企业需要更加主动地融入全球创新网络，以实现新材料企业在科技创新领域的优势互补与良性竞争。

（二）优化路径

其一，突破传统材料研发模式，建立健全新材料自主创新体系。革新材料研发方法，加速材料从研究到应用的进程成为各国新材料产业发展的共识。美国“材料基因组计划”（Materials Genome Initiative，MGI）形成了新材料创新发展的基础条件和能力，[①] 展现了未来先进材料开发的崭新模式。[②] 材料基因组是以市场与应用为导向的材料研发新理念，被证实为加速发现新材料的有效途径。[③] 基于中国新材料发展现实情况，中国式材料研发新模式需要以面向国家战略需求、加速新材料应用为目标；发挥高通量实验技术优势，向“计算引领模式”过渡；协力建设材料基因组平台和基础设施，包括高通量材料超级计算中心、基于大科学装置的高通量材料实验设施平台、国家材料数据中心等。[④] 在构建将先进实验工具、模型计算手段与数据无缝衔接的新型材料创新技术框架体系的基础上，建立健全配套的自主创新体系。联合科研院所、政府等多元主体，全面统筹创新要素，打造集研发中心、数据平台、实验设备、人才培养、企业等于一体的新材料自主创新体系。在此基础上，建立相关的技术标准体系和配套的知识产权保护体系，保

---

① 宿彦京等：《中国材料基因工程研究进展》，《金属学报》2020 年第 10 期。

② Chen L.，“The Materials Genome Initiative and Advanced Materials，” *Engineering* 2（2015）；Jain A.，Ong S. P.，Hautier G.，“Commentary：The Materials Project：A Materials Genome Approach to Accelerating Materials Innovation，” *APL Materials* 1（2013）.

③ 赵继成：《材料基因组计划简介》，《自然杂志》2014 年第 2 期。

④ 汪洪等：《材料基因组——材料研发新模式》，《科技导报》2015 年第 10 期。

障新材料产业发展。

其二，推进产业高质量集聚，打造新材料现代化集群生态。为应对大型跨国企业对新材料产业和市场的垄断，[①] 我国亟须形成大规模的新材料产业集群。不断加快新材料企业的高质量集聚，推进产业融合发展；强化集群内部互动，营造共生发展的产业生态；深化对外开放合作，深度融入全球价值链，释放集群效应，打造世界级的现代化产业集群生态。重视新材料产业园区的引领作用，对接市场需求，构建产学研用一体的新材料产业链。因地制宜，进行个性化的区域规划建设。结合各个地方材料资源基础和新材料优势领域，发展具有地域特色的新材料产业。立足“双循环”新发展格局，吸引全球创新要素向中国集聚。我国拥有巨大的新材料市场和世界上最完整的工业体系，具备对创新要素的吸引力，促使全球技术、人才、资本等要素集聚，推动新材料产业快速融入全球高端制造供应市场。同时，应优先向表现突出的新材料企业提供政策和资金支持，推动龙头企业之间的强强联合，并鼓励其开展跨地区的兼并重组、境外并购及投资合作，从而提升产业集中度，培育一批具有国际竞争力的大型企业集团。

其三，着力提升原始创新能力，重点发展关键前沿领域。我国新材料产业已形成了全球门类最全、规模第一的产业体系，但仍属于对外依存度极高的产业。中国企业新材料技术的研发活跃度较高，在创新产出方面具有突出优势，但创新影响力和质量尚未跟上产出数量的步伐。相对科学原发国家而言，中国企业创新能力不强的问题依然突出。为此，中国需要通过引领一批关键前沿材料的发展，提升技术原始创新水平。为摆脱新材料产业发展受制于人的困境，我国必须在新一轮产业布局中，抢占战略制高点。升级先进基础材料，发展高性能、差异化、功能化的基础材料；攻克关键战略材料，突破管控、填补空白；瞄准前沿新材料，主攻前沿技术创新。3D 打印材料、超导材料、智能仿生材料、石墨烯等新材料前沿方向尚处于概念期，我国应当加快布局前沿技术领域，抢占发展先机和战略制高点。此外，我国新材料

① 屠海令等：《我国新材料产业发展战略研究》，《中国工程科学》2016 年第 4 期。

研发已形成自身特色，重点发展稀土功能材料、磁性材料、纺织材料等。

其四，以专项计划引领新材料发展，发挥市场需求牵引作用。作为新材料第一梯队的美国、日本、欧洲等发达国家/地区针对新材料重点领域出台了相关专项政策，对重点材料领域实行长期精准扶持和提前战略布局，使其纷纷在全球新材料市场中占据领先地位。近年来我国陆续出台一系列促进新材料产业发展的政策文件，但这些政策大多从产业全局出发，缺乏对细分领域的具体规划。借鉴材料强国的经验，加强政策统筹、专项引领、项目部署。新材料产业作为高科技行业的上游，除了政策提供的强大推动力之外，来自军用和民用市场的需求能够产生对新材料技术创新的牵引作用。该模式能够将新材料产业链上下游企业紧密联系在一起，实现研发设计与工程应用的有机结合。市场需求端需要更加积极地发挥导向作用，面向世界科技前沿、面向国家重大需求、面向经济主战场，完善政产学研用“五位一体”的统筹体制建设。

参考文献

宿彦京等：《中国材料基因工程研究进展》，《金属学报》2020 年第 10 期。

屠海令等：《我国新材料产业发展战略研究》，《中国工程科学》2016 年第 4 期。

汪洪等：《材料基因组——材料研发新模式》，《科技导报》2015 年第 10 期。

王育萍、叶志镇：《关于加速推进我国“十四五”新材料产业高质量发展的几点思考》，《材料科学与工程学报》2021 年第 1 期。

赵继成：《材料基因组计划简介》，《自然杂志》2014 年第 2 期。

Chen L. , “The Materials Genome Initiative and Advanced Materials,” *Engineering* 2 (2015).

Jain A. , Ong S. P. , Hautier G. , “Commentary: The Materials Project: A Materials Genome Approach to Accelerating Materials Innovation,” *APL Materials* 1 (2013).

附表

附表　2022~2023 年新材料产业全球企业创新指数 100 强

企业	国家/地区	2023 年					2022 年				
		综合排名	综合得分	知识创新	技术创新	创新协作	综合排名	综合得分	知识创新	技术创新	创新协作
三星	韩国	1	82.03	80.79	81.08	87.88	2	81.69	81.92	79.97	88.17
LG	韩国	2	81.98	67.97	90.01	73.20	1	81.87	68.52	89.61	73.14
巴斯夫	德国	3	79.66	75.73	80.70	82.03	3	80.68	77.17	82.03	81.14
陶氏	美国	4	79.38	69.19	84.15	77.30	4	79.82	70.05	84.43	77.61
新日铁	日本	5	76.41	68.48	79.79	76.09	5	79.47	69.58	83.86	78.39
中国石化	中国大陆	6	75.51	82.89	72.59	74.86	6	75.12	83.22	71.83	74.77
力森诺科	日本	7	73.70	67.42	77.53	68.86	14	72.08	64.18	76.16	68.96
华为	中国大陆	8	73.49	86.42	68.24	72.93	10	73.34	86.93	67.89	72.50
JFE 钢铁	日本	9	73.37	67.21	77.17	68.43	7	74.58	68.16	78.54	69.46
丰田	日本	10	72.92	72.20	71.01	81.74	8	73.70	74.12	71.36	82.39
三菱化学	日本	11	72.85	69.04	74.52	72.52	9	73.67	69.24	75.46	73.89
阿科玛	法国	12	72.74	68.48	76.31	65.54	11	73.24	69.26	76.64	66.26
富士胶片	日本	13	71.92	67.06	75.75	64.72	13	72.90	68.18	76.82	65.04
IBM	美国	14	71.79	84.14	65.94	74.61	12	73.03	87.31	66.29	76.17
圣戈班	法国	15	71.75	67.68	75.41	63.87	15	72.01	68.80	75.53	63.31
浦项制铁	韩国	16	71.73	68.81	74.70	64.75	16	71.70	69.18	74.35	65.31
国家电网	中国大陆	17	71.56	88.04	62.77	79.23	20	71.16	88.03	62.39	78.16
康宁	美国	18	71.48	69.67	73.43	66.70	19	71.36	70.85	72.55	67.42
住友电气	日本	19	71.08	67.23	73.29	68.63	17	71.48	67.74	73.64	69.08
住友化学	日本	20	70.84	65.33	74.01	67.34	21	71.12	66.19	74.15	67.20
SK	韩国	21	70.81	69.64	71.47	70.08	28	70.18	70.47	70.20	69.66
东丽	日本	22	70.74	67.96	73.26	65.28	22	71.03	68.35	73.46	65.80
赢创工业	德国	23	70.61	67.52	73.43	64.50	23	70.82	69.19	72.93	65.13
索尔维	比利时	24	70.51	69.08	72.36	65.50	24	70.76	69.92	72.35	65.80
信越化学	日本	25	70.34	64.84	73.87	65.38	35	69.73	65.26	72.79	64.92
西门子	德国	26	70.27	73.23	69.42	68.74	18	71.37	74.95	70.06	70.61
旭化成	日本	27	70.03	69.80	71.34	65.18	26	70.50	71.40	71.25	66.05
安赛乐米塔尔	卢森堡	28	69.96	67.33	72.57	63.90	29	70.16	69.08	72.28	63.50

续表

企业	国家/地区	2023 年					2022 年				
		综合排名	综合得分	知识创新	技术创新	创新协作	综合排名	综合得分	知识创新	技术创新	创新协作
汉高	德国	29	69.90	66.73	72.88	63.25	27	70.32	67.50	73.09	63.95
3M	美国	30	69.76	67.21	71.89	65.47	25	70.73	68.20	73.46	64.05
蔡司	德国	31	69.59	68.88	71.30	63.94	34	69.80	68.66	71.68	64.15
现代汽车	韩国	32	69.58	71.52	67.54	74.53	40	69.12	72.06	66.99	72.70
默克	德国	33	69.42	72.63	68.73	66.85	30	69.97	72.26	69.74	67.07
埃克森美孚	美国	34	69.29	69.60	70.17	65.23	31	69.93	71.38	70.10	66.86
应用材料	美国	35	69.20	68.78	70.45	64.89	47	68.73	69.52	69.57	64.03
沙特阿美	沙特阿拉伯	36	69.14	71.93	68.98	65.11	37	69.46	72.01	69.39	65.48
波音	美国	37	69.07	67.66	71.08	63.37	38	69.37	69.16	70.99	63.27
北欧化工	奥地利	38	68.98	68.65	70.83	62.11	39	69.16	69.29	70.82	62.34
松下	日本	39	68.89	63.42	72.16	64.98	32	69.92	65.46	72.74	66.07
杜邦	美国	40	68.89	64.75	70.91	67.73	36	69.66	66.17	71.49	68.14
佳能	日本	41	68.75	65.50	71.29	64.00	43	68.98	67.06	70.99	64.17
博迈立铖	日本	42	68.69	70.86	68.45	66.03	33	69.81	72.85	68.92	68.27
泰科电子	瑞士	43	68.62	60.00	73.38	63.98	46	68.74	60.00	73.55	64.04
通用电气	美国	44	68.59	60.00	73.49	63.32	41	69.05	60.00	74.06	64.10
古河电工	日本	45	68.54	68.47	69.22	65.91	42	69.04	69.73	69.44	66.29
雷神技术	美国	46	68.32	68.99	69.02	64.42	45	68.86	70.40	69.41	64.09
可乐丽	日本	47	68.31	62.40	72.10	62.99	49	68.59	63.97	71.74	63.65
西卡	瑞士	48	68.30	67.52	70.04	62.63	48	68.65	70.93	69.50	61.46
积水化工	日本	49	68.07	64.05	70.98	63.14	53	68.07	65.09	70.58	63.00
日东电工	日本	50	68.03	62.11	71.82	62.74	64	67.52	62.45	70.87	62.52
科思创	德国	51	67.88	60.00	72.24	63.55	50	68.52	60.00	73.04	64.62
萨比克	沙特阿拉伯	52	67.87	64.66	70.40	63.10	51	68.42	65.60	70.78	63.67
大金工业	日本	53	67.83	64.91	70.02	63.91	72	67.24	65.22	68.91	63.93
科磊	美国	54	67.70	67.95	69.16	61.48	56	67.92	68.36	69.30	61.67
三井化学	日本	55	67.69	66.13	69.25	64.08	58	67.80	66.70	69.19	64.11
东芝	日本	56	67.54	70.44	67.07	64.55	62	67.58	70.83	66.99	64.55
出光兴产	日本	57	67.51	65.40	69.68	62.33	52	68.11	68.74	69.26	62.43
ASM	荷兰	58	67.50	65.51	69.87	61.32	63	67.58	66.76	69.49	61.31
矢崎	日本	59	67.47	62.76	70.32	63.94	59	67.77	63.00	70.70	64.01
本田	日本	60	67.46	68.52	67.21	66.73	76	67.05	69.31	66.03	67.32

续表

企业	国家/地区	2023年					2022年				
		综合排名	综合得分	知识创新	技术创新	创新协作	综合排名	综合得分	知识创新	技术创新	创新协作
日立	日本	61	67.42	70.86	66.12	66.86	55	68.00	72.85	65.73	69.03
苹果	美国	62	67.39	68.66	67.46	65.01	57	67.87	69.79	67.81	64.94
AGC	日本	63	67.36	60.27	71.34	63.28	69	67.39	61.02	71.05	63.40
霍尼韦尔	美国	64	67.34	67.72	68.49	62.15	54	68.01	69.37	68.81	62.54
电装	日本	65	67.29	66.25	67.45	68.43	67	67.47	67.26	67.34	68.34
赛峰	法国	66	67.28	67.85	68.06	63.22	65	67.49	69.58	67.64	63.41
迪睿合	日本	67	67.17	60.00	71.40	62.18	70	67.29	60.00	71.52	62.53
宝洁公司	美国	68	67.15	68.09	67.91	62.53	73	67.18	68.93	67.46	63.12
日产化学	日本	69	67.07	66.40	68.57	62.18	77	67.01	67.22	68.09	62.35
东洋纺	日本	70	66.98	63.85	69.24	63.15	74	67.15	65.80	68.77	62.87
花王	日本	71	66.91	66.04	68.40	62.44	83	66.74	66.40	67.94	62.50
三菱瓦斯化学	日本	72	66.81	60.00	70.52	63.33	89	66.57	60.00	70.25	62.81
TDK	日本	73	66.79	64.98	68.64	62.39	93	66.49	65.30	68.02	62.31
普利司通	日本	74	66.79	66.15	68.28	61.87	75	67.05	66.62	68.40	62.40
惠普	美国	75	66.78	71.17	66.20	61.77	60	67.74	72.61	67.10	62.19
瑞翁	日本	76	66.70	63.14	69.29	62.26	80	66.95	64.14	69.24	62.45
瓦克	德国	77	66.64	68.81	67.01	61.54	84	66.73	69.48	66.89	61.53
三菱综合材料	日本	78	66.56	64.36	68.34	63.11	90	66.54	65.32	68.02	62.65
中国宝武	中国大陆	79	66.56	64.97	67.69	64.69	99	66.25	64.89	67.08	65.16
航空工业	中国大陆	80	66.55	72.50	64.44	65.08	—	66.24	72.15	64.14	64.77
DIC	日本	81	66.55	60.30	69.93	63.45	—	66.23	60.24	69.45	63.33
琳得科	日本	82	66.55	68.15	67.07	61.76	68	67.43	71.28	67.22	61.84
蒂森克虏伯	德国	83	66.53	65.18	68.14	62.31	66	67.48	67.01	68.85	62.78
三菱电机	日本	84	66.47	67.19	66.94	63.42	79	66.95	68.12	67.22	63.94
大赛璐	日本	85	66.46	66.06	67.78	61.88	97	66.29	66.94	67.12	61.85
PPG	美国	86	66.46	60.00	70.40	61.48	95	66.42	60.00	70.33	61.49
韩华集团	韩国	87	66.46	65.14	67.33	65.17	96	66.34	65.90	66.97	64.55
引能仕	日本	88	66.26	66.00	66.98	63.83	—	65.95	66.74	66.23	63.54
神钢	日本	89	66.24	63.34	67.88	64.51	98	66.28	63.25	68.03	64.29
京瓷	日本	90	66.19	67.36	66.71	62.12	100	66.25	69.20	66.01	62.24

续表

企业	国家/地区	2023年					2022年				
		综合排名	综合得分	知识创新	技术创新	创新协作	综合排名	综合得分	知识创新	技术创新	创新协作
横滨橡胶	日本	91	66.16	65.13	67.66	61.88	—	65.47	65.22	66.55	61.54
道达尔能源	法国	92	66.10	60.00	69.68	61.95	88	66.57	60.00	70.42	62.14
东曹	日本	93	66.07	66.68	66.93	61.60	—	65.27	66.64	65.64	61.50
村田	日本	94	66.05	67.37	66.34	62.66	—	65.89	68.26	65.65	62.90
JSR	日本	95	66.05	65.65	66.51	64.82	—	66.21	66.20	66.57	64.81
伯克希尔哈撒韦	美国	96	66.01	66.28	66.99	61.65	87	66.59	66.96	67.60	61.94
钟化	日本	97	65.93	67.29	66.50	61.40	—	66.15	67.76	66.58	61.70
大日本印刷	日本	98	65.87	60.41	69.02	62.36	—	65.79	61.00	68.57	62.64
帝斯曼	荷兰	99	65.83	60.00	68.84	63.49	61	67.64	67.05	68.97	63.27
日本电化	日本	100	65.79	61.36	68.60	61.90	—	65.59	62.91	67.56	62.18

B.7

生物产业全球企业科技创新发展评价

张琳　李纲　唐娟　谢信芝*

摘　要： 生物产业是知识密集、技术含量高、多学科综合度高且渗透性强的战略性新兴产业，涵盖生物医药、生物农业、生物能源、生物制造、生物环保等多个细分领域。随着科学技术的不断进步，生物产业在治疗疾病、食品安全、可持续发展等方面发挥关键作用。研究发现，美国企业科技创新水平领跑全球，欧洲和日本优势企业竞争实力强劲；生物企业普遍重视基础科学研究与知识创新，美欧企业优势明显；全球生物企业技术创新能力差距较大，技术壁垒短期内难以突破；美国企业创新协作能力持续提升，欧洲企业发展态势良好。未来的优化路径包括提升全球首创性技术创新能力，整合多元化创新要素；基础研究与产业应用“双轮驱动”，人才引进与协同培养“双管齐下”；打造生物产业龙头企业与民族品牌，关注技术创新获利与生命科学前沿；加强生物产业集聚协同，打造产、学、研联动平台。

关键词： 生物产业　知识创新　技术创新　创新协作

一　引言

2023年10月，瑞典卡罗林斯卡医学院将2023年诺贝尔生理学或医

* 张琳，武汉大学信息管理学院教授、博士生导师，主要研究方向为科学计量学与科技管理；李纲，武汉大学信息管理学院教授、博士生导师，主要研究方向为竞争情报与数字经济；唐娟，武汉大学信息管理学院硕士研究生，主要研究方向为科技计量与科技管理；谢信芝，武汉大学信息管理学院本科生。

学奖授予匈牙利和美国的两位科学家，以表彰他们在信使核糖核酸（mRNA）研究上的突破性发现。其中一位诺贝尔生理学或医学奖得主卡塔琳·考里科表示，中国科学界正发生大变革，很多高质量论文都来自中国。党的十八大以来，我国生物经济发展取得巨大成就，产业规模持续快速增长，门类齐全、功能完备的产业体系初步形成，一批生物产业集群成为引领区域创新发展的新引擎。① 生物产业以生命科学理论和生物技术为基础，结合信息学、系统科学、工程控制等理论和技术手段，通过对生物体及其细胞、亚细胞和分子的组分、结构、功能与作用机理开展研究并制造产品，或改造动物、植物、微生物等并使其具有人们期望的品质特性。生物产业作为国家战略性新兴产业之一，具有高技术、高投资、高风险、高回报的特点。

自 1953 年 DNA 双螺旋结构发现以来，生物领域的关键技术不断取得突破。② 1976 年，美国遗传技术公司诞生，拉开了全球生物产业发展的大幕，③ 美国成为全球最先进行生物技术研发的国家。随后，生物企业逐渐开始在发达经济体建立和发展。相较而言，我国生物产业的发展起步较晚。1983 年，我国正式建立生物工程开发中心，并于 1986 年开始实施“863”计划，将生物技术列为高技术领域之首。进入 21 世纪，世界生物产业迅速进入大规模、产业化的发展阶段。以美国、欧盟、日本等国家（地区）或国际组织为首的生物企业呈现集聚发展的态势，在全球生物产业中处于领先地位，在技术研发方面取得了一定的优势。④

中国紧跟世界科技发展潮流，制定了一系列持续性的发展战略：“十

---

① 《“十四五”生物经济发展规划》，中国政府网，2022 年 5 月 10 日，https://www.gov.cn/zhengce/zhengceku/2022-05/10/5689556/files/a4f74d7bd3a54d32a36fc30e84857bc0.pdf。

② 张俊祥等：《生物技术产业特性和发展战略选择研究》，《中国科技论坛》2011 年第 1 期。

③ 刘显胜、郭继卫、罗旭：《从生物产业发展十年探讨生物科技发展趋势》，《生物技术通报》2013 年第 4 期。

④ 〔美〕总统科学技术政策办公室：《改变 21 世纪的科学与技术——致国会的报告》，高亮华等译，科学技术文献出版社，1999。

一五”规划提出“以生物和医药技术为重点”;[①]“十二五”规划将生物产业列为战略性新兴产业;[②]“十三五”规划确立了“提升生物技术原创性水平”“打造生物技术创新平台”“强化生物技术产业化”三大具体目标;[③]“十四五”规划更是提出推动生物技术与信息技术融合创新，加快发展生物产业。[④] 如今，我国生物产业进入创新发展、转型升级的重要时期。然而，我国生物产业的相关企业在国际市场中仍然缺少话语权，尤其是原创性、基础性的科技创新方面仍然缺乏突破性成果。[⑤] 企业的创新发展仍面临技术创新、成果转化与资金支持等多个方面的障碍。[⑥]

基于此，有必要构建科学客观的企业科技创新发展评价体系，利用专利数据、论文数据、社交媒体数据、政策引用数据等定量测度企业科技创新能力，系统刻画生物产业全球企业的科技创新发展格局，分析全球生物产业创新发展态势，进而为我国生物产业发展和企业创新提出优化路径。

二　发展态势分析

（一）发展格局

基于企业创新指数评估量表，获取并清洗全球生物企业多源数据，从

① 《中华人民共和国国民经济和社会发展第十一个五年规划纲要》，中国政府网，2006 年 3 月 14 日，https：//www. gov. cn/gongbao/content/2006/content_ 268766. htm。

② 《中华人民共和国国民经济和社会发展第十二个五年规划纲要》，中国政府网，2011 年 3 月 16 日，https：//www. ndrc. gov. cn/fggz/fzzlgh/gjfzgh/201109/P020191029595702423333. pdf。

③ 《中华人民共和国国民经济和社会发展第十三个五年规划纲要》，中国政府网，2016 年 3 月 17 日，https：//www. gov. cn/xinwen/2016-03/17/content_ 5054992. htm。

④ 《中华人民共和国国民经济和社会发展第十四个五年规划和 2035 年远景目标纲要》，中国政府网，2021 年 3 月 13 日，https：//www. gov. cn/xinwen/2021-03/13/content_ 5592681. htm。

⑤ 季媛媛：《中国生物医药产业如何补齐创新短板?》，《21 世纪经济报道》2023 年 11 月 8 日，第 12 版。

⑥ 唐娜：《中国生物产业的发展现状与展望》，《产业与科技论坛》2015 年第 12 期。

知识创新、技术创新和创新协作三个维度开展计量分析，评估生物产业全球知名企业的创新水平。生物产业创新指数综合排名前 20 的全球知名企业及其各项指标得分情况如表 1 所示。从发展模式来看，综合排名前 20 的企业在不同科技创新维度的发展态势各异。强生综合排名位居第一，在技术创新和创新协作维度上表现尤其优异；排名第二的罗氏在知识创新和创新协作方面表现十分卓越；诺华致力于不断研究、开发和推广创新产品，在生物产业综合排名第三；排名第四的是美国企业辉瑞，该公司历史悠久，也是目前全球最大的以研发为基础的生物制药公司之一，在知识创新和创新协作方面有独特优势；排名第五的阿斯利康是一家以创新为驱动的全球性生物制药企业。

表 1　2023 年生物产业全球企业创新指数 20 强

综合排名	企业	国家/地区	综合得分	知识创新	技术创新	创新协作
1	强生	美国	90.87	78.22	95.48	93.53
2	罗氏	瑞士	82.71	87.25	78.71	91.14
3	诺华	瑞士	79.02	81.80	75.55	88.28
4	辉瑞	美国	77.97	86.68	73.57	81.07
5	阿斯利康	英国	77.63	87.60	72.79	80.33
6	赛诺菲	法国	77.48	76.93	76.40	82.74
7	葛兰素史克	英国	76.74	85.82	72.41	78.93
8	美敦力	美国	76.37	70.28	80.01	71.96
9	默沙东	美国	75.99	83.11	72.06	79.81
10	拜耳	德国	75.15	75.81	73.85	79.25
11	百时美施贵宝	美国	74.41	79.33	72.15	75.25
12	勃林格殷格翰	德国	74.03	77.31	72.13	76.21
13	安进	美国	73.60	72.91	73.35	75.74
14	艾伯维	美国	73.59	76.41	71.76	76.23
15	再生元制药	美国	72.97	74.28	73.79	67.51
16	武田药品工业	日本	72.74	71.21	73.04	74.12

续表

综合排名	企业	国家/地区	综合得分	知识创新	技术创新	创新协作
17	吉利德科学	美国	72.51	74.02	72.78	68.89
18	默克	德国	71.38	69.63	72.33	70.52
19	碧迪医疗	美国	71.33	73.25	72.38	63.94
20	礼来	美国	71.03	69.61	71.97	69.61

从区域分布情况来看，生物领域全球科技创新呈现“北美—东亚—欧洲”的发展格局。美国生物企业的科技创新水平在全球处于领先地位，其中，排名前五的企业中有2家来自美国，有40家美国企业跻身生物产业全球企业创新指数100强，企业整体科技创新实力较强。同时，日本有20家生物企业跻身创新指数100强，是全球生物技术及产品研发的重要力量。中国虽没有企业综合排名进入前20，但有4家企业进入创新指数100强，领先于英国、荷兰、丹麦。德国和瑞士分别有12家和6家企业进入创新指数100强，尤其是瑞士，有2家企业位列第二和第三。总体来看，欧洲生物企业的科技创新能力比较突出。

（二）知识创新

如表2所示，生物产业知识创新排名第一的企业是阿斯利康。作为一家以科学为主导、以患者为中心的全球性制药公司，阿斯利康致力于通过释放科学的力量来改变医疗保健的未来，造福人类。排名第二的是罗氏，作为全球领先的生物技术公司之一，凭借制药和诊断两大领域的独特优势，罗氏始终走在医疗健康领域前沿，并持续开拓新的医疗领域，拥有广泛且多元的生物制药产品组合。辉瑞是一家以研发为基础的生物制药公司，产品涉及抗生素、心血管、疼痛等多个系列，知识创新排名位居第三，其知识创新扩散能力突出。英国的葛兰素史克和美国的默沙东分居第4位和第5位，其知识创新活动较为活跃。

表 2　2023 年生物产业全球企业知识创新得分 20 强情况

排名	企业	国家/地区	知识创新	知识创新产出	知识创新影响	知识创新扩散
1	阿斯利康	英国	87.60	92.09	85.10	83.66
2	罗氏	瑞士	87.25	100.00	82.46	71.32
3	辉瑞	美国	86.68	91.13	84.34	82.47
4	葛兰素史克	英国	85.82	85.82	83.96	89.55
5	默沙东	美国	83.11	87.21	83.74	73.66
6	诺华	瑞士	81.80	84.16	83.50	73.65
7	百时美施贵宝	美国	79.33	77.15	83.21	75.90
8	强生	美国	78.22	83.19	80.68	63.38
9	勃林格殷格翰	德国	77.31	74.02	82.42	73.67
10	百欧恩泰	德国	77.16	61.65	96.10	70.30
11	赛诺菲	法国	76.93	74.37	82.35	71.20
12	艾伯维	美国	76.41	75.51	81.38	68.26
13	拜耳	德国	75.81	73.58	82.19	67.52
14	再生元制药	美国	74.28	68.05	82.89	69.54
15	吉利德科学	美国	74.02	67.03	83.87	68.27
16	碧迪医疗	美国	73.25	61.25	89.14	65.47
17	安进	美国	72.91	68.68	80.62	65.94
18	西门子	德国	72.78	71.67	78.53	63.53
19	渤健	美国	71.73	66.23	81.49	63.18
20	飞利浦	荷兰	71.64	68.09	78.87	64.26

在知识创新产出方面，如表 3 所示，在 Web of Science 论文数上，罗氏、阿斯利康、辉瑞、默沙东、强生位列前五。在被引排名前 10%论文数上，罗氏、阿斯利康、诺华、辉瑞不仅具有较多的论文产出，其高质量论文的占比也相对较高，这表明上述企业的整体知识创新能力处于世界前列。在第一/通讯作者论文数上，罗氏依然稳坐头把交椅，辉瑞、默沙东、葛兰素史克、阿斯利康也位列前五，可见这些企业具有较强的基础科学研究实力。

表 3　2023 年生物产业全球企业知识创新产出 20 强表现

单位：篇

企业	Web of Science 论文数	被引排名前 10% 论文数	第一/通讯作者论文数
罗氏	1134.5	280.8	398.8
阿斯利康	1012.7	225.7	283.2
辉瑞	965.5	171.9	347.6
默沙东	805.5	157.9	306.4
葛兰素史克	794.8	132.4	304.7
诺华	777.9	180.4	193.1
强生	797.3	151.9	197.7
百时美施贵宝	525.7	115.3	164.5
艾伯维	497.9	105.5	139.0
赛诺菲	500.0	92.9	122.2
勃林格殷格翰	481.7	95.5	114.5
拜耳	470.6	85.0	119.9
西门子	523.7	75.9	57.2
安进	296.9	53.8	78.7
通用电气	408.1	51.1	27.6
飞利浦	377.3	42.1	49.5
再生元制药	245.5	60.7	68.2
武田药品工业	253.4	34.1	100.7
吉利德科学	218.7	60.3	47.8
渤健	177.1	44.8	60.6

在知识创新影响方面，如表 4 所示，排名第一的百欧恩泰是一家全球性的新一代免疫疗法公司，其致力于开创性研发肿瘤和其他重症的新型治疗药物。该企业致力于通过基础研究和免疫疗法改善全球人民的健康，充分利用免疫系统的潜力对抗癌症、传染病和其他严重疾病。碧迪医疗排名第二，这家公司专注于全球医疗技术领域，致力于提升医学研究水平、诊断效果和护理质量，以推动全球健康事业的发展。其业务涵盖医疗、介入和生命科学等

领域，并在保护患者和医护人员安全、加强医学研究以及临床实验室建设方面享有盛誉，备受行业关注。在篇均论文被引频次上，百欧恩泰的篇均论文被引频次最高，其次为碧迪医疗、吉利德科学、因美纳。在学科规范化引文影响力（CNCI）上，知识创新影响排名前 20 的企业 CNCI 值均大于 1，表明它们论文的被引表现高于全球平均水平，其中百欧恩泰的 CNCI 值最高，达到 6.37。在施引文献国家分布上，知识创新影响排名前 20 的生物企业论文施引国家数的平均值为 112.39 个，说明以上企业的学术成果得到了广泛引用。在论文施引国家多样性上，葛兰素史克和赛诺菲的论文施引国家多样化程度居于榜首，均达到 3.36。

表 4　2023 年生物产业全球企业知识创新影响 20 强表现

企业	篇均论文被引频次(次)	学科规范化引文影响力	论文施引国家数(个)	论文施引国家多样性
百欧恩泰	73.97	6.37	93.5	3.20
碧迪医疗	29.88	5.69	93.3	3.24
阿斯利康	13.03	2.39	140.6	3.27
辉瑞	11.77	2.02	140.5	3.27
葛兰素史克	9.23	1.73	142.4	3.36
吉利德科学	16.47	2.50	116.6	3.21
默沙东	12.45	2.40	128.7	3.11
诺华	10.21	2.09	131.7	3.23
百时美施贵宝	14.66	2.75	112.6	3.03
再生元制药	15.00	2.53	108.6	3.12
罗氏	13.74	2.32	107.8	3.16
勃林格殷格翰	10.18	1.96	116.5	3.29
赛诺菲	9.65	1.75	118.5	3.36
拜耳	8.60	1.77	120.1	3.30
因美纳	16.17	3.10	82.8	3.05
卫材	14.58	2.76	90.8	3.04
渤健	12.40	2.53	96.8	3.04
艾伯维	9.64	2.03	109.3	3.10
强生	9.99	1.86	97.3	3.22
安进	10.10	1.97	99.4	3.09

在知识创新扩散方面，随着互联网的迅速发展及广泛使用，来自社交媒体的多种类型数据可以揭示多元、动态的创新质量与创新影响力信息。本文基于补充计量学指标测度了学术成果的影响力。如图 1 所示，葛兰素史克在全球生物医药领域拥有崇高的学术地位及广泛的社会影响力，辉瑞、阿斯利康、诺华、礼来的知识创新成果也得到了社会的广泛关注。专利引用情况反映了知识创新成果对以专利为代表的技术创新成果产生的影响，其中，阿斯利康的专利引用频次居于首位，其次为辉瑞和百时美施贵宝。从政策引用情况来看，辉瑞、葛兰素史克、阿斯利康、默沙东、百欧恩泰等企业的学术研究成果得到了各国政策文件的广泛采纳。此外，媒体关注频次相对直观地体现了创新主体的社会影响力。葛兰素史克、勃林格殷格翰、罗氏等企业的媒体关注频次遥遥领先，表明其学术研究成果得到了广泛的关注。

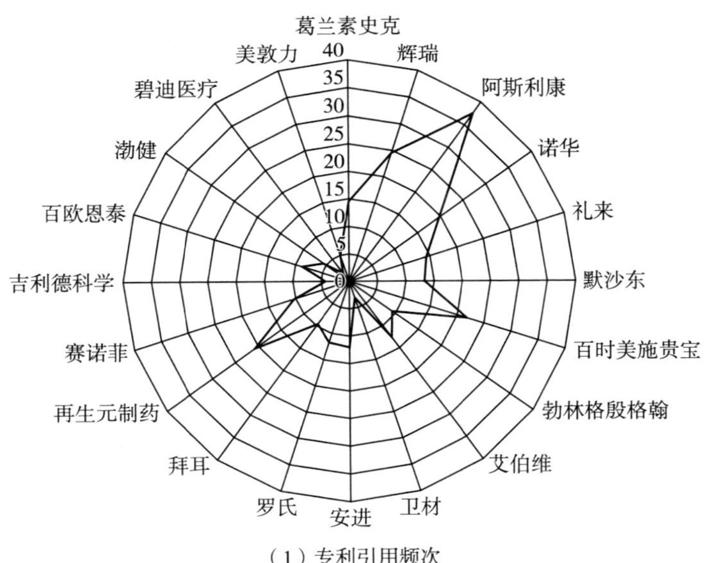

（1）专利引用频次

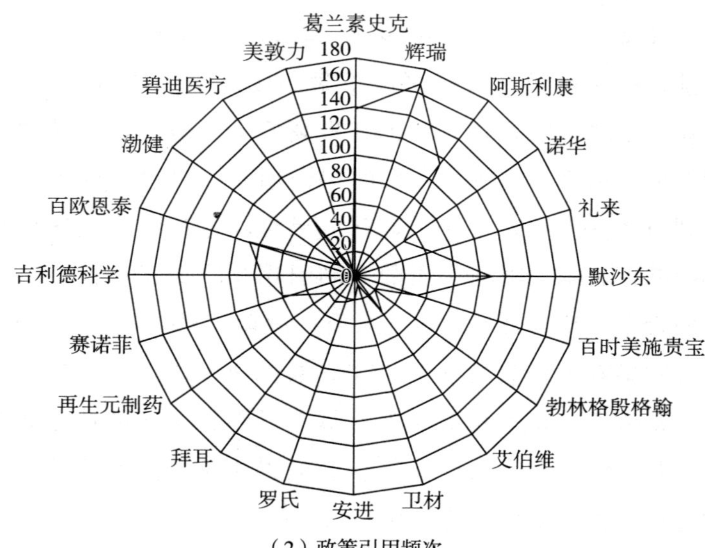

（2）政策引用频次

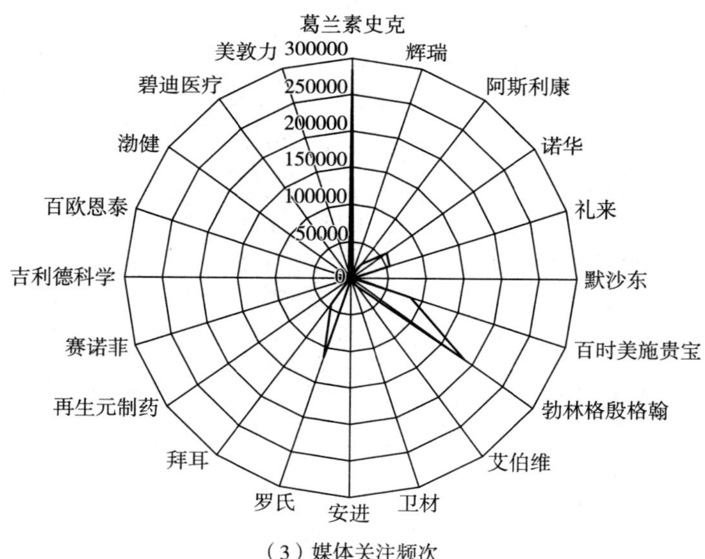

（3）媒体关注频次

图 1　2023 年生物产业全球企业知识创新扩散 20 强表现

（三）技术创新

如表5所示，强生以95.48的技术创新得分高居生物企业技术创新榜首，美敦力和罗氏位列第二和第三，赛诺菲和诺华也跻身生物产业技术创新5强。从地区分布情况来看，美国企业在生物产业领域技术创新上表现十分突出，共有11家企业进入技术创新排名前20；此外，德国、日本、英国和瑞士各有两家生物企业跻身技术创新20强。

表5　2023年生物产业全球企业技术创新得分20强情况

排名	企业	国家/地区	技术创新	技术创新产出	技术创新质量	技术创新影响
1	强生	美国	95.48	100.00	91.52	94.10
2	美敦力	美国	80.01	77.36	84.01	76.64
3	罗氏	瑞士	78.71	76.22	81.39	78.20
4	赛诺菲	法国	76.40	70.86	81.61	77.20
5	诺华	瑞士	75.55	68.39	83.05	74.74
6	拜耳	德国	73.85	67.59	79.55	75.25
7	再生元制药	美国	73.79	63.16	82.73	78.03
8	辉瑞	美国	73.57	63.53	81.83	78.01
9	科迪华	美国	73.36	66.41	78.18	78.67
10	安进	美国	73.35	62.93	82.14	77.42
11	武田药品工业	日本	73.04	63.81	81.18	75.74
12	阿斯利康	英国	72.79	63.24	80.78	76.69
13	吉利德科学	美国	72.78	61.71	80.96	80.05
14	波士顿科学	美国	72.61	69.02	74.96	75.71
15	葛兰素史克	英国	72.41	64.20	79.20	75.94
16	碧迪医疗	美国	72.38	68.39	73.24	80.17
17	默克	德国	72.33	65.15	77.03	78.52
18	百时美施贵宝	美国	72.15	63.87	77.95	78.36
19	爱德华生命科学	美国	70.55	62.58	76.01	76.84
20	泰尔茂	日本	70.44	66.96	70.91	77.95

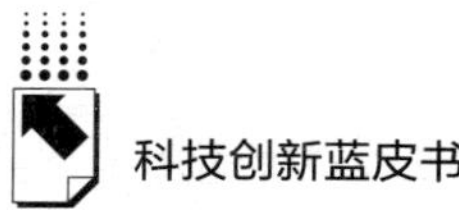

在技术创新产出方面，如表 6 所示，生物产业技术创新成果产出排名前 5 的企业分别是强生、美敦力、罗氏、赛诺菲、飞利浦。其中，强生的发明专利数、非单方专利数、三方专利数、PCT 专利数均位列第一，可见该公司在技术创新产出各方面均具有强劲实力。具体来看，在发明专利数上，强生、美敦力、波士顿科学位列前三；在非单方专利数上，强生、美敦力、罗氏分别达 1595.7 件、767.0 件、632.4 件，赛诺菲和富士胶片位居第四和第五；在三方专利数上，除了位列前两名的强生和罗氏以外，赛诺菲、富士胶片、飞利浦的三方专利数也比较可观，处于第一梯队；从 PCT 专利数来看，强生、罗氏的优势比较突出，分别以 1084.7 件、609.8 件居于第 1 位和第 2 位，美敦力、飞利浦、赛诺菲也拥有较多的 PCT 专利数。

表 6　2023 年生物产业全球企业技术创新产出 20 强表现

单位：件

企业	发明专利数	非单方专利数	三方专利数	PCT 专利数
强生	2457.4	1595.7	971.8	1084.7
美敦力	1609.5	767.0	164.9	474.5
罗氏	757.6	632.4	357.6	609.8
赛诺菲	478.1	413.6	264.3	406.4
飞利浦	516.9	405.4	197.8	463.9
波士顿科学	790.8	359.6	13.9	382.8
富士胶片	459.8	405.7	212.3	270.9
碧迪医疗	504.4	367.5	145.3	291.4
诺华	468.1	353.7	97.0	370.4
奥林巴斯	592.6	348.5	85.9	321.6
拜耳	392.1	289.7	148.5	303.9
泰尔茂	401.0	258.4	149.7	251.9
科迪华	408.6	306.3	28.3	292.0
默克	222.8	192.5	138.0	193.0
LG	410.0	250.4	59.7	145.2
诺维信	239.5	202.1	93.3	210.7

续表

企业	发明专利数	非单方专利数	三方专利数	PCT 专利数
费森尤斯	257.7	211.2	86.7	199.3
勃林格殷格翰	232.3	200.8	118.1	173.6
巴斯夫	221.1	178.8	77.6	198.6
尤妮佳	300.2	233.3	50.6	154.2

在技术创新质量方面，如表7所示，强生和美敦力的转让活动较为活跃，发生过转让行为的专利均超过900件，雅培以246.4件居第3位。专利的权利要求数是衡量专利质量的重要指标，因赛特的平均权利要求数为29.40项，其次为福泰制药；专利家族国家数可以用来表征专利市场的布局情况，诺华、阿斯利康、辉瑞的专利家族国家数分别为68.1个、66.9个、65.4个。

表7　2023年生物产业全球企业技术创新质量20强表现

企业	专利转让数(件)	平均权利要求数(项)	专利家族国家数(个)
强生	998.7	16.16	62.0
美敦力	992.1	16.27	25.6
因赛特	51.7	29.40	50.2
诺华	183.8	18.33	68.1
再生元制药	78.4	24.01	58.3
安进	64.3	22.34	60.8
辉瑞	74.1	19.79	65.4
福泰制药	17.9	27.54	48.3
赛诺菲	151.1	18.79	62.0
罗氏	131.8	21.53	54.9
武田药品工业	106.8	19.95	59.7
吉利德科学	42.4	23.00	54.7
阿里拉姆制药	20.7	24.65	51.4
阿斯利康	56.1	17.76	66.9
赛尔基因	46.3	24.59	48.0
渤健	33.7	22.13	52.7
雅培	246.4	16.72	51.3
拜耳	113.4	16.91	59.4
勃林格殷格翰	71.4	17.91	57.9
葛兰素史克	84.9	16.79	59.9

在技术创新影响方面，如表 8 所示，技术创新影响得分最高的是强生，该企业是全球最具综合性、业务分布范围较广的医疗健康产品生产企业之一，业务覆盖医疗科技和创新制药；蔡司、禧玛诺、碧迪医疗、索尼也具有较强的技术创新影响力。从篇均专利被引频次来看，来自美国的强生篇均专利被引频次为 49.80 次，其次为直觉外科和因美纳。吉利德科学和康美的篇均专利被引频次分别是 3.40 次和 3.17 次，分别位居第四和第五。就专利施引国家数而言，强生的技术创新成果被 7.20 个国家/地区的专利引用，碧迪医疗、直觉外科、罗氏、泰尔茂的专利也得到其他国家/地区学者的广泛借鉴。专利施引国家多样性的统计结果显示出一定的差异性，尤妮佳的专利施引国家多样性程度最高，达到 1.22。其次为蔡司、索尼。在技术创新影响前 20 的生物企业中，专利施引国家数和专利施引国家多样性的平均值分别为 4.36 个和 1.01，表明以上企业的专利得到全球诸多国家/地区的借鉴和参考。

表 8　2023 年生物产业全球企业技术创新影响 20 强表现

企业	篇均专利被引频次(次)	专利施引国家数(个)	专利施引国家多样性
强生	49.80	7.2	0.82
蔡司	1.42	4.4	1.21
禧玛诺	1.72	3.9	1.12
碧迪医疗	1.98	5.4	1.13
索尼	2.34	4.2	1.16
吉利德科学	3.40	4.5	0.86
拓普康	1.64	3.6	1.00
康美	3.17	3.6	1.06
CJ 集团	1.63	3.6	1.08
直觉外科	10.99	5.1	0.79
科迪华	1.44	3.6	0.99
尤妮佳	1.72	4.3	1.22
默克	1.75	3.7	0.90
百时美施贵宝	1.86	4.3	0.93
罗氏	1.83	5.1	0.99

续表

企业	篇均专利被引频次(次)	专利施引国家数(个)	专利施引国家多样性
再生元制药	2.26	4.0	0.88
辉瑞	1.87	3.8	0.88
泰尔茂	2.45	4.7	1.04
LG	1.76	4.3	1.15
因美纳	6.98	3.8	1.06

(四)创新协作

如表 9 所示，创新协作排名第一的是强生，其创新协作水平居于首位，体现了该企业与世界众多研发主体展开了广泛且深入的合作与交流，在全球科学合作网络中占据重要位置；罗氏和诺华的创新协作排名位居第二和第三，其中，罗氏的创新主体规模排在首位；赛诺菲和辉瑞分别以 82.74 分和 81.07 分跻身创新协作第 4 位和第 5 位。

表 9　2023 年生物产业全球企业创新协作 20 强情况

排名	企业	国家/地区	创新协作	创新主体规模	创新主体地位	创新协作水平
1	强生	美国	93.53	92.15	94.53	93.90
2	罗氏	瑞士	91.14	93.17	92.13	88.12
3	诺华	瑞士	88.28	82.16	88.89	93.81
4	赛诺菲	法国	82.74	76.06	94.42	77.75
5	辉瑞	美国	81.07	67.01	96.72	79.48
6	阿斯利康	英国	80.33	65.86	92.11	83.02
7	默沙东	美国	79.81	76.94	86.59	75.91
8	拜耳	德国	79.25	75.11	86.93	75.70
9	葛兰素史克	英国	78.93	65.19	89.76	81.83
10	艾伯维	美国	76.23	65.55	90.67	72.46
11	勃林格殷格翰	德国	76.21	71.47	84.75	72.40
12	安进	美国	75.74	65.29	94.04	67.90
13	百时美施贵宝	美国	75.25	65.88	88.61	71.27

续表

排名	企业	国家/地区	创新协作	创新主体规模	创新主体地位	创新协作水平
14	武田药品工业	日本	74.12	65.04	86.79	70.54
15	美敦力	美国	71.96	72.15	70.71	73.04
16	默克	德国	70.52	62.95	82.15	66.45
17	西门子	德国	70.06	68.89	71.53	69.77
18	渤健	美国	69.65	61.90	81.52	65.53
19	礼来	美国	69.61	63.22	83.38	62.23
20	巴斯夫	德国	69.41	63.96	77.51	66.76

在创新主体规模方面，如表10所示，在论文合著者数量上，排名前五的企业分别是罗氏、阿斯利康、辉瑞、葛兰素史克和强生。罗氏作为生物产业领域创新发展水平全球领先的企业，论文合著者规模高达13289.7人。而从发明人数量来看，强生拥有最高的发明人数量，其次为罗氏、诺华、美敦力和拜耳，以上企业均为世界生物产业的领航者，体现了世界知名企业的研究人员积极参与技术创新研发活动，这些企业拥有强大的科技创新力量。

表10　2023年生物产业全球企业创新主体规模20强表现

单位：人

企业	论文合著者数量	发明人数量
罗氏	13289.7	4020.2
强生	8071.3	6099.0
诺华	8021.3	3080.5
默沙东	7821.6	1584.6
赛诺菲	6263.2	2031.3
拜耳	4332.8	2626.1
美敦力	1463.9	3037.5
勃林格殷格翰	4644.1	1375.4
飞利浦	3041.1	1365.8
西门子	4002.0	884.5
通用电气	3181.4	885.4
辉瑞	10142.0	1955.4
波士顿科学	614.2	1717.1

续表

企业	论文合著者数量	发明人数量
科迪华	0	988.9
百时美施贵宝	5692.5	1599.5
阿斯利康	10633.4	1624.1
艾伯维	4831.4	850.0
安进	3351.8	1601.0
雅培	496.3	1382.3
葛兰素史克	8564.0	1330.0

在创新主体地位方面，如表 11 所示，在论文合著网络度中心度上，罗氏、辉瑞、葛兰素史克、阿斯利康和诺华处于相对重要的网络地位。在专利合作网络度中心度上，赛诺菲鼓励新技术的开发推广，无论是专利合作网络的度中心度还是特征向量中心度均较高，在专利合作方面表现十分突出，发挥着关键的连接作用。此外，强生、安进、辉瑞、罗氏在整个专利合作网络中占据重要地位。

表 11　2023 年生物产业全球企业创新主体地位 20 强表现

企业	论文合著网络		专利合作网络	
	度中心度	特征向量中心度	度中心度	特征向量中心度
辉瑞	44.80	0.97	8.70	0.76
强生	43.00	0.94	12.00	0.70
赛诺菲	40.70	0.92	12.30	0.79
安进	34.00	0.85	11.40	1.00
罗氏	50.60	1.00	8.00	0.63
阿斯利康	44.30	0.95	7.80	0.78
艾伯维	37.50	0.88	5.50	0.63
葛兰素史克	44.60	0.96	6.30	0.57
诺华	44.30	0.93	7.90	0.61
百时美施贵宝	40.10	0.92	5.40	0.57
拜耳	36.70	0.85	7.20	0.56
武田药品工业	34.80	0.84	6.70	0.57
默沙东	41.60	0.92	6.60	0.39

续表

企业	论文合著网络		专利合作网络	
	度中心度	特征向量中心度	度中心度	特征向量中心度
勃林格殷格翰	37.00	0.85	4.60	0.51
礼来	37.20	0.88	4.40	0.43
默克	28.50	0.76	6.90	0.48
渤健	30.60	0.79	4.00	0.36
吉利德科学	28.80	0.75	2.90	0.42
巴斯夫	18.80	0.43	6.80	0.51
安斯泰来	27.70	0.69	3.40	0.24

在创新协作水平方面，如图 2 所示，强生的创新协作水平最高，诺华、罗氏、阿斯利康、葛兰素史克也跻身前五。国际合作论文是企业提升国际学术影响力的重要载体。从国际合作论文数来看，罗氏以 748 篇国际合作论文数遥遥领先，表明其进行了频繁且积极的跨国科研合作。此外，阿斯利康、葛兰素史克、诺华和辉瑞的国际合作论文数也较高，说明以上企业广泛参与全球科研合作。合作专利数则从技术创新角度衡量各企业的科技创新协作水平。合作专利数排名前 5 的企业分别是强生、诺华、美敦力、爱尔康、赛诺菲。

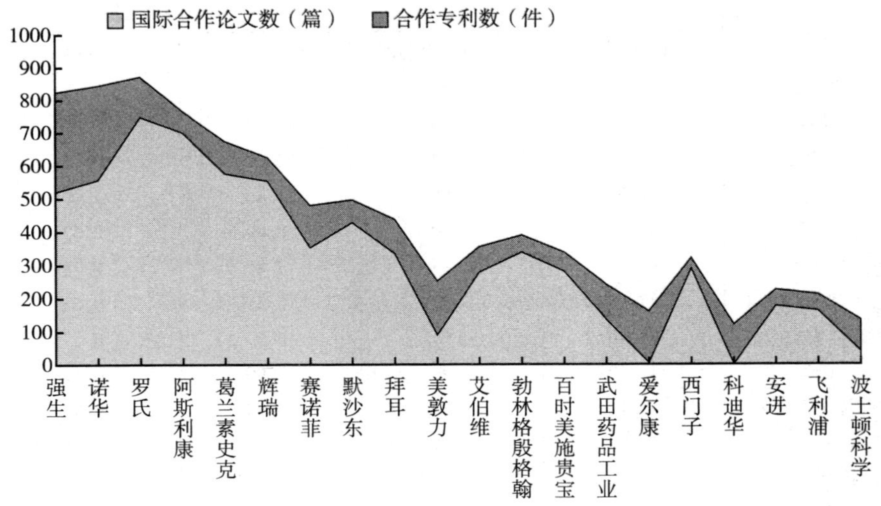

图 2　2023 年生物产业全球企业创新协作水平 20 强表现

三　研究结论与优化路径

（一）研究结论

以生物产业相关企业为分析对象，基于创新指数评估模型，综合知识创新、技术创新和创新协作三个维度的分析结果，得到如下结论。第一，美国企业科技创新水平领跑全球，欧洲和日本优势企业竞争实力强劲。在综合排名前100的生物企业中，美国占据40席，说明美国生物企业的科技创新水平较高，具有较强的综合实力。随着生物技术的不断发展以及人类对生命科学研究的深入，美国生物产业获得了十分丰富的技术积累，经历了从萌芽到成熟的过程，先后出现了以强生、辉瑞、美敦力等为代表的全球性生物企业。与此同时，日本有20家企业进入生物产业创新指数100强榜单，但这些企业均未进入全球领先行列。反观瑞士，虽仅有6家企业上榜，但综合排名第二与第三的企业均来自瑞士，瑞士生物产业的综合实力不容小觑。相较而言，中国有4家生物企业进入百强，领先于英国、荷兰、丹麦等部分欧洲国家，但是这些企业在知识创新、技术创新和创新协作中的排名中都比较靠后，这表明中国生物产业的科技创新水平仍有较大的提升空间。

第二，生物企业普遍重视基础研究与知识创新，美欧企业优势明显。总体而言，大部分生物企业都十分重视知识创新，注重基础研究与应用研究相融合。在生物产业知识创新20强中，有10家企业来自美国。可见，美国企业在生物医药领域的基础研究与知识创新方面展现出较强的实力。其中，碧迪医疗和辉瑞在知识创新影响上位列全球第二和第四；辉瑞和默沙东的知识创新扩散能力十分突出，展现出美国知名企业在生物医药领域知识创新中具有较大的影响力和知识扩散能力。德国是欧洲知识创新的领先国家，有4家企业进入生物产业知识创新20强，其次是英国和瑞士，各有两家企业进入20强，尤其是英国企业阿斯利康，无论是在知识创新方面，还是在知识创新影响和知识创新扩散方面都处于全球领先位置。

第三，全球生物企业技术创新能力差距较大，技术壁垒短期内难以突破。生物企业间技术创新能力的差距相较于其他领域更加明显。在技术创新维度，排名第一的强生得分为95.48，排名第二的美敦力得分为80.01。在技术创新产出、技术创新质量和技术创新影响三个子维度上，强生的得分远超其他企业。美国企业的技术创新能力仍十分突出，共有11家企业进入技术创新排名前20，德国、日本、英国和瑞士各有两家生物企业跻身技术创新20强。由于美国的生物企业大多有着较为悠久的历史，技术积累优势明显，因此新进企业进入市场的技术壁垒短期内难以突破。

第四，美国企业创新协作能力持续提升，欧洲企业发展态势良好。科技创新推动了全球产业合作格局重构，也促进了全球企业的开放交流。美国企业积极与其他国家/地区的企业展开技术交流与合作，在科技创新网络中发挥着重要的辐射带动作用。以强生为首的9家美国企业进入生物产业创新协作排名前20。德国有5家企业进入创新协作20强，瑞士和英国各有两家企业进入20强。近年来，欧洲国家加大生物产业的研发与协作力度，欧洲生物产业发展态势良好。

综上所述，以美国、日本为代表的发达国家在全球生物产业科技创新领域具有领先优势。中国生物产业已得到快速发展，产业规模逐步扩大、体系日趋完善，在政策支持、成果应用、企业发展和平台建设等方面已取得长足进步，[①] 但整体科技创新水平在国际市场中仍有待提升。美国作为全球生物顶尖人才的集聚地，科技创新水平领先。以瑞士、德国、英国为代表的欧洲国家则是生物技术创新的发源地和全球药物研发销售的主力军，[②] 虽然上榜生物产业创新指数100强的企业数量并不突出，但是罗氏在全球生物产业占据领先地位；德国和英国等其他欧洲国家在技术创新、知识创新和创新协作维度各具优势，凭借其技术创新实力在全球生物产业中扮演重要角色。日本

① 慕彦君、雪晶、鲜楠莹：《欧盟生物产业发展现状及趋势研究》，《当代石油石化》2024年第4期。

② 崔蓓：《生物医药创新体系发展策略研究》，博士学位论文，军事科学院，2022。

作为世界第二大生物技术市场国，一直将生物产业作为国家核心产业予以政策扶持，生物技术得到迅速发展。[①]

（二）优化路径

生物产业科技创新领先国家凭借其技术积累和先发优势已在全球生物医药市场占据绝对优势地位。中国生物产业的发展需要在借鉴国外领先企业的创新经验基础之上，走具有中国特色的科技创新之路。

其一，提升全球首创性技术创新能力，整合多元化创新要素。以生物医药为例，我国本土药企仍然缺少真正意义上的全球首创性药物（First-in-Class），药物研发仍集中于现有产品的改良或模仿。我国生物产业需从“改良创新”迈向“原始创新”，[②] 尤其加强以 CRISPR-Cas 基因编辑技术为代表的生物底层技术、以 CAR-NK 细胞治疗为代表的临床技术、以 mRNA 药物为代表的产业化技术以及微生物疗法等前沿技术的研究。同时，我国本土生物企业应立足国内市场需求，面向国际市场，发挥政府在创新要素整合过程中的引导作用，充分利用“举国体制”的制度优势，加强生物产业创新体系建设，促进生物产业集聚式发展，[③] 为中国生物企业科技创新提供良好的环境。除了外部资源支持外，还需要充分集聚资金、人才、技术等内部资源，实现创新要素的有效整合。创新要素整合是指与创新相关的主体、资源、环境等的组合，如知识信息、人才、资金、基础设施、政策规划等。[④] 综上，提升创新能力，不仅需要国家宏观政策的支持，还需要产学研紧密结

---

① 董兰军：《日本生物技术产业创新发展分析》，《高科技与产业化》2021 年第 10 期。

② 季媛媛：《供应链和制造优势全球领先，中国生物医药产业如何补齐创新短板?》，21 经济网，2023 年 11 月 7 日，https：//www. 21jingji. com/article/20231107/herald/70c66937e548507db55157e4ab63a87b. html。

③ 《国务院办公厅关于转发发展改革委生物产业发展“十一五”规划的通知》，中国政府网，2007 年 4 月 8 日，https：//www. gov. cn/gongbao/content/2007/content_ 632087. htm。

④ 李培楠、赵兰香、万劲波：《创新要素对产业创新绩效的影响——基于中国制造业和高技术产业数据的实证分析》，《科学学研究》2014 年第 4 期；许庆瑞、蒋键、郑刚：《各创新要素全面协同程度与企业特质的关系实证研究》，《研究与发展管理》2005 年第 3 期；朱苑秋、谢富纪：《长三角大都市圈创新要素整合》，《科学学与科学技术管理》2007 年第 1 期。

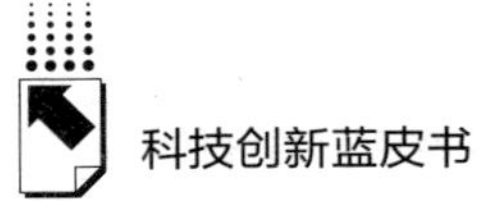

合，加强创新协作，共享信息、人才、基础设施等创新要素，共同营造创新型社会环境与良好的生物产业创新生态。

其二，基础研究与产业应用“双轮驱动”，人才引进与协同培养“双管齐下”。实现从技术到产品的转化涉及研究发现、开发和商业化几个重要阶段，[①] 因此，中国生物技术的原始创新无法一蹴而就，需要长时间的技术积累。生物产业是典型的技术密集型、智力密集型产业，基础研究是创新的重要源泉，是推动生物技术发展的关键。[②] 加强基础研究为知识创新提供源源不断的动力，可以通过协议形式或是基金形式重点资助基础研究，鼓励高校、科研机构与企业多方参与。我国要持续加大基础研发投入，加快生物技术赋能健康、农业、能源、环保、信息等产业，提高质量效益和核心竞争力。[③] 然而，基础研究的回报形式主要是论文，离真正的创新生物产品还有很远的距离，需要加强成果转化，将基础研究与产业应用相结合，形成从研发到生产，再到应用的创新闭环。要实现以上基础研究的成果转化，提高生物产业的技术创新能力离不开优质的人才资源。因此，还需要从“引才”和“成才”两方面下功夫。一方面，需要依托国家良好的人才培养环境和支持政策，吸引生物产业优秀创新人才回流，带动国内生物基础研究发展与研发创新。此外，由于生物技术研发涉及多学科，而我国目前的生物人才培养在多学科综合方面存在短板，需要打破传统的人才培养模式，培养交叉型、复合型人才，满足国内生物产业转化研究人才需求。另一方面，产、学、研需要协同培养，为生物产业研究、生产、销售、应用等各个环节提供创新人才支撑。需要高校、企业、政府协同培养生物产业人才，以满足生物产业发展对人才的需求。[④]

---

① 孙立、孟海华：《我国生物医药科技成果转化的制约因素分析和战略规划建议》，《科技管理研究》2023 年第 2 期。

② 中国式现代化实践发展研究院：《生物技术的未来：机遇、挑战与中国的领先之路》，经济观察网，2024 年 3 月 28 日，https：//www. eeo. com. cn/2024/0328/648056. shtml。

③ 李晓嘉：《我国生物经济高质量发展路径研究》，《人民论坛·学术前沿》2022 年第 14 期。

④ 谢伟全等：《“健康中国”背景下多元化生物医药人才协同培养机制研究》，《高教学刊》2022 年第 15 期。

其三，打造生物产业龙头企业与民族品牌，关注技术创新获利与生命科学前沿。中国生物产业科技创新能力不足具体还体现在缺少具有国际竞争力的龙头企业和民族品牌上。政府可以为中国本土大型企业、专精特新企业等提供各有侧重的政策支持，鼓励大型企业和专精特新企业加强自主创新，充分利用本土的特色生物资源，打破国际生物市场技术壁垒，也为中小企业的创新发展创造更多机遇。为此，我国生物产业发展需要关注技术创新获利与生命科学前沿。一方面，相较于政府支持，社会与市场资金更加持续稳定，也更加灵活高效，企业需要在技术创新过程中充分考虑技术落地的商业化、产业化情况，树立项目管理理念，有效促进科学发现向商品转化；围绕生物医药、生物农业、生物制造等规模大、影响广的重点领域，提前布局关键技术研发，提升企业技术创新的获利能力，拓展企业未来的获利空间。另一方面，以人工智能为代表的新一代信息技术正深刻影响生物产业的发展，在精准医学、智能诊断、计算机辅助药物设计、临床试验智能决策等方面为全球生物医药产业提供技术支持。① 企业应紧跟生物产业科技创新前沿，打造中国特色产品矩阵。注重企业数字化转型，深度部署云计算、人工智能、5G、物联网等新一代信息技术，优化生产过程和业务流程，创新企业传统的管理模式、生产模式、业务模式和商业模式，实现对产业链上游研发及原材料生产、中游生物药生产、下游销售渠道的数字化管理。

其四，加强生物产业集聚协同，打造产、学、研联动平台。当前生物产业的国际话语权主要掌握在欧美国家和日本手中，创新协同主要集中在整体实力靠前的企业之间，而尾部的企业创新协作仍然不足。为此，本土生物产业发展需充分考虑集聚效应和多平台联动。一方面，中国要突破国际生物市场形成的技术壁垒，促进本土企业创新协同，加强产业集聚。完善城市间及企业间合作机制，实施分类指导，提供器械检验、安全评估、临床试验、企

① 蔡永莲、彭颢舒：《人工智能技术的学科多样性及其与生物医药领域的融合发展》，《上海理工大学学报》（社会科学版）2023 年第 3 期；言方荣：《人工智能在生物医药领域中的应用和进展》，《中国药科大学学报》2023 年第 3 期。

业投资、环境评估等公共服务，减少基础设施和制度成本，将资源集中投入创新研发，促进产业可持续发展。[①] 另一方面，政府应为企业、高校、科研机构之间搭建联动平台，做好服务及信息传递工作，形成产、学、研在成果转化、基础研究、人才培养等方面的协同联动。搭建规范的生物产业创新与研发平台，鼓励科研人员积极对接海外在华研发中心、支持重点企业与海外研发中心开展联合研发项目等，实现技术的有效外溢与本地化。[②]

参考文献

季媛媛：《中国生物医药产业如何补齐创新短板?》，《21 世纪经济报道》2023 年 11 月 8 日，第 12 版。

刘显胜、郭继卫、罗旭：《从生物产业发展十年探讨生物科技发展趋势》，《生物技术通报》2013 年第 4 期。

唐娜：《中国生物产业的发展现状与展望》，《产业与科技论坛》2015 年第 12 期。

张俊祥等：《生物技术产业特性和发展战略选择研究》，《中国科技论坛》2011 年第 1 期。

中华人民共和国科学技术部编《国际科学技术发展报告 2012》，科学技术文献出版社，2012。

〔美〕总统科学技术政策办公室：《改变 21 世纪的科学与技术——致国会的报告》，高亮华等译，科学技术文献出版社，1999。

---

① 黄哲等：《辽宁省生物医药产业发展策略研究》，《沈阳药科大学学报》2023 年 11 月 10 日。

② 孟海华等：《上海生物医药技术创新系统功能框架分析研究》，《中国新药与临床杂志》2023 年第 10 期。

附表

附表　2022~2023 年生物产业全球企业创新指数 100 强

企业	国家/地区	2023 年					2022 年				
		综合排名	综合得分	知识创新	技术创新	创新协作	综合排名	综合得分	知识创新	技术创新	创新协作
强生	美国	1	90.87	78.22	95.48	93.53	1	90.95	78.08	95.73	93.25
罗氏	瑞士	2	82.71	87.25	78.71	91.14	2	83.25	87.17	79.66	91.07
诺华	瑞士	3	79.02	81.80	75.55	88.28	3	79.78	82.28	76.51	88.68
辉瑞	美国	4	77.97	86.68	73.57	81.07	4	78.24	85.60	73.26	85.89
阿斯利康	英国	5	77.63	87.60	72.79	80.33	5	78.15	87.29	72.48	85.62
赛诺菲	法国	6	77.48	76.93	76.40	82.74	6	77.95	77.17	77.00	83.07
葛兰素史克	英国	7	76.74	85.82	72.41	78.93	7	77.42	86.54	72.05	83.69
美敦力	美国	8	76.37	70.28	80.01	71.96	9	76.43	69.66	80.41	71.77
默沙东	美国	9	75.99	83.11	72.06	79.81	8	76.74	82.86	73.31	80.25
拜耳	德国	10	75.15	75.81	73.85	79.25	10	75.80	75.67	74.89	79.66
百时美施贵宝	美国	11	74.41	79.33	72.15	75.25	11	74.59	79.47	71.71	77.96
勃林格殷格翰	德国	12	74.03	77.31	72.13	76.21	12	74.33	76.89	72.79	76.25
安进	美国	13	73.60	72.91	73.35	75.74	13	73.75	73.45	72.96	77.45
艾伯维	美国	14	73.59	76.41	71.76	76.23	14	73.62	76.12	71.35	78.50
再生元制药	美国	15	72.97	74.28	73.79	67.51	15	73.05	74.45	73.41	69.26
武田药品工业	日本	16	72.74	71.21	73.04	74.12	16	72.61	70.94	72.72	74.97
吉利德科学	美国	17	72.51	74.02	72.78	68.89	17	72.34	73.78	72.40	69.73
默克	德国	18	71.38	69.63	72.33	70.52	19	71.28	69.79	71.97	71.03
碧迪医疗	美国	19	71.33	73.25	72.38	63.94	21	71.20	73.32	72.15	63.87
礼来	美国	20	71.03	69.61	71.97	69.61	20	71.20	69.64	71.62	72.15
飞利浦	荷兰	21	70.92	71.64	71.46	67.58	18	71.74	71.81	72.67	67.94
百欧恩泰	德国	22	70.72	77.16	69.91	63.23	69	66.27	60.03	69.66	63.09
波士顿科学	美国	23	70.68	68.06	72.61	67.35	24	70.62	67.54	72.65	67.63
渤健	美国	24	70.61	71.73	70.38	69.65	23	70.64	71.72	70.14	70.87
雅培	美国	25	70.42	68.06	71.88	68.49	22	70.90	68.00	72.66	68.68
巴斯夫	德国	26	70.35	68.89	71.19	69.41	25	70.42	69.04	70.93	70.71
西门子	德国	27	69.98	72.78	68.80	70.06	26	70.03	72.17	69.19	69.80

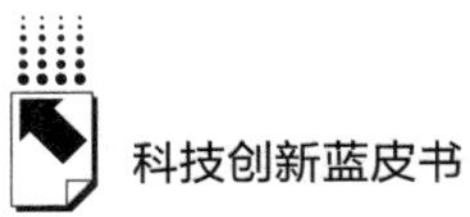

续表

企业	国家/地区	2023年					2022年				
		综合排名	综合得分	知识创新	技术创新	创新协作	综合排名	综合得分	知识创新	技术创新	创新协作
因美纳	美国	28	69.74	69.89	71.43	62.75	30	69.54	69.63	71.10	63.18
第一三共	日本	29	69.71	70.44	69.96	67.49	29	69.55	70.15	69.70	67.97
因赛特	美国	30	69.67	67.95	71.70	64.40	31	69.54	68.21	71.38	64.37
诺维信	丹麦	31	69.55	66.60	71.97	64.79	28	69.66	66.86	72.06	64.76
卫材	日本	32	69.49	70.76	69.64	66.78	32	69.24	70.05	69.41	67.19
通用电气	美国	33	69.28	70.52	69.57	66.04	27	69.78	70.68	70.25	66.38
优时比	比利时	34	69.07	69.41	69.35	67.40	33	69.00	69.08	69.15	68.31
安斯泰来	日本	35	69.05	69.45	69.26	67.56	34	68.99	69.31	69.04	68.26
伊奥尼斯制药	美国	36	68.97	68.47	70.08	65.40	35	68.94	68.64	69.86	65.76
福泰制药	美国	37	68.96	68.32	70.08	65.58	37	68.82	67.91	69.86	66.19
科迪华	美国	38	68.91	60.00	73.36	66.00	38	68.75	60.43	72.93	65.87
富士胶片	日本	39	68.64	65.73	70.87	64.54	39	68.54	65.81	70.54	65.05
灵北制药	丹麦	40	68.59	68.08	69.42	66.14	42	68.31	67.78	69.15	65.88
爱德华生命科学	美国	41	68.56	67.43	70.55	62.46	43	68.31	67.25	70.12	62.85
中国化工	中国大陆	42	68.43	68.69	69.44	63.93	40	68.36	68.56	69.19	64.71
赛尔基因	美国	43	68.26	61.68	71.70	65.50	41	68.34	62.08	71.40	66.53
帝斯曼	荷兰	44	68.25	68.33	69.10	64.72	45	68.26	68.38	68.87	65.61
中外制药	日本	45	68.20	67.26	69.54	64.39	46	68.15	67.41	69.25	64.98
3M	美国	46	68.11	65.86	69.96	64.44	47	68.05	65.96	69.66	65.09
爱尔康	瑞士	47	67.95	64.93	69.94	65.04	48	67.89	65.56	69.54	65.20
大冢制药	日本	48	67.83	67.83	68.71	64.28	50	67.71	67.72	68.48	64.63
奥林巴斯	日本	49	67.78	63.75	70.95	61.82	36	68.93	64.59	72.50	61.89
宝洁	美国	50	67.76	68.00	68.51	64.35	44	68.28	67.64	69.42	64.78
梯瓦制药	以色列	51	67.63	67.18	68.30	65.69	51	67.57	67.46	68.11	65.63
泰尔茂	日本	52	67.55	63.61	70.44	62.55	52	67.42	64.33	69.91	62.61
蔡司	德国	53	67.44	66.13	69.51	61.33	55	67.23	66.00	69.16	61.52
三星	韩国	54	67.39	66.05	68.64	64.63	49	67.71	66.28	69.11	64.53
LG	韩国	55	67.36	65.04	69.60	62.30	54	67.34	65.17	69.51	62.29
百特	美国	56	67.26	64.57	69.21	63.90	53	67.36	65.25	68.99	64.35

续表

企业	国家/地区	2023年					2022年				
		综合排名	综合得分	知识创新	技术创新	创新协作	综合排名	综合得分	知识创新	技术创新	创新协作
阿里拉姆制药	美国	57	67.22	60.00	71.58	61.82	59	67.05	60.00	71.31	61.75
雀巢	瑞士	58	67.21	63.17	69.69	64.03	56	67.21	63.32	69.43	64.80
直觉外科	美国	59	67.15	65.98	69.07	61.41	57	67.11	65.44	69.25	61.38
韩美	韩国	60	67.07	65.83	68.94	61.66	61	66.95	65.99	68.71	61.49
瑞思迈	美国	61	67.04	66.08	68.87	61.35	58	67.11	67.14	68.57	61.23
伊玛提克斯生物技术	德国	62	66.89	65.54	69.01	60.68	60	66.99	66.59	68.74	60.64
菲莫国际	美国	63	66.86	65.86	68.56	61.76	63	66.81	66.30	68.26	61.84
赛默飞	美国	64	66.85	69.75	65.97	65.54	62	66.90	70.00	65.76	66.28
CJ集团	韩国	65	66.67	63.46	69.20	61.87	64	66.56	63.87	68.86	61.81
施乐辉	英国	66	66.44	65.83	67.79	62.08	73	66.00	64.70	67.51	62.10
凯西集团	意大利	67	66.43	67.13	66.86	63.55	67	66.39	67.16	66.67	64.01
杰特公司	澳大利亚	68	66.42	67.79	66.28	64.66	95	64.37	60.00	66.12	64.64
史赛克	美国	69	66.35	60.00	69.94	62.61	68	66.39	60.00	70.02	62.51
味之素	日本	70	66.13	66.19	67.19	61.79	72	66.04	66.25	66.98	61.96
旭化成	日本	71	66.04	63.14	68.05	62.80	66	66.41	64.99	67.80	63.20
费森尤斯	德国	72	65.86	60.35	69.19	61.70	65	66.45	60.13	70.26	61.70
花王	日本	73	65.84	66.48	66.79	60.98	70	66.14	66.57	67.23	61.07
佳能	日本	74	65.82	64.09	67.35	62.58	71	66.09	64.37	67.68	62.59
斐雪派克	新西兰	75	65.79	60.00	69.42	60.89	75	65.59	60.00	69.10	60.84
金佰利	美国	76	65.72	63.05	67.85	61.65	74	65.74	63.59	67.68	61.61
希森美康	日本	77	65.60	64.78	66.94	61.66	76	65.55	65.16	66.67	61.69
捷迈邦美	美国	78	65.50	65.37	66.59	61.38	79	65.27	65.12	66.30	61.36
药明康德	中国大陆	79	65.45	60.00	68.51	62.28	80	65.24	60.00	68.18	62.24
IBM	美国	80	65.44	69.53	64.71	61.57	77	65.48	69.80	64.50	62.21
恒瑞医药	中国大陆	81	65.39	60.00	68.77	60.86	81	65.23	60.00	68.52	60.82
岛津	日本	82	65.17	65.11	65.99	61.98	83	65.09	65.24	65.67	62.53
豪洛捷	美国	83	65.16	64.06	66.77	60.53	82	65.13	64.51	66.53	60.54
东丽	日本	84	65.10	64.86	66.15	61.32	85	65.03	64.94	65.95	61.48
德国贝朗	德国	85	65.04	65.07	66.07	60.86	84	65.07	65.47	65.94	60.89
索尼	日本	86	64.99	60.00	68.19	60.54	87	64.77	60.00	67.83	60.50

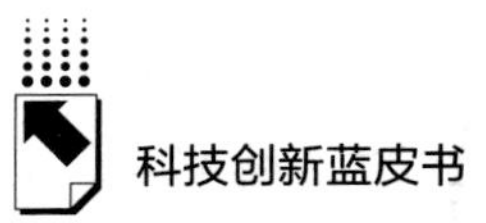

续表

企业	国家/地区	2023 年					2022 年				
		综合排名	综合得分	知识创新	技术创新	创新协作	综合排名	综合得分	知识创新	技术创新	创新协作
赢创	德国	87	64.98	63.52	66.41	61.68	86	65.01	64.01	66.26	61.64
美国巴德	美国	88	64.93	60.00	68.01	60.79	89	64.73	60.00	67.70	60.75
尤妮佳	日本	89	64.90	60.30	67.91	60.58	78	65.37	60.42	68.63	60.57
KCI	美国	90	64.86	60.00	67.45	62.60	88	64.74	60.00	67.25	62.57
戈尔公司	美国	91	64.86	60.56	67.64	60.87	92	64.55	60.00	67.38	60.83
医科达	瑞典	92	64.85	65.94	65.47	60.54	—	63.22	60.00	65.24	60.51
东芝	日本	93	64.78	65.33	65.21	62.15	91	64.60	65.16	64.96	62.21
正大天晴	中国大陆	94	64.65	60.00	67.34	61.66	93	64.52	60.00	67.13	61.60
贺利氏集团	德国	95	64.60	63.11	66.25	60.48	90	64.66	63.85	66.06	60.43
三菱化学	日本	96	64.54	65.25	65.01	61.48	94	64.40	65.16	64.82	61.46
Implantica	瑞士	97	64.33	60.00	66.93	61.17	98	64.19	60.00	66.70	61.12
瑞健医疗	瑞士	98	64.31	60.00	66.61	62.32	100	64.18	60.00	66.40	62.29
谷歌	美国	99	64.29	60.00	66.96	60.79	—	64.11	60.00	66.68	60.72
万灵科	美国	100	64.29	60.00	66.86	61.18	—	64.16	60.00	66.66	61.11

B.8
新能源汽车产业全球企业科技创新发展评价

李 纲　黄 颖　葛友权　袁 佳*

摘　要：　交通能源动力系统的变革在技术革命和经济转型中占据关键地位，其中发展新能源汽车是应对交通、能源和环境挑战的必然选择。在全球科技革命和产业变革的历史性交汇期，深入分析新能源汽车产业发展与企业创新现状，对把握全球前沿科技、优化科技资源配置和深化科技体制改革具有重要意义。研究发现：日本企业在新能源汽车领域的创新水平处于领先地位，中国企业同样表现出色；国家电网在知识创新能力方面全球领先，东亚企业在技术创新上总体表现突出；新能源汽车领域的创新协作尚不深入，但东亚企业的创新协作生态相对较好。未来的优化路径包括强化战略引领，营造良好的宏观政策环境；发挥协作优势，形成国际科技创新合作新模式、提升主导力；补齐产业短板，加强核心科技自主创新与完善配套环境；优化供给结构，推动科技研究与下游多元市场融合发展。

关键词：　新能源汽车产业　知识创新　技术创新　创新协作

* 李纲，武汉大学信息管理学院教授、博士生导师，主要研究方向为竞争情报与数字经济；黄颖，武汉大学信息管理学院副教授、博士生导师，主要研究方向为科技计量与科技创新管理；葛友权，武汉大学信息管理学院本科生；袁佳，武汉大学信息管理学院硕士研究生，主要研究方向为科技计量与科技管理。

一　引言

当前人类面临气候变化等严重问题,① 交通领域的新能源转型被视为缓解这些问题的一条备受瞩目的途径。② 交通能源动力系统变革长期占据技术革命和经济转型的重要位置。这场变革的主要趋势是汽车能源多元化、汽车动力电气化和汽车排放洁净化。③ 绿色、安全的新能源汽车在提升社会文明程度、促进经济转型等方面发挥显著作用。

面对交通领域能源变革的迫切需要和客观趋势，各国政府先后制定针对汽车领域的新能源发展战略和法律法规，确保新能源汽车的市场落地推广与配套系统的稳定运行。譬如，美国财政部和国税局于 2023 年联合发布《通货膨胀削减法案》，通过补贴刺激本土清洁能源汽车市场发展；德国《国家电动汽车发展规划》明确电动汽车的战略地位，除此以外，德国还相继颁布《国家氢能战略》《能源战略 2050》等重要文件，探索新能源汽车发展路线。2016 年《巴黎协定》生效后，全球为实现碳中和目标努力推动新能源汽车技术化、产业化、市场化。

中国已成为世界上最大的汽车制造国和主要的汽车出口国之一，与此同时，中国面临的石油安全与交通能源问题也相当严峻。④ 因此，中国高度重视汽车领域的新能源转型。早在 2010 年，国务院便将新能源产业列为战略性新兴产业，而《“十三五”国家战略性新兴产业发展规划》提出“全面推进高效节能、先进环保和资源循环利用产业体系建设，推动新能源汽车、新能源和节能环保等绿色低碳产业成为支柱产业”，对以新能源汽车为典型的

---

① Manoharan Y. et al., “Hydrogen Fuel Cell Vehicles, Current Status and Future Prospect,” *Applied Sciences* 9 (2019): 2296.

② Yong J. Y. et al., “A Review on the State-of-the-art Technologies of Electric Vehicle, Its Impacts and Prospects,” *Renewable & Sustainable Energy Reviews* 49 (2019): 365-385.

③ 欧阳明高:《我国节能与新能源汽车发展战略与对策》,《汽车工程》2006 年第 4 期。

④ 欧阳明高:《我国节能与新能源汽车发展战略与对策》,《汽车工程》2006 年第 4 期。

产业发展格局做出部署。工业和信息化部于2019年公布《新能源汽车产业发展规划（2021—2035年）》，明确提出中国新能源汽车产业的整体发展目标和一系列政策措施。在政策的引领下，进入社会主义现代化强国建设时期的中国新能源汽车产业将迎来新的发展机遇，也将为推动全球产业转型升级和可持续发展贡献中国力量、中国智慧。

新能源汽车发展的重要推动力是技术。[①] 新能源汽车动力总成、电池和充电器技术的不断发展，使其得到更加广泛的应用。[②] 当前，得益于众多传统汽车及相关企业的支持，日本拥有全球领先的新能源汽车技术，美国、德国等国家同样推动新能源汽车领域的技术创新。尽管中国的新能源汽车技术基础与传统汽车工业强国在某些方面有一定的差距，但是近年来，中国的可再生能源技术在汽车领域得到了长足发展，相关技术成果及其影响力备受关注。相关政策的不断完善推动新能源汽车技术发展，带动科学研究成果数量、质量实现飞跃，充电桩等基础设施建设稳步推进。针对核心技术薄弱、[③] 发展路径分歧等短板，企业作为国家技术创新的主体，发挥重要作用。因此，探究新能源汽车领域企业角色，有助于剖析当下以环境问题、能源问题、生产生活质量问题等为重要方面的全球性经济社会问题，反哺中国新能源汽车在技术创新升级、生产体系巩固和社会效益增长上的多维实践。

新能源汽车发展是解决交通、能源、环境问题的必然选择，汽车新能源化是必然趋势。[④] 为系统刻画当今新能源汽车产业的全球科技创新发展格局，本文构建了一套兼顾理论启发性与实践指导性的评估全球企业科技创新能力的指标体系。基于客观数据和量化分析方法，对新能源汽车企业在知识创新、

① 唐葆君等：《中国新能源汽车行业发展水平分析及展望》，《北京理工大学学报》（社会科学版）2019年第2期。

② Yong J. Y. et al., "A Review on the State-of-the-art Technologies of Electric Vehicle, Its Impacts and Prospects," *Renewable & Sustainable Energy Reviews* 49（2019）：365-385.

③ Lin B., Chen Y., "Does Electricity Price Matter for Innovation in Renewable Energy Technologies in China?" *Energy Economics* 78（2019）：259-266.

④ 王震坡、黎小慧、孙逢春：《产业融合背景下的新能源汽车技术发展趋势》，《北京理工大学学报》2020年第1期。

技术创新和创新协作等方面的表现进行综合测度，以反映全球企业在新能源汽车领域的创新水平与影响力，为世界性发展问题的创新性解决贡献力量。

二　发展态势分析

（一）发展格局

表 1 展示了新能源汽车产业创新指数综合排名前 20 的企业及其各项指标得分情况。从发展模式来看，综合排名前 20 的企业在不同科技创新维度的发展态势各异。丰田在 3 个主要维度上均具有卓越表现，综合排名位居第一，其新能源汽车产品涵盖混合动力车、插电式混合动力车以及纯电动车。来自韩国的 LG 同样在新能源汽车领域表现出色，综合排名第二，其新能源业务涵盖动力电池、小型电池、储能系统三大领域。排名第三的大众汽车作为传统汽车制造企业，采用高安全系统、高标准电池系统、高制造技术，打造高质量新能源路线。排名第四的博世是世界领先的内燃机部件及系统供应商，着眼于新能源汽车的能效升级。排名第五的三星在知识创新方面表现突出。三星集团的业务涉及电子、金融、机械、化学等众多领域，近年来成为绿色清洁能源汽车研究与应用的重要力量。

表 1　2023 年新能源汽车产业全球企业创新指数 20 强

综合排名	企业	国家/地区	综合得分	知识创新	技术创新	创新协作
1	丰田	日本	83.32	70.96	88.22	84.35
2	LG	韩国	75.61	62.97	83.46	65.27
3	大众汽车	德国	75.56	71.73	77.92	72.48
4	博世	德国	75.43	71.19	78.42	70.57
5	三星	韩国	74.71	75.63	73.47	78.14
6	现代汽车	韩国	74.40	69.30	76.87	73.02
7	华为	中国大陆	74.06	81.93	70.96	73.33
8	本田	日本	73.34	68.02	76.58	69.27
9	日产	日本	73.22	67.35	76.07	71.59

续表

综合排名	企业	国家/地区	综合得分	知识创新	技术创新	创新协作
10	福特	美国	72.54	70.22	74.29	69.40
11	英特尔	美国	72.22	78.20	70.30	69.91
12	国家电网	中国大陆	71.83	87.30	64.21	76.51
13	谷歌	美国	71.43	74.65	71.23	66.83
14	通用电气	美国	71.40	70.58	72.88	66.86
15	电装	日本	70.72	66.04	72.43	71.67
16	西门子	德国	70.60	71.20	71.04	67.86
17	通用汽车	美国	70.53	70.77	70.95	68.43
18	百度	中国大陆	70.28	76.34	69.45	63.49
19	高通	美国	70.15	71.43	70.78	65.47
20	IBM	美国	70.08	74.79	68.89	66.98

从地区分布情况来看，新能源汽车领域全球科技创新呈现“东亚—北美—欧洲”的发展格局。日本的新能源汽车企业科技创新水平全球领先，共有36家日本企业跻身新能源汽车创新指数100强，企业整体科技创新实力较强。在新能源汽车产业创新指数100强中有12家企业来自中国，说明中国企业在新能源汽车产业具有良好的发展态势。韩国有7家企业进入100强，其中3家跻身10强，表明韩国在新能源汽车领域有相当的影响力。美国有21家企业在科技创新活动方面表现优异，在新能源汽车科技创新领域发挥重要作用。作为欧洲新能源汽车产业的领军国家，德国和法国分别有11家和5家企业上榜，亦表明欧洲企业在该领域内具有一定的科技创新能力。

（二）知识创新

如表2所示，新能源汽车产业知识创新排名第一的企业是国家电网，作为关系国家能源安全和国民经济的特大型国有企业，国家电网积极践行创新驱动发展战略。借助“新基建”东风，国家电网以智慧车联网平台为核心，大力推进技术创新，着力突破汽车能源转型发展中的各类问题。国家电网在知识创新产出方面遥遥领先，体现了其出类拔萃的知识创新能力。位居第二的华为，以智能电子设备软硬件领域见长，近年来其在新能源汽车产业也有一定的探索和进步。英特尔和百度紧随其后，它们同为计算机硬件或软件领域的重要企业，凭借突出的知识创新扩散能力，在知识创新方面位列第三和第四。近年来，三星成为绿色清洁能源汽车研究与应用的重要力量，整体知识创新能力位居第五。

表 2　2023 年新能源汽车产业全球企业知识创新得分 20 强情况

排名	企业	国家/地区	知识创新	知识创新产出	知识创新影响	知识创新扩散
1	国家电网	中国大陆	87.30	100.00	83.07	70.35
2	华为	中国大陆	81.93	76.10	89.40	78.69
3	英特尔	美国	78.20	67.66	87.90	79.88
4	百度	中国大陆	76.34	63.56	95.41	63.77
5	三星	韩国	75.63	80.98	66.24	83.74
6	IBM	美国	74.79	65.14	88.49	66.68
7	谷歌	美国	74.65	64.65	88.29	67.35
8	大众汽车	德国	71.73	62.98	78.79	75.11
9	高通	美国	71.43	63.37	84.32	61.78
10	西门子	德国	71.20	65.22	81.61	62.35
11	博世	德国	71.19	64.75	81.48	63.46
12	丰田	日本	70.96	63.57	80.85	65.95
13	通用汽车	美国	70.77	64.21	82.27	60.90
14	通用电气	美国	70.58	63.57	81.09	63.59
15	宝马	德国	70.40	63.07	81.01	63.84
16	福特	美国	70.22	63.71	80.33	63.02
17	日本电气	日本	70.21	62.24	81.55	63.47
18	联想	中国大陆	70.18	60.79	84.66	60.00
19	中国中车	中国大陆	70.16	65.92	79.43	60.11
20	现代汽车	韩国	69.30	64.07	78.24	61.87

从知识创新产出方面来看，如表 3 所示，Web of Science 论文数位列前五的企业分别是国家电网、三星、华为、中国中车和英特尔。为揭示科技论文的整体质量和学术影响力，本文进一步测算了被引排名前 10%论文数。

整体来看，国家电网、三星、华为、中国中车和英特尔不仅具有较多的论文产出，其高质量论文的占比也相对较高，说明上述企业的整体知识创新能力处于世界前列。相较于处于其他署名位置的作者，第一/通讯作者往往是对论文做出实质性贡献的研究者，扮演着研究主导人和成果责任人的重要角色。从第一/通讯作者论文数来看，国家电网大幅领先，三星、华为、日立和博世亦有良好的表现，可见这些企业在新能源汽车领域的科学研究具有较高的质量和较大的影响力。

表 3　2023 年新能源汽车产业全球企业知识创新产出 20 强表现

单位：篇

企业	Web of Science 论文数	被引排名前 10% 论文数	第一/通讯作者论文数
国家电网	1147.7	82.9	340.7
三星	509.8	51.7	172.3
华为	387.6	54.0	74.3
英特尔	150.9	24.3	51.1
中国中车	158.1	17.3	33.3
西门子	144.7	9.5	51.5
IBM	105.5	15.5	36.3
博世	101.8	8.5	56.3
谷歌	100.1	15.5	25.4
通用汽车	97.1	10.9	33.9
现代汽车	121.7	10.2	25.9
日立	95.0	2.7	56.8
福特	112.4	9.5	22.3
丰田	86.7	11.5	18.3
通用电气	96.0	6.9	34.4
百度	57.3	14.2	15.6
高通	68.7	10.0	24.6
宝马	59.8	6.2	35.2
大众汽车	69.0	4.8	36.0
三菱电机	57.8	0.9	41.3

从知识创新影响表现来看，如表 4 所示，排名第一的百度作为全球领先的自动驾驶开放平台，其汽车智能化解决方案已在 31 个汽车品牌的 211 款车

型上实现量产，累计搭载超过900万辆。此外，位列新能源汽车产业知识创新影响得分前五的企业还有华为、IBM、谷歌和英特尔。在篇均论文被引频次上，百度的篇均被引频次位居第一，其次为联想、谷歌、IBM、华为；在学科规范化引文影响力（CNCI）上，在知识创新影响得分前20的企业中有11家企业的CNCI值大于1，这表明它们的论文被引表现高于全球平均水平，其中百度的CNCI值最高，为3.14；在论文施引国家数上，新能源汽车产业知识创新影响得分前20的企业论文施引国家数平均值为60.73个，较上年有所提高，表明以上企业学术成果的引用水平得到了一定的提高。其中，国家电网的学术研究成果被97.1个国家/地区的研究人员引用，华为的论文施引国家数也高达85.4个。在论文施引国家多样化程度上，IBM、西门子以较突出的表现分别位列第一、第二，表明其研究成果在世界范围内有较大的影响。

表4　2023年新能源汽车产业全球企业知识创新影响20强表现

企业	篇均论文被引频次（次）	学科规范化引文影响力	论文施引国家数（个）	论文施引国家多样性
百度	19.53	3.14	69.7	2.54
华为	10.28	2.06	85.4	2.71
IBM	10.73	1.69	73.9	3.09
谷歌	11.33	1.95	72.0	2.73
英特尔	9.24	1.82	75.0	2.98
联想	13.11	2.51	31.2	2.08
高通	7.72	1.58	58.0	2.89
国家电网	5.13	0.77	97.1	2.47
通用	8.27	1.04	57.3	2.72
西门子	5.11	0.72	66.8	3.03
日本电气	6.28	1.16	50.8	2.91
博世	6.03	0.87	58.3	2.97
通用电气	5.28	0.90	61.3	2.84
宝马	7.12	0.89	52.5	2.82
丰田	7.81	1.02	44.5	2.79
福特	5.87	0.81	57.7	2.72

续表

企业	篇均论文被引频次（次）	学科规范化引文影响力	论文施引国家数（个）	论文施引国家多样性
中国中车	6.17	1.12	64.2	1.88
ABB	5.09	0.79	49.9	2.74
大众汽车	5.81	0.77	43.3	2.75
EADS	4.99	0.77	45.7	2.79

图 1 展示了新能源汽车产业知识创新扩散得分位列前 20 的企业的相关情况。华为的专利引用频次居于首位，其次为英特尔和三星。从政策引用情况来看，大众汽车、英特尔、奥托立夫日信和国家电网的知识创新成果在政策上得到了较好的引用。此外，媒体关注频次直观地反映了创新主体的社会影响力。三星的媒体关注频次远高于其他企业，三星 SDS 发表的一项学术研究成果拥有超过十万次的媒体关注频次，表明在统计周期内其知识创新成果在全球范围内得到了广泛的传播。除三星外，宝马、国家电网、现代汽车的学术研究成果也得到了社会各界的广泛关注。

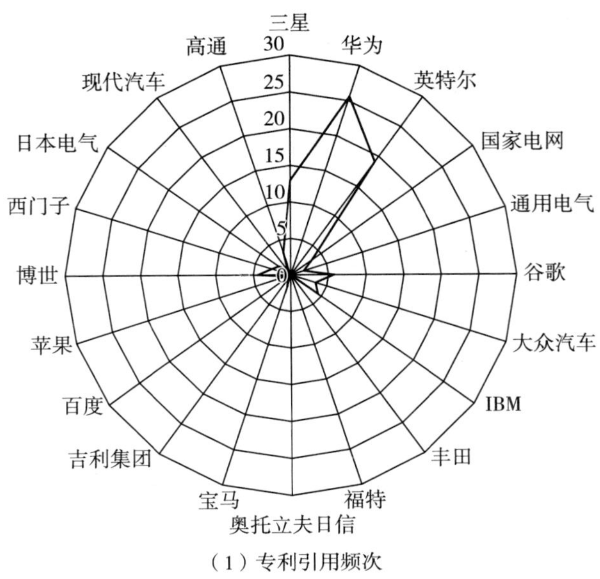

（1）专利引用频次

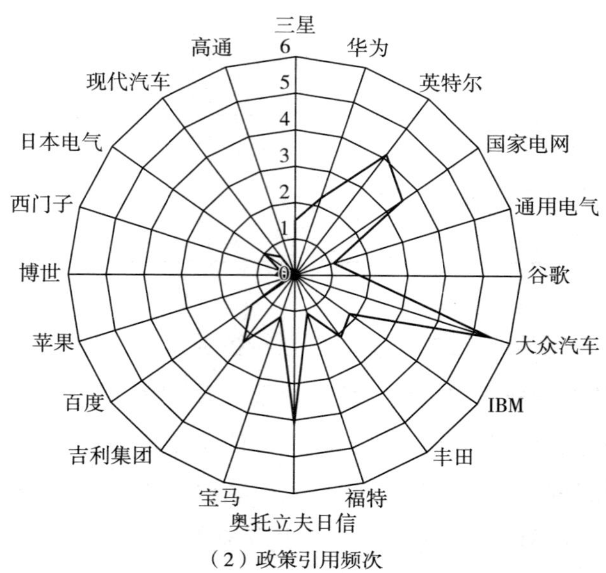

（2）政策引用频次

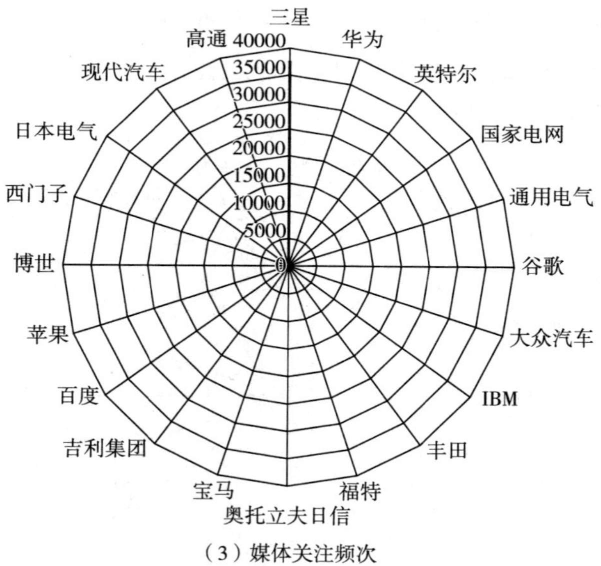

（3）媒体关注频次

图 1　2023 年新能源汽车产业全球企业知识创新扩散 20 强表现

（三）技术创新

如表5所示，丰田作为全球领先的汽车公司，始终积极参与新能源汽车领域技术创新，以88.22分居于新能源企业技术创新榜首，其技术创新产出优势显著，技术创新影响得分同样高居第一。LG集团旗下的LG新能源作为全球汽车电池技术领先企业，技术创新涉及动力电池、小型电池、储能系统三大领域，技术创新得分排名第二。德国传统工业企业博世位居第三，该企业以汽车相关生产部门为优势，致力于通过加大力度、面向市场推动技术创新，以提供适应性更强的新能源交通解决方案。大众汽车积极向电动化转型，在壮大纯电产品阵容的同时带来更高效能、更数字化的混合油电车型，其技术创新水平位居第四。现代汽车加快电动化转型步伐，在技术创新中排名第五。

表5　2023年新能源汽车产业全球企业技术创新得分20强情况

排名	企业	国家/地区	技术创新	技术创新产出	技术创新质量	技术创新影响
1	丰田	日本	88.22	92.61	83.23	89.68
2	LG	韩国	83.46	86.80	78.87	86.56
3	博世	德国	78.42	75.83	79.00	83.43
4	大众汽车	德国	77.92	73.32	78.01	89.22
5	现代汽车	韩国	76.87	71.60	79.27	84.08
6	本田	日本	76.58	73.55	76.53	84.24
7	日产	日本	76.07	76.52	71.98	85.18
8	福特	美国	74.29	65.89	79.28	82.81
9	采埃孚	德国	73.74	68.05	76.88	80.13
10	三星	韩国	73.47	66.28	76.84	83.01
11	通用电气	美国	72.88	62.19	81.53	77.96
12	日立安斯泰莫	日本	72.63	68.88	72.70	81.81
13	电装	日本	72.43	66.98	72.23	86.58
14	松下	日本	72.10	69.30	70.45	83.19
15	北极星	美国	71.92	60.36	80.00	80.65
16	大陆集团	德国	71.85	64.51	74.86	82.69
17	谷歌	美国	71.23	61.36	78.69	77.28
18	亚马逊	美国	71.09	60.52	75.28	87.07
19	宝马	德国	71.08	65.75	72.11	81.83
20	西门子	德国	71.04	62.37	75.82	80.74

从技术创新产出维度来看，如表 6 所示，该维度评分排名前五的企业分别是丰田、LG、日产、博世和本田。其中，丰田、现代汽车和本田的发明专利数分别位列前三。从非单方专利数来看，丰田、现代汽车和本田分别高达 2028.5 件、1165.8 件和 1038.3 件，大众汽车和 LG 则分别位居第四和第五。三方专利被认为具有较高的科技含量和经济价值，LG 和丰田的三方专利数处于第一梯队。从 PCT 专利数来看，LG 具有突出优势，高达 537.2 件，日产和博世也拥有较多的 PCT 专利数。

表 6　2023 年新能源汽车产业全球企业技术创新产出 20 强表现

单位：件

企业	发明专利数	非单方专利数	三方专利数	PCT 专利数
丰田	2958.0	2028.5	421.5	181.3
LG	961.4	731.3	456.3	537.2
日产	631.5	375.9	256.7	374.5
博世	752.4	625.8	154.4	369.5
本田	1171.4	1038.3	47.2	187.3
大众汽车	1163.3	733.6	31.4	275.6
现代汽车	1580.8	1165.8	21.9	3.3
松下	398.0	335.5	112.4	210.0
日立安斯泰莫	380.3	285.5	91.9	227.8
采埃孚	523.8	356.4	40.0	199.5
电装	628.0	396.4	22.7	132.5
雷诺	322.2	210.3	92.8	148.2
三星	514.3	458.8	47.9	69.8
福特	729.5	643.3	0.7	16.1
宝马	326.5	221.3	13.9	178.6
马自达	313.2	198.8	125.3	50.4
吉利	440.6	209.6	33.3	118.8
三菱电机	233.2	162.5	39.7	144.3
通用汽车	571.0	541.6	0.3	15.6
大陆集团	270.4	165.9	28.6	119.3

在技术创新质量方面，如表 7 所示，丰田的技术创新质量得分最高，其次为通用电气、北极星、福特和现代汽车。从专利转让数来看，丰田的专利

转让活动最为活跃，现代汽车和 LG 的该项指标得分分别居于第 2 位和第 3 位。专利的权利要求数是衡量专利质量的重要指标，北极星和高通的平均权利要求数优势明显，居于前两位，紧随其后的是英特尔、谷歌和苹果。专利家族国家数可以用来表征专利市场的布局情况，通用电气、大众汽车、博世和丰田的专利家族国家数较高。

表 7　2023 年新能源汽车产业全球企业技术创新质量 20 强表现

企业	专利转让数(件)	平均权利要求数(项)	专利家族国家数(个)
丰田	727.5	6.06	23.1
通用电气	58.3	13.71	34.6
北极星	17.7	21.58	17.0
福特	348.4	14.87	13.2
现代汽车	465.1	12.38	12.7
博世	249.0	11.38	24.0
LG	412.9	11.08	16.7
谷歌	32.5	19.93	16.3
高通	12.3	21.46	12.9
英特尔	27.0	20.52	13.9
大众汽车	204.5	10.51	25.3
OPPO	23.9	15.50	22.1
波音	21.2	17.75	17.1
采埃孚	161.9	12.74	20.0
三星	130.2	14.23	18.4
ABB	34.0	14.50	22.3
本田	323.0	8.39	20.3
苹果	22.1	19.86	11.3
华为	45.0	16.86	15.0
康明斯	39.5	18.63	11.7

基于专利引用关系识别技术扩散方向，新能源汽车领域不同企业的篇均专利被引频次、专利施引国家数与专利施引国家多样性如表 8 所示。从篇均专利被引频次来看，三洋化成的篇均专利被引频次为 6.46 次，其次为亚马逊和恩梯恩。就专利施引国家数而言，丰田的技术创新成果得到其他国家/地区学者的广泛借鉴。专利施引国家多样性的统计结果显示出一定的差异，

例如 LG 的专利施引国家多样性程度最高，达 1.35，其次为大众汽车。舍弗勒的专利施引国家数也具有一定优势。在技术创新影响得分前 20 的新能源汽车相关企业中，专利施引国家数和专利施引国家多样性的平均值分别为 5.615 个和 1.196，表明以上企业的专利得到全球诸多国家/地区的借鉴和参考。

表 8　2023 年新能源汽车产业全球企业技术创新影响 20 强表现

企业	篇均专利被引频次(次)	专利施引国家数(个)	专利施引国家多样性
丰田	2.30	8.6	1.19
大众汽车	1.81	7.9	1.34
三洋化成	6.46	3.3	1.09
亚马逊	3.89	5.5	1.11
电装	1.64	6.9	1.28
LG	1.44	6.7	1.35
日产	2.22	5.8	1.21
三菱重工	2.45	4.9	1.23
舍弗勒	1.69	5.3	1.30
本田	1.95	6.2	1.12
梅赛德斯奔驰	2.25	5.0	1.23
现代汽车	1.65	6.2	1.16
恩梯恩	3.20	4.2	1.12
博世	1.57	5.7	1.19
尼德科	2.70	4.4	1.16
雷诺	1.97	4.8	1.23
三菱电机	1.60	5.3	1.22
松下	1.99	5.3	1.14
李斯特	2.78	4.4	1.12
三星	1.56	5.9	1.12

（四）创新协作

如表 9 所示，在新能源汽车领域丰田的创新协作能力突出，排名第一，其创新主体地位和创新协作水平都居于首位，表明该企业在新能源汽车产业发挥突出的创新引领作用，并保持领先的创新协作水平。三星和国家电网分别位居第二和第三，其中国家电网在创新主体规模指标上的得分居首位。三星旗下的新能源电池制造部门与汽车配件制造部门致力于服务新能源汽车的技术升级、制造重构与应用优化，提供清洁能源解决方案。国家电网以投资、建设、运营电网为核心业务，承担保障安全、经济、清洁、可持续电力供应的基本使命，在新能源汽车产业中发挥重要的支持作用。华为和现代汽车分别居于第 4 位和第 5 位。

表 9　2023 年新能源汽车产业全球企业创新协作 20 强情况

排名	企业	国家/地区	创新协作	创新主体规模	创新主体地位	创新协作水平
1	丰田	日本	84.35	82.05	86.56	84.45
2	三星	韩国	78.14	80.05	75.24	79.13
3	国家电网	中国大陆	76.51	84.31	64.27	80.96
4	华为	中国大陆	73.33	68.98	70.42	80.57
5	现代汽车	韩国	73.02	75.96	74.56	68.54
6	大众汽车	德国	72.48	73.07	78.64	65.73
7	电装	日本	71.67	67.36	79.21	68.44
8	日产	日本	71.59	66.62	74.55	73.60
9	博世	德国	70.57	70.78	74.43	66.50
10	英特尔	美国	69.91	64.54	77.11	68.07
11	福特	美国	69.40	72.63	71.20	64.36
12	本田	日本	69.27	72.34	71.44	64.05
13	通用汽车	美国	68.43	69.55	70.37	65.38
14	亚马逊	美国	68.29	61.65	80.00	63.21
15	西门子	德国	67.86	64.79	69.74	69.05
16	IBM	美国	66.98	63.49	69.58	67.87
17	通用电气	美国	66.86	64.20	70.05	66.33
18	谷歌	美国	66.83	62.94	70.74	66.80
19	中国中车	中国大陆	66.44	67.08	68.67	63.58
20	雷诺	法国	66.31	64.14	64.14	70.65

从创新主体规模来看，如表 10 所示，在论文合著者数量上，排名前五的企业分别是国家电网、三星、华为、中国中车和西门子。其中，国家电网作为中国最大的电力输送公司，近年来在新能源汽车领域开展大规模创新研究与应用，领域内论文合著者规模高达 5045.4 人。而从专利发明人数量来看，丰田拥有领域内最高的专利发明人数量，紧随其后的是现代

汽车、大众汽车和本田，这些世界知名企业在新能源汽车领域的专利发明人数量处于第一梯队，表明其积极投入技术创新研发活动，拥有强大的科技创新实力。

表 10　2023 年新能源汽车产业全球企业创新主体规模 20 强表现

单位：人

企业	论文合著者数量	专利发明人数量
国家电网	5045.4	872.1
丰田	517.3	3933.3
三星	2825.9	1757.5
现代汽车	604.8	2678.2
大众汽车	307.2	2343.7
福特	500.8	2107.9
本田	166.9	2309.8
博世	485.9	1760.2
LG	100.3	1825.9
通用汽车	439.6	1554.6
华为	1952.2	274.8
电装	158.1	1346.0
中国中车	805.2	790.6
日产	116.6	1232.7
松下	160.4	1079.8
采埃孚	31.4	1042.5
宝马	262.3	810.6
吉利集团	179.0	873.4
西门子	802.0	345.7
日立安斯泰莫	0	964.7

新能源汽车领域创新主体地位排名前 20 位的企业及其细分指标的表现情况如表 11 所示。位列前五的企业分别是丰田、亚马逊、电装、大众汽车和英特尔。就论文合著网络度中心度而言，亚马逊表现突出，英特尔、大众汽车、三星和日立在创新网络中亦处在重要位置。论文合著网络特征向量中心度则刻画了论文合著者之间学术交流的网络关系。由表 11 可知，亚马逊、英特尔和三星在创新合作网络中扮演着十分重要的角色。专利合作网络的度中心度测度了专利权人之间技术交流的网络关系，可反映各申请主体的合作

范围。数据结果表明，丰田积极促成领域内各主体的创新合作，在专利合作方面表现十分突出，起到了重要的桥梁功能。电装和日产同样在新能源汽车领域专利合作网络中占据重要位置。

表 11　2023 年新能源汽车产业全球企业创新主体地位 20 强表现

企业	论文合著网络		专利合作网络	
	度中心度	特征向量中心度	度中心度	特征向量中心度
丰田	3. 50	0. 23	16. 90	0. 97
亚马逊	8. 40	0. 95	0. 00	0. 00
电装	2. 80	0. 13	11. 40	0. 75
大众汽车	4. 80	0. 35	8. 80	0. 39
英特尔	6. 10	0. 86	0. 80	0. 03
三星	4. 60	0. 57	3. 70	0. 15
现代汽车	3. 90	0. 26	9. 40	0. 15
日产	1. 30	0. 06	11. 40	0. 54
博世	3. 30	0. 19	8. 10	0. 36
本田	0. 70	0. 04	8. 10	0. 52
福特	3. 00	0. 26	4. 20	0. 24
日立	4. 60	0. 29	2. 40	0. 09
谷歌	4. 40	0. 52	0. 00	0. 00
华为	4. 00	0. 43	0. 70	0. 07
通用汽车	3. 50	0. 35	2. 20	0. 12
马自达	2. 30	0. 12	4. 90	0. 32
高通	3. 60	0. 48	0. 80	0. 03
通用电气	3. 30	0. 42	1. 90	0. 05
西门子	4. 10	0. 28	2. 20	0. 06
IBM	4. 00	0. 46	0. 00	0. 00

就创新协作水平而言，如图 2 所示，丰田的整体创新协作水平最高，国家电网、华为、三星和日产也跻身前五。国际合作论文是企业打造和加强自身国际学术影响力的重要载体。从数量上看，华为以 159 篇国际合作论文数领先，国家电网和三星紧随其后，表明这些企业在新能源汽车领域开展了积极的跨国科技创新协作。合作专利数从技术创新角度衡量各企业的科技创新协作水平。如图 2 所示，本领域合作专利数排名前五的企业分别是丰田、日产、雷诺、电装和现代汽车。

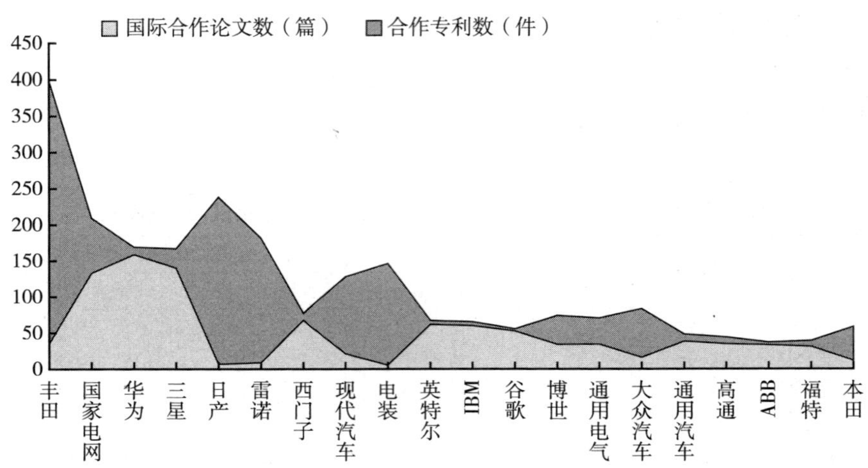

图 2　2023 年新能源汽车产业全球企业创新协作水平 20 强表现

三　研究结论与优化路径

（一）研究结论

推进新能源汽车产业发展，不仅是能源结构向清洁、安全和高效转型升级的重要一环，也是新时代保障国家能源安全的关键。本文通过对新能源汽车企业创新活动及其成效进行评估和分析，得出如下结论。

第一，日本企业创新水平领跑新能源汽车产业，中国企业表现亮眼。在新能源汽车产业创新指数排名前 100 的企业中，日本占据 36 席，超过 1/3。作为汽车工业传统强国，日本新能源汽车企业在创新研究和实践的数量与质量上都形成了显著优势，保持着高速发展态势，在应对能源变革问题中发挥重要作用。以福特、通用电气等汽车制造企业和英特尔等配套企业为代表的美国企业在引领全球新能源汽车技术研究和市场化等方面具有一定的优势。中国共有 12 家企业进入 100 强，其中，国家电网和华为在知识创新维度位列第一和第二。近年来，国家电网将新能源汽车作为能源变革的重要阵地，推动汽车清洁能源逐步合理有序替代化石能源，其在新能源汽车领域的科技创新水平进一步提高。新能源汽车作为近年来新能源领域的关注重点，呈现与新能源领域类似的“东亚—北美—欧洲”的发展格局。以日本、中国和韩国为代表的东亚企业在新能源汽车领域表现亮眼，且头部企业数量较多。北美企业依托五大湖悠久完整的汽车工业体系和硅谷新兴科技企业带等产业要素，在知识创新活动中发挥着重要作用。以德国为代表的欧洲企业同样在新能源汽车领域有雄厚的创新实力。

第二，新能源汽车企业积极开展技术研究，国家电网的知识创新能力领先全球。综观新能源汽车领域知识创新排名前 20 位的企业，中国、美国的企业优势突出。其中，美国占据 7 席，以英特尔、IBM 和谷歌等为代表的科技企业对美国的新能源汽车产业发展做出重要贡献，高通、通用电气等大型传统工业企业则提供了坚实的支撑，两类企业的强强联合使美国在新能源汽车领域的知识创新活动相当活跃。在知识创新排名前 20 的企业中，有 5 家来自中国，其中国家电网、华为和百度分别高居第一、第二和第四。德国、日本企业的知识创新活动同样在新能源汽车领域有着重要地位，分别有 4 家、2 家企业跻身知识创新 20 强。德国和日本同样作为汽车工业基础深厚、科学技术研究水平领先的国家，在领域内持续输出知识创新成果，产生愈加深远的影响力。作为中国能源产业的领军企业，国家电网以构建新能源基础设施生态为目标，凭借其规模庞大、体系成熟的科学研究和技术试验，在汽车能源革命方面大幅领跑全球，成就瞩目。

第三，东亚企业在技术创新维度表现突出，欧美企业技术创新能力也非常强大。在新能源汽车领域技术创新得分排名前 20 的企业中，日本、韩国企业占据半数席位，整体排名靠前，来自美国、德国等欧美国家的企业构成领域内技术创新头部企业的另一大板块。近年来丰田积极拥抱能源变革，加速形成符合智能化、电动化时代的新技术生产力，在新能源汽车领域的技术创新实力突出。韩国的 LG、三星位列第二、第十，凭借其突出的新能源电池及半导体零部件技术水平，与现代汽车等韩国企业共同形成该领域的技术创新优势。德国企业在技术创新维度的表现突出，其中大众汽车的技术创新影响力位居全球前列。美国在该领域技术创新上则呈现福特等传统汽车企业与亚马逊等上下游企业并重的格局。

第四，新能源汽车领域创新协作不深入，东亚企业创新协作生态优良。新能源汽车相关科技创新极其需要更多更深刻的国际创新协作。综观在新能源汽车领域创新协作方面排名前 20 的企业，日本、中国和韩国的企业位居前列，表明东亚企业在新能源汽车领域形成了良好的创新协作生态，更注重在跨国合作中探索创新模式。合作共赢正在成为中国新能源汽车出海的主旋律。中国新能源汽车企业通过积极开展国际合作，主动适应更多元的国际下游市场。日本的汽车产业人才要素发挥了重要作用，自身创新能力持续嵌入全球产业，尤其是丰田在创新主体地位和创新协作水平两个维度都有突出的表现。韩国企业在海外合作方面投入巨大力量，产生了一定规模的创新协作效益。美国、德国和法国等欧美国家在新能源汽车领域创新协作方面拥有众多头部企业，全球新能源汽车创新协作是能源革命深化的必由之路。

（二）优化路径

新能源汽车是经济社会发展方式转型和能源环境治理的标志领域。有序推进汽车新能源化，是坚持绿色文明发展道路的重要表现，有助于加快优化能源结构。在揭示新能源汽车领域的全球企业创新态势的基础上，本文对我国乃至世界进一步把握技术发展趋势、明确企业发展重点、培育创新型产业要素等具有一定的指导意义。

其一，强化战略引领，营造良好的宏观政策环境。在一系列战略政策的支持下，中国的新能源汽车产业得到了长足发展，产业优势进一步扩大，比亚迪、宁德时代等企业已具备国际竞争力，新兴企业力量不断注入新能源汽车产业。中国新能源汽车市场规模和增长潜力较大，市场竞争激烈，产业链完整，消费者对新技术接受度较高，为新能源汽车产业技术不断升级、产品竞争力持续提升营造了良好的市场环境。中国新能源汽车产业正处于强势发展的新阶段，更加需要完善的配套政策为产业发展提供充足的信心和底气。完善激励和保护创新的制度环境，完善横向协同、纵向贯通的协调推进机制，统筹推进技术研发、标准制定、推广应用和基础设施建设，把超大规模市场优势转化为产业优势，以吸引更多产业要素有序、高效地汇聚该领域，抢抓战略机遇，巩固良好势头，使国家科技战略引领新能源汽车产业健康茁壮成长，推动我国新能源汽车产业高质量可持续发展，加快建设汽车强国。

其二，发挥协作优势，打造国际科技创新合作新模式。依托国际高效协作，新能源汽车企业共同推进产业边界拓展。新能源汽车领域相关企业应制定国际化发展战略，构建开放包容、互利共赢的国际科技创新合作机制，通过参与或主导跨国界、多学科交叉的科研合作项目，实现知识、技术与资源的全球优化配置，推动产业合作由生产制造环节向技术研发、市场营销等全链条延伸，加快融入全球价值链。在此基础上，建立稳固的跨国研发联盟，促进科技成果的国际流通与高效转化，加速科技创新成果的商业化进程。中国需建设具备全球视野与跨文化交流能力的高端科技人才队伍，并加强与全球顶尖科研机构、知名高校及国际组织的交流合作，以更加专业的姿态融入全球科技创新体系，同时助力企业在新能源汽车领域全球科技创新网络中发挥主导作用，积极参与国际规则和标准制定，进而增强其在国际科技舞台上的引领力与话语权。

其三，补齐产业短板，加强核心科技自主创新与完善配套环境。在全球科技竞争日益激烈的背景下，中国企业需深刻认识到自身在新能源汽车产业链、价值链中的角色，精准施策，补齐短板。以纯电动汽车、插电式混合动力（含增程式）汽车、燃料电池汽车为“三纵”，布局整车技术创新链；以动力电池与管理系统、驱动电机与电力电子、网联化与智能化技术为“三横”，构建关键零部件技术供给体系。深化“三纵三横”研发布局，与其他战略性新兴产业深度融合，实现关键核心技术突破。一方面，企业应加大对自主核心科技的研发投入，特别是在关键新能源技术、汽车核心零部件及配套系统软件等领域，通过加强原始创新、突破技术瓶颈，形成基于自主知识产权的核心竞争力。另一方面，企业还需关注更多维度配套环境的完善，包括但不限于市场环境、行业规范和产权保护等。企业需在补齐产业短板的过程中，实现自主核心科技研发与多维配套环境建设的协同推进，加强知识产权布局，以全面提升产业竞争力，为汽车能源变革和实现企业可持续发展奠定坚实基础。

其四，优化供给结构，推动技术创新与下游多元市场融合发展。面对新能源汽车市场需求的多元化与快速变化，需要积极配合调整供给结构，推动新能源汽车产业向电动化、网联化、智能化方向发展。新能源汽车涉及新能源、新材料、互联网、大数据、人工智能等多种前沿技术，龙头企业、科研院所等应聚焦核心工艺、专用材料、关键零部件、制造装备等短板弱项，从不同技术路径展开积极探索，提高关键共性技术供给能力，引导汽车、能源、交通、信息通信等跨领域合作。围绕多元化生产与多样化应用需求，企业需进一步加大对该领域基础研究的投入，聚焦新能源汽车领域前沿技术，通过持续的基础研究与应用研究形成技术领先优势。同时，积极搭建科技成果与下游多元市场之间的桥梁，通过加强汽车企业与下游产业链企业的合作，共同探索新技术、新产品的应用场景与模式，促进创新要素集聚，建立灵活高效的成果转化机制，加快科技成果从实验室走向市场的步伐，实现科研成果的商业化，从而推动基础研究与市场需求有效融合。

参考文献

欧阳明高：《我国节能与新能源汽车发展战略与对策》，《汽车工程》2006 年第 4 期。

唐葆君等：《中国新能源汽车行业发展水平分析及展望》，《北京理工大学学报》（社会科学版）2019 年第 2 期。

王震坡、黎小慧、孙逢春：《产业融合背景下的新能源汽车技术发展趋势》，《北京理工大学学报》2020 年第 1 期。

Lin B., Chen Y., "Does Electricity Price Matter for Innovation in Renewable Energy Technologies in China?" *Energy Economics* 78 (2019).

Manoharan Y. et al., "Hydrogen Fuel Cell Vehicles, Current Status and Future Prospect," *Applied Sciences* 9 (2019).

Yong J. Y. et al., "A Review on the State-of-the-art Technologies of Electric Vehicle, Its Impacts and Prospects," *Renewable & Sustainable Energy Reviews* 49 (2019).

附表

附表　2022~2023 年新能源汽车产业全球企业创新指数 100 强

企业	国家/地区	2023 年					2022 年				
		综合排名	综合得分	知识创新	技术创新	创新协作	综合排名	综合得分	知识创新	技术创新	创新协作
丰田	日本	1	83. 32	70. 96	88. 22	84. 35	1	84. 82	72. 54	89. 84	85. 22
LG	韩国	2	75. 61	62. 97	83. 46	65. 27	5	75. 99	63. 63	83. 62	66. 06
大众汽车	德国	3	75. 56	71. 73	77. 92	72. 48	3	76. 56	72. 75	78. 77	74. 04
博世	德国	4	75. 43	71. 19	78. 42	70. 57	2	76. 84	72. 36	79. 99	71. 70
三星	韩国	5	74. 71	75. 63	73. 47	78. 14	4	76. 20	79. 18	73. 91	80. 41
现代汽车	韩国	6	74. 40	69. 30	76. 87	73. 02	6	74. 48	70. 28	76. 83	72. 11
华为	中国大陆	7	74. 06	81. 93	70. 96	73. 33	9	74. 07	82. 56	70. 36	74. 75
本田	日本	8	73. 34	68. 02	76. 58	69. 27	8	74. 30	68. 78	77. 62	70. 19
日产	日本	9	73. 22	67. 35	76. 07	71. 59	7	74. 48	67. 60	78. 07	71. 61
福特	美国	10	72. 54	70. 22	74. 29	69. 40	10	73. 49	71. 26	75. 21	70. 33
英特尔	美国	11	72. 22	78. 20	70. 30	69. 91	12	72. 48	78. 97	69. 85	72. 19
国家电网	中国大陆	12	71. 83	87. 30	64. 21	76. 51	13	72. 22	87. 37	64. 92	76. 15
谷歌	美国	13	71. 43	74. 65	71. 23	66. 83	15	71. 99	75. 92	70. 95	69. 61
通用电气	美国	14	71. 40	70. 58	72. 88	66. 86	11	72. 50	72. 18	73. 90	67. 43
电装	日本	15	70. 72	66. 04	72. 43	71. 67	17	71. 18	66. 33	72. 75	73. 00
西门子	德国	16	70. 60	71. 20	71. 04	67. 86	14	72. 05	73. 07	72. 08	70. 21
通用汽车	美国	17	70. 53	70. 77	70. 95	68. 43	16	71. 38	72. 05	71. 59	69. 45
百度	中国大陆	18	70. 28	76. 34	69. 45	63. 49	22	69. 98	76. 57	69. 17	62. 23
高通	美国	19	70. 15	71. 43	70. 78	65. 47	20	70. 39	71. 58	70. 51	67. 91
IBM	美国	20	70. 08	74. 79	68. 89	66. 98	19	70. 45	77. 06	68. 20	68. 44
宝马	德国	21	69. 98	70. 40	71. 08	64. 90	18	70. 71	71. 87	71. 49	65. 65
亚马逊	美国	22	69. 67	67. 09	71. 09	68. 29	24	69. 92	69. 21	70. 74	67. 81
采埃孚	德国	23	69. 47	61. 85	73. 74	65. 10	21	70. 06	62. 55	74. 30	65. 60
大陆集团	德国	24	69. 27	66. 43	71. 85	63. 67	25	69. 92	67. 12	72. 70	63. 46
松下	日本	25	69. 24	64. 64	72. 10	65. 52	26	69. 90	66. 25	72. 33	66. 28
苹果	美国	26	68. 88	67. 92	70. 61	63. 59	27	69. 22	68. 82	70. 30	65. 53
吉利	中国大陆	27	68. 46	64. 92	70. 63	65. 66	30	68. 85	65. 22	71. 08	66. 00
日立安斯泰莫	日本	28	68. 39	60. 00	72. 63	65. 46	28	69. 11	60. 00	73. 74	65. 81
雷诺	法国	29	68. 38	63. 42	70. 97	66. 31	32	68. 73	64. 41	71. 35	65. 47

续表

企业	国家/地区	2023年					2022年				
		综合排名	综合得分	知识创新	技术创新	创新协作	综合排名	综合得分	知识创新	技术创新	创新协作
波音	美国	30	68.33	67.12	70.47	61.78	31	68.77	68.11	70.65	62.36
三菱电机	日本	31	68.23	66.67	70.18	63.02	29	69.10	67.47	71.06	64.01
ABB	瑞士	32	68.03	68.80	68.73	63.91	23	69.94	71.32	70.36	65.92
中国中车	中国大陆	33	67.83	70.16	67.20	66.44	36	68.09	70.76	67.85	64.59
霍尼韦尔	美国	34	67.81	66.32	69.93	61.83	33	68.43	67.94	70.08	62.65
迪尔	美国	35	67.48	66.75	69.53	60.51	39	67.68	66.69	69.89	60.53
日立	日本	36	67.43	67.70	67.73	65.77	34	68.40	69.54	68.29	66.97
液化空气	法国	37	67.38	66.35	69.44	60.86	40	67.49	67.74	68.99	61.10
北极星	美国	38	67.20	60.00	71.92	60.33	53	66.75	60.00	71.16	60.35
三菱重工	日本	39	67.15	65.46	69.00	62.54	38	67.71	65.94	69.66	62.86
日本电气	日本	40	67.06	70.21	66.80	62.81	35	68.19	71.01	68.02	64.13
克诺尔	德国	41	67.05	60.68	70.98	61.98	46	67.25	60.41	71.28	62.52
卡特彼勒	美国	42	67.02	63.67	70.07	60.45	45	67.30	64.47	70.14	60.64
村田	日本	43	66.99	66.39	68.60	61.59	42	67.43	66.31	69.19	62.27
EADS	法国	44	66.98	68.19	67.87	61.40	48	67.22	69.08	67.82	61.76
捷豹路虎	英国	45	66.94	64.90	69.38	60.58	41	67.46	65.91	69.76	60.82
比亚迪	中国大陆	46	66.89	62.98	69.94	61.24	44	67.31	63.40	70.45	61.29
索尼	日本	47	66.80	65.28	68.77	61.46	37	67.83	67.06	69.40	62.83
法雷奥	法国	48	66.76	63.89	69.11	62.14	47	67.24	64.07	69.79	62.32
博格华纳	美国	49	66.75	64.88	68.58	62.55	43	67.35	65.39	69.14	63.44
宁德时代	中国大陆	50	66.59	60.00	70.75	60.93	69	65.78	60.00	69.48	60.66
赛峰	法国	51	66.57	66.70	67.68	61.88	49	67.18	68.14	68.21	61.45
住友电工	日本	52	66.45	65.28	67.84	62.84	50	67.13	65.89	68.59	63.33
李斯特	奥地利	53	66.45	60.00	70.12	62.50	55	66.66	60.00	70.46	62.51
梅赛德斯奔驰	德国	54	66.41	63.01	68.48	63.80	51	67.07	63.63	69.25	64.05
蒂森克虏伯	德国	55	66.35	65.56	68.02	60.98	52	66.94	66.39	68.69	60.87
伊顿	爱尔兰	56	66.34	61.60	69.72	60.72	58	66.36	61.68	69.70	60.80
康明斯	美国	57	66.27	60.00	70.13	61.28	64	66.02	60.00	69.70	61.33
新日铁	日本	58	66.10	66.31	66.82	62.90	56	66.61	67.08	67.13	63.74
马自达	日本	59	66.07	61.59	68.16	65.20	68	65.79	60.66	68.22	64.61
曼恩	德国	60	65.95	60.00	69.51	61.62	65	65.94	60.00	69.34	62.27

续表

企业	国家/地区	2023年					2022年				
		综合排名	综合得分	知识创新	技术创新	创新协作	综合排名	综合得分	知识创新	技术创新	创新协作
舍弗勒	德国	61	65.83	60.00	69.42	61.16	61	66.16	60.00	69.95	61.24
艾里逊	美国	62	65.79	60.00	69.58	60.27	73	65.65	60.00	69.33	60.35
三菱汽车	日本	63	65.78	66.67	66.11	62.95	54	66.72	67.47	67.16	63.75
铠侠	日本	64	65.76	60.00	69.39	60.86	60	66.27	60.00	70.18	61.08
江森自控	美国	65	65.76	60.47	69.09	61.25	62	66.16	60.76	69.58	61.43
麦格纳	加拿大	66	65.72	61.83	68.54	60.93	77	65.41	60.53	68.49	61.23
安波福	爱尔兰	67	65.69	60.00	69.17	61.24	89	64.91	60.00	67.93	61.01
SK	韩国	68	65.68	64.62	67.27	61.09	66	65.92	64.89	67.51	61.24
OPPO	中国大陆	69	65.62	60.00	69.34	60.11	57	66.54	60.00	70.87	60.13
CPS	美国	70	65.62	60.00	69.17	60.76	76	65.48	60.00	68.91	60.90
尼得科	日本	71	65.36	60.90	68.21	61.37	70	65.69	61.69	68.46	61.32
捷太格特	日本	72	65.36	64.49	66.34	62.88	71	65.67	65.28	66.66	62.33
京瓷	日本	73	65.34	62.43	67.51	61.53	80	65.39	62.82	67.48	61.32
雅马哈	日本	74	65.34	61.07	67.99	61.81	79	65.40	60.96	68.35	60.99
宁德新能源	中国大陆	75	65.18	60.00	68.52	60.46	93	64.72	60.00	67.74	60.52
摩比斯	韩国	76	65.13	61.86	67.26	62.09	86	64.98	61.70	67.01	62.35
爱信	日本	77	65.09	61.78	66.72	64.11	75	65.49	61.63	67.31	64.63
川崎重工	日本	78	65.08	64.75	66.37	60.47	74	65.50	65.72	66.59	60.74
德纳	美国	79	65.05	60.00	68.40	60.11	84	65.02	60.00	68.35	60.11
汉拿	韩国	80	65.00	60.00	67.95	61.50	90	64.89	60.00	67.83	61.27
神钢	日本	81	64.96	66.33	65.04	62.37	72	65.66	66.64	66.23	61.79
久保田	日本	82	64.85	62.28	66.79	61.41	91	64.86	62.39	66.74	61.47
可隆	韩国	83	64.85	60.00	67.88	60.81	94	64.72	60.00	67.70	60.66
联想	中国大陆	84	64.85	70.18	63.74	60.40	63	66.06	70.18	65.74	60.48
小松	日本	85	64.83	63.80	66.35	60.47	59	66.32	64.76	68.42	60.51
斯巴鲁	日本	86	64.67	60.00	66.91	63.49	96	64.65	60.00	67.15	62.40
NSK	日本	87	64.65	62.04	66.73	60.67	—	64.47	61.10	66.77	60.88
蔚来	中国大陆	88	64.64	60.00	67.68	60.22	83	65.16	60.00	68.54	60.24
日本汤浅	日本	89	64.57	60.00	67.25	61.44	88	64.96	60.00	67.78	61.93
天纳克	美国	90	64.55	63.23	66.18	60.23	67	65.91	63.55	68.29	60.29
IHI	日本	91	64.54	64.46	65.43	61.09	81	65.29	66.00	65.92	61.59
恩梯恩	日本	92	64.46	60.00	67.14	61.19	87	64.97	60.00	68.00	61.15

续表

企业	国家/地区	2023年					2022年				
		综合排名	综合得分	知识创新	技术创新	创新协作	综合排名	综合得分	知识创新	技术创新	创新协作
东风汽车	中国大陆	93	64.46	65.75	64.59	61.78	85	64.99	67.37	64.89	61.40
东丽	日本	94	64.41	61.89	66.24	61.27	78	65.40	61.65	67.97	61.37
昭和电工	日本	95	64.41	64.44	65.31	60.74	—	64.48	61.25	66.68	61.08
奥托立夫日信	日本	96	64.38	64.56	64.77	62.49	95	64.67	65.08	64.92	63.01
三洋化成	日本	97	64.17	60.00	66.71	60.99	99	64.56	60.00	67.32	61.11
菲亚特	意大利	98	64.11	60.00	66.70	60.62	97	64.63	60.00	67.53	60.73
日立建机	日本	99	64.11	64.31	64.77	61.13	—	63.98	63.16	64.95	61.42
凯斯纽荷兰工业	英国	100	64.08	60.00	66.70	60.37	—	64.49	60.12	67.33	60.39

B.9

新能源产业全球企业科技创新发展评价

李纲　黄颖　虞逸飞　郑诗曼*

摘　要： 发展新能源既是低碳经济的必然要求，也是保障能源安全的有效举措。随着全球新一轮能源革命的快速发展，争夺新能源技术供应链控制权成为大国博弈的重要方向。研究发现，日本新能源企业科技创新水平全球领先，中国企业在新能源领域发展迅猛；新能源企业积极布局基础研究，国家电网知识创新能力全球领先；技术创新竞争格局呈现多元化趋势，各国企业纷纷崭露头角；企业间技术创新协同合作有待深入，国家电网创新协作表现优异。未来的优化路径包括依托能源领域优势企业引领产业发展、着力提升原始创新能力、增强国际创新合作主导力、推动供给侧与需求侧同向发力。

关键词： 新能源产业　知识创新　技术创新　创新协作

一　引言

全球新一轮能源革命和科技革命深度演变，能源不仅关乎全球稳定和社

* 李纲，武汉大学信息管理学院教授、博士生导师，主要研究方向为竞争情报与数字经济；黄颖，武汉大学信息管理学院副教授、博士生导师，主要研究方向为科技计量与科技创新管理；虞逸飞，武汉大学信息管理学院博士研究生，主要研究方向为科技计量与科技管理；郑诗曼，武汉大学信息管理学院本科生。

会进步，而且在经济社会发展中扮演关键角色。[①] 在全球能源结构转型的关键时期，新能源作为应对气候变化和能源安全问题的核心途径，重要性愈加凸显。[②] 围绕新能源的开发、利用和运营等形成的一系列活动与实践被称为新能源产业，主要包括风能、生物能、地热能、海洋能、水能、核能和太阳能等。[③] 当前，环保、安全、清洁的新能源产业正显示出无可替代的战略价值，[④] 在拉动经济增长、调整产业结构、转变经济发展方式等方面具有重要作用。[⑤]

在全球气候变化和能源变革的背景下，推动能源转型已成为国际社会的普遍共识，并促使各国纷纷制定绿色低碳发展的能源战略。近年来美国相继发布《能源安全未来蓝图》《全面能源战略》等政策，提出将低碳技术、清洁能源的未来发展作为能源战略支点，特别强调美国要在可再生能源技术上取得领先。日本在《第五次能源基本计划》《第六次能源基本计划》中均明确指出将可再生能源作为主要能源，全面建设“氢能社会”。近年来韩国出台了《低碳绿色增长基本法》《新政府能源政策方向》等文件，系统指导绿色产业发展，强调使用清洁能源、降低碳排放量以应对世界气候变化。《欧洲绿色协议》《2030 气候与能源政策框架》《可再生能源指令》等一系列政策文件的颁布，彰显了欧盟在建立覆盖全能源链条的技术创新生态系统方面的决心。自 2016 年《巴黎协定》正式生效后，全球正在迅速迈向碳中和，构建一个脱碳且可持续发展的能源体系已成为各国

① Yao L., "New Energy Utilization in Environmental Design and Realization," *Energy Reports* 8 (2022): 9211-9220.

② Geng W. et al., "China's New Energy Development: Status, Constraints and Reforms," *Renewable & Sustainable Energy Reviews* 53 (2016): 885-896; Wang B. et al., "China's Regional Assessment of Renewable Energy Vulnerability to Climate Change," *Renewable & Sustainable Energy Reviews* 40 (2014): 185-195.

③ Xu B., Lin B. Q., "Assessing the Development of China's New Energy Industry," *Energy Economics* 70 (2018): 116-131.

④ 辜胜阻、王晓杰：《新能源产业的特征和发展思路》，《经济管理》2006 年第 11 期。

⑤ Wei M., Patadia S., Kammen D. M., "Putting Renewables and Energy Efficiency to Work: How Many Jobs Can the Clean Energy Industry Generate in the US?" *Energy Policy* 2 (2010): 919-931.

共同面临的挑战。

中国始终是世界经济稳定增长的重要动力源，与此同时，能源消耗也急剧增加。[①] 作为世界上最大的能源消费国和生产国，[②] 中国面临能源需求压力巨大、生态环境损害严重等问题。[③] 因此，中国高度重视新能源这一攸关国家安全和发展的重点领域。自 2010 年国务院将新能源产业列为战略性新兴产业以来，《“十二五”国家战略性新兴产业发展规划》和《“十三五”国家战略性新兴产业发展规划》相继对新能源产业的发展壮大做出重要部署，提出“全面推进高效节能、先进环保和资源循环利用产业体系建设，推动新能源汽车、新能源和节能环保等绿色低碳产业成为支柱产业”。受政策驱动，中国新能源产业发展迅猛，“双碳”战略目标也为风电、光伏发电的加速发展赋予新动能。进入新时期新阶段，社会主义现代化强国建设的深入推进对能源供给、消费提出更高要求。《“十四五”能源领域科技创新规划》是“十四五”期间中国推进能源技术革命的纲领性文件，该规划提出 2025 年前能源科技创新的总体目标，确定了集中攻关方向、示范试验和应用推广任务。随后，中国相继出台《“十四五”现代能源体系规划》《“十四五”可再生能源规划》《关于促进新时代新能源高质量发展的实施方案》等一系列政策，以加快构建清洁低碳、安全高效的能源体系，进而有力支撑新能源产业高质量发展。

---

① Bai C. Q. et al.，“Understanding Spatial-temporal Evolution of Renewable Energy Technology Innovation in China：Evidence from Convergence Analysis，” *Energy Policy* 143（2020）：111570.

② Zhou X. G.，Tang X. M.，Zhang R.，“Impact of Green Finance on Economic Development and Environmental Quality：A Study Based on Provincial Panel Data from China，” *Environmental Science and Pollution Research* 16（2020）：19915-19932.

③ Aizawa M.，Yang C. F.，“Green Credit，Green Stimulus，Green Revolution? China's Mobilization of Banks for Environmental Cleanup，” *Journal of Environment & Development* 2（2010）：119-144；Li R. Q.，Ramanathan R.，“Exploring the Relationships Between Different Types of Environmental Regulations and Environmental Performance：Evidence from China，” *J. Clean. Prod.* 196（2018）：1329-1340；Li K. M.，Fang L. T.，He L. R.，“How Population and Energy Price Affect China's Environmental Pollution?” *Energy Policy* 129（2019）：386-396.

开发利用新能源，必须依靠先进的能源科技。① 新能源技术具有低碳、可持续、创新等特征，② 同时具有不确定性、高风险和高回报的新兴技术发展特征。③ 技术创新是新能源产业发展的重要推动力。④ 从全球范围来看，新能源领域的技术生产者、供应者和消费者仍主要集中在少数国家，其中日本是该领域的先行者，并长期主导多项技术的发展。⑤ 中国正在大力发展可再生能源，尤其是风电和光伏技术的下游应用。然而，由于起步较晚，中国在新能源领域的技术创新相对薄弱。⑥ 与世界能源科技强国相比，中国部分能源技术装备仍存在短板，关键零部件对外依赖度较高，且能源领域的原创性、引领性、颠覆性技术较少。企业作为国家技术创新的重要主体，在新能源产业发展中扮演关键角色。因此，洞察全球企业在新能源领域的创新发展态势，有助于厘清当前全球创新发展版图、把握未来新能源产业发展动向，进而为中国能源绿色低碳转型、规划创新发展路径提供重要参考。

当前，新能源技术正在加快迭代，成为解决能源供应、环境保护和可持续发展问题的关键。为系统刻画当今新能源产业的全球科技创新发展格局，本文构建了一套兼具学理价值与实践价值的衡量创新能力与水平的指标体系。基于客观数据和量化方法，通过测度新能源领域企业在知识创新、技术创新、创新协作等方面的综合表现，洞悉新能源企业的创新态势，以探索创新变革的重要力量。

---

① 江泽民：《对中国能源问题的思考》，《中国核电》2008 年第 2 期。

② Liu Y., Fan X., Bao X., "Economic Optimization of New Energy Technologies in the Context of Low Carbon Economy," *Energy Reports* 8 (2022): 11899-11909.

③ Alontseva D. et al., "Developing a New Resource and Energy Saving Technology of Precision Application of Powder Coating Multifunctional Systems," *Acta Physica Polonica A* (2018): 374-378.

④ Chen W., Lei Y., "The Impacts of Renewable Energy and Technological Innovation on Environment-energy-growth Nexus: New Evidence from a Panel Quantile Regression," *Renewable Energy* 123 (2018): 1-14.

⑤ Jiang L. et al., "Patent Analysis for Generating the Technology Landscape and Competition Situation of Renewable Energy," *J. Clean. Prod.* 378 (2022): 134264.

⑥ Lin B., Chen Y., "Does Electricity Price Matter for Innovation in Renewable Energy Technologies in China?" *Energy Economics* 78 (2019): 259-266.

二 发展态势分析

（一）发展格局

表 1 展示了新能源产业创新指数综合排名前 20 的企业及其各项指标的得分情况。从发展模式来看，综合排名前 20 的企业在不同科技创新维度的发展态势各异。国家电网在知识创新与创新协作方面表现尤为突出，凭借其在原创性、引领性科技研究方面的积极投入，以及作为创新主体的显著作用，成功推动了联合创新与融通创新的发展。国家电网还发起并成立了新型电力系统技术创新联盟，致力于新型电力系统关键技术的联合攻关，其综合得分居首位。通用电气排名第二，作为世界上最大的多元化服务型公司，通用电气的业务集制造、技术和服务于一体，多元丰富的业务集团和科研组织为通用电气提供了源源不断的创新动力。西门子面对能源系统变革带来的巨大挑战，积极采用全新的分布式能源系统解决方案，以推动能源的可持续发展。这一战略调整使其在新能源市场中的竞争力显著增强，综合得分排名第三。三星综合排名位居第四。作为一家业务涉及电子、金融、机械、化学等众多领域的综合型企业，其子公司三星 SDI 作为资深的锂离子电池供应商，近年来在绿色环保、清洁能源解决方案方面扮演了重要角色。华为作为中国企业的杰出代表，在新能源产业中表现出色。公司聚焦清洁发电、数据中心能源及关键供电、站点能源、交通电动化等多个关键领域，提供了一整套全面的能源解决方案。同时，华为还致力于融合数字技术与电力电子技术，以推动清洁能源与能源数字化发展，使其在市场中获得了显著的竞争优势，排名第五。

表 1　2023 年新能源产业全球企业创新指数 20 强

综合排名	企业	国家/地区	综合得分	知识创新	技术创新	创新协作
1	国家电网	中国大陆	82.11	88.12	76.64	93.94
2	通用电气	美国	77.39	71.94	82.15	67.47
3	西门子	德国	77.10	69.00	83.34	65.67
4	三星	韩国	76.30	77.45	77.03	71.45

续表

综合排名	企业	国家/地区	综合得分	知识创新	技术创新	创新协作
5	华为	中国大陆	75.77	83.93	73.11	72.80
6	三菱电机	日本	75.52	67.15	81.60	65.16
7	ABB	瑞士	74.59	69.82	78.79	65.74
8	LG	韩国	73.55	67.85	78.40	63.64
9	日立	日本	72.92	66.01	77.91	64.49
10	丰田	日本	72.51	74.50	72.73	68.31
11	英特尔	美国	72.38	78.89	69.48	73.08
12	高通	美国	71.38	73.02	71.81	66.97
13	IBM	美国	71.17	80.04	68.05	68.82
14	伊顿	美国	70.94	65.82	75.48	61.37
15	英飞凌	德国	70.77	71.65	71.23	67.45
16	南方电网	中国大陆	70.48	76.93	66.98	73.71
17	村田	日本	70.20	69.17	72.70	61.88
18	松下	日本	69.87	65.08	73.54	63.16
19	TMEIC	日本	69.74	60.00	75.52	62.88
20	意法半导体	瑞士	69.73	70.76	70.21	66.08

从区域分布情况来看，新能源领域全球科技创新呈现“东亚—北美—欧洲”的发展格局。日本在这一领域表现尤为突出，共有 34 家企业跻身新能源产业创新指数 100 强，彰显了其在新能源科技创新方面的强大实力。美国在新能源领域的科技创新表现也很出色，共有 21 家企业入围 100 强，其中更有 5 家企业跻身 20 强，成为全球新能源技术发展的重要推动力量。与此同时，中国在新能源产业的科技创新方面展现出巨大的发展潜力。目前，中国有 3 家企业入围 20 强。在新能源产业创新指数 100 强中，中国企业的数量达到 17 家，显示出中国企业在新能源领域的整体实力和创新能力正在不断提升。欧洲方面，德国和法国均有 6 家企业进入 100 强，瑞士有 3 家企业上榜，说明欧洲企业在新能源领域同样具有较强的科技创新能力。

（二）知识创新

如表 2 所示，新能源产业知识创新排名第一的企业是国家电网，作为关系国家能源安全和国民经济的特大型国有企业，国家电网积极践行创新驱动发展战略，加强了基础研究和前沿技术的布局。近年来，国家电网的科技研发重点集中在新型电力系统建设、大电网安全运行等关键领域，致力于攻克能源转型发展中的核心技术难题。结果显示，国家电网在知识创新方面遥遥领先，体现了其出类拔萃的知识创新能力。位居第二的是华为，作为全球领先的信息与通信基础设施和智能终端提供商，华为在新能源产业也有布局，知识创新能力仅次于国家电网。中国石化紧随其后，位列第三，其在新能源领域的知识创新方面也有不俗的表现。IBM 位列第四，该企业在新能源领域同样展现出强大的知识创新能力。位列第五的是英特尔，作为一家美国的科技公司，近年来其积极布局新能源产业，拥有强大的科研能力，整体知识创新能力以及知识创新影响力均较强。

表 2　2023 年新能源产业全球企业知识创新得分 20 强情况

排名	企业	国家/地区	知识创新	知识创新产出	知识创新影响	知识创新扩散
1	国家电网	中国大陆	88.12	100.00	85.65	69.31
2	华为	中国大陆	83.93	76.35	95.40	76.16
3	中国石化	中国大陆	81.07	82.64	81.88	76.30
4	IBM	美国	80.04	67.88	97.01	70.41
5	英特尔	美国	78.89	69.00	89.29	77.89
6	三星	韩国	77.45	67.99	92.35	66.58
7	南方电网	中国大陆	76.93	77.08	82.57	65.38
8	丰田	日本	74.50	63.43	85.98	73.71
9	高通	美国	73.02	63.39	87.94	62.43
10	福特	美国	72.34	62.98	83.87	68.00
11	三峡集团	中国大陆	72.25	62.59	88.04	60.00
12	通用电气	美国	71.94	63.86	83.51	64.95
13	通用汽车	美国	71.88	63.36	86.33	60.01
14	英飞凌	德国	71.65	64.15	82.28	65.40
15	飞利浦	荷兰	71.47	61.76	85.69	62.42
16	日本电气	日本	71.38	62.30	84.79	62.74
17	中兴通讯	中国大陆	71.06	62.30	84.83	61.03
18	意法半导体	瑞士	70.76	64.58	80.34	63.95
19	NTT	日本	70.48	66.12	79.16	61.84
20	现代	韩国	70.41	64.29	81.04	61.39

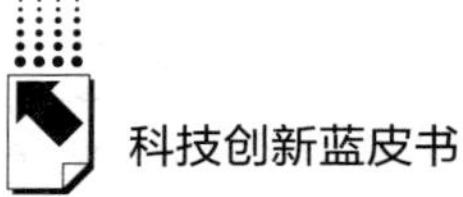

从知识创新产出情况来看，如表 3 所示，国家电网、中国石化、南方电网、华为和英特尔的 Web of Science 论文数位列前五。为揭示科技论文的整体质量和学术影响力，本文进一步测算了被引排名前 10%论文数。整体上看，国家电网、中国石化、华为、南方电网和 IBM 不仅具有较多的论文产出，其高质量论文的占比也相对较高，说明上述企业的整体知识创新能力处于世界前列。相较于处于其他署名位置的作者，第一/通讯作者往往是对论文做出实质性贡献的研究者，扮演着研究主导人和成果责任人的重要角色。在第一/通讯作者论文数方面，国家电网依然稳坐头把交椅，南方电网、中国石化、NTT 和华为位列前五，可见这些企业具有较强的基础科学研究实力。

表 3　2023 年新能源产业全球企业知识创新产出 20 强表现

单位：篇

企业	Web of Science 论文数	被引排名前 10% 论文数	第一/通讯作者论文数
国家电网	1150.9	84.0	341.2
中国石化	618.6	58.6	157.9
南方电网	462.5	31.7	171.2
华为	386.9	56.3	75.0
英特尔	200.6	25.2	68.4
三星	155.4	26.1	52.5
IBM	131.3	27.6	50.6
NTT	131.4	6.7	90.5
意法半导体	132.9	6.2	52.7
现代汽车	121.3	11.8	25.8
英飞凌	101.8	7.9	43.9
通用电气	107.4	7.4	36.9
丰田	80.8	11.3	17.9
高通	69.1	10.2	24.9
通用汽车	77.8	10.2	21.4
韩国电力公社	84.7	5.3	30.7
福特	91.7	8.3	15.4
三峡集团	56.1	10.3	7.8
三菱电机	57.8	0.9	41.8
日本电气	44.8	6.6	18.7

从知识创新影响情况来看，如表 4 所示，IBM 在篇均论文被引频次上表现出色，达到 13. 32 次，位居前列，显示出其强大的学术影响力。此外，华为、三星、通用汽车等企业也名列前茅，与 IBM 一同构成了新能源产业知识创新的重要力量。在学科规范化引文影响力（CNCI）上，共有 13 家企业的 CNCI 值大于 1，表明它们的论文被引表现优于全球平均水平，其中华为的 CNCI 值达到 2. 10，位居榜首，凸显出其在学术研究领域的强大实力。在施引文献国家分布上，这些企业的学术成果同样获得了广泛的认可。国家电网的论文施引国家数达到 112. 1 个，这一数字充分展示了其研究成果的全球影响力。在论文施引国家多样性上，IBM、飞利浦、英飞凌、英特尔、韩国电力公社和日本电气论文施引国家多样化程度均较高，说明它们的学术成果在国际学术界同样具有较大的影响力。

表 4　2023 年新能源产业全球企业知识创新影响 20 强表现

企业	篇均论文被引频次（次）	学科规范化引文影响力	论文施引国家数（个）	论文施引国家多样性
IBM	13. 32	2. 09	79. 3	3. 11
华为	10. 85	2. 10	95. 4	2. 72
三星	9. 83	2. 07	72. 6	2. 68
英特尔	8. 43	1. 35	78. 9	2. 95
三峡集团	9. 70	1. 56	66. 3	2. 30
高通	7. 95	1. 59	58. 3	2. 86
通用汽车	9. 76	1. 10	58. 6	2. 66
丰田	9. 15	1. 04	58. 6	2. 78
飞利浦	7. 51	1. 14	52. 3	3. 09
国家电网	5. 29	0. 77	112. 1	2. 49
中兴通讯	7. 28	1. 28	53. 3	2. 65
日本电气	6. 47	1. 19	55. 0	2. 92
福特	6. 78	0. 87	61. 6	2. 85
通用电气	5. 32	0. 89	67. 1	2. 89
法雷奥	8. 90	1. 13	34. 3	2. 49

续表

企业	篇均论文被引频次（次）	学科规范化引文影响力	论文施引国家数（个）	论文施引国家多样性
雷诺	8.54	1.00	36.8	2.64
南方电网	4.90	0.71	87.6	2.39
英飞凌	4.80	0.77	60.7	2.99
村田	7.75	1.45	25.4	2.18
韩国电力公社	4.23	0.76	63.6	2.94

图 1 展示了知识创新扩散排名前 20 的新能源企业情况。专利引用频次反映了知识创新成果对以专利为代表的技术创新成果的影响，其中，华为的专利引用频次居首位，其次为英特尔和三星。从政策引用情况来看，丰田、国家电网、福特、英特尔等企业的学术研究成果得到各国政策文件的采纳。此外，媒体关注频次相对直观地体现了创新主体的社会影响力。中国石化的媒体关注频次遥遥领先，说明其知识创新成果在全球范围内广泛传播。意法半导体的学术研究成果也获得了较高的社会关注度。

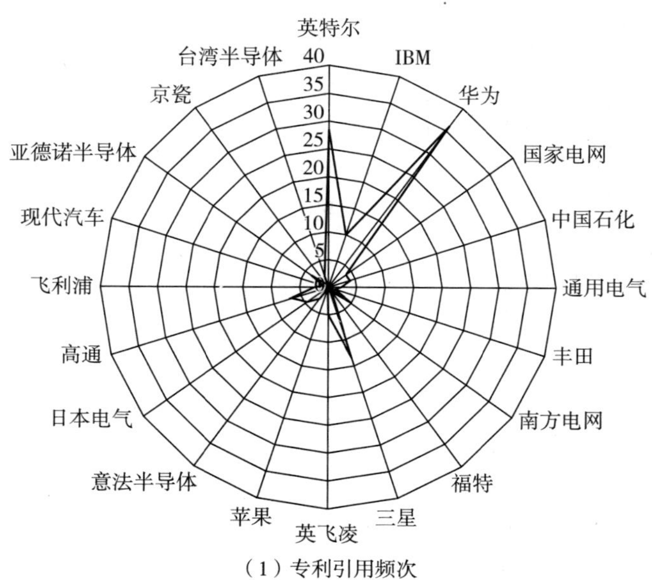

（1）专利引用频次

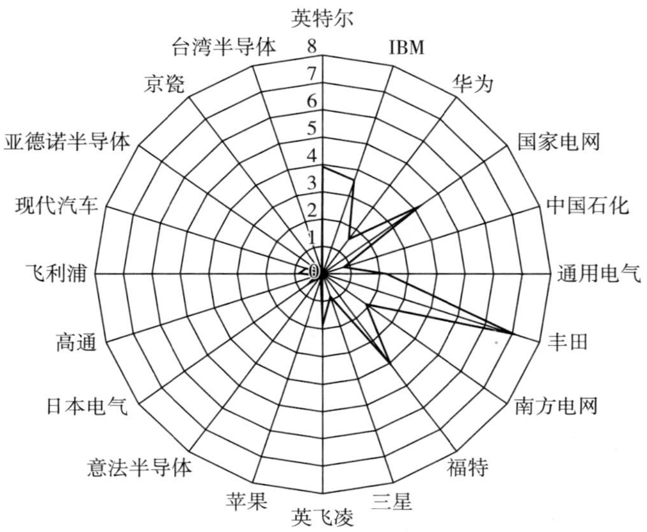

（2）政策引用频次

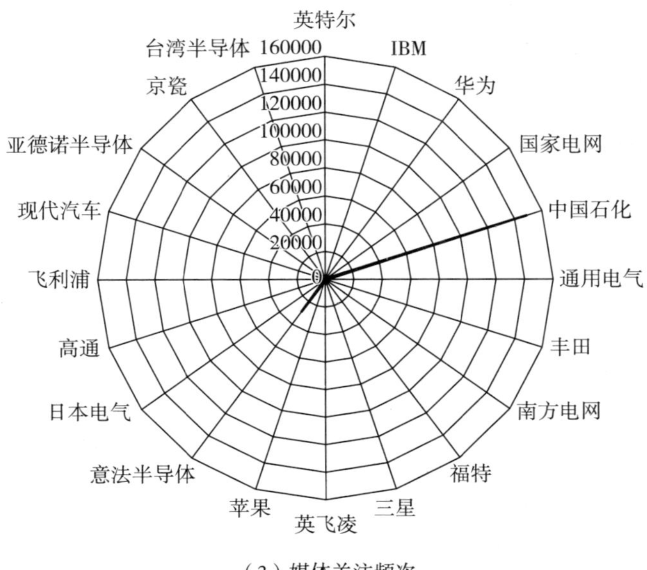

（3）媒体关注频次

图 1　2023 年新能源产业全球企业知识创新扩散 20 强表现

（三）技术创新

如表 5 所示，作为能源技术与工业自动化的巨头，西门子以 83.34 的技术创新得分位列第一，其能源业务遍布全球。西门子不仅为全球约 1/6 的发电量提供技术支持，还不断探索新能源领域的前沿技术，引领行业高质量发展。通用电气排名第二，其业务范围涵盖天然气、煤炭、风机、水电、核电以及各类电力相关设备制造与服务。三菱电机以卓越的创新能力排在第 3 位，在新能源及智能科技领域展现出强大的实力。排名第四的 ABB 是世界上最大的工业、能源、自动化产品生产公司之一。韩国的 LG 则以 78.40 的技术创新得分位列第五，凭借其在新能源电池技术、智能家居解决方案及绿色能源应用等方面的持续创新，LG 在全球新能源技术创新版图中占据了重要一席，为行业发展注入了新的动力。

表 5　2023 年新能源产业全球企业技术创新得分 20 强情况

排名	企业	国家/地区	技术创新	技术创新产出	技术创新质量	技术创新影响
1	西门子	德国	83.34	79.67	87.38	82.42
2	通用电气	美国	82.15	76.63	88.01	81.30
3	三菱电机	日本	81.60	85.78	73.85	90.49
4	ABB	瑞士	78.79	71.65	85.72	79.33
5	LG	韩国	78.40	78.91	76.28	82.39
6	日立	日本	77.91	71.96	80.11	87.28
7	三星	韩国	77.03	71.09	80.48	83.27
8	国家电网	中国大陆	76.64	72.36	82.58	72.51
9	TMEIC	日本	75.52	72.23	74.06	87.37
10	伊顿	美国	75.48	65.40	83.64	80.26
11	沃本产业	德国	73.57	65.95	80.49	75.32
12	松下	日本	73.54	71.22	72.05	83.08
13	华为	中国大陆	73.11	65.92	77.06	81.24
14	博世	德国	72.76	65.43	74.39	86.98
15	丰田	日本	72.73	68.51	70.36	89.22
16	村田	日本	72.70	67.66	72.59	85.60
17	维斯塔斯	丹麦	72.58	67.85	78.43	69.83

续表

排名	企业	国家/地区	技术创新	技术创新产出	技术创新质量	技术创新影响
18	施耐德电气	法国	72.22	64.64	79.58	72.81
19	台达	中国台湾	71.98	64.33	77.24	77.97
20	高通	美国	71.81	61.54	79.67	77.82

在技术创新产出层面，该维度评分排名前五的企业依次为三菱电机、西门子、LG、通用电气和国家电网。其中，在发明专利数方面，国家电网、三菱电机和西门子位列前三，分别拥有4286.0件、459.6件和407.8件发明专利。从非单方专利数来看，西门子、通用电气和三星表现突出，分别拥有324.9件、281.1件和257.3件；三方专利被认为具有较高的科技含量和经济价值，在此方面，LG、三菱电机、通用电气、松下和日立位居前列；从PCT专利数来看，三菱电机和西门子具有突出优势，分别以272.4件和189.4件居于前两位，其后依次是维斯塔斯、LG、TMEIC（见表6）。

表6　2023年新能源产业全球企业技术创新产出20强表现

单位：件

企业	发明专利数	非单方专利数	三方专利数	PCT专利数
三菱电机	459.6	237.5	66.3	272.4
西门子	407.8	324.9	16.0	189.4
LG	274.7	159.3	89.2	92.7
通用电气	323.2	281.1	40.7	73.3
国家电网	4286.0	48.4	1.8	18.1
TMEIC	348.2	142.2	33.3	91.0
日立	261.9	144.1	36.0	79.3
ABB	223.9	175.0	23.8	84.5
松下	229.5	119.9	36.2	80.8
三星	321.0	257.3	14.0	24.2
丰田	271.6	133.4	30.0	12.0
维斯塔斯	121.4	103.2	5.4	103.9
村田	196.2	154.8	3.6	56.3
住友	190.9	128.3	6.2	61.9

续表

企业	发明专利数	非单方专利数	三方专利数	PCT 专利数
电装	330.0	144.9	6.7	18.7
矢崎	116.8	69.9	30.7	7.9
沃本产业	66.1	61.4	19.9	46.6
华为	141.8	89.5	9.0	50.7
索尼	68.8	62.0	17.3	44.9
博世	104.8	78.2	9.9	46.5

在技术创新质量方面，如表 7 所示，通用电气的技术创新质量得分最高，其次为西门子、ABB、伊顿、国家电网。从专利转让情况来看，国家电网的专利转让活动最为活跃，西门子和通用电气该项指标得分分别居于第 2 位和第 3 位。专利的权利要求数是衡量专利质量的重要指标，高通的平均权利要求数为 20.50 项，其次为苹果和英飞凌。专利家族国家数可以用来表征专利的市场布局情况，西门子、通用电气、ABB 和伊顿的专利家族国家数分别为 29.9 个、28.4 个、25.9 个和 23.7 个，日立居第 5 位。

表 7　2023 年新能源产业全球企业技术创新质量 20 强表现

企业	专利转让数(件)	平均权利要求数(项)	专利家族国家数(个)
通用电气	193.8	14.22	28.4
西门子	196.7	12.36	29.9
ABB	155.6	14.51	25.9
伊顿	89.0	16.18	23.7
国家电网	377.5	6.31	15.7
沃本产业	29.3	15.00	23.4
三星	122.9	14.71	16.7
SunPower	45.2	15.81	20.1
日立	95.1	11.41	23.5
高通	18.8	20.50	13.3
施耐德电气	48.3	14.20	21.3
苹果	38.8	20.36	11.3
英飞凌	61.7	20.22	8.5

续表

企业	专利转让数(件)	平均权利要求数(项)	专利家族国家数(个)
维斯塔斯	61.7	15.75	15.2
阿海珐	4.2	14.13	21.2
波音	23.7	17.85	13.1
英特尔	20.4	18.96	10.9
泰科电子	19.1	15.20	17.2
亚德诺半导体	31.2	19.75	8.6
台达	75.0	16.30	10.7

如表 8 所示，在技术创新影响排名前 20 的企业中，从篇均专利被引频次来看，博世的篇均专利被引频次为 6.40 次，其次为晶科能源、古河电气和松下，它们的篇均专利被引频次分别为 2.85 次、2.39 次和 2.35 次。基于专利引用关系识别技术扩散方向，不同企业的专利施引国家数与专利施引国家多样性如表 8 所示。就专利施引国家数而言，三菱电机达到 5.10 个，丰田、晶科能源、TMEIC、日立的专利也得到其他国家/地区学者的广泛借鉴。专利施引国家多样性的统计结果显示出一定的差异，丰田的专利施引国家多样性程度最高，达到 1.16，其次为晶科能源和三菱电机。

表 8　2023 年新能源产业全球企业技术创新影响 20 强表现

企业	篇均专利被引频次(次)	专利施引国家数(个)	专利施引国家多样性
晶科能源	2.85	4.4	1.15
三菱电机	1.94	5.1	1.14
丰田	1.87	4.6	1.16
TMEIC	1.79	4.4	1.06
日立	1.71	4.4	1.07
博世	6.40	2.4	0.65
矢崎	1.64	3.9	1.13
村田	1.98	3.8	1.01
电装	1.51	4.0	1.01
罗姆半导体	1.69	3.7	1.02

续表

企业	篇均专利被引频次(次)	专利施引国家数(个)	专利施引国家多样性
三星	1.58	3.7	0.90
欧姆龙	1.73	3.2	0.99
松下	2.35	3.2	0.86
三菱重工	1.65	3.2	0.93
西门子	1.72	4.1	0.71
LG	1.75	3.5	0.84
TDK	2.10	2.9	0.85
通用电气	1.67	4.1	0.62
华为	1.64	3.0	0.88
古河电气	2.39	2.5	0.81

（四）创新协作

如表 9 所示，在新能源领域创新协作排名前五的企业中，国家电网以卓越的创新协作能力位居榜首，其创新主体规模达到满分，创新协作水平也极高，反映了该企业在全球科研合作方面的广泛影响力。紧随其后的南方电网，凭借其 73.71 的创新协作得分，展现了其在新能源领域的强劲实力与广泛的合作网络，体现了企业在技术创新与合作方面的积极态度与取得的显著成效。位列第三的英特尔，作为美国科技巨头，其创新协作能力不容忽视。尽管在创新主体规模上稍逊于国家电网和南方电网，但其在创新主体地位和创新协作水平上表现优异，证明其在全球新能源技术创新领域具有的领导地位。华为以 72.80 的创新协作得分位列第四。作为中国企业的代表，华为在新能源领域的创新协作同样表现出色。其创新主体规模和创新协作水平均处于行业前列，彰显了华为在全球科研合作中的活跃身影与重要贡献。韩国企业三星则以 71.45 的创新协作得分位居第五，展现了其在新能源技术创新领域的强大实力与广泛合作。三星凭借其在创新主体规模、创新主体地位和创新协作水平上的良好表现，在全球新能源市场竞争中处于优势地位。

表 9　2023 年新能源产业全球企业创新协作 20 强情况

排名	企业	国家/地区	创新协作	创新主体规模	创新主体地位	创新协作水平
1	国家电网	中国大陆	93.94	100.00	84.97	96.84
2	南方电网	中国大陆	73.71	79.55	72.68	68.91
3	英特尔	美国	73.08	68.07	81.12	70.04
4	华为	中国大陆	72.80	70.66	67.68	80.05
5	三星	韩国	71.45	72.32	75.39	66.65
6	IBM	美国	68.82	65.39	71.92	69.14
7	中国石化	中国大陆	68.49	71.23	62.52	71.70
8	丰田	日本	68.31	65.55	73.83	65.53
9	通用电气	美国	67.47	68.90	68.53	64.99
10	英飞凌	德国	67.45	64.26	70.44	67.66
11	高通	美国	66.97	62.02	74.41	64.49
12	意法半导体	瑞士	66.08	65.89	67.83	64.54
13	德州仪器	美国	66.08	63.01	73.22	62.00
14	ABB	瑞士	65.74	65.85	66.27	65.09
15	西门子	德国	65.67	67.81	66.50	62.68
16	苹果	美国	65.28	62.09	71.50	62.24
17	三菱电机	日本	65.16	68.13	66.54	60.81
18	日立	日本	64.49	65.74	66.40	61.33
19	现代汽车	韩国	64.20	64.55	65.20	62.84
20	电装	日本	64.00	64.32	66.16	61.53

从创新主体规模来看，如表 10 所示，在论文合著者数量上，排名前五的企业分别是国家电网、中国石化、华为、南方电网和英特尔。其中，国家电网作为中国规模最大的电力输送公司，也在新能源领域开展广泛研究，论文合著者规模高达 6327.2 人。而从专利发明人数量来看，国家电网也拥有最多的专利发明人数量，其次为南方电网。三星、通用电气、三菱电机、西门子的专利发明人数量紧随其后，体现了世界知名企业的研究人员积极参与技术创新研发活动，这些企业拥有强大的科技创新力量。

表 10　2023 年新能源产业全球企业创新主体规模 20 强表现

单位：人

企业	论文合著者数量	专利发明人数量
国家电网	6327.2	3037.2
南方电网	2551.2	1754.1
三星	1326.1	1247.4
中国石化	3264.0	160.3
华为	2861.5	265.6
通用电气	699.1	1030.1
三菱电机	486.9	1016.3
英特尔	2298.8	143.2
西门子	387.0	1015.5
意法半导体	1447.9	219.5
ABB	352.8	736.5
日立	7.5	883.7
LG	263.9	748.3
韩国电力公社	452.7	650.3
丰田	615.6	566.1
IBM	1445.5	145.3
TMEIC	0	771.4
现代汽车	655.0	395.2
松下	228.4	588.8
电装	185.9	584.9

创新主体地位得分前 20 的企业如表 11 所示，其中排名前五的企业分别是国家电网、英特尔、三星、高通和丰田。从论文合著网络度中心度来看，英特尔、三星、高通、德州仪器处于相对重要的网络地位。论文合著网络特征向量中心度则体现了论文合作者之间学术交流的网络关系。由表 11 可知，英特尔、高通、德州仪器、三星和 IBM 在知识创新合作网络中扮演着十分重要的角色。专利合作网络度中心度测度了专利权人之间技术交流的网络关系，可以反映各申请主体的合作范围。结果显示，国家电网鼓

励新技术的开发推广，在专利合作方面表现十分突出，发挥着关键的连接作用。此外，南方电网、丰田、日立和本田在整个专利合作网络中也占据重要地位。

表 11　2023 年新能源产业全球企业创新主体地位 20 强表现

企业	论文合著网络		专利合作网络	
	度中心度	特征向量中心度	度中心度	特征向量中心度
国家电网	4.60	0.08	12.20	0.98
英特尔	11.00	1.00	1.20	0.01
三星	7.80	0.67	1.50	0.03
高通	7.70	0.74	0.00	0.00
丰田	5.20	0.16	5.50	0.29
德州仪器	7.00	0.68	0.00	0.00
南方电网	1.60	0.05	5.60	0.60
IBM	6.20	0.61	0.10	0.00
苹果	5.90	0.57	0.50	0.00
英飞凌	5.40	0.50	0.50	0.01
通用电气	4.80	0.17	2.00	0.08
本田	2.00	0.09	4.60	0.18
恩智浦	4.10	0.42	0.10	0.00
意法半导体	3.90	0.43	0.00	0.00
华为	4.10	0.39	0.00	0.00
东京电力	1.80	0.05	3.80	0.20
日产	3.20	0.09	2.10	0.12
三菱电机	2.40	0.09	2.40	0.14
西门子	2.20	0.13	2.70	0.09
日立	0.00	0.00	5.30	0.20

从创新协作水平来看，如图 2 所示，国家电网的创新协作水平最高，华为、中国石化、英特尔和 IBM 也跻身前五。国际合作论文是提升国际学术影响力的重要载体。从国际合作论文数来看，华为以 157 篇国际合作论文领先，表明其进行了频繁且积极的跨国科研合作。此外，国家电网、中国石化、英特尔和 IBM 的国际合作论文数也较高。合作专利数则从技术创新角

度衡量各企业的科技创新协作水平。如图 2 所示，合作专利数排名前五的企业分别是国家电网、南方电网、丰田、ABB 和通用电气。

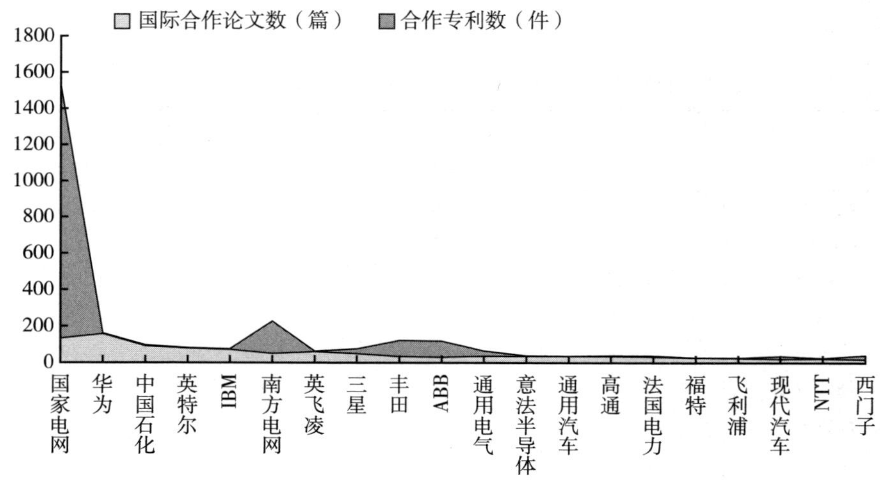

图 2　2023 年新能源产业全球企业创新协作水平 20 强表现

三　研究结论与优化路径

（一）研究结论

加快发展可再生能源、实施可再生能源替代行动，不仅是推动能源革命，构建清洁、低碳、高效能源体系的重要一步，也是确保国家能源安全的必然选择。以新能源产业相关企业为研究对象，基于创新指数排名结果，得到如下结论。

第一，日本的新能源企业具有较强的竞争力，中国企业在新能源领域展现出强劲的发展势头。根据新能源产业创新指数 100 强榜单，日本以 34 家企业上榜的卓越表现领跑全球，彰显了其在新能源领域具有的深厚底蕴和较高的科技创新水平。作为长期致力于可持续发展的科技和工业强国，日本不仅在传统能源转型中扮演关键角色，更在新能源技术的研发与应用上取得了显著成就，为全球能源结构优化贡献了重要力量。美国则以 21 家企业的数量位居第二。近年来，中国在新能源产业持续发力，通过政策引导、市场驱动和技术创新推动清洁能源快速发展，化石能源的替代进程加快，进一步巩固了其在全球新能源产业中的重要地位。这一趋势表明，东亚地区，特别是日本和中国已成为全球新能源产业发展的重要阵地，引领全球能源转型。

第二，新能源企业积极布局基础研究，国家电网知识创新能力领先全球。在知识创新维度，美国与中国企业均展现出强大的实力，各有 6 家企业跻身 20 强。国家电网作为中国企业的“领头羊”，以 88.12 的知识创新得分高居榜首，同时在知识创新产出方面遥遥领先，展现了其在新能源领域的强大实力。华为紧随其后，不仅在知识创新方面表现出色，其知识创新影响力和扩散能力也令人瞩目。与此同时，美国企业在新能源领域的知识创新同样不容小觑。IBM、英特尔、高通、福特、通用电气和通用汽车等美国企业纷纷上榜，这些企业在知识创新各个维度均取得了优异成绩，为美国在全球新能源产业的领先地位奠定了坚实基础。此外，韩国、日本、德国和荷兰等国家的企业也在新能源产业的知识创新与学术影响力方面展现出了不俗的实力。值得注意的是，中国企业在新能源产业的知识创新与学术影响力方面正逐步崛起，与国际领先企业之间的差距不断缩小。

第三，全球新能源领域技术创新竞争格局呈现多元化趋势，各国企业纷纷崭露头角，竞相引领行业发展潮流。日本有 6 家企业进入技术创新前 20，日本的三菱电机、日立、TMEIC、松下、丰田、村田等企业，凭借其在新能源技术上的深厚积累与创新能力，在全球市场上占据一席之地。通用电气、伊顿等企业展现了美国在新能源技术创新方面的领先优势。国家电网与华为在新能源领域展现出强劲实力。德国企业同样表现出色，西门子、沃本产业和博世等企业展现了德国在新能源技术创新方面的独特优势与竞争力。韩国则有 2 家企业进入技术创新得分前 20，LG 和三星作为韩国企业的代表，展

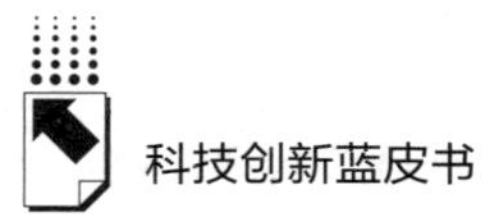

现了它们在新能源技术领域的强劲实力。

第四，新能源领域企业间的创新协作呈现差异化特征，国家电网在创新协作方面表现尤为突出。在全球新能源产业快速发展的背景下，企业间的技术创新协同合作成为推动产业升级和技术突破的关键力量。国家电网凭借其卓越的创新协作能力，不仅在创新主体规模上占据绝对优势，拥有庞大的创新团队和资源，而且在创新协作水平上也达到了行业领先水平，充分展现了其在全球新能源技术创新网络中的核心地位。美国企业、中国企业和日本企业在科技创新网络中相对活跃，通过技术交流与合作积极发挥辐射带动作用。但整体来看，新能源企业间的合作与交流仍然不够深入和广泛，技术创新协作网络尚显稀疏。这在一定程度上限制了技术创新资源的有效整合和共享，影响了新能源技术的快速发展和广泛应用。因此，新能源企业需要更加积极地融入全球创新网络，加强与国际先进企业的合作与交流，共同推动新能源技术的研发和应用。

（二）优化路径

能源通常被描述为工业的“血脉”、国家经济的“支柱”，是促进和维持现代社会繁荣发展的物质基础。[①] 开发和利用新能源是实施创新驱动发展战略的重要举措，有助于加快构建高精尖的经济结构，对国家可持续发展起着重要的支撑作用。本文揭示了新能源产业全球企业的创新态势，对我国了解世界新能源技术发展趋势、支持引导企业发展、培育壮大新能源产业具有重要的借鉴意义。

其一，强化战略科技引领，构建新能源产业创新高地。中国新能源产业的蓬勃发展，得益于一系列政策的支持与优势企业的崛起。目前，中国已有 17 家企业跻身新能源产业创新指数 100 强，位居全球前列，彰显了中国新能源产业的强大国际竞争力。国家电网与华为更是以全球领先之姿，跻身新能源产业创新指数榜单前五。为更好地提升新能源产业竞争力，要

① 梁亚滨：《美、日、德能源战略比较与借鉴意义》，《人民论坛 · 学术前沿》2022 年第 13 期。

落实好支持企业承担国家重大科技战略任务的各项政策措施，促进技术、资本、人才等创新要素向领军企业集聚。同时，将科技领军企业视为国家战略科技力量的重要组成部分，依托其设立国家能源研发创新平台，引领行业技术革新，带动产业链上下游企业协同创新，形成高效协同的新能源创新生态体系。

其二，提升原始创新能力，实现从跟跑到领跑的跨越。中国在新能源技术领域已建立了较为完善的产业体系，成为全球重要的新能源技术制造与贸易中心。然而，面对科技原发国家的挑战，提升新能源领域的原始创新能力仍是中国亟待解决的关键问题。为此，应聚焦颠覆性能源技术的研发，加大基础研究投入，完善多元投入机制，激发企业科研内生动力。同时，强化企业在技术创新中的主体地位，推动中央企业与产业链优势企业强强联合，鼓励中小微企业专注细分市场，加大研发投入。此外，加强企业与高校、科研院所的合作，构建产学研深度融合的创新联合体，聚焦能源重点领域，攻克关键技术难题，推动技术创新成果向现实生产力转化，实现我国新能源技术从跟跑到领跑的历史性跨越。

其三，加强新能源领域科技创新的国际合作，增强国际创新合作主导力。尽管中国企业在创新人才储备方面表现优异，但是其在全球创新合作网络中仍处于边缘位置。在国际化背景下，需要努力打破技术封锁，加快推进“一带一路”市场开发和布局，进而提高自主技术创新能力。一是营造开放创新生态，鼓励企业以全球视野布局海外市场。利用中国大量创新型企业“走出去”的机会，提升海外专利布局能力，通过高价值发明专利培育，积极开展技术转让活动，推动新能源发明专利量质齐升。二是提高企业创新国际化水平，增强国际创新合作主导力。首先，应鼓励企业积极融入全球科技创新网络，充分利用全球科技成果、智力资源和高端人才。对具备条件的企业，支持其牵头组建产业创新领域的国际性科技组织，并与全球企业开展有序且开放的技术交流与合作。其次，应建立与周边国家的可再生能源对话平台，推动高质量绿色能源合作项目实施，为构建高精尖的能源创新体系打下坚实基础。最后，鼓励企业持续加大研发投入，提高核心竞争力，力争在全球科技协作网络中扮演关键角色，进而提升中国企业在国际市场的话语权。

其四，深化供需两侧改革，促进新能源产业可持续发展。“双碳”目标既给能源经济系统的重构带来新的挑战，也为能源供需协同发展赋予新的内涵。[①] 在绿色低碳发展背景下，能源体系的全面转型需要能源供给侧和需求侧协同发力。自党的十八大以来，我国在能源领域积极推进供给侧改革，重点强调在国内多元化供应体系的基础上，深入进行结构性调整。这一战略特别注重推动可再生能源的发展，同时推动煤炭的清洁高效开发和利用，以实现能源结构的优化。在新常态下，推进能源供给侧改革的关键在于科技创新，需要在能源资源开发、加工转换以及终端利用等方面实现重大技术突破。[②] 在能源需求侧管理方面，为推动可再生能源的大规模应用，需要采取多项措施。一方面，通过技术创新推动需求侧能源利用效率提高，推进化石能源的清洁利用和有序替代，提升电气化水平，切实促进煤炭清洁高效利用，从根本上降低能源需求和碳排放。另一方面，需要建立健全能源需求侧管理相关的技术、产品和服务标准体系，引导企业走可持续发展道路。同时，加强需求侧数据的采集、分析、管理和应用。[③]

参考文献

辜胜阻、王晓杰：《新能源产业的特征和发展思路》，《经济管理》2006 年第 11 期。

江泽民：《对中国能源问题的思考》，《中国核电》2008 年第 2 期。

梁亚滨：《美、日、德能源战略比较与借鉴意义》，《人民论坛·学术前沿》2022 年第 13 期。

---

① 林伯强、占妍泓、孙传旺：《面向碳中和的能源供需双侧协同发展研究》，《治理研究》2022 年第 3 期。

② 岳立、严珺文：《新常态下中国能源供给侧改革：国际借鉴与路径探究》，《当代经济管理》2017 年第 10 期。

③ 王娟、邓良辰、冯升波：《“双碳”目标下，能源需求侧管理的意义及发展路径思考与建议》，《中国能源》2021 年第 9 期。

林伯强、占妍泓、孙传旺：《面向碳中和的能源供需双侧协同发展研究》，《治理研究》2022 年第 3 期。

王娟、邓良辰、冯升波：《“双碳”目标下，能源需求侧管理的意义及发展路径思考与建议》，《中国能源》2021 年第 9 期。

岳立、严珺文：《新常态下中国能源供给侧改革：国际借鉴与路径探究》，《当代经济管理》2017 年第 10 期。

Aizawa M., Yang C. F., "Green Credit, Green Stimulus, Green Revolution? China's Mobilization of Banks for Environmental Cleanup," *Journal of Environment & Development* 2 (2010).

Alontseva D. et al., "Developing a New Resource and Energy Saving Technology of Precision Application of Powder Coating Multifunctional Systems," *Acta Physica Polonica A* (2018).

Bai C. Q. et al., "Understanding Spatial-temporal Evolution of Renewable Energy Technology Innovation in China: Evidence from Convergence Analysis," *Energy Policy* 143 (2020).

Chen W., Lei Y., "The Impacts of Renewable Energy and Technological Innovation on Environment-energy-growth Nexus: New Evidence from a Panel Quantile Regression," *Renewable Energy* 123 (2018).

Geng W. et al., "China's New Energy Development: Status, Constraints and Reforms," *Renewable & Sustainable Energy Reviews* 53 (2016).

Jiang L. et al., "Patent Analysis for Generating the Technology Landscape and Competition Situation of Renewable Energy," *J. Clean. Prod.* 378 (2022).

Li K. M., Fang L. T., He L. R., "How Population and Energy Price Affect China's Environmental Pollution?" *Energy Policy* 129 (2019).

Lin B., Chen Y., "Does Electricity Price Matter for Innovation in Renewable Energy Technologies in China?" *Energy Economics* 78 (2019).

Li R. Q., Ramanathan R., "Exploring the Relationships Between Different Types of Environmental Regulations and Environmental Performance: Evidence from China," *J. Clean. Prod.* 196 (2018).

Liu Y., Fan X., Bao X., "Economic Optimization of New Energy Technologies in the Context of Low Carbon Economy," *Energy Reports* 8 (2022).

Wang B. et al., "China's Regional Assessment of Renewable Energy Vulnerability to Climate Change," *Renewable & Sustainable Energy Reviews* 40 (2014).

Wei M., Patadia S., Kammen D. M., "Putting Renewables and Energy Efficiency to Work: How Many Jobs Can the Clean Energy Industry Generate in the US?" *Energy Policy* 2 (2010).

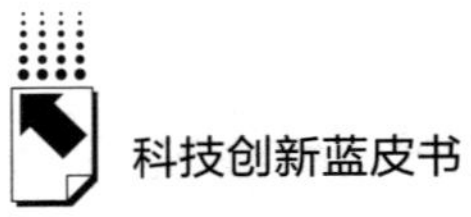

Xu B., Lin B. Q., "Assessing the Development of China's New Energy Industry," *Energy Economics* 70 (2018).

Yao L., "New Energy Utilization in Environmental Design and Realization," *Energy Reports* 8 (2022).

Zhou X. G., Tang X. M., Zhang R., "Impact of Green Finance on Economic Development and Environmental Quality: A Study Based on Provincial Panel Data from China," *Environmental Science and Pollution Research* 16 (2020).

附表

附表　2022~2023年新能源产业企业创新指数100强

企业	国家/地区	2023年					2022年				
		综合排名	综合得分	知识创新	技术创新	创新协作	综合排名	综合得分	知识创新	技术创新	创新协作
国家电网	中国大陆	1	82.11	88.12	76.64	93.94	1	82.69	88.22	77.64	93.71
通用电气	美国	2	77.39	71.94	82.15	67.47	2	79.38	73.52	84.35	69.25
西门子	德国	3	77.10	69.00	83.34	65.67	3	78.19	70.00	84.44	66.87
三星	韩国	4	76.30	77.45	77.03	71.45	6	76.94	76.89	77.57	74.53
华为	中国大陆	5	75.77	83.93	73.11	72.80	7	75.37	83.96	72.38	72.99
三菱电机	日本	6	75.52	67.15	81.60	65.16	4	77.47	67.93	84.08	66.90
ABB	瑞士	7	74.59	69.82	78.79	65.74	5	77.17	72.15	81.58	67.91
LG	韩国	8	73.55	67.85	78.40	63.64	8	73.91	68.70	78.33	64.95
日立	日本	9	72.92	66.01	77.91	64.49	11	72.97	64.34	78.33	65.92
丰田	日本	10	72.51	74.50	72.73	68.31	9	73.43	76.07	73.24	69.77
英特尔	美国	11	72.38	78.89	69.48	73.08	10	73.22	79.55	70.35	74.17
高通	美国	12	71.38	73.02	71.81	66.97	14	71.54	72.52	72.13	67.55
IBM	美国	13	71.17	80.04	68.05	68.82	12	72.54	82.00	69.03	70.81
伊顿	美国	14	70.94	65.82	75.48	61.37	15	71.34	66.55	75.76	61.64
英飞凌	德国	15	70.77	71.65	71.23	67.45	18	70.86	71.74	71.58	66.51
南方电网	中国大陆	16	70.48	76.93	66.98	73.71	16	71.06	76.58	68.08	73.75
村田	日本	17	70.20	69.17	72.70	61.88	20	70.26	68.64	72.98	62.13
松下	日本	18	69.87	65.08	73.54	63.16	13	71.59	67.60	75.11	64.14
TMEIC	日本	19	69.74	60.00	75.52	62.88	17	71.02	60.00	77.18	64.78
意法半导体	瑞士	20	69.73	70.76	70.21	66.08	22	69.78	71.87	69.76	66.42
苹果	美国	21	69.72	69.19	71.05	65.28	21	69.90	70.08	70.95	65.42
德州仪器	美国	22	69.67	68.91	70.89	66.08	26	69.57	69.48	70.65	65.41
维斯塔斯	丹麦	23	69.63	67.66	72.58	61.12	23	69.73	66.60	73.19	61.15
施耐德电气	法国	24	69.44	67.55	72.22	61.48	19	70.41	67.92	73.45	62.40
中国石化	中国大陆	25	69.23	81.07	64.48	68.49	33	68.96	82.29	63.61	68.18
电装	日本	26	69.04	66.42	71.38	64.00	25	69.62	66.74	71.89	65.35
台达	中国台湾	27	68.99	66.64	71.98	60.94	29	69.14	67.37	71.87	61.16
博世	德国	28	68.91	64.12	72.76	61.54	24	69.73	64.88	73.73	61.81
亚德诺半导体	美国	29	68.75	68.43	70.58	61.93	32	69.03	69.17	70.53	62.79

续表

企业	国家/地区	2023年					2022年				
		综合排名	综合得分	知识创新	技术创新	创新协作	综合排名	综合得分	知识创新	技术创新	创新协作
波音	美国	30	68.72	67.63	71.14	60.88	27	69.56	68.49	72.15	60.98
索尼	日本	31	68.48	66.10	71.17	61.69	30	69.14	68.33	71.16	62.39
住友	日本	32	68.41	66.64	70.50	62.98	28	69.25	67.12	71.46	63.95
现代汽车	韩国	33	68.18	70.41	68.24	64.20	37	68.35	70.64	68.41	64.24
沃本产业	德国	34	68.17	60.00	73.57	60.20	38	68.11	60.00	73.46	60.21
台湾半导体	中国台湾	35	68.17	69.69	68.93	62.62	39	68.00	69.63	68.57	62.99
瑞萨电子	日本	36	68.09	67.89	69.81	61.56	43	67.79	67.68	69.33	61.84
飞利浦	荷兰	37	68.05	71.47	68.10	62.16	31	69.10	71.71	69.57	62.85
福特	美国	38	67.94	72.34	67.43	62.63	35	68.75	72.96	68.44	63.00
通用汽车	美国	39	67.65	71.88	67.02	63.13	41	67.90	72.87	66.86	63.77
日本电气	日本	40	67.58	71.38	67.19	62.81	34	68.89	72.01	68.75	64.22
京瓷	日本	41	67.52	68.59	68.76	60.78	42	67.88	70.08	68.73	60.77
古河电气	日本	42	67.45	68.21	68.53	61.81	40	67.96	69.05	68.97	62.10
恩智浦	荷兰	43	67.30	67.89	67.89	63.98	51	67.39	68.09	68.09	63.44
本田	日本	44	67.27	69.03	67.40	63.83	52	67.35	69.20	67.35	64.31
富士电机	日本	45	67.27	66.17	69.05	61.99	45	67.71	66.53	69.57	62.23
三菱重工	日本	46	67.22	66.01	68.98	62.23	36	68.37	66.22	70.63	62.92
阿海珐	法国	47	67.21	67.06	68.86	60.85	53	67.33	63.60	70.34	61.50
罗姆半导体	日本	48	67.21	66.42	69.24	60.38	57	67.01	65.81	69.13	60.52
联发科	中国台湾	49	67.17	68.27	67.86	62.55	48	67.50	68.76	68.12	62.90
TDK	日本	50	67.13	63.60	70.13	60.99	54	67.25	63.93	70.17	61.08
新日铁	日本	51	67.00	66.91	68.30	61.98	62	66.67	67.49	67.43	62.28
矢崎	日本	52	66.94	61.88	70.43	61.40	49	67.49	61.46	71.35	62.15
SunPower	美国	53	66.91	60.00	71.38	60.58	47	67.53	60.00	72.39	60.64
韩国电力公社	韩国	54	66.76	70.02	66.16	63.76	44	67.79	69.60	67.88	64.42
霍尼韦尔	美国	55	66.63	67.83	67.55	60.96	60	66.71	69.15	67.15	60.92
日立安斯泰莫	日本	56	66.58	66.01	68.11	61.45	63	66.62	64.34	68.78	61.77
欧姆龙	日本	57	66.57	63.87	69.10	60.93	56	67.01	63.89	69.74	61.32
佳能	日本	58	66.55	63.26	69.48	60.34	46	67.63	66.39	69.88	60.66
美的	中国大陆	59	66.49	69.00	66.85	60.88	64	66.59	69.23	66.85	61.16

续表

企业	国家/地区	2023年					2022年				
		综合排名	综合得分	知识创新	技术创新	创新协作	综合排名	综合得分	知识创新	技术创新	创新协作
晶科能源	中国大陆	60	66.36	60.00	70.53	60.27	82	65.64	60.00	69.35	60.20
NTT	日本	61	66.35	70.48	65.42	63.20	69	66.37	71.20	64.97	63.90
泰科电子	瑞士	62	66.25	60.00	70.21	60.82	59	66.84	60.00	71.11	61.17
日产	日本	63	66.14	68.72	65.87	62.91	50	67.40	68.19	67.99	63.70
博迈立铖	日本	64	65.99	66.01	67.39	60.39	72	66.31	64.34	68.59	60.47
3M	美国	65	65.98	67.00	66.79	61.01	71	66.31	67.26	67.17	61.33
西屋电气	美国	66	65.95	60.00	69.86	60.23	65	66.47	60.00	70.68	60.42
大陆汽车	德国	67	65.94	67.99	66.34	60.93	55	67.12	68.10	68.22	61.13
埃戈罗微电子	美国	68	65.82	61.27	68.94	60.89	75	66.01	60.88	69.54	60.46
法雷奥	法国	69	65.79	69.65	65.39	60.93	61	66.68	70.59	66.46	61.04
比亚迪	中国大陆	70	65.75	68.48	65.92	60.56	84	65.42	68.01	65.58	60.50
日立产机系统	日本	71	65.75	66.01	66.89	60.74	94	65.10	64.34	66.39	61.19
雷诺	法国	72	65.53	69.57	64.71	62.06	68	66.40	70.61	65.85	61.56
三峡集团	中国大陆	73	65.51	72.25	63.28	63.15	—	64.41	70.21	62.50	62.36
大金工业	日本	74	65.46	65.77	66.56	60.51	73	66.23	65.75	67.80	60.72
LS 电气	韩国	75	65.41	60.00	68.81	60.79	70	66.32	60.00	70.26	61.13
JFE 钢铁	日本	76	65.38	66.59	65.93	61.19	74	66.01	67.85	66.37	61.53
积水化学	日本	77	65.37	65.83	66.48	60.20	86	65.36	65.04	66.77	60.25
施瓦哲工程实验	美国	78	65.32	64.25	67.06	60.18	77	65.98	64.72	67.96	60.17
所乐科技	以色列	79	65.31	60.00	68.83	60.06	99	64.99	60.00	68.30	60.05
哈勃	美国	80	65.31	60.39	68.64	60.17	85	65.42	60.00	68.95	60.36
中兴通讯	中国大陆	81	65.26	71.06	63.68	61.93	80	65.73	71.36	64.25	62.27
格力	中国大陆	82	65.20	67.82	65.21	60.78	79	65.87	68.75	65.93	60.87
阳光电源	中国大陆	83	65.18	60.00	68.54	60.37	92	65.13	60.00	68.44	60.39
江森自控	美国	84	65.16	63.35	67.16	60.19	58	66.97	64.23	69.77	60.35
赛峰	法国	85	65.05	67.49	65.02	61.06	66	66.43	68.72	66.77	61.26
斗山重工业	韩国	86	64.98	64.26	66.41	60.49	67	66.43	66.39	67.82	60.91
耐克森	法国	87	64.92	62.48	67.11	60.24	78	65.88	64.87	67.68	60.37
罗克韦尔	美国	88	64.86	60.00	68.04	60.22	87	65.27	60.00	68.70	60.33

续表

企业	国家/地区	2023年					2022年				
		综合排名	综合得分	知识创新	技术创新	创新协作	综合排名	综合得分	知识创新	技术创新	创新协作
钟化	日本	89	64. 81	64. 58	66. 04	60. 28	81	65. 67	65. 93	66. 88	60. 43
安森美	美国	90	64. 81	61. 82	67. 23	60. 13	83	65. 64	62. 82	68. 17	60. 22
富士通	日本	91	64. 81	67. 70	64. 36	61. 78	76	66. 00	68. 49	65. 88	62. 33
金风	中国大陆	92	64. 80	60. 00	67. 57	61. 69	96	65. 06	60. 00	68. 11	61. 31
IHI	日本	93	64. 74	65. 81	65. 29	60. 77	97	65. 01	67. 32	65. 02	61. 12
上海电气	中国大陆	94	64. 61	68. 04	63. 99	61. 35	90	65. 19	68. 51	64. 79	61. 28
日本明电舍	日本	95	64. 57	66. 09	64. 92	60. 66	—	64. 61	65. 78	65. 10	60. 73
罗德与施瓦茨	德国	96	64. 56	64. 51	65. 63	60. 36	88	65. 25	64. 44	66. 83	60. 26
中国中车	中国大陆	97	64. 46	65. 25	64. 69	62. 23	95	65. 10	65. 16	65. 68	62. 67
矽力杰	中国大陆	98	64. 37	60. 00	67. 23	60. 24	—	64. 18	60. 00	66. 92	60. 20
OPPO	中国大陆	99	64. 37	60. 00	67. 23	60. 23	93	65. 11	60. 00	68. 48	60. 17
中国电建	中国大陆	100	64. 36	69. 20	62. 57	63. 42	—	64. 53	68. 46	63. 18	63. 37

国别篇

B.10 日本企业创新发展态势

黄 颖　林海婷　虞逸飞　肖宇凡*

摘　要： 作为全球科技领域的先驱之一，日本凭借其深厚的科研基础在世界科技创新版图中占据重要位置。日本政府采取了“产学研”紧密结合的战略，鼓励大学、研究机构与企业深度合作，形成了从基础研究到应用开发的高效转化机制，特别是在机器人技术、半导体制造、汽车工业、生物技术和环保能源等领域，展现了世界级的研发实力和市场竞争力。GEII 2024 显示，日本在六大战略性新兴产业领域共有 117 家企业上榜，企业上榜总频次为 199 次，位列全球第一。研究发现，三菱电机、日立、索尼、丰田、佳能、松下等企业创新指数跻身多个领域全球 20 强，是日本科技企业乃至全球科技创新领域的佼佼者。日本在新材料、新能源、新能源汽车、高端装备制造等产业领域上榜企业远超他国，具有十分强劲的科技创新能力。本文选

* 黄颖，武汉大学信息管理学院副教授、博士生导师，主要研究方向为科技计量与科技创新管理；林海婷，武汉大学信息管理学院本科生；虞逸飞，武汉大学信息管理学院博士研究生，主要研究方向为科技计量与科技管理；肖宇凡，武汉大学信息管理学院硕士研究生，主要研究方向为科技计量与科技管理。

取丰田作为日本企业创新的典范，结合全球企业创新指数测度结果展开深入分析，揭示了丰田在自主创新、协同合作、人才培养方面的创新精神和举措。日本是全球科技创新领跑者，其国家顶层战略、大小企业协同创新策略、产学研合作策略为其他国家提供了借鉴与启示。

关键词： 日本企业　战略性新兴产业　科技创新能力　丰田

一　日本战略性新兴产业的发展背景

目前，全球各国纷纷加快探索科技领域的“无人区”，积极布局战略性新兴产业，以争取在新一轮科技革命和产业变革中占据领先地位。作为科技强国，日本近年来在氢能源、量子科技、生物技术和人工智能等多个前沿领域取得了显著进展，显示出强劲的创新实力，已成为全球科技创新的先锋。

日本出台了一系列政策，为本国战略性新兴产业奠定了发展基础。19世纪90年代，日本颁布《促进新能源利用特别措施法》《科学技术基本法》等，对新能源、信息技术、新材料等产业的发展方向和实施方案做出部署。2000~2015年，日本政府把重点放在信息技术、低碳产业、新型汽车、医疗与护理、航空航天等新兴产业，出台了“低碳社会行动计划”、“未来开拓战略”、新《国家能源战略》、《2010年经济产业政策重点》、《面向光辉日本的新成长战略》、《新一代汽车战略2010》等多项重大国家战略。

2016年，日本政府提出了“社会5.0”愿景，以此作为引导未来产业发展的核心理念。该理念旨在最大化地利用现代通信技术，通过深度整合虚拟与现实空间，解决各类社会经济问题，从而构建一个高度智能化的“超智能社会”。在“社会5.0”愿景的引领下，日本对未来产业发展进行了详尽且全面的战略部署。2017年，《未来投资战略2017：实现“社会5.0”的改革之路》明确了八大关键战略领域，包括生命健康、交通出行、智能供应链、能源与环境、机器人革命和生物材料革命等，力图推动新兴产业发展。同年出台的《新产业结构蓝图》进一步细化了未来产业布局，特别强调了自动驾驶汽车、原创新药、尖端材料制造、生物能源、个性化医疗用品等领域的创新发展。2018 年，《未来投资战略 2018——迈向“社会 5.0”与数据驱动型社会的改革行动》提出围绕生活生产、能源经济、行政基础设施、社区及中小企业四大板块，加强智能化建设。

“统合创新战略”提出推动人工智能技术、生物技术和环保能源等核心领域的发展。2020 年，日本政府发布了“统合创新战略 2020”，持续深化“社会 5.0”建设，明确指出要加快 5G 工厂、汽车等相关领域的应用，并提前布局研发后 5G 时代的通信技术。2021 年，日本发布《2021 科技创新白皮书》，再度提出加大超级计算机、人工智能、量子计算等新兴产业领域的基础科学研究以及人才培养力度，以期在未来全球科技竞争中占据领先地位。2023 年，日本政府发布“统合创新战略 2023”，其中明确提出推动战略性基础技术研发与战略性应用产业发展：开放 AI 技术并应对可能出现的风险；以量子、混合能源等新战略为基础，推动尖端技术研发和社会应用；发展健康医疗、宇宙、海洋、农林水产等产业。①

日本政府出台了一系列推动战略性新兴产业发展的规划和政策，大力促进了前沿技术的高质量发展，电子产业等领域实现了转型升级，尖端基础材料工业处于领先地位。

二　日本企业在全球战略性新兴产业中的创新表现

根据 GEII 2024，日本在六大战略性新兴产业全球企业创新指数 100 强

① 《日本发布“统合创新战略 2023”》，中国科学院科技战略咨询研究院，2023 年 11 月 20 日，http://www.casisd.cn/zkcg/ydkb/kjzcyzxkb/2023/zczxkb202308/202311/t20231120_6935004.html。

中共上榜117家，企业上榜总频次位列全球第1，彰显了日本在战略性新兴产业中的强大竞争力。作为全球产业链中的创新领跑者，日本不断推动科技创新和产业升级，为全球经济发展注入新的动力。

图1展示了2023年日本六大战略性新兴产业全球企业创新指数100强分布情况。研究发现，三菱电机、日立、索尼、丰田、佳能、松下等企业创新指数跻身多个领域20强，是日本科技企业中的佼佼者。其中，丰田跻身新能源汽车、新材料、新能源、高端装备制造产业全球20强，是日本全球20强入围次数最多的企业之一。丰田长期以创新为核心目标，结合自研、投资及收购等方式，全面推进新兴业务发展。三菱电机在高端装备制造、新能源产业两个领域进入全球企业创新指数20强。三菱电机着眼于实现“智慧社会”的新企业理念，在基础设施、交通、生活、工业四个领域研发综合解决方案，着重推进“净零能耗”建筑、物联网、人工智能和机器学习、传感器、数据分析、卫星通信、移动互联网、机器人等创新技术的研发。松下在多个领域位列全球企业创新指数50强，围绕解决环境问题，通过创新商品和服务减轻环境负荷或降低生产活动中的能源消耗量，持续推动科技创新。

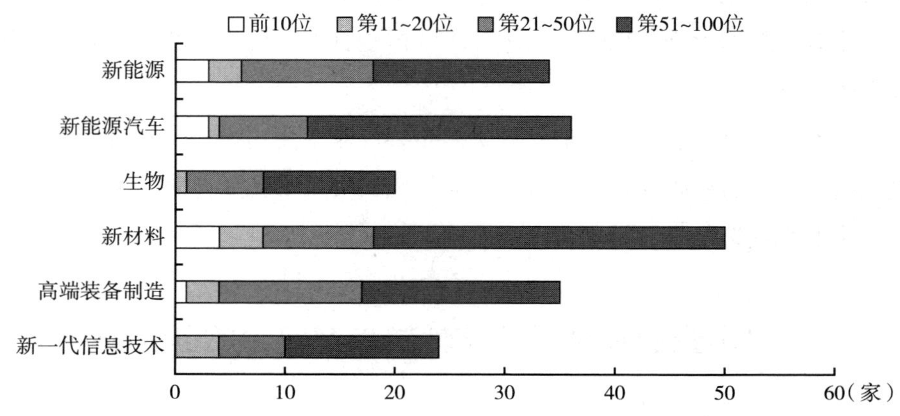

图1　2023年日本六大战略性新兴产业全球企业创新指数100强分布情况

GEII 2024显示，日本在新材料产业共计50家企业入围全球企业创新指数100强，实力强劲，在新一代信息技术、新能源、新能源汽车和高端装备制造产业也有企业进入第一梯队，相较之下，在生物产业入围 100 强的企业较少。日本在六大战略性新兴产业领域的具体表现如下。

（一）日本新一代信息技术强势追赶，创新能力卓越

信息技术是数字经济发展的基础和核心驱动力，数字经济则是信息技术广泛应用并产生经济价值的体现。随着新一代信息技术的快速发展，数字经济成为经济高质量发展的重要驱动因素。2020 年，日本政府全力推进“数字新政”，通过加大“后 5G 时代”信息通信基础设施投入、加快信息通信技术在学校的普及应用、提高中小企业信息化水平、为信息通信业领域提供研发支持等方式，推动新一代信息技术产业发展。此外，日本政府制定了“统合创新战略 2022”，分析了 2022 年日本国内外科技创新形势，强调了战略性推进尖端科学技术的重点，要求通过人工智能、量子新战略、智库、经济安全保障关键技术培育计划和下一代战略创新计划等，培育日本的制胜技术。

在国家战略引导下，日本企业纷纷布局新一代信息技术产业，表现卓越。在上榜企业中，索尼以 72. 15 的综合得分位列全球第 14。2022 年，索尼制定企业战略，在传感、AI、数字虚拟空间等领域开展研发工作，实现“用创意的力量开拓未来”的使命。此外，日本电气、佳能分别以 71. 50、71. 36 的综合得分位列全球第 17、19（见表 1）。

表 1　2023 年日本新一代信息技术产业全球企业创新指数 100 强

序号	企业	全球排名	综合得分	知识创新	技术创新	创新协作
1	索尼	14	72. 15	65. 58	76. 55	65. 49
2	日本电气	17	71. 50	70. 27	72. 62	69. 06
3	佳能	19	71. 36	63. 01	76. 72	63. 87
4	NTT	20	71. 28	73. 05	71. 75	66. 48
5	松下	23	70. 57	63. 91	73. 69	69. 18
6	三菱	27	69. 70	67. 17	71. 69	65. 96

续表

序号	企业	全球排名	综合得分	知识创新	技术创新	创新协作
7	东芝	28	69.49	67.07	70.71	68.64
8	日立	34	68.84	68.43	69.95	65.11
9	丰田	37	68.52	67.24	69.47	66.83
10	夏普	49	67.68	60.20	71.42	65.20
11	富士通	51	67.58	65.77	69.08	64.62
12	富士	52	67.50	64.29	70.24	61.87
13	电装	60	67.14	64.96	68.47	65.46
14	村田	68	66.73	62.68	69.64	61.85
15	理光	75	66.48	62.00	69.59	61.51
16	住友电气	77	66.43	64.66	68.07	62.85
17	本田	78	66.35	66.06	67.54	62.07
18	东电电子	80	66.22	61.87	68.97	62.47
19	京瓷	84	66.12	61.78	68.92	62.14
20	瑞萨电子	87	65.92	65.25	67.18	62.02
21	KDDI	91	65.87	66.23	66.55	62.53
22	富士电机	98	65.65	63.81	67.07	63.00
23	兄弟工业	99	65.63	60.00	69.28	60.38
24	罗姆半导体	100	65.61	63.56	67.51	61.45

（二）日本高端装备制造产业规模不断壮大，前沿制造技术水平领先

日本在机械设备、半导体设备和机器人制造等前沿技术领域处于领先地位。近年来，日本在工业互联网和人工智能等新兴领域取得了显著进展，制定标准化发展战略和增加政府投资，推动智能制造体系建设。一方面，通过制定年度制造业发展战略积极推动制造业的进步；另一方面，通过大规模的科技投入和财政激励措施，鼓励民间研究开发，特别是在机械制造领域。这些措施帮助日本实现了从技术引进到自主研发的转变，使其在特定领域成为全球领先者。政府干预、产业政策引导及高新技术产业的迅速发展是日本制

造业取得巨大成功的关键，精细化生产和精益化管理理念使其生产的高新技术产品更加具有竞争力，这也是日本成为国际公认的制造强国的重要原因。①

从上榜企业来看，爱普生入围高端装备制造产业全球企业创新指数10强，丰田、三菱电机、佳能入围全球20强（见表2）。作为高端装备制造产业领域的杰出代表，爱普生凭借其稳定的性能表现和广泛的应用场景，推动制造业向智能化、高效化方向迈进。丰田聚焦关键零部件技术升级、制造生产等高附加值环节。2023年，丰田公布了一系列“黑科技”，包括通过模块结构和车辆自动化移动生产线技术将生产工序和工厂投资分别减至原来的1/2；通过数字孪生技术，生产准备时间将减少50%，涵盖产品、生产制造、工厂节能运营等各领域。从“制造更好的汽车”，到“聚焦智能化、电动化”，再到“面向未来的次世代技术”，丰田公司在高端装备制造产业不断求是拓新、砥砺前行。②

表2　2023年日本高端装备制造产业全球企业创新指数100强

序号	企业	全球排名	综合得分	知识创新	技术创新	创新协作
1	爱普生	10	74.61	62.06	82.75	62.98
2	丰田	12	73.92	68.99	74.92	78.16
3	三菱电机	13	73.27	67.51	77.43	66.24
4	佳能	15	72.89	63.49	78.71	65.28
5	日立	21	71.22	69.44	71.63	72.52
6	东芝	29	69.87	68.26	71.58	65.72
7	久保田	33	69.58	62.31	73.78	64.91
8	发那科	34	69.57	63.00	73.96	62.96
9	本田	35	69.51	67.58	71.07	66.47
10	三菱重工	36	69.44	65.82	71.59	66.83
11	松下	40	69.18	64.19	71.90	66.59

① 颜建周、朱佳文、陈燕芸等：《日本创新药物研发激励政策研究及对我国的启示——基于武田制药公司的实证研究》，《中国新药杂志》2021年第13期。

② 《丰田在中国最大的研发中心升级再出发——聚焦智能电动，深化本土合作》，澎湃新闻网，https：//m. thepaper. cn/newsDetail_ forward_ 24151791。

续表

序号	企业	全球排名	综合得分	知识创新	技术创新	创新协作
12	神钢	41	69.05	66.10	71.51	64.12
13	富士胶片	44	68.83	65.25	71.62	63.66
14	小松制作所	45	68.83	63.80	72.50	62.51
15	日本电气	48	68.57	70.71	68.51	65.25
16	日本制铁	49	68.48	68.73	68.89	66.45
17	川崎重工	50	68.37	64.51	71.22	63.38
18	索尼	52	68.02	64.82	70.85	62.07
19	理光	55	67.93	62.54	71.51	62.58
20	兄弟工业	56	67.92	60.00	72.98	60.84
21	京瓷	58	67.67	62.58	71.17	62.16
22	欧姆龙	60	67.62	62.12	71.47	61.38
23	电装	64	67.40	65.89	67.99	67.58
24	住友电工	68	67.06	65.74	68.74	62.58
25	NTT	69	67.03	72.08	65.38	65.26
26	JFE 钢铁	70	67.03	67.23	67.78	63.71
27	日立建机	71	66.93	64.32	69.14	62.45
28	住友重机	73	66.90	62.78	70.02	61.26
29	日产汽车	80	66.47	65.95	67.64	62.68
30	住友化学	85	66.20	60.31	69.75	61.81
31	IHI	89	65.93	63.46	67.50	63.75
32	富士通	92	65.79	67.51	65.80	62.89
33	安川电机	98	65.36	61.95	67.81	61.24
34	大福	99	65.34	60.00	68.60	61.21
35	日东电工	100	65.30	60.52	68.15	61.86

（三）日本成为全球新材料产业翘楚，全球新材料产业格局呈“一超多强”态势

日本政府始终强调材料在国家发展战略中的重要地位，确定材料是其科技战略和计划的重点领域。近年来，日本政府发布《纳米技术和材料科学技术研发战略》《面向强化材料革新力的政府战略》等政策，旨在进一步加

强日本材料科技的创新能力和国际竞争力。[①]

在国家政策大力驱动下，日本企业在新材料领域不断开拓，在新材料产业全球企业创新指数 100 强中共上榜 50 家，数量上占据绝对优势。其中，新日铁、力森诺科、JFE 钢铁、丰田进入全球 10 强。三菱化学、富士胶片、住友电气、住友化学进入全球 20 强（见表 3）。新日铁不断探索和开发新材料，致力于满足现代工业的多样化需求，其新材料业务包括高性能金属材料、复合材料以及功能性材料，这些材料在航空航天、医疗、电子等高科技领域中扮演着重要角色。

表 3　2023 年日本新材料产业全球企业创新指数 100 强

序号	企业	全球排名	综合得分	知识创新	技术创新	创新协作
1	新日铁	5	76.41	68.48	79.79	76.09
2	力森诺科	7	73.70	67.42	77.53	68.86
3	JFE 钢铁	9	73.37	67.21	77.17	68.43
4	丰田	10	72.92	72.20	71.01	81.74
5	三菱化学	11	72.85	69.04	74.52	72.52
6	富士胶片	13	71.92	67.06	75.75	64.72
7	住友电气	19	71.08	67.23	73.29	68.63
8	住友化学	20	70.84	65.33	74.01	67.34
9	东丽	22	70.74	67.96	73.26	65.28
10	信越化学	25	70.34	64.84	73.87	65.38
11	旭化成	27	70.03	69.80	71.34	65.18
12	松下	39	68.89	63.42	72.16	64.98
13	佳能	41	68.75	65.50	71.29	64.00
14	日立金属	42	68.69	70.86	68.45	66.03
15	古河电工	45	68.54	68.47	69.22	65.91
16	可乐丽	47	68.31	62.40	72.10	62.99
17	积水化工	49	68.07	64.05	70.98	63.14
18	日东电工	50	68.03	62.11	71.82	62.74
19	大金工业	53	67.83	64.91	70.02	63.91
20	三井化学	55	67.69	66.13	69.25	64.08
21	东芝	56	67.54	70.44	67.07	64.55

① 史冬梅、刘龑龙：《日本新材料科技政策及对我国的启示》，《材料导报》2023 年第 19 期。

续表

序号	企业	全球排名	综合得分	知识创新	技术创新	创新协作
22	出光兴产	57	67.51	65.40	69.68	62.33
23	矢崎	59	67.47	62.76	70.32	63.94
24	本田	60	67.46	68.52	67.21	66.73
25	日立	61	67.42	70.86	66.12	66.86
26	AGC	63	67.36	60.27	71.34	63.28
27	电装	65	67.29	66.25	67.45	68.43
28	迪睿合	67	67.17	60.00	71.40	62.18
29	日产化学	69	67.07	66.40	68.57	62.18
30	东洋纺	70	66.98	63.85	69.24	63.15
31	花王	71	66.91	66.04	68.40	62.44
32	三菱瓦斯化学	72	66.81	60.00	70.52	63.33
33	TDK	73	66.79	64.98	68.64	62.39
34	普利司通	74	66.79	66.15	68.28	61.87
35	瑞翁	76	66.70	63.14	69.29	62.26
36	三菱综合材料	78	66.56	64.36	68.34	63.11
37	DIC	81	66.55	60.30	69.93	63.45
38	琳得科	82	66.55	68.15	67.07	61.76
39	三菱电机	84	66.47	67.19	66.94	63.42
40	大赛璐	85	66.46	66.06	67.78	61.88
41	引能仕	88	66.26	66.00	66.98	63.83
42	神钢	89	66.24	63.34	67.88	64.51
43	京瓷	90	66.19	67.36	66.71	62.12
44	横滨橡胶	91	66.16	65.13	67.66	61.88
45	东曹	93	66.07	66.68	66.93	61.60
46	村田	94	66.05	67.37	66.34	62.66
47	JSR	95	66.05	65.65	66.51	64.82
48	钟化	97	65.93	67.29	66.50	61.40
49	大日本印刷	98	65.87	60.41	69.02	62.36
50	日本电化	100	65.79	61.36	68.60	61.90

（四）日本生物产业发展不敌美国，武田药品工业领跑国内

日本生物产业发展呈现先蛰伏、后追赶美国的趋势。1945~1990 年，全

球制药业处于化学时代，日本出台相关政策大力推动制药业发展，一度成为全球生物产业的主要领跑者。1990 年以后，日本改变对医疗保险和制药业的态度，未跟上制药业进入生物时代的重大变化，创新力不敌美国。从 20 世纪 80 年代初开始，生命科学创新的基础逐渐从化学制药转向生物技术制药，美国和日本生物技术专利申请数出现巨大差距。1984 年以前，两国生物技术专利申请数都不到 200 件，但 1999 年美国的申请数达到日本的 10 倍。[①] 2002 年，日本政府提出“生物产业立国”的国家战略，加大对医药产业投资力度，医药市场日趋完善。2019 年，日本发布《生物战略 2019——面向国际共鸣的生物社区的形成》，强调建立生物优先机制、建设生物社区和建成生物数据驱动。日本在发酵工程、生物医药（尤其是基因工程和单克隆抗体制备）、生物环保、生物能源等多个生物技术产业领域均具有独特优势，在药物发现、生物服务、医疗器械和功能食品等方面具有良好的前景。

在榜单中，武田药品工业是日本唯一在生物产业领域跻身创新指数全球 20 强的企业（见表 4）。二战后，武田药品工业的发展历程可以划分为四个阶段，即原始积累、仿创结合、自主创新和国际化、转型调整。日本激励医药产业发展的政策逐渐从单向的激励政策转向系统化发展，为武田药品工业创新发展起到良好的支撑作用。[②] 据统计，武田药品工业在 2022~2023 年以 310 亿元[③]的研发支出费用位居日本药企第一。目前，武田药品工业已成为日本最大的制药厂，拥有亮丙瑞林、兰索拉唑、坎地沙坦等“重磅炸弹”药物，在科学研究、生产管理、质量管理、经营开发和医药情报方面都达到国际领先水平。[④]

① 《人命关天的产业：日本走错的一条路值得中国警惕丨文化纵横》，网易，2023 年 10 月 14 日，https：//www.163.com/dy/article/IH0TE37K052100BV.html。

② 颜建周、朱佳文、陈燕芸等：《日本创新药物研发激励政策研究及对我国的启示——基于武田制药公司的实证研究》，《中国新药杂志》2021 年第 13 期。

③ 《全球第三大制药市场，日本医药行业发展简析》，“药智网”公众号，2023 年 10 月 24 日。

④ 颜建周、朱佳文、陈燕芸等：《日本创新药物研发激励政策研究及对我国的启示——基于武田制药公司的实证研究》，《中国新药杂志》2021 年第 13 期。

表 4　2023 年日本生物产业全球企业创新指数 100 强

序号	企业	全球排名	综合得分	知识创新	技术创新	创新协作
1	武田药品工业	16	72.74	71.21	73.04	74.12
2	第一三共	29	69.71	70.44	69.96	67.49
3	卫材	32	69.49	70.76	69.64	66.78
4	安斯泰来	35	69.05	69.45	69.26	67.56
5	富士胶片	39	68.64	65.73	70.87	64.54
6	中外制药	45	68.20	67.26	69.54	64.39
7	大冢制药	48	67.83	67.83	68.71	64.28
8	奥林巴斯	49	67.78	63.75	70.95	61.82
9	泰尔茂	52	67.55	63.61	70.44	62.55
10	味之素	70	66.13	66.19	67.19	61.79
11	旭化成	71	66.04	63.14	68.05	62.80
12	花王	73	65.84	66.48	66.79	60.98
13	佳能	74	65.82	64.09	67.35	62.58
14	希森美康	77	65.60	64.78	66.94	61.66
15	岛津	82	65.17	65.11	65.99	61.98
16	东丽	84	65.10	64.86	66.15	61.32
17	索尼	86	64.99	60.00	68.19	60.54
18	尤妮佳	89	64.90	60.30	67.91	60.58
19	东芝	93	64.78	65.33	65.21	62.15
20	三菱化学	96	64.54	65.25	65.01	61.48

（五）日本新能源汽车产业多点布局，全面角逐新能源汽车时代

新能源汽车主要使用非常规车用燃料作为动力来源，包括纯电动汽车、混合动力汽车、燃料电池汽车以及太阳能汽车等。在新能源汽车产业领域，日本在混合动力、纯电动、氢能源等多个新能源车领域全面布局，在全球范围内大幅增加电动汽车产业投资，驶入电动汽车转型“快车道”。

日本在混合动力汽车和燃料电池汽车领域全球领先。日本车企在 20 世纪 90 年代末就推出了混合动力汽车，减少对传统燃油的依赖，自 20 世纪 90 年代就开始研发氢能汽车。但在纯电动汽车领域，日本错失了领先地位，究其原因，一方面可以从能源利用效率和关键材料的角度来看，日本认为纯

电动汽车只是过渡性的解决方案；另一方面，日本在混合动力汽车领域取得了巨大成功，“创新者困境”导致日本担心纯电动汽车技术会削弱其在混合动力汽车领域的领先地位。为了补齐纯电动汽车的短板，日本提高电动汽车补贴标准，并积极调整新能源汽车发展战略。

在战略引导下，日本车企积极布局新能源汽车行业。在新能源汽车产业全球企业创新指数 100 强中，丰田以 83.32 的综合得分位列第 1，并在创新协作维度表现卓越。丰田与比亚迪、宁德时代等中国新能源汽车企业强强联手，在多国建立创新产业园，实现了良好的科技协作。此外，本田、日产分别以 73.34、73.22 的综合得分位列全球企业创新指数前 10（见表 5）。日本新能源车企形成了梯次布局、力争上游的态势。

表 5　2023 年日本新能源汽车产业全球企业创新指数 100 强

序号	企业	全球排名	综合得分	知识创新	技术创新	创新协作
1	丰田	1	83.32	70.96	88.22	84.35
2	本田	8	73.34	68.02	76.58	69.27
3	日产	9	73.22	67.35	76.07	71.59
4	电装	15	70.72	66.04	72.43	71.67
5	松下	25	69.24	64.64	72.10	65.52
6	日立安斯泰莫	28	68.39	60.00	72.63	65.46
7	三菱电机	31	68.23	66.67	70.18	63.02
8	日立	36	67.43	67.70	67.73	65.77
9	三菱重工	39	67.15	65.46	69.00	62.54
10	日本电气	40	67.06	70.21	66.80	62.81
11	村田	43	66.99	66.39	68.60	61.59
12	索尼	47	66.80	65.28	68.77	61.46
13	住友电工	52	66.45	65.28	67.84	62.84
14	新日铁	58	66.10	66.31	66.82	62.90
15	马自达	59	66.07	61.59	68.16	65.20
16	三菱汽车	63	65.78	66.67	66.11	62.95
17	铠侠	64	65.76	60.00	69.39	60.86
18	尼得科	71	65.36	60.90	68.21	61.37
19	捷太格特	72	65.36	64.49	66.34	62.88

续表

序号	企业	全球排名	综合得分	知识创新	技术创新	创新协作
20	京瓷	73	65. 34	62. 43	67. 51	61. 53
21	雅马哈	74	65. 34	61. 07	67. 99	61. 81
22	爱信	77	65. 09	61. 78	66. 72	64. 11
23	川崎重工	78	65. 08	64. 75	66. 37	60. 47
24	神钢	81	64. 96	66. 33	65. 04	62. 37
25	久保田	82	64. 85	62. 28	66. 79	61. 41
26	小松	85	64. 83	63. 80	66. 35	60. 47
27	斯巴鲁	86	64. 67	60. 00	66. 91	63. 49
28	NSK	87	64. 65	62. 04	66. 73	60. 67
29	日本汤浅	89	64. 57	60. 00	67. 25	61. 44
30	IHI	91	64. 54	64. 46	65. 43	61. 09
31	恩梯恩	92	64. 46	60. 00	67. 14	61. 19
32	东丽	94	64. 41	61. 89	66. 24	61. 27
33	昭和电工	95	64. 41	64. 44	65. 31	60. 74
34	奥托立夫日信	96	64. 38	64. 56	64. 77	62. 49
35	三洋化成	97	64. 17	60. 00	66. 71	60. 99
36	日立建机	99	64. 11	64. 31	64. 77	61. 13

（六）日本企业在新能源产业占据数量优势，创新驱动力强劲

由于自身的能源资源匮乏，日本是世界上最早发展新能源产业的国家之一。日本新能源产业发展具有“自上而下”特征，石油危机与能源紧张是推动日本发展新能源的主要动力。[①] 从 1974 年的“新能源技术开发计划”、1980 年的《替代石油能源法》、1997 年的《促进新能源利用特别措施法》，到 2008 年的《推广太阳能发电行动方案》以及 2021 年的《绿色成长战略》，日本政府持续推动海上风电、电动车、氢能源、航空业、住宅建筑等 14 个重点领域减排，大力促进新能源技术发展。

---

① 陈伟：《日本新能源产业发展及其与中国的比较》，《中国人口·资源与环境》2010 年第 6 期。

在“自上而下”政策引导下，日本新能源产业蓬勃发展。日本新能源产业全球企业创新指数100强入围企业达34家，大大领先于美国（21家）和中国（17家）。从上榜企业来看，三菱电机、日立入围全球10强，丰田、村田、松下、TMEIC入围全球20强（见表6）。在由“信息社会”向以数字化变革为契机的“社会5.0”发展过程中，三菱电机将绿色智能制造和建设循环型社会作为新时期战略，通过深化产学研合作、助力培养优质人才，实现人才驱动创新。

表6　2023年日本新能源产业全球企业创新指数100强

序号	企业	全球排名	综合得分	知识创新	技术创新	创新协作
1	三菱电机	6	75.52	67.15	81.60	65.16
2	日立	9	72.92	66.01	77.91	64.49
3	丰田	10	72.51	74.50	72.73	68.31
4	村田	17	70.20	69.17	72.70	61.88
5	松下	18	69.87	65.08	73.54	63.16
6	TMEIC	19	69.74	60.00	75.52	62.88
7	电装	26	69.04	66.42	71.38	64.00
8	索尼	31	68.48	66.10	71.17	61.69
9	住友	32	68.41	66.64	70.50	62.98
10	瑞萨电子	36	68.09	67.89	69.81	61.56
11	日本电气	40	67.58	71.38	67.19	62.81
12	京瓷	41	67.52	68.59	68.76	60.78
13	古河电气	42	67.45	68.21	68.53	61.81
14	本田	44	67.27	69.03	67.40	63.83
15	富士电机	45	67.27	66.17	69.05	61.99
16	三菱重工	46	67.22	66.01	68.98	62.23
17	罗姆半导体	48	67.21	66.42	69.24	60.38
18	TDK	50	67.13	63.60	70.13	60.99
19	新日铁	51	67.00	66.91	68.30	61.98
20	矢崎	52	66.94	61.88	70.43	61.40
21	日立安斯泰莫	56	66.58	66.01	68.11	61.45
22	欧姆龙	57	66.57	63.87	69.10	60.93
23	佳能	58	66.55	63.26	69.48	60.34
24	NTT	61	66.35	70.48	65.42	63.20

续表

序号	企业	全球排名	综合得分	知识创新	技术创新	创新协作
25	日产汽车	63	66.14	68.72	65.87	62.91
26	日立金属	64	65.99	66.01	67.39	60.39
27	日立产机系统	71	65.75	66.01	66.89	60.74
28	大金工业	74	65.46	65.77	66.56	60.51
29	JFE 钢铁	76	65.38	66.59	65.93	61.19
30	积水化学	77	65.37	65.83	66.48	60.20
31	钟化	89	64.81	64.58	66.04	60.28
32	富士通	91	64.81	67.70	64.36	61.78
33	IHI	93	64.74	65.81	65.29	60.77
34	日本明电舍	95	64.57	66.09	64.92	60.66

三　典型企业分析——丰田

GEII 2024 显示，丰田入榜新一代信息技术、高端装备制造、新材料、新能源汽车和新能源五大战略性新兴产业，科技创新实力卓越。本节将丰田作为日本企业创新的典范，结合创新指数测度结果展开分析。

（一）企业简介

丰田是日本主要从事汽车生产的企业之一，以丰田公司为中心，其成员包括丰田自动织机公司等。丰田自成立以来，一直以“通过汽车创造繁荣的社会”为目标。2011 年 3 月发布“丰田全球愿景”，导入了 TNGA（Toyota New Global Architecture）全球战略体系，通过混合规划设计打破了汽车研发框架，实现了多个车型同时规划。目前，丰田在全球范围内拥有各类子公司 500 多家，员工超过 28 万人。

表 7 展示了丰田在战略性新兴产业各领域中创新指数情况。作为世界领先的汽车生产集团，丰田在主营业务中表现卓越，其创新指数在新能源汽车产业领域位列第一，在新材料、新能源产业均进入全球 10 强，是全球科技创新的领跑者之一。

表 7　2023 年丰田在战略性新兴产业各领域中创新指数情况

战略性新兴产业	全球排名	综合得分	知识创新	技术创新	创新协作
新一代信息技术	37	68.52	67.24	69.47	66.83
高端装备制造	12	73.92	68.99	74.92	78.16
新材料	10	72.92	72.20	71.01	81.74
新能源汽车	1	83.32	70.96	88.22	84.35
新能源	10	72.51	74.50	72.73	68.31

在新一代信息技术产业，丰田创新指数位列全球第 37，属于日本国内第二梯队。在知识创新维度，其论文被引表现高于全球平均水平，论文施引国家多样性得分较高。丰田成立跨国公司，在当地建立新一代信息技术研发中心，大力促进智能化信息技术研发。以自动驾驶信息技术为例，丰田主要通过自研、投资和结盟三种方式实现创新协作。

在高端装备制造产业，丰田创新指数排名第 12，在创新协作维度表现出色。丰田在海外生产基地建立了从属于总部、承担部分现场研发任务的研发体系。[①] 丰田的论文合著者数量、专利发明人数量得分都位于创新主体规模的前列。在创新主体地位方面，丰田鼓励新技术的开发推广，专利合作表现突出。

在新材料产业，丰田同样具有不俗实力，创新指数综合得分排名第 10，其中创新协作维度表现卓越，专利合作表现突出，其专利合作网络度中心度和特征向量中心度都排名前列，发挥着关键的连接作用。此外，丰田国际合作论文数得分较高，表明丰田进行了频繁且积极的跨国科研合作。

在新能源汽车产业，丰田创新指数综合得分领跑全球，位列第一。丰田新能源汽车发展采取了多元化战略，覆盖了混合动力电动汽车（HEV）、插电式混合动力电动汽车（PHEV）、纯电动汽车（BEV）以及燃料电池电动汽车（FCEV）等多种技术路线。丰田不仅在国内扩大新能

① 甄子健：《日本跨国公司技术创新特点及研发管理案例研究》，《全球科技经济瞭望》2018 年第 1 期。

源汽车产能，还在全球范围内进行了大规模的投资，如在泰国、美国和英国等地建设电动汽车生产基地和电池工厂。丰田全固态电池技术处于领先地位，拥有大量相关专利，并计划在2030年前开发30款新能源汽车。丰田还致力于国际合作，特别是在中国市场，以期在未来绿色交通中占据领先地位。

在新能源产业，丰田实力凸显，创新指数位列第10。在知识创新维度，丰田与其余全球20强企业相比存在不足，尤其是知识创新扩散指标稍显弱势，新能源产业的专利引用频次、政策引用频次、媒体关注频次与全球20强企业相比较低。在创新协作维度，丰田位列第8，专利合作表现突出，在全球专利网络中占据重要地位。

（二）企业创新举措

2023年丰田汽车销量达1123.3万辆，蝉联全球第一。作为一家全球500强的汽车龙头企业，丰田在技术创新领域不断开拓进取，其突出的研发实力离不开企业自身的发展战略。

首先，丰田坚持自主创新，将“创新+变革”作为企业之本。自2000年起，丰田尝试在车辆中搭载创新技术，比如智能停车辅助系统、半自动化路边停车及转向辅助车辆稳定控制系统等。丰田以“创新”为核心目标，结合自研、投资及收购等方式，全面推进新兴业务发展。[①] 在目标层，2015年丰田提出了“2050六大挑战内容”和“2030年里程碑目标”，致力于开发和推广电动汽车、减少对环境造成负担的生产活动等。在研发层，丰田在全球建立了5家总部、20家汽车研发中心。在投资层，2020~2021年丰田投入了近77亿美元推动其研发进程。在研发费用方面，丰田表示到2030年将投资超过135亿美元进行电池及电池供应系统研发。[②] 围绕汽车的

① 《惟变所出，万变不从：丰田创新变革之路越渐清晰》，网易，2021年2月4日，https：//www.163.com/dy/article/G20M38BG05118K7K.html。

② 《丰田：拟投872亿开发电池技术，目标电池成本削减30%以上》，腾讯网，2021年9月7日，https：//new.qq.com/rain/a/20210907A0E1JP00。

电动化、网联化、共享化、智能化“新四化”创新，丰田以“创新+变革”理念引领行业发展。

其次，丰田持续扩大其创新业务“朋友圈”，注重协同合作。丰田在其业务发展前期阶段创立了一系列合作联盟，包括日本电动车联盟、汽车大数据联盟以及 e-Palette 联盟等。丰田“未来之城”吸引了大量相关企业入驻，形成了未来移动出行大联盟，助力丰田的创新协作。在电动化层面，丰田通过“多年混动技术研发经验+丰富产业链资源+积极的自主创新”，推动电动化创新发展。在智能化层面，丰田围绕“交通事故零伤亡目标”，在日本、美国、欧洲分别设立了整车项目、自动驾驶及 AI 研发、外部协调和专家合作的三大自动驾驶研发集群。在中国，丰田与比亚迪达成合作，比亚迪为丰田纯电动汽车“技术输血”，在核心三电技术方面与丰田进行深度绑定，同时，丰田给比亚迪带来了生产工艺与流程体系的改进，以及全球市场营销与管理经验。丰田将除本田和日产之外几乎所有的日本车企联合到一起，共同开发智能化电动汽车。①

最后，丰田重视创新人才培养，强调“造物即育人”的企业理念。在企业内部，丰田秉承 OJD 育人理念，形成了 Off-JT 的针对性培训体系。在企业外部，丰田积极与大学开展人才培养实践。丰田的人力资源管理从“关注工资与就业”的“人事管理实践”发展到“将人视为重要的战略资源”，进而升级到“培养创造创新成果”。②

四 日本企业战略性新兴产业发展特点

GEII 2024 揭示了日本企业在全球科技创新竞争版图中的表现，日本企业战略性新兴产业发展主要呈现以下特点。

① 《丰田为何选择比亚迪?》，“同花顺财经”百家号，2020 年 4 月 16 日，https://baijiahao.baidu.com/s?id=1664135381767417755&wfr=spider&for=pc。

② 唐伶：《战略转型中 HRM 的演化逻辑：基于丰田实践的研究》，《日本学刊》2017 年第 6 期。

（一）国家顶层战略驱动新兴产业发展，政策导向赋能技术创新

日本政府在战略性新兴产业发展中起到了重要作用，通过技术预见调查进行政策引领，辅以经济资助、组织协调、技术服务、法律推动、成果转换等具体政策，实现政策赋能创新发展。在第 11 次技术预见调查中，日本提出 16 个特定科技发展领域，包括 8 个跨学科、强交叉和 8 个具体研究领域。技术预见调查活动是日本科技创新政策制定的重要依据，也为日本未来产业前瞻布局奠定了良好基础。①

在总体政策上，日本以“社会 5.0”愿景为战略性新兴产业指明发展方向。从 2016 年首次提出“社会 5.0”到 2023 年发表《科技创新白皮书》，日本政府出台了一系列政策举措推动科技创新，包括：①推进知识产权战略和国际标准化战略，鼓励制定国内外官方标准；②加强超智能社会服务平台建设和基础技术研究，推进通用基础技术开发；③建立开放包容的创新环境，在国家战略特区开展先行先试和事后监管创新，推进规制改革和简化行政程序；④培养“社会 5.0”所必需的基础技术和跨领域科技人才；⑤加强政企合作，合力推进面向“社会 5.0”的行动计划。②

在经济资助政策方面，日本政府通过财政补贴、税收优惠和贷款优惠等措施，支持政府部门、大学、研究机构以及企业的重大技术创新项目。日本为中小企业提供了技术指导、信息服务和培训支持，加速了先进技术向中小企业转移，整体创新能力显著提升。从金融方面来看，相关政策带动了社会资金存量向技术创新转移，实现了政策性金融机构对企业技术创新活动的融资。

（二）大小企业协同创新，多元力量驱动创新

日本企业非常重视建立长期稳定的合作关系，大企业通常会围绕自身建

① 张百茵、张原：《赛迪智库｜日本未来产业发展经验及其对中国的启示》，澎湃，2022 年 12 月 13 日，https：//www.thepaper.cn/newsDetail_ forward_ 21146121。

② 周波、冷伏海、李宏等：《世界主要国家未来产业发展部署与启示》，《中国科学院院刊》2021 年第 11 期。

立一个由众多中小企业组成的网络，中小企业为大企业提供必要的零部件和原材料。通过这种分工合作，大企业和中小企业形成了紧密的上下游产业链，从而实现了共同发展。在稳固和高度精细化的分工合作中，日本企业围绕各细分领域进行专业化创新研发。在国家政策指导下，日本形成了大中小企业协同创新、多元力量驱动创新的发展格局。

大企业拥有核心产业和技术优势，依托其综合实力推动相关产业的发展。如旭硝子属于三菱系，它的新产品开发可以利用三菱的资源。日本通过主银行制度、相互持股、技术和人才交流等方式，形成企业战略联盟，即三菱系、丰田系等大企业集团。创新内在化是日本企业创新体系的重要特征。[①] 日本大企业具有较强的创新意识，能够持续投入、引领产业发展。

日本中小企业数量约占企业总数的99%，是日本产业发展的中坚力量，也是日本技术创新的主要阵地。目前，日本很多领先技术都掌握在中小企业手中。日本的产业集群和大型跨国公司，很大程度上得益于大量高水平中小企业在背后做支撑。目前日本已经形成了一大批“专精特新”中小企业，具有专业化、精细化、特色化和创新能力突出等特征。

（三）日本企业积极拓展产学研联动，创新人才团队持续扩容

日本产学研协同创新采取多元组建模式，包括委托研究模式、共同研究模式、接纳委托研究员模式、合作研究中心模式、科技城和高新技术园模式；在经费资助上，又包括奖学金捐赠制度、企业捐赠制度等。日本产学研制度以政府为主体，建立了多元化的投融资体系，并且推出了一系列法律制度和配套政策，建立了完善的知识产权体系，加速了日本科技成果转化。[②]

在人才培养方面，“统合创新战略2023”强调“强化知识基础和人才培

① 国务院发展研究中心企业所“激发创新主体活力”课题组：《在“失去的20年”，日本如何进行科技创新》，澎湃，2016年12月21日，https://www.thepaper.cn/newsDetail_forward_1584735。

② 郑军、赵娜：《中日产学研协同创新模式的比较分析及启示》，《大理大学学报》2019年第1期。

养”，包括促进大学改革、拓展大学的战略营销能力；营造多样化、支持卓越研究的外部环境；构建新型研究系统，推动开放科学和数据驱动的研究活动，促进教育和人才培养。

在政策引导下，科技创新人才队伍不断壮大，核心研究人员规模位居世界前列，研发力量集中在企业和大学。① 日本文部科学省科学技术与学术政策研究所（NISTEP）发布的《科学技术指标 2024》显示，日本研发经费、研发人员数量在七个主要国家（日本、美国、德国、法国、英国、中国和韩国）中排名第三。

参考文献

陈伟：《日本新能源产业发展及其与中国的比较》，《中国人口·资源与环境》2010 年第 6 期。

史冬梅、刘虁龙：《日本新材料科技政策及对我国的启示》，《材料导报》2023 年第 19 期。

唐伶：《战略转型中 HRM 的演化逻辑：基于丰田实践的研究》，《日本学刊》2017 年第 6 期。

乌云其其格：《日本科技人才开发的现状与主要政策措施解析》，《全球科技经济瞭望》2017 年第 8 期。

颜建周、朱佳文、陈燕芸等：《日本创新药物研发激励政策研究及对我国的启示——基于武田制药公司的实证研究》，《中国新药杂志》2021 年第 13 期。

甄子健：《日本跨国公司技术创新特点及研发管理案例研究》，《全球科技经济瞭望》2018 年第 1 期。

郑军、赵娜：《中日产学研协同创新模式的比较分析及启示》，《大理大学学报》2019 年第 1 期。

周波、冷伏海、李宏等：《世界主要国家未来产业发展部署与启示》，《中国科学院院刊》2021 年第 11 期。

① 乌云其其格：《日本科技人才开发的现状与主要政策措施解析》，《全球科技经济瞭望》2017 年第 8 期。

B.11
美国企业创新发展态势

黄　颖　唐　娟　江锦帆　虞逸飞*

摘　要： 随着新一轮科技革命和产业变革的不断深入，美国科技创新开启新一轮战略升级和布局。GEII 2024 显示，美国在六大战略性新兴产业领域共有 110 家企业上榜，企业上榜总频次为 164 次，位列全球第 2，在各战略性新兴产业中均有突出表现。美国新能源产业科技创新能力突出，但整体后劲不足；新能源汽车产业在波动中稳步发展，虽已进入第一梯队但仍有发展空间；生物产业专精化趋势较为明显，科技巨头创新生态优越；高端装备制造产业持续领航，政策引领高端装备制造产业国际竞争力不断提升；新材料产业的科技创新也处于全球领先地位，持续推进基础研究突破；新一代信息技术产业处于全球第一梯队，正在加速布局信息技术“新基建”。本文选取业务遍布六大战略性新兴产业的通用电气作为美国企业创新的典范，从企业基本情况、创新指数结果、企业创新举措三个方面分析其创新发展态势及其对行业的影响。整体而言，美国在六大战略性新兴产业的创新表现均处于全球领先地位，其创新战略与资源配置、创新投入与产研占比、产业发展生态与协同创新网络、企业转型与产业链建设等方面展现出鲜明特色，具有重要的参考借鉴价值。

关键词： 美国企业　战略性新兴产业　科技创新能力　通用电气

---

* 黄颖，武汉大学信息管理学院副教授、博士生导师，主要研究方向为科技计量与科技创新管理；唐娟，武汉大学信息管理学院硕士研究生，主要研究方向为科技计量与科技管理；江锦帆，武汉大学信息管理学院本科生；虞逸飞，武汉大学信息管理学院博士研究生，主要研究方向为科技计量与科技管理。

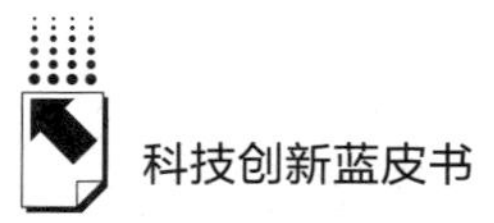

一　美国战略性新兴产业的发展背景

百年未有之大变局在科技领域不断演进，科技发展日新月异，以生物、高端装备制造、新一代信息技术等为重点的战略性新兴产业迅猛发展。各主要经济体将科技竞争作为国家战略，聚焦关键科技领域，积极布局战略性新兴产业。为巩固自身在全球范围内的科技领导地位，美国持续加强战略性新兴产业科技创新的部署。

2008 年国际金融危机以来，美国结合时代背景发布了《美国创新战略》，围绕创新要素、创新体系、创新创业等方面持续部署。2020 年发布的《关键与新兴技术国家战略》提出推进美国国家安全创新基地（NSIB）建设和保护技术优势，聚焦发展关键和新兴技术。① 2021 年，美国信息技术与创新基金会（ITIF）发布《美国新兴产业政策方法》报告，指出美国现有产业政策的不足，设计了新的支持框架和运行机制。② 此外，美国还强化反垄断部署，通过《美国创新与选择在线法案》《平台竞争和机会法案》等限制科技巨头的技术垄断，为企业科技创新创造公平健康的发展环境。③

随着战略性新兴产业成为各国竞相角逐的赛道，美国在 2023 年制定了多项科技政策，促进量子技术、生物燃料、数字技术等发展。白宫发布了《美国政府关键和新兴技术国家标准战略》，提出将优先发展对国际竞争力和国家安全至关重要的关键和新兴技术子领域标准，包括通信和网络技术、

① 国务院发展研究中心国际技术经济研究所编著《世界前沿技术发展报告 2022》，电子工业出版社，2022。

② “Emerging Industrial Policy Approaches in the United States”, https://itif.org/publications/2021/10/04/emerging-industrial-policy-approaches-united-states.

③ 王先林：《数字平台反垄断的国际观察与国内思考》，《中国社会科学院大学学报》2022 年第 5 期；《〈美国创新和在线选择法案〉进展情况》，国家市场监督管理总局网络交易监督管理司网站，2022 年 4 月 15 日，https://www.samr.gov.cn/cms_files/filemanager/samr/www/samr new/wljys/ptjjyj/202204/t20220422_341491.html。

半导体和微电子、人工智能、生物技术、量子信息技术等。在新能源领域，宣布分批投入 2.96 亿美元、17.79 亿美元和 15.34 亿美元，用于支持生物燃料、清洁氢能和碳捕集利用与封存技术研发。

二 美国战略性新兴产业的创新表现

数据显示，美国在六大战略性新兴产业全球企业创新指数 100 强中共有 110 家企业上榜，企业上榜总频次为 164 次，位列全球第 2，在各战略性新兴产业中均表现突出。作为领先全球的科技强国，美国近年来持续加大科技创新投入，对人工智能、高性能计算、生物技术等关键技术领域以及能源技术相关研究活动给予大力资助，以巩固其在全球范围内的科技优势和领导地位。①

图 1 展示了 2023 年美国六大战略性新兴产业全球企业创新指数 100 强分布情况。研究发现，就企业数量而言，美国在全球生物产业科技创新竞争中占据显著优势。具体到各产业领域，通用电气和英特尔在高端装备制造、新能源和新能源汽车产业三个领域均位列全球 20 强，创新表现突出且全面，企业科技创新能力多元化发展。通用电气的技术和业务涉及能源、交通运输、基础设施、新材料、消费与工业产品、医疗和商务融资，横跨新一代信息技术、高端装备制造、新材料、生物、新能源汽车、新能源六大产业，尤其在高端装备制造和新能源产业表现突出，创新指数分列全球第 1 位和第 2 位。同时，通用电气在新能源汽车、新一代信息技术和生物产业的创新表现也可圈可点，创新指数分列全球第 14、第 22 和第 33 位。英特尔作为半导体行业和计算机领域的全球领先企业，其新一代信息技术产业创新指数居全球第 12 位，同时在新能源、新能源汽车和高端装备制造产业拓展业务，创新指数分列全球第 11、第 11 和第 19 位。此外，创新指数入榜全球 100 强的

① "The United States Innovation and Competition Act of 2021", https://www.democrats.senate.gov/imo/media/doc/USICA%20Summary%205.18.21.pdf.

美国企业中横跨四个及以上领域的还有 IBM、波音、霍尼韦尔、苹果、3M、福特、高通和谷歌。

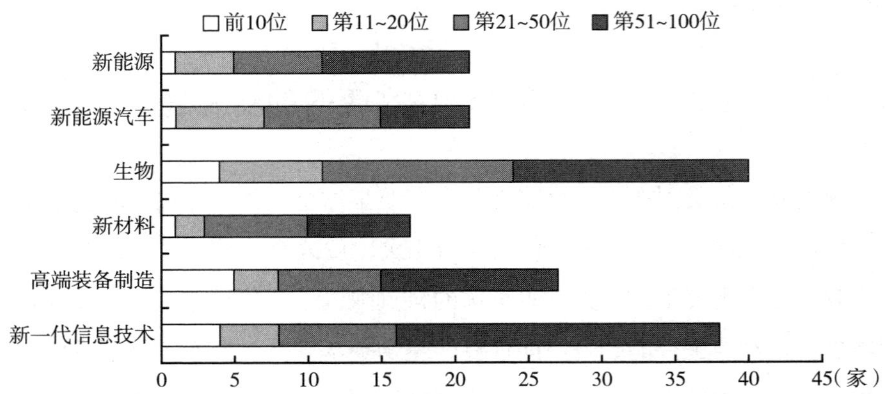

图 1　2023 年美国六大战略性新兴产业全球企业创新指数 100 强分布情况

GEII 2024 显示，美国战略性新兴产业的企业分布呈现两大趋势：一为专精化发展，生物产业的创新优势掌握在行业巨头手中，企业大多专注于生物产业本身；二为多元化发展，高端装备制造、新一代信息技术、新材料和新能源产业的技术创新在基础设施、关键技术、应用融合等方面存在交叉，促使产业中的大型企业凭借其长期的技术积累和雄厚的资金优势拓展创新领域，形成跨领域多元融合发展态势。美国在六大战略性新兴产业的表现具体如下。

（一）美国新一代信息技术产业处于全球第一梯队，加速布局信息技术新基建

随着 5G、人工智能技术的飞速发展，世界各国竞相制定新一代信息技术发展战略、出台鼓励政策，加速布局信息技术新基建。2012 年，美国发布《继续推进信息技术创新》报告，对美国互联网、人工智能、机器人等信息技术产业的发展历程做了系统总结。① 近年来，美国持续加强

① 乔健：《美国基于新一代信息技术的信息基础设施发展情况》，《全球科技经济瞭望》2015 年第 7 期。

新一代信息技术基础设施建设，助力企业科技创新，培育国家新技术创新驱动力。GEII 2024 显示，美国新一代信息技术产业创新指数略低于日本，但仍然表现出较为突出的创新优势，处于全球新一代信息技术产业第一梯队，共有 38 家企业入围全球企业创新指数 100 强。其中，高通、IBM、谷歌、微软创新指数跻身全球 10 强，分列全球第 3 位、第 4 位、第 5 位、第 6 位。

作为全球领先的无线科技创新者，高通创新指数综合得分位列全球第三。尤其是近年来，高通积极与全球企业展开密切合作，① 其创新协作得分在美国新一代信息技术产业领域位居全美第 5、列全球第 10 位。除此之外，高通在完善开发生态的同时，也在积极推进技术创新，其技术创新维度得分位列全球第 2。IBM 作为全球最大的信息技术和业务解决方案公司，其创新指数在新一代信息技术产业中位列全球第 4，在知识创新、技术创新和创新协作三个维度都有不俗的表现，均位列全球前 10。谷歌作为全球最大的搜索引擎公司，再次凭借其突出的知识创新得分在新一代信息技术产业中跻身前 5（见表 1）。

表 1　2023 年美国新一代信息技术产业全球企业创新指数 100 强

序号	企业	全球排名	综合得分	知识创新	技术创新	创新协作
1	高通	3	80.01	71.42	85.72	71.48
2	IBM	4	78.75	80.27	78.46	77.38
3	谷歌	5	77.49	83.28	75.04	77.61
4	微软	6	77.15	80.93	75.68	76.71
5	苹果	11	73.93	67.44	76.71	73.64
6	英特尔	12	72.73	63.01	77.74	68.86
7	Meta	13	72.45	80.15	70.62	66.98
8	亚马逊	16	71.53	70.23	72.77	68.78
9	通用电气	22	70.81	70.64	72.71	63.50
10	交叉科技	31	69.34	66.85	71.65	64.23

① 《高通全球高级副总裁钱堃：以“发明、分享、协作”共创数字未来》，新华网，2022 年 8 月 24 日，http://www.xinhuanet.com/tech/20220824/d36df099de7346f99124136ddb1823fa/c.html。

续表

序号	企业	全球排名	综合得分	知识创新	技术创新	创新协作
11	美光科技	33	68.98	65.14	72.37	61.87
12	惠普	36	68.61	65.29	70.77	65.48
13	赛富时	40	68.35	72.99	68.22	61.11
14	思科	41	68.31	67.11	70.08	63.26
15	应用材料	43	68.08	64.50	70.96	62.48
16	AT&T	46	67.82	66.71	69.34	63.56
17	康宁	53	67.47	64.16	70.44	61.08
18	威睿	56	67.23	66.36	68.91	61.92
19	德州仪器	57	67.23	66.27	68.42	64.04
20	奥多比	58	67.16	68.55	67.35	64.10
21	甲骨文	59	67.15	64.10	69.84	61.46
22	西部数据	61	67.11	64.65	69.28	62.53
23	波音	62	67.09	66.07	68.96	61.29
24	戴尔	63	67.07	62.30	70.44	61.56
25	福特	64	66.94	67.69	67.86	62.02
26	雷神技术	65	66.81	65.83	68.54	61.56
27	霍尼韦尔	66	66.79	64.66	69.21	60.67
28	马威尔	67	66.78	64.51	68.82	62.36
29	格罗方德	70	66.67	65.66	67.70	64.25
30	赛灵思	72	66.60	66.45	67.99	61.29
31	泛林集团	76	66.47	62.49	69.54	60.82
32	摩托罗拉	81	66.22	60.00	70.04	61.26
33	康普	86	66.03	60.00	69.92	60.49
34	瞻博	88	65.92	62.89	68.55	60.46
35	微芯	89	65.88	63.17	68.17	61.28
36	威瑞森	90	65.87	63.81	67.73	61.90
37	Capital One	92	65.86	60.00	69.68	60.34
38	亚德诺	94	65.76	61.57	68.80	60.55

（二）美国坚持政策引领，持续领航全球高端装备制造产业

高端装备制造产业具有先进技术支撑和节能减排硬约束两个突出特征，

是知识密集型的清洁制造业。[①] 美国高端装备制造产业在波折中持续发展，始终保持着世界领先的地位。GEII 2024 显示，美国高端装备制造产业创新指数 100 强入围企业数位列全球第 2，共有 27 家。其中，通用电气、波音、哈里伯顿、谷歌和雷神技术的创新指数跻身全球前 10，分列全球第 1 位、第 3 位、第 5 位、第 6 位和第 8 位。

通用电气的电力和航空航天等技术领域在全球高端装备制造产业中占据优势，以 81.46 的综合得分列全球第 1 位，技术创新得分位列全球第 2，创新协作得分位列全球第 5，不仅注重加强对高端装备制造产业基础技术研发的投入，还与其他企业和机构在技术创新上保持密切合作，知识创新得分位列全球第 11、全美第 4。此外，知识创新得分排在全美第 1 位的是跨国科技企业——谷歌（见表 2）。2013 年，美国提出“制造业回归”，把工业机器人作为先进产业，谷歌抓住机器人革命浪潮，顺势进入高端装备制造产业，2014 年便开始研制无人驾驶“机器人出租车”。[②] 此后，凭借其科技创新基础，谷歌高端装备制造产业得到迅速发展。

表 2　2023 年美国高端装备制造产业全球企业创新指数 100 强

序号	企业	全球排名	综合得分	知识创新	技术创新	创新协作
1	通用电气	1	81.46	72.77	86.36	76.34
2	波音	3	79.21	67.63	86.70	68.59
3	哈里伯顿	5	76.25	66.36	83.43	64.01
4	谷歌	6	76.06	82.30	73.96	74.02
5	雷神技术	8	75.10	67.35	80.20	67.61
6	惠普	11	73.96	64.77	80.19	64.33
7	英特尔	19	71.96	80.92	67.95	73.08
8	贝克休斯	20	71.31	64.94	75.54	64.99

① 张建华：《美国先进制造业—新贸易规则对中国制成品出口的影响》，《国际贸易》2013 年第 10 期。

② 李长峰：《工业机器人发展趋势及在 3C 电子制造业的应用》，《机器人技术与应用》2015 年第 6 期。

续表

序号	企业	全球排名	综合得分	知识创新	技术创新	创新协作
9	高通	23	70.71	72.53	70.82	67.27
10	迪尔	24	70.65	66.76	74.02	63.65
11	斯伦贝谢	26	70.34	66.73	73.27	64.61
12	IBM	30	69.86	76.00	67.68	68.35
13	霍尼韦尔	32	69.62	66.05	72.79	62.87
14	亚马逊	42	68.94	66.75	70.43	66.66
15	苹果	43	68.92	68.53	69.35	67.82
16	福特	53	68.00	70.56	67.60	65.36
17	卡特彼勒	61	67.59	60.00	72.21	61.75
18	应用材料	62	67.54	66.30	69.36	62.36
19	通用汽车	63	67.48	71.11	66.46	65.50
20	3M	72	66.92	65.07	68.97	61.79
21	德事隆	74	66.86	60.00	71.09	61.33
22	艾默生	75	66.85	60.89	70.73	61.26
23	优步	83	66.28	66.78	67.51	60.52
24	ITW	84	66.24	60.00	70.21	60.80
25	精密播种	86	66.19	60.00	70.08	60.91
26	埃克森美孚	87	66.09	65.45	67.59	61.15
27	罗克韦尔	91	65.80	60.00	69.36	61.25

（三）美国新材料产业处于全球领先地位，持续推进基础研究突破

新材料产业处于产业链上游，且技术、资本壁垒较高，受到世界各国的广泛关注。1991 年，美国发表了第一份国家关键技术报告，将新材料列为影响经济繁荣和国家安全的六大关键技术领域之首，并长期保持新材料产业的全球领导地位。近年来，美国推出多项新材料研发计划,① 如 2021 年发布的“设计材料以变革和设计我们的未来”（DMREF）计划、“新兴量

① 蔡柏奇、曾昆：《美国新材料产业科技政策演变及启示》，《新材料产业》2014 年第 3 期。

子材料与技术”计划。根据 GEII 2024，美国共有 17 家企业进入新材料产业全球企业创新指数 100 强。就入榜企业数而言，美国次于日本（入榜企业数为 50 家），但美国新材料产业仍处于全球领先行列。陶氏是唯一入榜新材料产业全球企业创新指数 10 强的企业，位列全球第 4。2009 年，陶氏化学公司并购罗门哈斯公司，成为美国最大的特殊化学品公司，奠定了其在新材料产业的领先地位。作为一家多元化的化学公司，陶氏以其领先的特殊化学、高新材料、农业科学和塑料等业务在全球新材料产业拥有较大的话语权，是美国创新指数表现最突出的新材料企业。陶氏在新材料产业技术创新维度得分列全球第 2，创新协作得分列全球第 5（见表 3）。

表 3　2023 年美国新材料产业全球企业创新指数 100 强

序号	企业	全球排名	综合得分	知识创新	技术创新	创新协作
1	陶氏	4	79.38	69.19	84.15	77.30
2	IBM	14	71.79	84.14	65.94	74.61
3	康宁	18	71.48	69.67	73.43	66.70
4	3M	30	69.76	67.21	71.89	65.47
5	埃克森美孚	34	69.29	69.60	70.17	65.23
6	应用材料	35	69.20	68.78	70.45	64.89
7	波音	37	69.07	67.66	71.08	63.37
8	杜邦	40	68.89	64.75	70.91	67.73
9	通用电气	44	68.59	60.00	73.49	63.32
10	雷神技术	46	68.32	68.99	69.02	64.42
11	科磊	54	67.70	67.95	69.16	61.48
12	苹果	62	67.39	68.66	67.46	65.01
13	霍尼韦尔	64	67.34	67.72	68.49	62.15
14	宝洁公司	68	67.15	68.09	67.91	62.53
15	惠普	75	66.78	71.17	66.20	61.77
16	PPG	86	66.46	60.00	70.40	61.48
17	伯克希尔哈撒韦	96	66.01	66.28	66.99	61.65

（四）美国生物产业专精化趋势明显，科技巨头创新生态优越

近年来，随着生物技术的发展和不断突破，生物产业得到了各国的广泛

重视，各国相继发布加快生物技术创新突破的政策举措，布局生物产业。美国生物产业起步于20世纪70年代，经过几十年的积累，美国逐渐成为全球生物产业发展中心，形成了旧金山、波士顿、华盛顿、北卡研究三角园、圣地亚哥五大生物技术产业集聚区。其中，圣地亚哥作为全美生物产业发展时间最短、成长速度最快的地区，汇集了强生、百时美施贵宝、辉瑞等跨国制药巨头的研发机构。① 总体来看，美国生物产业的技术创新主要来自老牌生物企业，且企业技术创新方向明确，主要集中在生物医药领域，呈现出较为明显的专精化趋势。

GEII 2024 显示，美国生物产业科技创新能力强劲、领先全球，共有40家企业进入生物产业创新指数全球100强，是入榜企业数最多的国家。其中，强生、辉瑞、美敦力、默沙东创新指数更是跻身全球前10，分列全球第1、第4、第8和第9位。强生是目前世界上规模最大的医疗卫生及消费品公司。强生十分注重自主研发创新，2022年全球研发投入达122亿美元，② 其技术创新和创新协作得分均位列全球第一、全美之首。辉瑞自创建至今已有170余年，专注于生物产业，③ 其知识创新得分位列全球第3，创新协作得分位列全球第5（见表4）。

表4　2023年美国生物产业全球企业创新指数100强

序号	企业	全球排名	综合得分	知识创新	技术创新	创新协作
1	强生	1	90.87	78.22	95.48	93.53
2	辉瑞	4	77.97	86.68	73.57	81.07
3	美敦力	8	76.37	70.28	80.01	71.96
4	默沙东	9	75.99	83.11	72.06	79.81
5	百时美施贵宝	11	74.41	79.33	72.15	75.25

① 张佳睿：《美国生物医药产业发展的经验及启示》，《商业研究》2015年第12期；张擎：《美国生物医药产业园区发展特点及启示》，《中国高新区》2011年第4期；曹苏民、郦雅芳：《美国生物医药产业发展现状及思考》，《江苏科技信息》2009年第3期。

② 《强生公司》，强生公司网站，https://www.jnj.com.cn/our-company。

③ 《为患者带来改变其生活的突破创新》，辉瑞公司网站，https://www.pfizer.com.cn/zh-hans/about/pfizer-global/global-overview。

续表

序号	企业	全球排名	综合得分	知识创新	技术创新	创新协作
6	安进	13	73.60	72.91	73.35	75.74
7	艾伯维	14	73.59	76.41	71.76	76.23
8	再生元制药	15	72.97	74.28	73.79	67.51
9	吉利德科学	17	72.51	74.02	72.78	68.89
10	碧迪医疗	19	71.33	73.25	72.38	63.94
11	礼来	20	71.03	69.61	71.97	69.61
12	波士顿科学	23	70.68	68.06	72.61	67.35
13	渤健	24	70.61	71.73	70.38	69.65
14	雅培	25	70.42	68.06	71.88	68.49
15	因美纳	28	69.74	69.89	71.43	62.75
16	因赛特	30	69.67	67.95	71.70	64.40
17	通用电气	33	69.28	70.52	69.57	66.04
18	伊奥尼斯制药	36	68.97	68.47	70.08	65.40
19	福泰制药	37	68.96	68.32	70.08	65.58
20	科迪华	38	68.91	60.00	73.36	66.00
21	爱德华生命科学	41	68.56	67.43	70.55	62.46
22	赛尔基因	43	68.26	61.68	71.70	65.50
23	3M	46	68.11	65.86	69.96	64.44
24	宝洁	50	67.76	68.00	68.51	64.35
25	百特	56	67.26	64.57	69.21	63.90
26	阿里拉姆制药	57	67.22	60.00	71.58	61.82
27	直觉外科	59	67.15	65.98	69.07	61.41
28	瑞思迈	61	67.04	66.08	68.87	61.35
29	菲莫国际	63	66.86	65.86	68.56	61.76
30	赛默飞	64	66.85	69.75	65.97	65.54
31	史赛克	69	66.35	60.00	69.94	62.61
32	金佰利	76	65.72	63.05	67.85	61.65
33	捷迈邦美	78	65.50	65.37	66.59	61.38
34	IBM	80	65.44	69.53	64.71	61.57
35	豪洛捷	83	65.16	64.06	66.77	60.53
36	美国巴德	88	64.93	60.00	68.01	60.79
37	KCI	90	64.86	60.00	67.45	62.60
38	戈尔公司	91	64.86	60.56	67.64	60.87
39	谷歌	99	64.29	60.00	66.96	60.79
40	万灵科	100	64.29	60.00	66.86	61.18

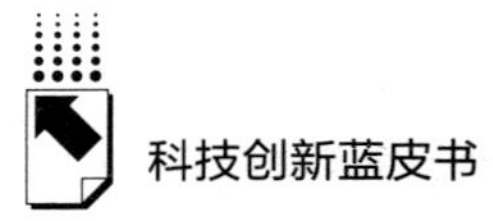

（五）美国新能源汽车产业在波动中稳步发展，政府政策助推行业竞争力

美国新能源汽车产业起步较早。[①] 早在2009年，奥巴马政府提出了工业化战略，发展电动汽车被视为振兴美国汽车工业、引领国家摆脱经济危机的重要途径。特朗普政府对新能源相关产业支持力度大幅减小，对美国新能源汽车市场造成不利影响。拜登政府上台以后，接连推出多项新能源车行业刺激政策，旨在弥合与新能源汽车第一梯队特别是中国和欧洲国家的行业差距，具体措施包括提高消费者补贴、延长制造商补贴周期、加大政府与公共领域新能源汽车采购等。[②] 2022年8月，美国出台《通胀削减法案》，提出拨款20亿美元为国内生产高效混合动力车、插电式混合动力车、插电式电驱动车和氢燃料电池电动车提供补助，[③] 加强了对新能源汽车行业的支持。总体来说，美国政府对新能源汽车产业的支持力度经历了波动，但从近期政策动向来看，拜登政府正采取积极措施，以加速新能源汽车市场的增长，并确保美国在全球新能源汽车产业中保持竞争力。

近年来福特在新能源汽车的研发上取得显著进展，加大对电池技术和电动驱动系统的基础研究力度，积极布局前沿技术，2021年推出“Ford Ion Park”等项目，开发下一代电池技术；同时，通过与外部合作伙伴的合作，福特进一步增强了其在新能源汽车领域的竞争力。2023年，福特新能源汽车产业创新指数位列全球第10，技术创新领域表现较为突出，位列全球第8（见表5）。

---

① 《新能源汽车行业专题研究报告：美国新能源汽车专题分析》，雪球网站，2022年1月21日，https：//xueqiu. com/9508834377/209655641。

② 《美国推动电动汽车发展的政策措施》，国际新能源网，2020年8月28日，https：//newenergy. in-en. com/html/newenergy-2391835. shtml。

③ 《美国〈2022年通胀削减法案〉文本梳理汇总（下）》，清华五道口网站，2022年10月25日，https：//cifer. pbcsf. tsinghua. edu. cn/info/1109/2549. htm。

表 5　2023 年美国新能源汽车产业全球企业创新指数 100 强

序号	企业	全球排名	综合得分	知识创新	技术创新	创新协作
1	福特	10	72. 54	70. 22	74. 29	69. 40
2	英特尔	11	72. 22	78. 20	70. 30	69. 91
3	谷歌	13	71. 43	74. 65	71. 23	66. 83
4	通用电气	14	71. 40	70. 58	72. 88	66. 86
5	通用汽车	17	70. 53	70. 77	70. 95	68. 43
6	高通	19	70. 15	71. 43	70. 78	65. 47
7	IBM	20	70. 08	74. 79	68. 89	66. 98
8	亚马逊	22	69. 67	67. 09	71. 09	68. 29
9	苹果	26	68. 88	67. 92	70. 61	63. 59
10	波音	30	68. 33	67. 12	70. 47	61. 78
11	霍尼韦尔	34	67. 81	66. 32	69. 93	61. 83
12	迪尔	35	67. 48	66. 75	69. 53	60. 51
13	北极星	38	67. 20	60. 00	71. 92	60. 33
14	卡特彼勒	42	67. 02	63. 67	70. 07	60. 45
15	博格华纳	49	66. 75	64. 88	68. 58	62. 55
16	康明斯	57	66. 27	60. 00	70. 13	61. 28
17	艾里逊	62	65. 79	60. 00	69. 58	60. 27
18	江森自控	65	65. 76	60. 47	69. 09	61. 25
19	CPS	70	65. 62	60. 00	69. 17	60. 76
20	德纳	79	65. 05	60. 00	68. 40	60. 11
21	天纳克	90	64. 55	63. 23	66. 18	60. 23

（六）美国新能源产业科技创新能力突出，整体后劲不足

在全球气候变暖的大背景下，推动能源朝着低碳、环保、高效和可持续的方向发展，已成为国际社会共识，能源技术成为引领新能源产业变革、实现创新驱动的突破口。美国新能源产业起步较早，但是目前美国在全球新能源市场中的优势并不明显。在奥巴马政府时期，美国可再生能源产业得到政府积极扶持，取得前所未有的增长速度。但是特朗普政府时期，新能源产业发展未能得到重视，政府奉行支持传统化石能源的政策，延缓了美国新能源产业的发展。拜登政府上台后，美国能源政策再次转向绿色产业，美国新能源产业欲

迎头赶上。[①] GEII 2024 显示，美国共有 21 家企业进入新能源产业创新指数全球 100 强，其中通用电气进入全球 10 强，位列全球第 2，创新协作维度得分排名第 9（见表 6）。

表 6　2023 年美国新能源产业全球企业创新指数 100 强

序号	企业	全球排名	综合得分	知识创新	技术创新	创新协作
1	通用电气	2	77.39	71.94	82.15	67.47
2	英特尔	11	72.38	78.89	69.48	73.08
3	高通	12	71.38	73.02	71.81	66.97
4	IBM	13	71.17	80.04	68.05	68.82
5	伊顿	14	70.94	65.82	75.48	61.37
6	苹果	21	69.72	69.19	71.05	65.28
7	德州仪器	22	69.67	68.91	70.89	66.08
8	亚德诺半导体	29	68.75	68.43	70.58	61.93
9	波音	30	68.72	67.63	71.14	60.88
10	福特	38	67.94	72.34	67.43	62.63
11	通用汽车	39	67.65	71.88	67.02	63.13
12	SunPower	53	66.91	60.00	71.38	60.58
13	霍尼韦尔	55	66.63	67.83	67.55	60.96
14	3M	65	65.98	67.00	66.79	61.01
15	西屋电气	66	65.95	60.00	69.86	60.23
16	埃戈罗微电子	68	65.82	61.27	68.94	60.89
17	施瓦哲工程实验	78	65.32	64.25	67.06	60.18
18	哈勃	80	65.31	60.39	68.64	60.17
19	江森自控	84	65.16	63.35	67.16	60.19
20	罗克韦尔	88	64.86	60.00	68.04	60.22
21	安森美	90	64.81	61.82	67.23	60.13

三　典型企业分析——通用电气

在 GEII 2024 的评估结果中，美国百年企业通用电气凭借其卓越的自主

① 余木宝：《美国新能源欲迎头赶上》，《中国石化》2021 年第 5 期；元简：《政策变化对美国新能源产业的影响》，《国际问题研究》2017 年第 5 期。

创新能力，在新一代信息技术、高端装备制造、新材料、生物、新能源汽车和新能源六大战略性新兴产业均强势入榜，且在高端装备制造、新能源和新能源汽车产业中均跻身全球 20 强，创新表现十分突出。因此，本节将通用电气作为美国企业创新的典范，结合创新指数测度结果展开分析。

（一）企业简介

通用电气总部位于美国波士顿，起源于 1876 年爱迪生创办的爱迪生电灯公司。1892 年，该公司与汤姆森－休斯顿电气公司（Thomson-Houston Electric Company）合并，正式成立了通用电气，至今已有 130 多年的历史。自创办以来，通用电气一直致力于电力、可再生能源和航空航天领域的科技创新且成果显著。近年来，公司还加大了对增材制造、材料科学和数据分析等领域的研发投入。通用电气的企业宗旨为“迎接挑战，建设一个有效的世界”。通用电气业务分布在全球 170 多个国家和地区，在运输、电力、能源与可持续发展、健康医疗、材料科学等领域保持领先。① 2023 年，通用电气拥有员工 17.2 万人，营收达 765.6 亿美元，同比增长 3.2%。②

（二）创新指数结果

表 7 展示了通用电气在战略性新兴产业各领域中创新指数情况。作为一家多元化发展的公司，通用电气业务范围很广，除了传统的电气和能源产业，其产品还涉及飞机发动机、医疗设备、能源等多个领域。自成立以来，通用电气通过并购不断扩展业务，成为美国少数布局六大战略性新兴产业的企业之一，且创新表现十分突出，创新指数在高端装备制造产业位列全球第 1，在新能源产业位列全球第 2，在新能源汽车、新一代信息技术、生物和新材料产业分别位列全球第 14、第 22、第 33 和第 44（见表 7）。

---

① “Empowering the Next Generation”, General Electric, https://www.ge.com/about-us/.

② 《通用电气公司 General Electric》，财富中文网，https://www.fortunechina.com/global 500/12/2023。

表 7　2023 年通用电气在战略性新兴产业各领域中创新指数情况

战略性新兴产业	全球排名	综合得分	知识创新	技术创新	创新协作
新一代信息技术	22	70. 81	70. 64	72. 71	63. 50
高端装备制造	1	81. 46	72. 77	86. 36	76. 34
新材料	44	68. 59	60. 00	73. 49	63. 32
生物	33	69. 28	70. 52	69. 57	66. 04
新能源汽车	14	71. 40	70. 58	72. 88	66. 86
新能源	2	77. 39	71. 94	82. 15	67. 47

新一代信息技术紧跟时代潮流，数字化与软件开发促进企业智慧发展。通用电气在新一代信息技术产业全球企业创新指数 100 强中位居第 22，知识创新和技术创新维度表现较为突出，均位列全球第 20。技术创新产出得分在全球 100 强中并不突出，却凭借技术创新质量的良好表现，对创新指数综合得分产生了积极影响。

高端装备制造科技创新领先全球，数字化变革引领产业发展。在高端装备制造产业中，通用电气创新指数位居全球第 1，知识创新、技术创新和创新协作得分均位列全球 20 强。其中，技术创新得分位列全球第 2，其专利获得 5. 2 个国家的引用，技术创新影响力较大。凭借长期以来的并购和多元化发展，通用电气的创新协作得分位列全球第 5。通用电气众多子公司都在积极加强智能制造、自动化、工业互联网云平台建设。① 为适应全球经济形势变化，加强企业科技创新国际竞争力，通用电气的“一拆三”计划将航空作为除能源和医疗以外的第三大核心领域。

新材料服务核心业务，产品多样化特征明显。通用电气在新材料产业的创新表现相对较弱，创新指数位列全球第 44，技术创新得分位列全球第 15。从专利数量角度看，其技术创新产出的优势并不明显，但技术创新质量和技术创新影响表现较好。目前，通用电气在新材料产业的创新技术主要服务于

① 《成为一家数字化工业公司　通用电气数字集团的产品组合简介》，https：//www. ge. com/digital/sites/default/files/download_ assets/ge-digital-overview-chinese. pdf。

其航空航天、健康医疗、能源和可再生能源几大核心业务板。

医疗业务遍布全球，生物产业创新优势尚不明显。GEII 2024 显示，通用电气在生物产业创新指数得分排名第 33。知识创新、技术创新和创新协作得分相较于公司在其他战略性新兴产业优势尚不明显，但生物是通用电气的核心业务，在公司经营中占据重要地位。目前，通用电气医疗业务遍及 160 多个国家和地区，年营收超 180 亿美元，在全球范围内获得专利超过 11000 件。[①] GE 医疗于 2023 年 1 月在美国纳斯达克上市，致力于推动精准医疗领域的创新，专注于应对关键疾病和临床诊治挑战。[②]

能源领域历史悠久，新能源汽车技术创新持续发力。根据 GEII 2024，通用电气在新能源汽车产业创新指数位列全球第 14，在行业内处于较突出的位置。具体而言，通用电气知识创新、技术创新和创新协作得分分列全球第 14、第 11 和第 17 位。通用电气技术创新产出和技术创新影响得分相对不太突出，但其技术创新质量位列全球第 2，体现了其在新能源汽车领域扎实的技术基础和持续创新能力。

技术基础积累深厚，成为新能源科技创新中流砥柱。GEII 2024 显示，通用电气在新能源产业处于全球领先地位，创新指数位居全球第 2。通用电气在新能源产业的知识创新得分位列全球第 12，论文施引国家多样性为 2. 8。技术创新维度得分位列全球第 2，技术创新产出表现较为突出，技术创新质量和技术创新影响得分更是分列全球第 1 和第 18 位，通用公司的新能源技术在全球布局广泛，专利家族国家数位列全球第 2，达到 28. 4 个。创新协作维度得分位列全球第 9，尤其是创新主体规模得分位居全球第 6，专利发明人数量达到 1030. 1 人。GE 能源的技术基础雄厚，目前拥有约 5. 4 万台风力涡轮机和 7000 台燃气轮机，其能源产品涉及燃气发电、水电、核电、蒸汽动力、海上风电、陆上风电等，通用电

① 《GE 医疗在中国》，GE HealthCare，https：//www. gehealthcare. com/zh－cn/about－gehc－china/about-ge-healthcare-systems。

② 《通用电气（GE）分拆上市提上行程，2023 年初将优先免税拆分 GE 医疗》，新浪，2022 年 7 月 21 日，https：//news. sina. com. cn/sx/2022-07-21/detail-imizmscv2880883. shtml。

气还在电源转换、太阳能和储能等方面进行技术创新，在全球能源转型中发挥着重要作用。[①]

（三）企业创新举措

通用电气历史悠久，是世界上最大的提供技术和服务业务的跨国公司，长期坚持多元化发展战略，业务遍及全球各地，横跨新一代信息技术、高端装备制造、新材料、生物、新能源汽车和新能源六大战略性新兴产业，企业综合实力强劲。本文从三个角度总结通用电气具体创新举措如下。

第一，审时度势，业务阵地发展多元化与组织架构精简化有机结合。通用电气长期以来坚持多元化发展战略，通过并购其他企业并获得产品线，不断丰富公司业务，是世界上最大的多元化服务型公司，形成了包含航空、运输、电力、可再生能源、健康医疗、设备制造、照明、金融、数据等业务在内的多元化业务矩阵。随着经济全球化的不断深入，国际市场竞争日益激烈，通用电气的业务矩阵不断受到新进企业的冲击。与此同时，通用电气自身庞大的业务部门制约着其发展的灵活性。加之债务和金融市场的压力，通用电气审时度势，调整组织结构，剥离非核心业务，以降低企业的成本和风险。2021 年，通用电气将公司拆分为 GE 能源、GE 医疗和 GE 航空三家独立上市公司，并将 GE 可再生能源、GE 发电和 GE 数字集团三大业务合并，精简业务矩阵，促进企业协同。

第二，持之以恒，持续加强科技创新投入与开拓新兴市场保增长“双管齐下”。为推出具有竞争力的产品，通用电气持续加大科技创新投入，加强产学研合作，推动基础研究突破和科技成果转化。根据通用电气 2022 年年报，GE 医疗每年在研发方面投资 10 亿美元，安装设备超过 400 万台；GE 航空加强与合作伙伴、供应商及客户的合作，加强技术研发，开发新材料、使用新能源，重新安排现有 20%的工程师完善和创新发动机技术；GE 能源作为原能源业务组合后形成的独立公司，在电力、天然气、风力等方面

① “A Unified and Powerful Force”，Ge Vernova，https：//www. gevernova. com/about.

持续发力，尤其在欧洲能源市场，加大对以脱碳技术为代表的新能源领域的投资力度。[①]“拆分计划”实施之后，通用电气虽然专注于核心业务的技术创新，但也在开拓核心业务的新市场，加大对亚洲、非洲和中东等地区市场的投资力度，与当地政府和企业建立合作关系。[②]

第三，追本溯源，创新人才培养与可持续发展转型“齐头并进”。通用电气加强科技人才引进和员工培训，提高员工创新能力，从源头上激发创新活力；坚持绿色发展，推进企业数字化转型，促进企业实现可持续发展。通用电气深耕可再生能源领域，引领能源转型；推动精准医疗发展，构建基于智能的医疗保健系统；持续推进航空领域科技创新，促进零碳燃料研发。[③]此外，通用电气也注重企业创新形式转型，2015 年成立 GE 数字，重塑工业企业，使用数据作为燃料，使用先进分析技术作为增长引擎。[④] 2021 年，GE 数字被并入 GE 能源，持续推动能源行业数字化转型。

四　美国企业战略性新兴产业发展的特点

GEII 2024 揭示了美国企业在全球科技创新竞争版图中的表现，美国在六大战略性新兴产业的创新表现均处于全球领先地位。整体而言，美国企业战略性新兴产业发展主要呈现以下特点。

（一）政府战略规划引领产业发展，市场选择担当资源配置主体

为推动美国战略性新兴产业的发展，保持国际科技霸主地位，抢占

① “Annual Report 2022”, General Electric, https://www.ge.com/sites/default/files/ge_ar2022_annualreport.pdf.

② “The Latest Press Releases from GE”, General Electric, https://www.ge.com/news/press-releases.

③ 《GE 可持续发展报告　打造一个面向未来的世界》，https://www.ge.com/sites/default/files/ge2020_sustainability_executive_summary_chn.pdf。

④ 《成为一家数字化工业公司——通用电气数字集团的产品组合简介》，https://www.ge.com/digital/sites/default/files/download_assets/ge-digital-overview-chinese.pdf。

战略性新兴产业领先高地，美国政府围绕新材料、生物、新能源等新兴产业，出台了包括《芯片和科学法案》、“国家生物技术和生物制造计划”、《两党基础设施法案》等在内的一系列政策措施。美国作为市场经济体制下战略性新兴产业蓬勃发展的代表，其政府在产业战略规划的制定上秉持“市场选择、政府推动”的理念，市场被视为资源配置的主体，由市场选择主导产业，政府则将重心放在企业创新能力的建设上。在市场的选择下，资本的逐利性促使风险投资进入发展前景广阔的战略性新兴产业，从而为企业创造良好的风险投资环境，孵化出通用电气、强生、陶氏、英特尔等国际科技巨头，促使美国在新一代信息技术、高端装备制造、新材料、新能源等战略性新兴产业均处于全球领先地位。

（二）政府资助与企业研发投入表现新特点，科技创新产出与全球研发份额发生新变化

作为世界科技强国，美国将科技创新作为战略性新兴产业发展的支撑，在积极构建创新型网络的同时，不断加大在各新兴领域的科技研发投入，[①]但是近年来美国科技创新投入与产出方面出现了一些新变化。从美国国内科技研发投入主体来看，一方面，联邦政府仍在加大对科技创新的投入，但是其对科技研发资助的预算减少。根据《2022 科学与工程指标》，尽管联邦政府资助的研发绝对金额有所增加，但是自 2010 年以来，联邦政府科技资助比例在所有部门和所有研究类型（基础、应用和实验开发）中都有所下降。2019 年，美国政府资助的科技研发总额占比从 2010 年的 31%下降到 21%。[②]另一方面，企业对科技研发的投入显著增加。2018 年，美国战略性新兴产业领军企业研发总费用为 2362 亿美元，平均研发强度达 10.9%。其中，新一代信息技术产业的研发投入最高，超过 1.5 万亿美元；生物产业的研发强

① 马静洲、伍新木：《战略性新兴产业政策的国际对比研究——基于中、美、德、日四国的对比》，《河南社会科学》2018 年第 4 期。

② “The State of U. S. Science and Engineering Indicators 2022”, National Science Board, January 2022, https://ncses.nsf.gov/pubs/nsb20221/executive-summary.

度最高，超过 16%；数字创意和新能源汽车产业研发强度均超过了 10%。① 从全球范围内的科技产出份额与占比情况来看，随着亚洲的科技创新投资不断增加，美国作为世界上科技创新表现最突出的国家角色正在发生变化，包括中国在内的其他国家科技研发及产出增速超过了美国。《2022 科学与工程指标》数据显示，美国在全球科技研发投入中的份额从 2010 年的 29%下降到 2019 年的 27%。尽管美国的科技研发投入仍在增加，但其在全球研发投入中的份额有所下降。

（三）科技创新发展营造产业良好生态，产业协同创新构建创新型网络

美国在以生物、高端装备制造、新一代信息技术为代表的战略性新兴产业中表现出强大的整体实力，且产业生态环境良好。从产业分布来看，美国在战略性新兴产业各领域的科技创新表现均处于全球第一梯队。基于前文分析，美国在新一代信息技术、高端装备制造、新材料、生物、新能源和新能源汽车产业分别有 38 家、27 家、17 家、40 家、21 家和 21 家企业进入全球企业创新指数 100 强。除了产业领军企业，美国的中小企业发展及产学研合作也是其协同创新的重要一环，为营造有利于战略性新兴产业发展的生态环境，美国政府坚持构建创新型网络。一方面，推动政府、产业、科研院所合作，打造战略性新兴产业集群。同时，就协同发展与成果转化采取一系列措施，重塑国家科学基金会（NSF），组建技术创新理事会，推进关键领域技术进步与商业化，推进关键技术多学科合作研究；实行“美国制造”计划，建立地区科技中心，推进科研相关产业建设。② 另一方面，重视中小企业的协同创新，实现大企业渐进式创新与小企业颠覆式创新相结合，共同促进美国战略性新兴产业稳中有进。为此，美国先后颁布了《小企业法》《机会均

① 尹昊智、李青霖：《美国战略性新兴产业发展情况与经验简析》，《信息通信技术与政策》2019 年第 6 期。

② “Endless Frontier Act”，https：//www. congress. gov/bill/117th-congress/house-bill/2731？ q=%7B%22search%22%3A%22Endless+Frontier+Act%22%7D&s=3&r=20&overview=open#content.

等法》等，并成立了专门的技术创新扶持机构，如美国小企业管理局（SBA）、美国小企业发展中心（SBDC）、小企业创造技术中心（MTC）等。

（四）企业绿色转型可持续发展，产业链自主可控保障安全

受到全球气候变暖、能源枯竭等自然因素影响，以及金融危机、突发卫生事件等社会因素的冲击，美国战略性新兴产业发展呈现出较为明显的可持续性和自我保护性。首先，联邦政府在绿色发展、减碳政策方面加大关注力度。美国政府通过政企合作创新减碳技术，鼓励企业绿色转型，逐步调整能源结构。这不仅直接推动了美国新能源产业的发展，还带动了业务模块涉及能源领域的企业不断创新能源技术，如通用电气、伊顿、西屋电气等传统能源优势企业。其次，国家安全因素在美国产业政策中发挥着核心作用。为维护产业链安全可控，美国一方面注重对产业链的精准和可持续控制，以企业为主体制定产业链控制标准规则，加强对战略性新兴产业基础技术的控制，对全产业价值单元进行链式布防，并提供平台软件支持和精益生产的创新生态；① 另一方面试图通过技术封锁、同盟合作等手段保障其在国际市场中的产业链安全，对中国在半导体、人工智能、信息通信等高端领域的封锁尤为明显。

参考文献

蔡柏奇、曾昆：《美国新材料产业科技政策演变及启示》，《新材料产业》2014 年第 3 期。

曹苏民、郦雅芳：《美国生物医药产业发展现状及思考》，《江苏科技信息》2009 年第 3 期。

付甜甜：《美国伯克利实验室携手通用公司（GE）共同探索电动汽车储能新方案》，《电源技术》2014 年第 2 期。

① 《控制全球产业链，美国采用了 5 种模式!》，澎湃，2021 年 2 月 19 日，https://www.thepaper.cn/newsDetail_ forward_ 11386354。

国务院发展研究中心国际技术经济研究所编著《世界前沿技术发展报告 2022》，电子工业出版社，2022。

李长峰：《工业机器人发展趋势及在 3C 电子制造业的应用》，《机器人技术与应用》2015 年第 6 期。

马静洲、伍新木：《战略性新兴产业政策的国际对比研究——基于中、美、德、日四国的对比》，《河南社会科学》2018 年第 4 期。

乔健：《美国基于新一代信息技术的信息基础设施发展情况》，《全球科技经济瞭望》2015 年第 7 期。

清华大学互联网产业研究院：《美、德、中工业互联网发展模式概述》，控制工程网，2022 年 8 月 26 日，http://article.cechina.cn/22/0826/11/20220826110323.htm。

王先林：《数字平台反垄断的国际观察与国内思考》，《中国社会科学院大学学报》2022 年第 5 期。

徐国庆、郭卫军、周明：《美国新一轮科技创新战略的影响及应对》，《宏观经济管理》2023 年第 7 期。

杨朝辉：《美国通用电气公司创新机制构建》，苏州大学出版社，2022。

尹昊智、李青霖：《美国战略性新兴产业发展情况与经验简析》，《信息通信技术与政策》2019 年第 6 期。

余木宝：《美国新能源欲迎头赶上》，《中国石化》2021 年第 5 期。

元简：《政策变化对美国新能源产业的影响》，《国际问题研究》2017 年第 5 期。

张佳睿：《美国生物医药产业发展的经验及启示》，《商业研究》2015 年第 12 期。

张建华：《美国先进制造业—新贸易规则对中国制成品出口的影响》，《国际贸易》2013 年第 10 期。

张擎：《美国生物医药产业园区发展特点及启示》，《中国高新区》2011 年第 4 期。

General Electric Enters the Hot Electric Vehicle Market, TheStreet, Aug 30, 2022, https://www.thestreet.com/technology/general-electric-enters-the-hot-electric-vehicle-market.

The State of U.S. Science and Engineering Indicators 2022, National Science Board, January 2022, https://ncses.nsf.gov/pubs/nsb20221/executive-summary.

B.12
德国企业创新发展态势

张　琳　袁艺凡　崔袖阳　袁　佳*

摘　要： 德国是典型的创新型国家，一直将高技术产业置于国家发展的核心位置，制定连续性战略辅以系统化政策，拥有完善的创新体系。GEII 2024 显示，德国在六大战略性新兴产业领域共有 34 家企业上榜，企业上榜总频次为 52 次，位列全球第 4。在高端装备制造产业，德国企业表现优秀，西门子高居全球企业创新指数第 2 位；在新材料产业，巴斯夫表现卓越；在生物产业，德国企业总体实力突出，有 3 家企业进入全球 20 强；在新能源汽车和新能源产业，德国企业都处于全球领先发展水平，大众汽车和博世分别位居新能源汽车产业第 3、第 4，西门子在新能源领域跻身第一梯队。但在新一代信息技术产业领域，德国企业稍显弱势，亟待追赶。本文选取西门子作为德国企业创新的典范，结合创新指数测度结果展开深入分析，揭示了西门子独特的创新体系与创新生态。德国战略性新兴产业蓬勃发展，各领域发展态势较为均衡，大型跨国企业引领创新潮流，但仍与美、日有一定差距，需要深化产学研创新合作，重视中小型企业创新发展。

关键词： 德国企业　战略性新兴产业　科技创新能力　西门子

* 张琳，武汉大学信息管理学院教授、博士生导师，主要研究方向为科学计量学与科技管理；袁艺凡，武汉大学信息管理学院硕士研究生，主要研究方向为科技计量与科技管理；崔袖阳，武汉大学信息管理学院本科生；袁佳，武汉大学信息管理学院硕士研究生，主要研究方向为科技计量与科技管理。

一 德国战略性新兴产业的发展背景

21 世纪以来，全球科技创新进入空前密集活跃的时期，新一轮科技革命和产业变革正在重构全球创新版图。[①] 德国工业内核在全球化考验面前一直保持强韧，与其实行的创新驱动发展战略密不可分。德国将制造业竞争力视作立足之本，政府通过制定战略规划和政策法规，不断完善创新体系。[②]

2006 年，德国联邦政府开始实施《德国高科技战略》，这是德国第一个国家层面的高科技促进政策。2010 年，德国推出其后续政策《高科技战略 2020》，并且在 2012 年推出《高科技战略行动计划》，以推动战略框架下各研究项目的顺利进行。2013 年，德国正式发布“工业 4.0”战略，力图保持其在工业制造业的世界领先地位，促进新技术新产业的创新发展。

在传统制造业蓬勃发展的同时，德国新兴产业的发展显得有些不尽如人意。德国政府在 2014 年提出了《数字议程》以推动经济和社会数字化转型，在 2018 年 11 月发布了“人工智能发展战略”，将人工智能视为自蒸汽机以来人类最重要的基础创新之一，但新兴产业如计算机电子和通信技术等并未展现出预期的成就，互联网平台经济、人工智能和数字化发展相对缓慢。在这一背景下，2019 年德国政府发布《国家工业战略 2030》规划，该战略旨在提高德国的科技竞争力和创新能力，以夺回其在相关工业领域国际市场上的领先地位，并提出至 2030 年工业在本国增加值总额中占比增至 25%的目标。[③]

德国在创新投入方面处于国际领先地位，2020 年研发总支出占 GDP 的比重达到 3.14%，位居全球第 6，其中政府研发支出 174 亿欧元，企业研发支出 780 亿欧元。在创新产出方面，2020 年德国在欧洲 PCT 专利申请中占比 30%，全球占比 6.7%，是欧洲专利局第二大专利申请国，仅次于美国。

---

① 《习近平：努力成为世界主要科学中心和创新高地》，中华人民共和国中央人民政府网站，2021 年 3 月 15 日，https://www.gov.cn/xinwen/2021-03/15/content_5593022.htm。

② 陈强、霍丹：《德国创新驱动发展的路径及特征分析》，《德国研究》2013 年第 4 期。

③ National Industrial Strategy 2030: Strategic Guidelines for a German and European Industrial Policy.

此外，德国在环境管理、气候缓解技术、制药和生物技术等前沿领域的三方专利在全球占有很大份额。2023 年 2 月，德国朔尔茨政府出台《未来研究与创新战略》，取代默克尔政府于 2018 年出台的《高技术战略 2025》，作为德国联邦政府最新的科技创新顶层战略规划；同年 7 月通过了由德国教研部（BMBF）拟定的《跨越式创新署自由法案》。

德国创新体系国际化水平高且具有全球竞争力，大型企业在多个领域处于领先地位。作为一个贸易经济发达的国家，德国与全球价值链联系紧密，而创新使其保持全球工业前沿的地位，同时，来自欧洲其他国家的强劲外部需求也推动了德国高质量和高附加值产品的出口。[①]

二　德国企业战略性新兴产业的创新表现

GEII 2024 揭示了德国企业在全球科技创新竞争版图中的表现。德国在六大战略性新兴产业全球企业创新指数 100 强中共有 34 家企业上榜，企业上榜总频次为 52 次，位列全球第 4，彰显了德国在战略性新兴产业中的竞争优势和领先地位。为保持自身竞争力与可持续发展，近年来德国不断推动关键技术开发和产业数字化创新转型，是全球经济价值链上的关键一环。

图 1 展示了 2023 年德国六大战略性新兴产业全球企业创新指数 100 强分布情况。研究发现，西门子、博世、拜耳、勃林格殷格翰、巴斯夫、默克、大众汽车和英飞凌 8 家企业的创新指数跻身一个或多个领域的全球 20 强，是本国科技创新企业的佼佼者。西门子是工业自动化、电气自动化、工业数字化、“工业 4.0” 和智能制造领域的创新开拓者，将人工智能、5G、区块链和增材制造等前沿技术融入工业制造，[②] 创新指数位居高端装备制造

① “OECD Review of Innovation Policy”, OCED iLibrary, https://www.oecd-ilibrary.org/docserver/50b32331-en.pdf? expires = 1665367091&id = id&accname = guest&checksum = 05C0755FD01C7FFCAEAE99ECF3B17907.

② 《工业自动化助力工业数字化转型》，西门子网站，https://www.siemens.com/cn/zh/company/about/businesses/digital-industries.html。

产业全球第2。同时西门子还凭借其领先的新能源技术，采用全新的分布式能源系统解决方案，推动能源可持续发展，其创新指数在新能源产业位列全球第3，在新能源汽车产业同样表现不俗，创新指数位列全球20强。大众汽车和博世创新指数分别位列新能源汽车产业全球第3和第4，其中大众汽车在技术创新和创新协作维度均跻身全球前10，真正做到投身技术创新、聚焦前沿科技、拥抱行业变革。同时，博世在高端装备制造产业也展现出了卓越的成就，其创新指数排名全球第18。拜耳、勃林格殷格翰和默克作为医疗健康行业的巨头在生物产业有出色表现。巴斯夫在新材料产业拥有核心竞争力，凭借其在化学品、特性产品、功能性材料与解决方案、农业解决方案、石油和天然气相关产品等方面的优势，位居新材料产业创新指数全球第3，在创新协作维度更是高居第2名。值得一提的是，巴斯夫在生物产业同样有着不错的表现，虽然综合排名在20强之外，但是其创新协作维度得分跻身前20，科技创新实力不容小觑。英飞凌作为半导体行业的全球领航者之一，始终屹立于科技创新前沿，在新能源产业创新指数排名全球第15，彰显了其在推动新能源革命中的卓越贡献与非凡实力。同时，英飞凌在新一代信息技术产业也取得了较好的成绩，创新指数排名全球第30。

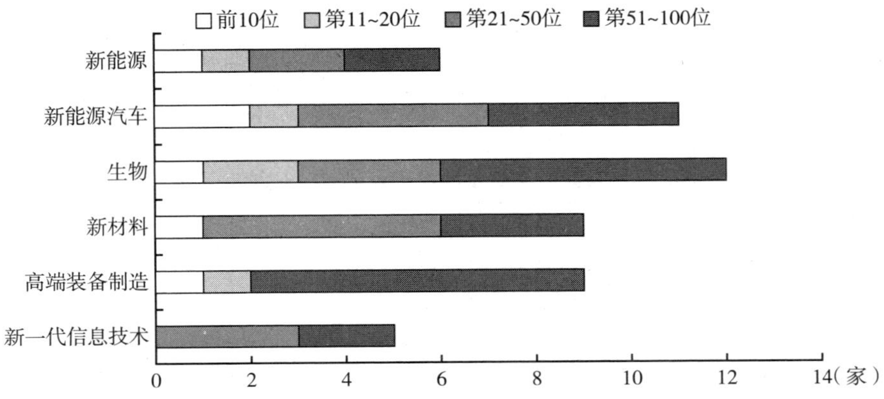

图1　2023年德国六大战略性新兴产业全球企业创新指数100强分布情况

德国入围六大战略性新兴产业的企业数量相对比较均衡，在五个产业中均有企业进入第一梯队，入围企业数量最少的是新一代信息技术产业。德国在各个领域的表现具体如下。

（一）德国新一代信息技术产业亟待追赶，西门子表现出色

相较于在其他产业领域的亮眼表现，德国在新一代信息技术产业领域仅有 5 家企业入围全球 100 强，显示出德国企业在该领域核心竞争力尚未形成，亟待追赶。

西门子在新一代信息技术产业全球企业创新指数排名中位列第 24。凭借在工程、行业领域和数字化方面的专业知识与经验，西门子专注于提升价值链性能，利用海量数据、高性能计算以及先进的智能算法，实现生产自动化和过程优化，将海量数据转化为价值。西门子在知识创新和创新协作方面表现优异，均位列前 20，但在技术创新维度未能进入前 20。从知识创新维度看，西门子科研产出丰富，学术成果具有出色的影响力，受到学者、公众与各国政府的广泛关注；从创新协作维度看，西门子论文合著者数量排名第 11。英飞凌与博世创新指数入围前 50，在知识创新维度，博世位列前 20、英飞凌排名第 23。思爱普与欧司朗入围前 100。

与中美相比，德国乃至欧洲新一代信息技术产业相对落后，企业信息化、数字化转型仍然面临基础设施、软硬件生产自主性不足与技术应用能力不足等多方面的阻碍，专业人才较为短缺，对外部技术与设备较为依赖。

表 1　2023 年德国新一代信息技术产业全球企业创新指数 100 强

序号	企业	全球排名	综合得分	知识创新	技术创新	创新协作
1	西门子	24	70.30	71.16	70.65	67.45
2	英飞凌	30	69.37	70.04	69.68	67.00
3	博世	32	69.03	70.86	69.33	64.77
4	思爱普	82	66.15	65.61	67.68	60.93
5	欧司朗	83	66.12	64.10	68.18	61.25

（二）德国制造业基础扎实，高端装备制造产业发展后劲稍显不足

德国以工业和贸易立国，一直将制造业竞争力视作立足之本，其制造业有数百年的根基与传承。GEII 2024 显示，德国共有 9 家企业跻身高端装备制造产业全球企业创新指数 100 强，西门子进入全球第一梯队，创新能力领先。

西门子作为全球知名的跨国科技企业，创新指数在高端装备制造产业排名第 2，知识创新维度位列第 9，技术创新维度位列第 3，创新协作维度位列第 7，彰显了西门子在高端装备制造产业的强劲实力与全球竞争力。博世在全球高端装备制造产业具有突出的创新能力，创新指数位列全球第 18，同时凭借优秀的科研实力进入知识创新维度前 20 名。

值得一提的是，制造业虽然是德国的老牌优势产业，但是德国在制造业信息化、自动化、智能化、生态化转型方面却显得有些弱势，高端装备制造产业创新指数全球 20 强中只有西门子和博世两家企业入围，而 100 强入围企业数只有 9 家，远低于美国和日本，传统制造业正在经受着新兴技术的不断冲击。

表 2　2023 年德国高端装备制造产业全球企业创新指数 100 强

序号	企业	全球排名	综合得分	知识创新	技术创新	创新协作
1	西门子	2	80.01	73.26	84.34	73.92
2	博世	18	71.97	72.51	73.26	65.91
3	大众汽车	51	68.15	70.03	68.48	63.69
4	蔡司	65	67.35	65.40	69.66	61.36
5	宝马	66	67.25	70.90	67.11	61.69
6	通快	76	66.70	63.93	69.12	61.67
7	利勃海尔	79	66.49	63.90	68.92	61.06
8	大陆集团	82	66.38	66.91	67.30	61.78
9	蒂森克虏伯	88	66.08	65.93	67.29	61.48

（三）德国新材料产业同日、美仍有差距，巴斯夫创新能力卓越

新材料作为国民经济的先导产业，在高端制造和国防工业中扮演着至关重

要的角色，成为全球战略竞争的核心领域。德国是全球最大的化工产品出口国之一，也是欧洲最受欢迎的化工投资目的地，拥有众多知名的化工和制造企业。GEII 2024 显示，德国共有 9 家企业跻身新材料产业全球企业创新指数 100 强，入围企业数排名第 3，但与日本（50 家）和美国（17 家）仍然存在较大差距。

巴斯夫、赢创工业、西门子、汉高四家企业跻身 30 强。巴斯夫创新指数综合得分位列第 3，拥有世界上工厂面积最大的化学产品基地。巴斯夫在新材料产业知识创新、技术创新与创新协作三个维度均位列前 10，从知识创新维度看，其知识创新产出丰硕，知识创新扩散力强劲，知识创新成果拥有卓越的影响力，在技术创新维度凭借在技术创新产出与技术创新质量的优秀表现跻身前 5，创新协作维度表现最为突出，排名第 2，创新主体规模、创新主体地位与创新协作水平均位于第一梯队，显示出其在技术研发和开放创新方面的突出优势。

赢创工业创新指数综合得分排名第 23，其专注于创新、可持续的解决方案，生物基材料、高性能聚合物等产品广泛应用于汽车、建筑、医疗等多个领域，在新材料领域表现卓越。赢创工业在技术创新维度跻身前 20，拥有雄厚的技术创新实力。西门子在新材料产业创新指数综合得分排名全球第 26，在知识创新与创新协作维度表现出色。汉高创新指数综合得分排名全球第 29，通过持续研发投入，汉高在高性能胶黏剂、导热界面材料等方面取得显著成果，推动产业升级。蔡司、默克创新指数跻身新材料产业前 50，科思创、瓦克、蒂森克虏伯入围 100 强。德国企业虽然在新材料产业的表现不及日、美，但也不失亮点，拥有不俗的实力与广阔的发展前景。

表 3　2023 年德国新材料产业全球企业创新指数 100 强

序号	企业	全球排名	综合得分	知识创新	技术创新	创新协作
1	巴斯夫	3	79.66	75.73	80.70	82.03
2	赢创工业	23	70.61	67.52	73.43	64.50
3	西门子	26	70.27	73.23	69.42	68.74

续表

序号	企业	全球排名	综合得分	知识创新	技术创新	创新协作
4	汉高	29	69.90	66.73	72.88	63.25
5	蔡司	31	69.59	68.88	71.30	63.94
6	默克	33	69.42	72.63	68.73	66.85
7	科思创	51	67.88	60.00	72.24	63.55
8	瓦克	77	66.64	68.81	67.01	61.54
9	蒂森克虏伯	83	66.53	65.18	68.14	62.31

（四）德国在生物产业表现突出，全球竞争力显著

德国是在欧洲国家中最早支持生物科技发展的国家，一直都十分重视生物产业创新发展。1972 年德国成立联邦科技部，建立了专家和技术指导委员会等机构，不断加大生物领域的创新要素投入，[①] 使得该领域内企业实力得到提升，奠定了德国在生物产业的重要地位。GEII 2024 显示，德国生物产业在全球范围内具有较大的竞争力，有 3 家企业进入全球 20 强，入围企业数量仅次于美国，分别是拜耳、勃林格殷格翰与默克，它们都是具有全球竞争力的头部企业。

作为全球知名的跨国企业，拜耳在医药保健与农业领域具有核心竞争力，知识创新、技术创新和创新协作三个维度都表现突出。在知识创新维度，凭借知识创新产出、知识创新影响、知识创新扩散的优秀表现位列第 13；在技术创新维度，其非单方专利数、PCT 专利数、专利家族国家数均位于前 20，技术创新产出、技术创新质量与技术创新影响都处于领先水平；在创新协作维度，拜耳的专利发明人数量与合作专利数均进入前 10，体现了其在创新主体规模与创新协作水平方面的优秀实力。全球排名第 12 的勃林格殷格翰自 1885 年成立以来始终着眼长远发展，在人用药品、

① 杜珂：《从美德两国看医药创新生态如何培育——专访清华大学医院管理研究院教授兼研究员陈怡》，《中国改革》2023 年第 5 期。

动物保健和生物制药三大业务领域深度耕耘。作为一家研发驱动的生物制药企业，勃林格殷格翰致力于通过创新满足医疗需求，在知识创新、技术创新和创新协作三个维度均跻身前 20，具有较强的科研与创新实力。全球排名第 18 的默克是一家制药、生物技术以及医疗器械研发公司，是德国生物医药行业的领先企业。百欧恩泰以 mRNA 技术、疫苗产品、肿瘤治疗等为核心业务，在生物产业具有显著影响力。其综合排名虽未进入全球 20 强（第 22 名），但凭借优秀的知识创新影响与知识创新扩散得分在知识创新维度位列第 10。此外，巴斯夫和西门子也入围了生物产业前 50 名，蔡司、伊玛提克斯生物技术、费森尤斯、德国贝朗、赢创工业、贺利氏集团六家企业入围全球 100 强。

德国企业在生物产业具有一定领先优势，但跻身创新指数全球 10 强的只有 1 家企业，同时全球 100 强入围企业数量也远低于日本和美国。德国在聚焦先进企业发展的同时，应当充分激发中小企业与后发企业的潜力，不断强化生物产业竞争优势。

表 4　2023 年德国生物产业全球企业创新指数 100 强

序号	企业	全球排名	综合得分	知识创新	技术创新	创新协作
1	拜耳	10	75.15	75.81	73.85	79.25
2	勃林格殷格翰	12	74.03	77.31	72.13	76.21
3	默克	18	71.38	69.63	72.33	70.52
4	百欧恩泰	22	70.72	77.16	69.91	63.23
5	巴斯夫	26	70.35	68.89	71.19	69.41
6	西门子	27	69.98	72.78	68.80	70.06
7	蔡司	53	67.44	66.13	69.51	61.33
8	伊玛提克斯生物技术	62	66.89	65.54	69.01	60.68
9	费森尤斯	72	65.86	60.35	69.19	61.70
10	德国贝朗	85	65.04	65.07	66.07	60.86
11	赢创工业	87	64.98	63.52	66.41	61.68
12	贺利氏集团	95	64.60	63.11	66.25	60.48

（五）德国在新能源汽车产业优势显著，企业竞争力强劲

德国作为世界上首辆燃油汽车的诞生地及全球首条高速公路的开创者，一直都是传统汽车工业领域的佼佼者，汽车工业产值约占国内生产总值的20%。[①] 为了巩固在全球汽车工业的领导地位，德国政府近年来不断推出激励新能源汽车发展的政策。GEII 2024 显示，德国共有 11 家企业入围全球企业创新指数 100 强，其中 3 家企业跻身全球 20 强，入围 20 强企业数量与中韩相同、低于日美，在欧洲乃至全球的竞争力都不容小觑。

大众汽车和博世具有显著领先优势。大众汽车通过管理电池原材料、实施供应链风险评估与缓解策略，重点关注镍、锂、稀土元素的采购和使用，参与行业合作与标准化组织，大力推动新能源汽车的可持续发展。大众汽车创新指数位列第 3，知识创新、技术创新、创新协作三个维度都表现优异，特别是技术创新维度高居第 4 名，发明专利数、非单方专利数、PCT 专利数均排名前 5，专利家族国家数、专利施引国家数均跻身前 2，技术创新产出、技术创新质量、技术创新影响三个方面都名列前茅。在知识创新维度，大众汽车知识创新扩散得分名列前茅；在创新协作维度，大众汽车凭借领先的创新主体规模与创新主体地位排名全球第 6。博世在新能源汽车产业积极推进电动化和氢能源技术，开发自动化充电和停车系统，以及推出适应极寒天气的新型热泵，[②] 其创新指数排名第 4，知识创新维度得分排名第 11，技术创新和创新协作维度均跻身前 10，表现亮眼。西门子在新能源汽车产业同样竞争力强劲，创新指数位列第 16，知识创新和创新协作维度都入围第一梯队。此外，宝马、采埃孚、大陆集团和克诺尔入围 50 强，实力同样突出。

① 《德国新能源汽车产业发展分析及启示》，中机院网站，https：//wap. reportway. org/article/11151. html。

② “Artificial Intelligence at Bosch for a Better Future”，Bosch，https：//www. bosch. com/.

表 5　2023 年德国新能源汽车产业全球企业创新指数 100 强

序号	企业	全球排名	综合得分	知识创新	技术创新	创新协作
1	大众汽车	3	75.56	71.73	77.92	72.48
2	博世	4	75.43	71.19	78.42	70.57
3	西门子	16	70.60	71.20	71.04	67.86
4	宝马	21	69.98	70.40	71.08	64.90
5	采埃孚	23	69.47	61.85	73.74	65.10
6	大陆集团	24	69.27	66.43	71.85	63.67
7	克诺尔	41	67.05	60.68	70.98	61.98
8	梅赛德斯奔驰	54	66.41	63.01	68.48	63.80
9	蒂森克虏伯	55	66.35	65.56	68.02	60.98
10	曼恩	60	65.95	60.00	69.51	61.62
11	舍弗勒	61	65.83	60.00	69.42	61.16

（六）德国企业在新能源产业表现不俗，科创实力与发展潜力兼具

在新能源产业领域，德国共有 6 家企业进入创新指数全球 100 强，在入围企业数量上位居第 4，排在日本、美国、中国之后，在欧洲国家中排名第 1，说明德国作为老牌工业强国，在全球新能源产业仍具有一定的影响力和竞争力，兼具实力与潜力。

在上榜企业中，西门子和英飞凌在新能源产业处于领先地位。其中，西门子创新指数综合得分位列第 3，技术创新维度高居榜首，创新协作维度排名第 15。在技术创新产业，西门子的发明专利数、专利转让数与专利家族国家数均位列前 2，非单方专利数位居第 1，技术创新产出与技术创新质量得分具有突出优势。在创新协作产业，西门子的专利发明人数量位于第一梯队，创新主体规模保持领先地位。值得注意的是，英飞凌作为全球领先的半导体公司，在新能源产业也有不错表现，创新指数综合得分排名全球第 15，知识创新、技术创新、创新协作三个维度都位列前 30。博世专注于研发氢能技术，在新能源产业同样表现出色，技术创新维度跻身前 20。

表 6　2023 年德国新能源产业全球企业创新指数 100 强

序号	企业	全球排名	综合得分	知识创新	技术创新	创新协作
1	西门子	3	77.10	69.00	83.34	65.67
2	英飞凌	15	70.77	71.65	71.23	67.45
3	博世	28	68.91	64.12	72.76	61.54
4	沃本产业	34	68.17	60.00	73.57	60.20
5	大陆集团	67	65.94	67.99	66.34	60.93
6	罗德与施瓦茨	96	64.56	64.51	65.63	60.36

三　典型企业分析——西门子

在 GEII 2024 的评估结果中，来自德国的西门子凭借其雄厚的知识创新实力、强大的技术创新能力与卓越的创新协作水平，在六大战略性新兴产业均强势入榜，且高端装备制造、新能源汽车和新能源三大产业创新指数跻身全球前 20。因此，本节将西门子作为德国企业创新的典范，结合创新指数测度结果展开分析。

（一）企业简介

西门子股份有限公司于 1847 年由维尔纳·冯·西门子建立，总部位于德国慕尼黑和柏林，于法兰克福证券交易所和纽约证券交易所挂牌上市。西门子的电子与电机产品是全球业界先驱，并活跃于能源、医疗、工业、基础建设及城市业务等领域。“勇担责任，追求卓越，矢志创新”是西门子的价值观与愿景，[①] 西门子致力于通过创新、技术整合和负责任的商业实践来应对全球挑战，从而实现可持续的长期增长，通过在数字领域测试真实世界数据的技术为客户赋能，对行业和社会产生积极影响。作为全球知名的跨国科技企业，西门子致力于在几个重要领域走在前列，包括增材制造、自动化技

① “价值观与愿景”，西门子中国网站，https：//www. siemens. com/cn/zh/company/about/our-values. html。

术、物联网、网络安全与信任技术、人工智能、数字孪生、可持续能源等。[①] 西门子 2023 年年报显示，2023 财年营收在可比基础上增长 11%，达到 778 亿欧元（2022 财年为 720 亿欧元），达年度营收增长目标指引上限（9%~11%）。新订单额在可比基础上增长 7%，达到 923 亿欧元（2022 财年为 890 亿欧元）。订单出货比处于极高水平，为 1.19（2022 财年为 1.24）。储备订单总额为 1110 亿欧元，创历史新高，且质量达到较高水平。[②]

（二）创新指数结果

表 7 展示了西门子在战略性新兴产业各领域中创新指数情况。作为世界领先的信息与通信基础设施和智能终端提供商，西门子不仅在主营业务中表现骄人，在高端装备制造产业与新能源产业分别排名第 2 和第 3，而且在新能源汽车产业跻身全球 20 强，所有产业领域均进入全球前 30，是全球科技企业的佼佼者之一。

表 7　2023 年西门子在战略性新兴产业各领域中创新指数情况

战略性新兴产业	全球排名	综合得分	知识创新	技术创新	创新协作
新一代信息技术	24	70.30	71.16	70.65	67.45
高端装备制造	2	80.01	73.26	84.34	73.92
新材料	26	70.27	73.23	69.42	68.74
生物	27	69.98	72.78	68.80	70.06
新能源汽车	16	70.60	71.20	71.04	67.86
新能源	3	77.10	69.00	83.34	65.67

西门子在新一代信息技术产业领跑德国，创新指数综合排名第 24。在知识创新维度，西门子位列第 18，科研产出丰富，学术成果具有出色的影

① "Simens Company Core Technologies", Siemens, https://www.siemens.com/global/en/company/innovation/siemens-core-technologies.html.

② 《西门子 2023 财年业绩创纪录并实现强劲收官》，西门子中国网站，2023 年 11 月 17 日，https://w1.siemens.com.cn/news/news_ articles/17737.aspx。

响力，受到学者、公众与各国政府的广泛关注；创新协作维度也排名第 18，其论文合著者数量、国际合作论文数进入前 20，表明西门子进行了积极的跨国科研合作。技术创新维度得分未进入 20 强。

西门子在高端装备制造产业开放创新，知识创新维度排名第 9，技术创新维度排名第 3，创新协作维度排名第 7，创新指数综合排名第 2。西门子论文合著者数量、专利发明人数量与国际合作论文数排名均处于第一梯队，不论是创新主体规模还是创新协作水平都处于世界领先地位，在全球科学合作网络中占据重要地位。在知识创新维度，西门子不仅具有较多论文产出，且高质量论文的占比也相对较高，同时其知识创新成果得到了学者与公众的广泛关注。西门子在技术创新维度表现最为出色，发明专利数、非单方专利数、PCT 专利数都位于前 5 名，专利家族国家数更高居第 2，技术创新产出丰富、质量上乘、影响力大。

西门子在新材料产业同样不容小觑，创新指数综合排名第 26 位。西门子在新材料产业知识创新和创新协作维度均跻身 20 强，技术创新维度暂未入围第一梯队。综合来看，西门子在新材料产业学术研究成果影响力和扩散力较强，创新人才储备较为充分，同时积极进行创新合作与交流。在新材料产业，西门子推出适用于数字化材料发现和创新的仿真解算方案，预测影响产品性能的材料特性和生命周期成本，以期在更短的时间内开发出可持续性智能材料。

西门子在生物产业不断探索，拥有较大的发展潜力，创新指数综合排名第 27，知识创新和创新协作维度表现较好。西门子医疗是全球重要的医疗科技供应商，致力于不断开发产品和服务组合，这些新应用将进一步夯实公司在体外诊断、体内诊断、影像引导治疗和新型癌症诊疗等领域的实力。①

西门子在新能源汽车产业表现优异，积极开放合作，创新指数综合排名第 16，位列第一梯队，知识创新和创新协作维度表现较好，分别排名第 10、

① 《西门子在中国》，西门子中国网站，https：//www. siemens. com/cn/zh/company/about/siemens-in-china. html。

第 15，技术创新维度入围 20 强。其科技创新论文成果丰富，知识创新影响力强，创新协作水平高。2023 年，西门子与小鹏汽车达成战略合作，通过西门子的工业数字化、智慧园区、智慧能源及低碳技术，助力新能源汽车智能制造。双方将在数字化工厂、低碳化咨询、动力电池开发、人才培养等方面深入合作，共同打造柔性智能体系生产，推进新能源汽车行业数字化、自动化发展。①

西门子在新能源产业拥有卓越实力，技术创新维度表现突出，创新指数综合得分位列第 3。在技术创新维度，西门子排名第 1，技术创新产出和技术创新质量均为第 2，其发明专利数、专利转让数与专利家族国家数均位列前 3，非单方专利数位居第 1。在创新协作维度，西门子跻身第 15，凭借专利发明人数量优势，创新主体规模指标得分挺进前 10；创新主体地位、创新协作水平指标得分均位于前 20。西门子旗下子公司西门子能源是全球领先的能源技术公司，与世界各国、地区和企业合作，致力于推动全球能源转型，打造更加可持续的、经济的、可靠的能源体系。

（三）企业创新举措

西门子作为拥有数百年历史的知名跨国科技企业，如今仍然在不断突破自身边界，其内驱力就是创新，而西门子突出的技术实力和创新能力与其核心策略、创新体制及企业文化息息相关。

首先，西门子致力于开发自身核心竞争力，持续推出创新方案，拥有技术硬实力。西门子立足技术研发，依托其数字化工业强大的规模优势在全球市场站稳脚跟。2023 财年西门子共创造了 5383 项发明，研发投入达 62 亿欧元，与 2022 财年相比增长了近 11%。优秀的研发人员是发明创造和技术创新的关键，西门子每年均会向公司杰出的研究和开发人员颁发“年度发明家”奖项；为促进创新，西门子鼓励员工采取全新的思维方式不断汲取

① 《西门子与小鹏汽车签署战略合作协议，携手探索新能源汽车行业数字化与低碳化深度融合》，西门子中国网站，2023 年 4 月 20 日，https：//w1. siemens. com. cn/news/news_articles/17683. aspx。

外部新想法、坚持学习，勇于尝试新事物以探索更多可能性。西门子十分重视知识产权相关工作。自 2023 年 6 月欧洲单一专利制度正式启用以来，欧洲专利局已收到 12000 多份该类型专利申请，其中大部分来自西门子。[①] 这些专利成果不仅彰显了西门子的创新能力，也显示出其对整个工业应用和专利质量的关注。

其次，西门子拓展创新生态，开展广泛合作。为实现客户价值最大化，西门子利用 Xcelerator 开放式数字商业平台，将市场内的头部“玩家”聚集在一起，把西门子的数字化和物联网产品开放地提供给合作伙伴和经认证的第三方。2021 年 2 月，“西门子 1847 工业学习平台”正式上线。这一平台专为企业和工程师设计，提供了关于工业自动化和数字化的前沿优质内容和增值服务，目前已有近 20 万人注册成为会员，成功构建了一个工业领域的学习生态系统。西门子与微软也是长期的战略合作伙伴，拥有数以千计的共同客户和超过 35 年的联合创新经验。西门子还与微软携手，充分发挥生成式人工智能的协同作用，助力工业企业在产品全生命周期内持续提升效率并推动创新。为增强跨职能部门的协作能力，双方将西门子的产品生命周期管理软件 Teamcenter ©与微软的协同平台 Teams、Azure OpenAI 服务中的语言模型，以及其他 Azure AI 功能进行集成。[②] 2024 年，西门子与英伟达进一步深度合作，将英伟达 Omniverse Cloud API 的沉浸式可视化功能引入西门子 Xcelerator，推动以人工智能驱动的数字孪生技术的应用，持续构建工业元宇宙。[③]

再次，西门子拥有独特的创新体系与明确的发展战略。西门子坚持技术研发的长期主义，将研发重心放在中长期业务而非短期热门领域，通过下属的研究院对行业未来技术发展方向进行预判，保持在业内的技

---

① 《西门子授予 12 位杰出员工“2023 年度发明家”称号》，西门子中国网站，2023 年 12 月 20 日，http：//w1. siemens. com. cn/news/news_ articles/17748. aspx。

② 《西门子与微软再度携手，依托人工智能提升工业生产力》，《自动化博览》2023 年第 4 期。

③ 《西门子和英伟达深化合作，基于生成式 AI 实现实时的沉浸式可视化》，西门子中国网站，2024 年 3 月 19 日，http：//w1. siemens. com. cn/news/news_ articles/17765. aspx。

术领先优势，使西门子既能够根据客户需求及痛点进行创新，也能对基础产品进行升级迭代提升产品的竞争力。西门子的发展战略是通过高质量的发明和专利，开发有益于人的科技，其指导原则是“质量高于数量”。西门子认为持有过多的专利既不具有成本效益，也不是公司的首要目标，因此在申请专利时，西门子重点关注能够持续改进自身及客户的产品和服务的发明。西门子致力于充分发挥科技的本质价值，持续提升自身的创造力。无论是建设更高效节能的工厂、打造更具韧性的供应链，还是推进更智能的建筑和电网，西门子都在不断拓展创新的边界。此外，西门子还致力于提升交通的清洁与舒适性，以及发展先进的医疗系统，在创新的道路上不断前行。

四　德国企业战略性新兴产业发展的特点

GEII 2024 揭示了德国企业在全球科技创新竞争版图中的表现，德国企业战略性新兴产业发展主要呈现以下特点。

（一）政府制定连续性战略辅以系统化政策，建设完善创新体系

2006 年德国政府首次发布《德国高科技战略》报告，重视对 17 个创新领域的研发投入，[①] 从国家层面系统地提出高科技发展战略，确定了旨在加强德国创新力量的政策路线。2010 年，德国政府通过《德国 2020 高科技战略》，在前一政策的基础上汇集了政府各部门的研究和创新政策举措，在战略规划的指导下，政府分别在生物技术、纳米技术等领域出台了一系列政策行动以配合创新战略的实施。[②] 2013 年德国正式推出《德国工业 4.0 战略计划实施建议》，旨在支持德国工业领域新一代革命性技术的研发与创新。一系列产业促进政策展现了德国政府对高科技产业与新兴技术发展的重视，也

① “The High-tech Strategy for German”, Press Release by the Federal Research Ministry, Berlin (2006).

② 陈强、霍丹：《德国创新驱动发展的路径及特征分析》，《德国研究》2013 年第 4 期。

使德国在不同时期不同领域的科技发展都有明确的路径可循，具有前瞻性、针对性和灵活性。德国的创新战略形成了一个系统的、涵盖各部门的框架，不断促进产学研合作。

（二）德国战略性新兴产业蓬勃发展，各领域发展较为均衡

德国在六大战略性新兴产业创新指数 100 强中企业上榜总频次位居全球第 4，入围六大战略性新兴产业各领域的企业数量较为均衡，在五个产业中均有企业进入第一梯队，入围企业数量最少的是新一代信息技术产业。发展相对较好的当属生物与新能源汽车产业，进入第一梯队的企业数均为 3 家，进入 50 强企业数量较多，而高端装备制造与新能源产业的德国企业也表现不俗，西门子、博世、巴斯夫、英飞凌等科技领军企业更是在多个领域处于世界领先水平。然而，德国企业在新一代信息技术产业入围数量最少，与日本、美国和中国存在不小的差距，仍有广阔的发展空间，需要进一步推动该领域的深入发展，解决技术上的对外依赖问题，培养与吸纳专业人才，不断扩大国际合作，抓住时代机遇，突破技术壁垒，实现创新发展的更大突破。

（三）大型跨国企业引领创新潮流，全方位多领域创新发展

德国进入各领域前列的企业大多是大型跨国企业，它们在基础研究、技术研发、知识产权与开放合作等方面表现出色，多项关键指标均处于全球领先水平。德国牢牢把握本国产业优势与历史积淀，体现了其卓越的创新实力与强大的国际竞争力。同时，以西门子、博世、巴斯夫等为代表的德国企业不拘泥于单一领域，在多个领域都有着不错的成绩。这些企业作为德国产业创新转型的中流砥柱，不断发挥着自身潜力，拓宽创新边界，真正实现全方位多领域创新发展。但从总体上看，大型企业的持续发力固然可喜，中小企业与初创企业的异军突起也是必不可少的，2022 年 OECD 发布的德国创新政策评估报告显示，德国中小企业经济产出占全国的一半，1.8%的中小企业为“隐形冠军”企业，德国有 1300 家“隐形冠军”企业，在专业技术领

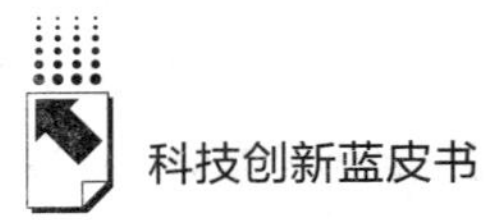

域具有很强的竞争力。[①] 德国既应当打造大型企业，利用其更大的市场份额和影响力提升在战略性新兴产业领域的竞争力，又应当着力促进中小企业的发展，尤其是在各细分产业领域，争取实现百花齐放。

（四）德国企业专注技术创新，开拓创新生态深入创新合作

从德国入榜企业在各领域各维度的表现不难发现，德国企业在知识创新、技术创新与创新协作三个维度表现较为均衡，创新协作维度表现最为突出。德国企业积极参与全球科技合作和竞争，有效利用全球创新资源，大力开展国际科技合作活动，重视与其他国家与地区的企业、研究机构、高校等的协同交流，在全球创新合作网络中占据重要地位，是全球价值链中的关键一环。相比技术创新维度，德国在新一代信息技术产业知识创新维度表现更佳，说明德国企业在这一新兴领域重视基础科学研究，拥有一定成果，但是科技成果转化效率相对不高，企业需要紧跟技术潮流，将理论与实践更好地融合。

参考文献

陈强、霍丹：《德国创新驱动发展的路径及特征分析》，《德国研究》2013 年第 4 期。

杜珂：《从美德两国看医药创新生态如何培育——专访清华大学医院管理研究院教授兼研究员陈怡》，《中国改革》2023 年第 5 期。

《西门子与微软再度携手，依托人工智能提升工业生产力》，《自动化博览》2023 年第 4 期。

National Industrial Strategy 2030: Strategic guidelines for a German and European industrial policy.

① 《OECD 发布德国创新政策评估报告》，中国科学院科技战略咨询研究院网站，2023 年 2 月 20 日，http://www.casisd.cn/zkcg/ydkb/kjzcyzxkb/2022/zczxkb202211/202302/t20230220_6680433.html。

B.13 韩国企业创新发展态势

张 琳 舒 欣 罗曼玮 肖宇凡*

摘 要： 韩国从发展中国家发展成为繁荣经济体，离不开科学、技术和创新的进步。韩国的科技创新由政府主导，并通过战略性的精准布局、完善法律框架和提供资金支持引导科技进步。如今，韩国在半导体、信息技术、航空航天、汽车、船舶等战略性新兴产业领域处于世界领先地位。韩国在六大战略性新兴产业领域共有16家企业上榜，企业上榜总频次为31次，位列全球第五。韩国企业在除生物产业外5个战略性新兴产业领域表现亮眼，均有企业进入全球10强，其中三星在5个产业领域进入全球前5，并在两个产业领域中排名第一。本文选取三星作为韩国企业创新的典范，结合创新指数测度结果展开深入分析，揭示了三星独特的创新体系与创新生态。韩国战略性新兴产业发展态势良好，但是韩国的科技创新主要依赖部分大型企业的带动，导致上榜企业单一化，中小型企业的上榜率相对较低。韩国企业在生物产业仍存在广阔的发展空间，需要进一步推动该领域的深入发展，同时促进不同领域的融合与协同，实现更大的创新突破。

关键词： 韩国企业　战略性新兴产业　科技创新能力　三星

一　韩国战略性新兴产业的发展背景

在当今数字化和信息化的时代，新一轮科技革命和产业变革正在重塑全

* 张琳，武汉大学信息管理学院教授、博士生导师，主要研究方向为科学计量学与科技管理；舒欣，武汉大学信息管理学院本科生；罗曼玮，武汉大学信息管理学院本科生；肖宇凡，武汉大学信息管理学院硕士研究生，主要研究方向为科技计量与科技管理。

球创新版图和经济结构，发展战略性新兴产业对于国家创新力的提升与科学技术的进步具有重大战略意义，目前已经成为各国追求科技创新和经济增长的重要抓手。韩国从发展中国家发展成为繁荣经济体，离不开科学、技术和创新的进步。数据显示，韩国的总研发经费投入于 2022 年增至 112.646 万亿韩元，较上一年增长 10.3%，特别是研发经费占国内生产总值（GDP）的比重为 5.21%，仅次于以色列，位居世界第二；同期，每千人中就有 9.5 位研发人员，全球排名第一。如今韩国高度重视战略性新兴产业的发展，在半导体、信息技术、航空航天、汽车、船舶等领域处于世界领先地位。同时，这些发展和创新也受到韩国政府主导的科技发展模式的显著影响。韩国的科技创新由政府主导，通过战略性的精准布局来引导科技领域的进步。政府制定了全面的科技政策和规划，并通过完善法律框架和提供资金支持推动创新。

自 2000 年颁布《韩国科技长远发展规划 2025 年构想》起，韩国政府明确提出了“科技导向”战略，以长期引领国家的经济和产业发展，在信息技术、半导体、生命科学等现有领域深度发展的同时，也注重发展新兴产业，以确保韩国在日益激烈的国际竞争中占据有利地位。从产业角度来看，韩国创新政策的主要特点是集中资源优势，发展重点产业，充分发挥区域集群优势，攻克核心科技难题。2002 年，韩国推出《产业研究集群支持计划》，将中小企业划分为 10 个研究集群，侧重于智能机器人、半导体和未来汽车等高技术产业，致力于技术创新；2014 年，韩国开始执行《未来增长动力落实计划》，聚焦智能汽车、5G 通信、海洋工程设备等九大战略产业，以及智能半导体、大数据等四大基础产业，旨在通过创新融合实现产业竞争力的提升；2019 年，韩国发布《制造业复兴发展战略蓝图》，指出要着眼于人工智能、新能源汽车等产业的重点发展，努力将韩国打造成为新兴制造业强国；2021 年，韩国制定《K—半导体战略》，通过促进半导体产业科技创新、集约式发展，以期在 2030 年前建立全球最大的半导体制造基地；2023 年 3 月，韩国发布《国家尖端产业培育战略》，将半导体、显示器、汽车电池、生物、新能源汽车和机器人确定为韩国六大核心战略产业，并同步公布《国家尖端产业带建设计划》，计划在2026年之前对这六大核心战略产业投资550万亿韩元；同年8月，韩国政府组建了“国家战略技术特别委员会”，制定《以任务为导向的国家战略技术路线图》，以促进人工智能、半导体和量子等产业的发展，动力电池、半导体、显示技术和智能出行成为最优先发展的领域，在国家研发预算分配方面获得适当倾斜。

当前，为确保在全球竞争中保持优势地位，韩国将发展战略性新兴产业视为经济增长和国家发展的重要引擎，在六大战略性新兴产业领域不断取得重大原创性突破。

二　韩国企业战略性新兴产业的创新表现

GEII 2024揭示了韩国企业在全球科技创新竞争版图中的表现。韩国在六大战略性新兴产业领域共有16家企业上榜，反映出韩国企业在新兴产业领域的广泛参与，彰显了较强的科技创新能力和潜力。近年来，韩国在半导体技术、通信技术、电动汽车和新能源等多个创新领域取得了积极成效，成为全球经济和科技进步的重要驱动力。需要指出的是，韩国在半导体领域表现尤为突出，其在全球半导体生产市场的份额为18.4%，全球排名仅次于美国；半导体出口额为992亿美元，占据韩国出口总额的19.3%，连续9年保持出口排名第一。①

图1展示了2023年韩国六大战略性新兴产业全球企业创新指数100强分布情况。结果表明，三星和LG两家企业多次跻身六大战略性新兴产业全球企业创新指数20强，在新一代信息技术、新能源、新材料和新能源汽车4个领域均位列前10，表现优异。同为综合型企业，三星和LG在宏观层面具有较多共同点。一方面，它们的企业规模较大，业务综合性强；另一方面，它们的科技创新实力雄厚，并且已经形成多元化的产业布局，在全球市场具备较强的竞争力和较高的认可度。三星对六大战略性新兴产业领域均有

① 崔明旭：《韩国半导体产业的战略定位与制约因素》，《东亚评论》2023年第2期。

涉足，尤其是在新能源、新材料、新能源汽车、高端装备制造和新一代信息技术领域具有绝对优势，指数排名均进入全球前 5，其中在新一代信息技术和新材料领域均为全球第一。LG 在新能源、新材料和新能源汽车领域也有出色表现，在新材料和新能源汽车领域均排名全球第二。作为全球领先的科技公司，LG 一直积极参与新材料领域的研究和开发，在科技创新成果方面量质齐升，综合实力不断迈上新台阶。此外，现代汽车也展现出了不俗的实力，在新能源、新能源汽车、高端装备制造、新材料和新一代信息技术产业全球企业创新指数 100 强中均占据一席之地，可见其多元化的产业格局和潜在的内生动力，为韩国经济的增长做出了积极的贡献。

总体来看，韩国企业以三星和 LG 两家企业为引领，在积极带动企业间竞争与合作、巩固彼此行业地位的同时，也维护了国家的产业优势以及技术优势。同时，韩国在新能源、高端装备制造、新材料和新一代信息技术领域的发展态势良好，不仅拥有较为完整的产业链条，还形成了具有地域特色的产业集群。相比之下，韩国的生物产业仍具有较大的发展空间。

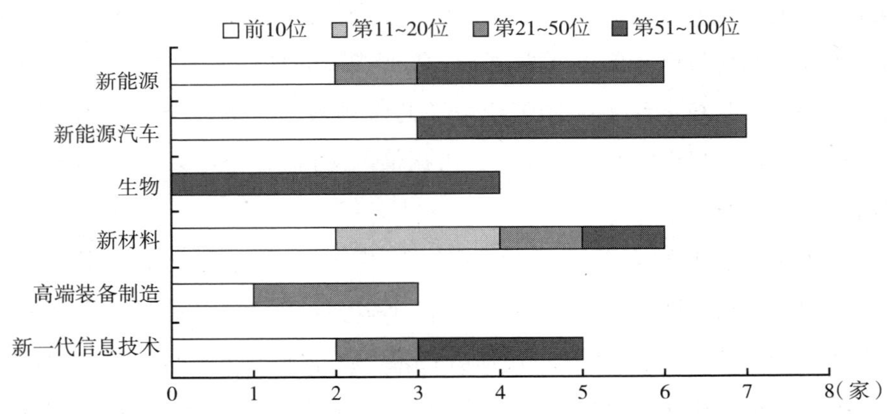

图 1　2023 年韩国六大战略性新兴产业全球企业创新指数 100 强分布情况

韩国在六大战略性新兴产业领域均有企业跻身 100 强，综合表现较为均衡，三星占据 2 个全球第一的位置。然而，韩国企业面临的挑战和不足之处仍较为突出。可以发现，韩国企业主要依赖部分大型企业的带动，导致上榜企业单一化，其他中小型企业的上榜率低且排名较为靠后，可见韩国头尾企业的衔接能力较差。韩国在各个领域的表现具体如下。

（一）韩国企业在新一代信息技术领域实力强劲，三星稳居世界第一

新一代信息技术产业是科技创新的重要引擎，对于国家推动经济增长、促进数字化转型和增强全球竞争力具有重大意义。韩国在新一代信息技术领域展现出了绝对强劲的科技创新实力，目前，韩国已经形成光电子通信、集成电路、新型显示、智能终端等“多点支撑”的新一代信息技术产业发展格局。

三星在创新指数排名中位列全球第一。作为全球最大的电子产品制造商之一，三星在智能电子设备方面一直保持领先地位，且对5G研发的投入持续加大，促进移动智能终端向规模化、高端化、智能化和服务化方向推进。同时，三星还是全球最大的半导体生产商之一，以生产内存芯片、处理器和其他关键组件而闻名。在新一代信息技术中，半导体的重要性不可忽视，而三星在该领域的投资与研发水平一直处于行业前沿。排名全球第九的LG同样在技术创新维度有较为出色的表现，其发明专利数和三方专利数均排名靠前。LG致力于推动智能家居技术、电视和显示技术等方面的发展，目前已经成为消费类电子产品、移动通信产品和家用电器领域的全球领先者和技术创新者。此外，海力士和现代汽车两家企业分别以全球第50名和第74名的成绩参与新一代信息技术领域的全球竞争（见表1）。特别需要指出的是，现代汽车于2023年6月宣布与三星、LG和SK电讯结成联盟，它们将通过整合各自的优势资源，协同推进韩国信息技术水平的整体提升。近年来，SK电讯紧跟新一代信息技术发展趋势，在人工智能领域频频出手，在组织结构改革、资本布局、迭代产品等方面均有重磅举措。2022年11月，SK电讯对外发布战略称，将利用人工智能重塑其业务和客户关系。2023年7月底，SK电讯又联合德国电信、阿联酋电信集团和新加坡电信牵头成立全球电信人工智能联

盟，并签署人工智能业务合作协议，共同开发基于核心人工智能能力的电信人工智能平台。

表1　2023年韩国新一代信息技术产业全球企业创新指数100强

序号	企业	全球排名	综合得分	知识创新	技术创新	创新协作
1	三星	1	87.56	79.11	91.58	85.57
2	LG	9	74.32	66.13	79.54	67.08
3	海力士	50	67.65	65.72	69.37	64.01
4	现代汽车	74	66.50	67.57	66.76	63.70
5	SK电讯	93	65.86	65.14	67.12	62.00

（二）韩国企业在高端装备制造领域高质量发展，以科技创新推动整体水平提升

当前，全球制造业正处于产业转型升级和结构调整关键时期，加快布局以微电子、自动化、信息等为基础的高端装备制造业，是未来实现制造业高质量发展的重要途径。[①] 韩国作为世界第五大制造业强国，其强大的实力主要源于高额的研发投入和技术创新。韩国共有3家企业进入高端装备制造产业全球企业创新指数100强，分别为三星、LG和现代汽车。尽管韩国在全球制造业市场上具有较强的竞争力，但仍存在上榜企业数量较少的问题。

在高端装备制造领域全球排名第四的三星在知识创新产出、影响与扩散三方面表现均衡，不仅具有较多的论文产出，高质量论文的占比也相对较高，表明整体知识创新能力处于世界前列。三星在创新协作方面表现也较为优异，积极参与了全球科研合作，在半导体、电子产品、智能设备等领域处于全球领先地位，同时通过持续创新不断推动人工智能和5G通信技术等的发展。作为韩国知名的大型企业，LG在高端装备制造领域的贡献也较为突出。LG具有先进的OLED技术和AI平台，近年来

① 王龙等：《国外发展先进制造业的战略部署及启示》，《广东科技》2022年第2期。

在智能汽车等领域积极布局，在制造业领域具有强大的竞争力。现代汽车在三个维度的得分较为均衡，实力基础较好。作为韩国最大的汽车企业，现代汽车深耕汽车制造，并建立全球研发网络，综合美日欧等企业的科研力量，集中力量开发适合本地市场的关键高端装备制造技术（见表2）。

表2　2023年韩国高端装备制造产业全球企业创新指数100强

序号	企业	全球排名	综合得分	知识创新	技术创新	创新协作
1	三星	4	77.73	77.73	77.83	77.31
2	LG	22	70.72	67.31	73.50	65.25
3	现代汽车	39	69.32	69.26	70.05	66.51

（三）韩国企业在新材料领域表现卓越，三星、LG引领全球创新浪潮

韩国一直处于新材料研发的核心阵营，韩国的三星和LG占据了新材料领域综合排名的前2，浦项制铁也跻身前20，实力强劲且后备力量充足。此外，SK、现代汽车和韩华集团3家企业也进入了新材料产业全球企业创新指数100强，全球排名分别为第21、第32和第87。可以发现，韩国企业在新材料领域的研发水平处于全球领先地位，但上榜企业数量与日本和美国相比仍存在较大差距。

综合得分位居全球第一的三星在新材料领域展现出了卓越的科技创新实力。近年来，三星集团旗下的三星电子、三星半导体、三星化工等子公司均在新材料领域有所作为。从创新协作角度看，排名第一的三星的创新协作水平突出，创新主体规模和创新协作水平都居第一位，表明该企业与世界众多研发主体展开了广泛深入的合作交流，在全球科学合作网络中占据重要地位。紧随其后的LG在技术创新维度的表现最为突出，得分居于榜首，拥有最多的发明专利、非单方专利、三方专利和PCT专利数量，彰显出强大的

技术研发实力。作为 LG 旗下的子公司，LG 化学拥有石油化学和尖端材料事业本部，近年来大力发展以环保材料为中心的可持续发展业务，具备世界领先水平的产能及成本竞争力，现正在向世界最大的综合电池材料公司迈进。此外，韩国的浦项制铁、SK 和现代汽车 3 家企业以相近的综合得分进入了新材料产业 100 强。作为韩国钢铁企业巨头，浦项制铁在新材料领域排名第 16，技术创新能力较强。近年来，浦项制铁加快推进新材料产业的发展，加速二次电池材料加工厂的建设，致力于抢占市场先机。隶属于 SK 集团的 SK 创新一直深耕石油与化工领域，从基础化学原料到高附加值产品，坚持以科技创新塑造顶尖材料企业。全球排名第 32 的现代汽车不断研发和推进纳米材料技术，以大幅度提高汽车零部件的性能和耐用性，扩大企业的市场竞争优势。韩华集团虽排名靠后，但凭借轻量化复合材料的多样化以及成型技术的开发，不断丰富产品种类，努力开发先进、高品质的膜材，并以此为基础不断增强在汽车、电子、能源领域的研究实力，未来发展空间广阔（见表 3）。

表 3　2023 年韩国新材料产业全球企业创新指数 100 强

序号	企业	全球排名	综合得分	知识创新	技术创新	创新协作
1	三星	1	82.03	80.79	81.08	87.88
2	LG	2	81.98	67.97	90.01	73.20
3	浦项制铁	16	71.73	68.81	74.70	64.75
4	SK	21	70.81	69.64	71.47	70.08
5	现代汽车	32	69.58	71.52	67.54	74.53
6	韩华集团	87	66.46	65.14	67.33	65.17

（四）韩国企业在生物产业领域发展受限，创新建设与研发投入仍需加强

21 世纪以来，生物产业作为中长期的战略性新兴产业，可对传统医药产业进行替代，增强可持续发展能力，被认为是 21 世纪增长最为迅速的领

域之一。[1] 韩国生物产业具有良好的发展基础，拥有多家知名研发型制药企业和众多高影响力的医疗机构、医学类高校等。但是与美国和部分欧洲国家的生物企业相比，韩国企业在该领域的知识研发水平和技术创新能力有待进一步提升。欧美日的知名生物企业拥有悠久的历史，技术积累优势明显，且它们的合作关系和合作范围较为稳定，技术和资源都集中在综合实力较为靠前的企业。因此，韩国在生物领域的发展受到现实因素的制约，在短期内难以打破技术壁垒实现大幅度的排名增长。

韩国有 4 家企业进入生物产业全球企业创新指数 100 强，分别是三星、LG、韩美和 CJ 集团，上榜企业综合得分和排名差距很小。2023 年韩国企业并未进入 50 强，整体排名相较上年度有所退步。研究表明，生物领域综合排名全球领先的企业在创新协作方面的能力极为突出，例如美国强生的创新协作综合得分高达 93. 53，充分说明了生物领域的技术合作主要集中在整体实力靠前的企业之间，导致尾部的企业创新协作受限。全球排名第 55 的 LG 以电子、化学、通信和家电等领域业务为主，旗下的子公司 LG 化学积极拓展国际市场，通过积极的投资和研发，拓宽新药研发渠道，致力于成为全球制药业领军企业。CJ 集团排名较上年有所下降，全球排名第 65，CJ 集团是韩国最大的食品公司，旗下包括生物与医药事业群等，业务较为广泛，其分公司以自身 R&D 为基础，致力于为客户提供高水平和高品质的氨基酸、核酸等产品（见表 4）。

总体来看，上榜的 4 家企业主要业务并不集中在生物领域，表明以上企业纵然拥有一定的生物产业发展基础，但相对于自身的优势领域而言，在生物产业的创新建设和研发投入远不足以使其快速成长为该领域的支柱型企业。同时，韩国的上榜企业数量较少，头部生物企业未能充分发挥引领作用。未来，韩国可以调动各方资源、集中国内外多种力量，借鉴美国、欧洲和日本等地区的企业发展经验，促进生物领域的进一步发展。

---

① 莫富传、胡海鹏、袁永：《韩国生物医药产业创新发展政策研究》，《科技创新发展战略研究》2021 年第 3 期。

表 4　2023 年韩国生物产业全球企业创新指数 100 强

序号	企业	全球排名	综合得分	知识创新	技术创新	创新协作
1	三星	54	67.39	66.05	68.64	64.63
2	LG	55	67.36	65.04	69.60	62.30
3	韩美	60	67.07	65.83	68.94	61.66
4	CJ 集团	65	66.67	63.46	69.20	61.87

（五）韩国企业在新能源汽车领域发展迅猛，LG、三星位居前列

新能源汽车产业不仅有助于优化能源消费结构，推动绿色发展和应对气候变化，还是汽车产业链深度转型升级的主要方向和促进经济持续增长的重要引擎。韩国在新能源汽车领域展现出了雄厚的实力和广阔的发展空间，由强劲的科研实力作为保障的几家大型综合企业为韩国新能源汽车的发展做出巨大贡献。虽然韩国上榜企业仅有 7 家，与美国、中国、日本差距明显，但 LG 和三星在全球新能源汽车产业格局中位居前列，发展势头强劲。目前，韩国政府通过制定一系列优惠政策和提供资金，大力推动新能源汽车产业的发展。

LG 和三星技术创新指数都位于前列。两家公司都计划在 2027 年、2028 年前后实现全固态电池的量产。固态电池目前被公认为下一代动力电池的研发方向，将对新能源汽车行业产生颠覆性变革，可以看出韩国的新能源汽车产业发展后劲充足。三星在创新协作方面有较为出色的表现，有助于整合资源、扩大影响力。LG 在技术创新维度表现突出，其发明专利数和三方专利数均处在第一梯队。凭借多年来与全球知名汽车企业的合作经验，LG 正在打造全新的电池生态体系，助力新能源汽车的普及更加安全、快速、绿色低碳。三星则在知识创新维度表现较为突出，知识创新产出仅次于中国国家电网，知识创新扩散程度较高。现代汽车也是韩国新能源汽车产业发展的主力军，其依托旗下电动汽车专属品牌 IONIQ 为消费者带来“个性化电动体验”，这也呼应了现代汽车“为人类

进步”的愿景。此外，SK、摩比斯、汉拿、可隆等企业也加入全球新能源汽车的竞争行列，虽然与世界前沿水平还有一定差距，但发展力量不容小觑。

表 5　2023 年韩国新能源汽车产业全球企业创新指数 100 强

序号	企业	全球排名	综合得分	知识创新	技术创新	创新协作
1	LG	2	75.61	62.97	83.46	65.27
2	三星	5	74.71	75.63	73.47	78.14
3	现代汽车	6	74.40	69.30	76.87	73.02
4	SK	68	65.68	64.62	67.27	61.09
5	摩比斯	76	65.13	61.86	67.26	62.09
6	汉拿	80	65.00	60.00	67.95	61.50
7	可隆	83	64.85	60.00	67.88	60.81

（六）韩国企业在新能源领域蓬勃发展，三星技术创新和创新协作能力领先全球

在全球碳中和共识背景下，地区冲突愈演愈烈，发展新能源已经成为各国实现能源安全和推动绿色发展的核心战略。对此，韩国于 2020 年 12 月和 2021 年 3 月接连颁布了《2050 碳中和促进战略》和《2021 年碳中和实施计划》，为韩国企业在新能源领域的蓬勃发展奠定了坚实的基础。如表 6 所示，韩国共有 6 家企业跻身新能源产业全球企业创新指数 100 强，分别是三星、LG、现代汽车、韩国电力公社、LS 电气和斗山重工业。

在上榜的 6 家企业中，三星以 76.30 的综合得分位居第四，仅次于中国的国家电网、美国的通用电气和德国的西门子。尽管三星以电子产品、半导体和通信设备为主要业务，其在新能源领域也有一些相关的业务，包括新型电力系统、新型能源体系建设以及智慧能源管理等。从知识创新维度来看，三星不仅具有较多的论文产出，高质量论文的占比也相对较高，学术论文更

是获得了学界和社会的广泛关注，整体知识创新能力位居前列。从技术创新和创新协作维度来看，三星均有亮眼的表现。LG 在新能源领域表现同样不俗，以 73.55 的综合得分位居该领域的全球第八。在知识创新和创新协作层面，LG 与三星相比有较大的提升空间。LG 在技术创新维度得分较高，拥有较多的三方专利和 PCT 专利。LG 未来应着重发挥自身技术优势，加强产学研合作，促进各个链条的协同发展，进一步提升综合实力。全球排名第 33 的现代汽车是韩国最大的汽车制造商之一。在过去的 26 年里，现代汽车在氢能技术领域展开积极探索，现已取得阶段性成效。此外，韩国电力公社管理韩国所有的核电设施和少量的水电设施，在新能源领域积累了原始创新动能。韩国 LS 电气和斗山重工业两家企业的综合得分较为相近，全球排名分别为第 75 和第 86。

表 6　2023 年韩国新能源产业全球企业创新指数 100 强

序号	企业	全球排名	综合得分	知识创新	技术创新	创新协作
1	三星	4	76.30	77.45	77.03	71.45
2	LG	8	73.55	67.85	78.40	63.64
3	现代汽车	33	68.18	70.41	68.24	64.20
4	韩国电力公社	54	66.76	70.02	66.16	63.76
5	LS 电气	75	65.41	60.00	68.81	60.79
6	斗山重工业	86	64.98	64.26	66.41	60.49

三　典型企业分析——三星

在 GEII 2024 的评估结果中，三星在战略性新兴产业六大领域均处于世界领先位置，其在新一代信息技术领域位居第一，在新材料领域也排名第一，在新能源领域和高端装备制造领域均排名第四，在新能源汽车领域排名第五，在生物领域排名第 54，彰显出强大的科技创新实力。值得关注的是，在全球企业创新指数 100 强中，多数企业不是来自中国和美国这样的经济大国，就是来自日、德等老牌的工业强国，而韩国三星的崛起成为不可忽视的一个特例。因此，本部分选取三星作为韩国科技创新企业的典范，并结合创新指数测度结果展开分析。

（一）企业简介

三星成立于 1938 年，由李秉喆创办，总部位于韩国首尔。作为一家综合型家族制企业，三星的各个产业均由家族成员管理。多年来，三星一直以独特的创新与变革形象示人。品牌理念融合了对创新、用户体验和产品质量的不懈追求，同时强调可持续发展和全球视野。最初，三星主要从事对鱼干、蔬菜和水果的出口。而今，它已经发展成为全球规模最大的跨国企业之一，坐拥 44 个下属公司和若干其他法人机构，在全球 68 个国家设有 429 个分支机构，雇用员工 23 万人，业务涵盖电子、金融、机械、化学等多个领域。三星电子拥有强大的科研实力，支持其在各战略性新兴产业领域的卓越表现。三星研究院是三星集团的科研机构之一，致力于推动科技创新和发展。通过在先进技术领域的不懈努力，三星研究院在全球科学研究中占据着重要地位，为三星在电子、通信、半导体等领域的领先地位提供了有力的支持。值得一提的是，三星旗下最大的子公司为三星电子，作为韩国唯一一家进入世界最有名商标 100 强的企业，它充分象征着韩国民族工业的蓬勃发展。截至 2022 年，三星电子的净利润达到 55.6541 万亿韩元，同比增长 39.46%。

（二）创新指数结果

表 7 展示了三星在上榜领域的排名及各项指标得分情况。三星以卓越的科技创新实力，成功跻身除生物产业之外的 5 个战略性新兴产业领域的前 5。在生物领域排名第 54，展现其在高度技术密集型领域的卓越实力与在医疗科技和生命科学方面的不断探索。

表 7　2023 年三星在战略性新兴产业各领域中创新指数情况

战略性新兴产业	全球排名	综合得分	知识创新	技术创新	创新协作
新一代信息技术	1	87.56	79.11	91.58	85.57
高端装备制造	4	77.73	77.73	77.83	77.31
新材料	1	82.03	80.79	81.08	87.88
生物	54	67.39	66.05	68.64	64.63
新能源汽车	5	74.71	75.63	73.47	78.14
新能源	4	76.30	77.45	77.03	71.45

三星在新一代信息技术领域表现优异，以绝对优势占据全球首位。三星在知识创新、技术创新和创新协作三个维度分别以 79.11、91.58、85.57 的得分稳居全球首位。近年来，三星在芯片产业的上、中、下游环节多点发力，迅速成为全球芯片领域的创新引领者。从创新协作角度看，三星以 85.57 的得分获得断层第一，创新主体规模和创新主体地位均居第一位，是全球新一代信息技术创新网络的重要参与者。三星的高质量发展离不开科学技术，其技术创新实力尤其突出。三星专注于先进芯片制造技术的探索，并在这一领域成功超越了台积电。同时，三星还通过强化芯片及其他相关领域的研发工作，获得了大量专利，从而显著提升了知识产权保护的壁垒。

三星在新能源和新能源汽车领域实力强劲，得分都位列前 5。在新能源汽车领域的知识创新维度，三星在知识创新产出上有着优秀表现。从创新协作角度看，三星创新协作水平突出，创新主体规模和创新协作水平都居全球前列，体现了该企业与世界众多研发主体展开了广泛深入的合作交流，在全球科学合作网络中占据重要地位。三星设立的三星研究院通过积极的开放式创新，与全球拥有顶尖技术的知名大学、研究机构、合作企业进行最大化的科研合作与技术协作，在全球科学合作网络中表现突出。

三星在新材料领域表现卓越，综合得分排名第一。三星的知识创新能力虽不如中国的华为、国家电网和美国的 IBM 等公司，但在技术创新和创新协作维度具有良好表现。三星作为全球领先的科技公司，一直在积极参与新材料领域的研究和合作开发，以 87.88 的得分居于新材料领域创新协作维度榜首。此外，三星的知识创新和技术创新能力均处于第一梯队，表明三星积极参与技术创新研发活动，并且在知识创新合作网络中扮演关键角色。三星的业务涉及电子、金融、机械、化学等众多领域，其子公司——三星 SDI 作为资深的锂离子电池供应商，近年来成为绿色环保、清洁能源解决方案的重要推动者。

三星在高端装备制造领域排名全球第四，表现同样不俗。在知识创新维度，三星位列第五，在知识创新产出、影响与扩散三方面表现均衡。三星不仅具有较多的论文产出，高质量论文的占比也相对较高，表明整体知识创新能力处于世界前列。在创新协作维度，三星位居第三，在全球合作网络中发挥引领作用。

三星在生物领域排名第 54，彰显出较强的综合实力。尽管三星在生物领域的地位不及新能源、新材料以及新一代信息技术领域，但随着技术的交叉与融合，业务边界越来越模糊，三星充分发挥自身在尖端技术领域的优势，辐射带动了其生物产业的发展。目前，三星已经与诺华、罗氏、强生、BMS 等多家大型制药企业建立了合作关系。未来，生物产业或许将成为三星最具有增长潜力的产业之一。

（三）企业创新举措

21 世纪，全球竞争日益激烈。作为超一流企业，三星在全球市场一直成功保持差异化和可持续的竞争优势同样得益于独特的经营体系和企业文化。

首先，三星重视优秀人才的培养，并始终把人才队伍视作创新活动的主导力量。在以技术取胜的半导体和 IT 行业，100 名普通员工远不及 1 名高精尖人才。在 20 世纪 90 年代后期，三星深刻领悟到这一点，因此将人才视为事业发展的核心要素，使人才在人事管理中占据重要地位。三星意识到，自己的竞争对手不仅限于国内企业，而是包括全球范围内的顶尖科技公司。因

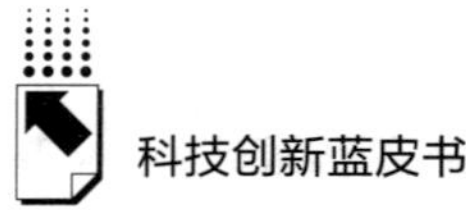

此，吸引世界一流的人才成为三星实现全球领先地位的关键战略。为确保人才的充分引进，三星实施了超越传统公开招聘的人才招聘机制，积极在全球范围内寻找并招募具有创新和专业能力的人才。该举措从重视核心人才开始，强调人才队伍精英化和成果导向。这一变革快速在整个集团传播，推动三星的人力结构发生了巨大的变化。三星生产和技术职位的比例减少，而研发、营销、软件和设计等专业人员的比例显著增加。为了更好地管理人才，三星将核心人才分为 S 级、A 级和 H 级，根据其在组织中的作用和能力水平进行分类。同时，三星采用灵活的奖励制度，对核心人才进行特别支持和激励，通过晋升、奖赏等方式快速提升人才职业发展能力。这一举措帮助三星实现了人力结构的升级，保持竞争力的同时为其市场领导地位的巩固打下了坚实基础。

其次，三星果断制定战略决策，建立完善的经营体系。在新时代的数字经济背景下，企业竞争的核心条件是时间和速度。在 21 世纪，企业决策和执行的迅速性已成为获得竞争优势的关键。然而，大型企业通常在这些方面面临更多的复杂性，尤其是那些业务结构多元化的大企业，其复杂的决策体系和管理流程往往使快速决策和实施决策变得困难。在这种情况下，三星电子通过在关键时刻果断做出决策，特别是在存储器半导体行业，成功地在激烈的全球竞争中夺得了领先地位。三星在数字电视领域的成功同样得益于对市场变化的敏感，通过大规模投资和技术储备，迅速把握了数字电视的发展趋势。为了适应不确定性较高的情况，企业经营者的果断决策至关重要。当前，三星革新了决策流程，把决策过程大幅简化，强调速度、效率和创新。

再次，三星作为一家全球领先的跨国科技企业，注重创新资源的整合和经验共享，扩大企业影响力。创新是三星的 DNA，三星创办创新实验室 C-Lab，在推动技术与行业创新方面取得了突出的成就。为了鼓励三星员工在内部开拓、孵化更多创新技术和设计，为企业寻找更多增长点，带来更多满足市场需要的创新产品，三星设立了内部创业培育计划 C-Lab Inside 和创业加速计划 C-Lab Outside，旨在振兴创新创业生态系统，推动创新人才培养。

三星为入选 C-Lab 项目的年轻创业者提供多元的帮助，包括三星员工的专家指导、数字营销、财务咨询及提供办公场地等。在 2024 年国际消费电子展（CES 2024）上，三星 C-Lab 新创公司展示了一系列突破性 AI 技术、进展与未来愿景。

最后，三星的企业创新举措还体现在不断寻求技术突破、追踪前沿、开放合作、多元化战略和可持续发展等多个方面。三星持续投入大量研发资源和高额的研发经费，秉持开放创新理念，与外部合作伙伴、初创企业以及研究机构合作，共同探索新的技术和业务领域，以适应快速变化的市场和科技环境，不断推出领先市场的产品和技术。与此同时。为了降低风险和可持续发展，三星进行了多元化的业务布局。2024 年 1 月 2 日，三星电子公布了 2024 年战略重点，旨在通过技术优势及对未来变化的适应能力增强公司竞争力，宣布将重点发展芯片业务，并将生成式人工智能应用于工作流程。三星不仅在电子领域涉足多个子行业，还在金融、化学、医疗等不同产业寻找创新机会，进行数字化转型，采用先进的数字技术、人工智能技术和物联网技术，以提高生产效率、优化供应链管理，并为用户提供更智能、个性化的产品和服务，同时推出环保产品、采用绿色制造流程以及承诺使用可再生能源等举措，致力于在创新的同时对环境产生积极影响。

四　韩国企业战略性新兴产业发展的特点

GEII 2024 揭示了韩国企业在全球科技创新竞争版图中的表现，三星是韩国科技创新的典范。韩国企业战略性新兴产业发展主要呈现以下特点。

（一）政府主导科技创新发展模式，战略优化产业布局结构

韩国的科技创新由政府主导，并通过战略性的布局和政策规划推进。政府制定了一系列全面的科技政策，并通过强化法律和资金支持推动创新。首先，科技创新被视为国家发展的核心战略，由总统直接领导的科技委员会负

责关键政策的审议、科技发展计划的制定及预算的分配。韩国科技部作为副总理级机构，主要负责协调和管理国家科技事务，以确保科技体系的有效运作。其次，韩国通过系统规划推动科技与产业的融合，涵盖长期规划、五年规划以及专项规划等多个层面。这些规划旨在提升创新能力、提高研发水平，并推动科技成果的实际应用。政府还通过资金支持引导重点产业的发展。例如，韩国在2010年成立了总规模达1500亿韩元的半导体基金会，并在2023年3月发布的《国家尖端产业培育战略》中计划在半导体领域投资340万亿韩元。在诸多有利政策引导下，近年来，韩国以新材料、新能源、新一代信息技术等为代表的战略性新兴产业蓬勃发展，这些新兴产业的崛起不仅加速了科技创新和产业升级，也为韩国在全球经济中保持竞争力打下了坚实基础。

（二）韩国战略性新兴产业发展态势良好，三星在多个领域独占鳌头

韩国在六大战略性新兴产业中企业上榜总频次位居全球第五，这一里程碑式的成就不仅标志着韩国前沿技术领域涌现了一批杰出的企业与产业集群，也彰显韩国企业在全球产业链和价值链中的积极贡献。三星作为韩国的企业巨头，其创新发展态势最受人瞩目。三星在5个战略性新兴产业领域均处于世界领先位置，其中在新一代信息技术、新材料领域均位居第一，在新能源、高端装备制造领域均排名第四，在新能源汽车领域排名第五，彰显强大的科技创新实力。此外，在战略性新兴产业全球企业创新指数100强中有不少韩国企业，其中LG、现代汽车等科技领军企业更是在多个领域跻身世界第一梯队。然而，韩国企业在生物领域仍存在广阔的发展空间，需要进一步推动该领域的深入发展，同时促进不同领域的融合与协同，将有助于实现技术突破和创新发展。

（三）韩国企业的技术创新能力突出，但中小型企业上榜率较低

韩国企业的技术创新能力在国际上处于领先地位，原创性科技创新成果不断涌现，为韩国经济的可持续发展和全球科技进步贡献了重要力

量。以三星、LG 为代表的韩国企业在新一代信息技术、新材料、新能源领域拥有较多的三方专利、PCT 专利，专利的转让活动也较为频繁，展现了卓越的技术创新实力和较高的市场活跃度。尤其在新一代信息技术领域，韩国企业的表现值得借鉴。此外，SK、现代汽车、浦项制铁等大型韩国企业也正在加大在新一代信息技术、新材料等领域的投入，推动技术创新不断迈向国际领先水平。然而，韩国企业发展不均衡现象突出。少数大型企业如三星、LG 等通常在全球范围内拥有较高的市场份额和强大的技术实力，是韩国经济增长的引擎。由于过度依赖这些大型企业，韩国其他中小型企业的上榜率相对较低，反映出韩国企业在技术、创新和市场拓展等方面仍存在较大差异。未来可以加强产业链的协同和衔接，支持中小型企业的创新和发展，推动韩国经济向更加可持续的发展模式迈进。

（四）韩国企业以产学研合作促进成果转化，积极推进科研全球化

为推动科技成果的转化和实际应用，韩国企业在产学研合作方面采取了多项措施。首先，韩国已经建立一种政府主导、企业主体的产学研合作机制，这一机制紧密围绕企业需求展开研究。其次，为促进科研成果的产业化，韩国设立了技术商业孵化中心和新技术创业支持中心等平台，强化了科研成果供需双方的联系。此外，韩国的高等院校通常设有专门的产学研合作基金会，致力于推动与企业的合作及科技成果的商业化应用。韩国企业不仅在产学研合作方面表现优异，在全球创新合作网络中也扮演重要角色。通过与其他国家和国际组织的合作，韩国得以分享和获取前沿科技信息、研究成果以及创新理念。这种跨国合作不仅拓宽了韩国科研者的视野，也推动了科技领域的知识交流，为解决全球性问题提供更广泛的智力支持。总体而言，韩国的全球创新合作战略有助于弥补国内技术短板，推动科技创新，提高产业的国际竞争力。通过开展更深入的国际合作，韩国能够在全球科技创新的浪潮中更好地发挥引领作用，实现经济可持续发展的目标。

参考文献

崔明旭：《韩国半导体产业的战略定位与制约因素》，《东亚评论》2023 年第 2 期。

莫富传、胡海鹏、袁永：《韩国生物医药产业创新发展政策研究》，《科技创新发展战略研究》2021 年第 3 期。

王龙等：《国外发展先进制造业的战略部署及启示》，《广东科技》2022 年第 2 期。

B.14
法国企业创新发展态势

张　琳　李　纲　孙　彤　毛雨亭*

摘　要： 凭借强大的工业优势，法国战略性新兴产业面对国家科技创新的需求和导向，积极推动经济发展。法国在六大战略性新兴产业领域共有14家企业上榜，企业上榜总频次为21次，位列全球第6，彰显了法国在战略性新兴产业领域的潜力和竞争力。在新能源和新能源汽车领域，法国展示出强劲的发展势头。在生物领域，法国企业发展不均衡，头部企业赛诺菲跻身第一梯队。高端装备制造领域，法国企业不仅产业规模持续扩大，而且在创新能力上也展现出了显著的优势。新材料领域，法国企业处于第二梯队，在创新能力方面展现出进一步提升与拓展的潜力。新一代信息技术领域，法国缺少具有国际竞争力的企业。结合指数报告结果，本文选取在新能源、高端装备制造和新材料三个领域表现较出色的赛峰作为法国企业创新的典范。作为传统工业强国，法国实行再工业化，支持制造业和新兴工业领域发展，推动创新型国家建设。一方面，向外拓展国际合作，上榜企业具有全球影响力；另一方面，向内集成公私机构的优势科技资源，开展多层次合作。为了加快节能减排和新能源产业发展，法国大力助推脱碳经济转型，极具特色的高等工程教育模式使得科技创新队伍呈现蓬勃的发展态势。

关键词： 法国企业　战略性新兴产业　科技创新能力　赛峰

* 张琳，武汉大学信息管理学院教授、博士生导师，主要研究方向为科学计量学与科技管理；李纲，武汉大学信息管理学院教授、博士生导师，主要研究方向为竞争情报与数字经济；孙彤，武汉大学信息管理学院本科生；毛雨亭，武汉大学信息管理学院硕士研究生，主要研究方向为科技计量与科技管理。

一　法国战略性新兴产业的发展背景

法国是传统的工业强国，在核电、航空、航天和铁路方面居世界领先地位。20 世纪 80 年代以前，法国凭借强大的工业优势，经济实力久居世界前列。但随着经济全球化和国际产业转移趋势的不断深化，法国工业日益衰退。近年来法国推动再工业化，既包括吸引制造业回流，也包括支持新兴工业领域发展。

第二次世界大战结束后，法国历届政府不断推动建立、健全独立自主的政策体系，推动工业化改革和产业高质量发展，促进创新型国家建设。1982 年，法国政府颁布《研究与技术开发纲要指导法》，制定了关于研究成果推广应用和商业化的政策，强调建立科研机构与企业相结合的科研机制。2005 年，法国推出的竞争力集群计划作为国家创新政策支柱之一，为法国成功培育了一批高水平创新型产业集群，覆盖材料与智能制造、信息与通信、生物与健康等十大新兴技术领域。为了应对全球竞争，巩固、强化本国的创新地位，法国于 2006 年发布了《科研项目法》，对国家科研创新体系进行了全面的改革，重点突出了“强化不同研究主体之间的合作”、“加强公共和私人研究部门之间的联系”以及“加快融入欧洲研究区与全球创新体系”等促进协同创新的措施。2013 年 9 月，法国正式宣布实施“新工业法国”计划，确定了 34 个优先发展的工业项目，包括新一代高速列车、电动飞机等，[①] 保持了法国在交通、航空航天等领域的优势。同时，法国鼓励国立科研机构、高校与企业进行协同创新，开展“伙伴研究”，并颁布多项政策，促进公私之间的科技成果转化。[②] 马克龙总统于 2022 年 10 月公布“法国 2030”投资计划，将对关键产业增加 300 亿欧元投资，明确了未来法国科技创新的需求和导向。其

① 《法国“再工业化”开始效法德国》，商务部网站，2015 年 6 月 3 日，http: //gpj.mofcom.gov.cn/article/zuixindt/201506/20150601000720.shtml。

② 《法国国防工业科技创新政策研究与启示》，国家知识产权局网站，2016 年 11 月 17 日，https: //www.cnipa.gov.cn/art/2016/11/17/art_ 1415_ 133060.html。

中，能源和经济脱碳、交通、健康、农业和食品、电子和机器人技术供应、战略原材料供应、初创企业、针对战略部门的创新培训、文化、太空和海洋等为未来投资的十大优先领域。[①] 2023 年 10 月 11 日，法国议会通过“绿色产业法案”，大力支持本土绿色技术研发，推动绿色转型，计划投资 10 亿欧元，推动风电、光伏、热泵、电池和氢能等五大脱碳技术发展。当前，法国战略性新兴产业发展正处于抢占制高点、向更高位跃升的重要关口。

二 法国企业战略性新兴产业的创新表现

GEII 2024 揭示了法国企业在全球科技创新竞争版图中的表现。法国在六大战略性新兴产业领域共有 14 家企业上榜，企业上榜总频次为 21 次，位列全球第 6，彰显了法国在战略性新兴产业中的潜力和竞争力。作为全球产业链中的关键角色，近年来法国不断推动科技创新和产业升级，为全球经济发展注入新的动力。

图 1 展示了 2023 年法国六大战略性新兴产业全球企业创新指数 100 强分布情况。研究发现，赛峰是法国航空器与火箭发动机研发商、世界 500 强企业之一，科技创新综合能力跻身多个产业的全球企业创新指数 100 强，是法国科技企业的佼佼者，在高端装备制造、新能源汽车、新材料、新能源四个领域表现突出，分别居第 17 位、第 51 位、第 66 位和第 85 位，知识创新等方面在全球范围内也有广泛影响。泰雷兹是法国最大的防务类机械电子科技公司，在新一代信息技术和高端装备制造领域分别排名第 35 和第 37，均进入 50 强。液化空气是世界上最大的工业气体和医疗气体以及相关服务的供应商之一，在新能源汽车领域排名全球第 37，在知识创新方面表现尤其突出，同时在高端装备制造领域也有不俗表现。法雷奥和雷诺在新能源领域的表现优异，在新能源汽车领域同样发展势头强劲。阿科玛和圣戈班作为法

① 苑生龙：《2023 年法国宏观经济形势及国内改革推进情况》，《中国经贸导刊》2023 年第 10 期。

国新材料领域的代表企业，均入围全球 20 强，在技术创新方面表现出色。赛诺菲是生物领域全球第 6 名，知识创新、技术创新、创新协作等方面表现突出，是法国生物医药行业的排头兵。空客集团在高端装备制造领域表现突出，位列全球第 7，技术创新表现不俗。

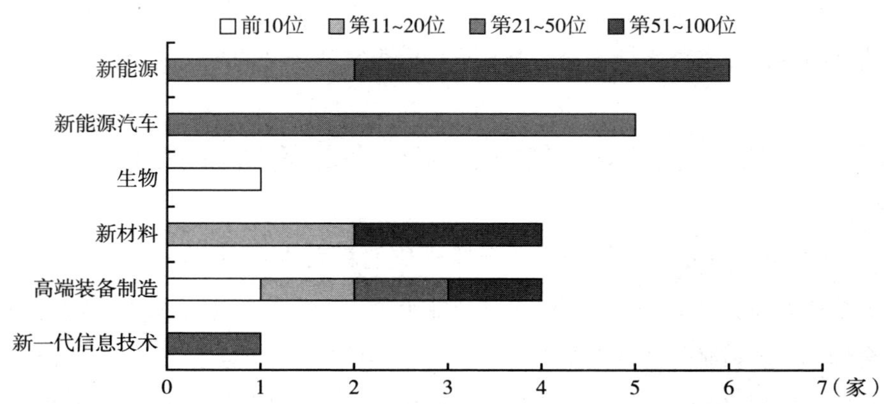

图 1　2023 年法国六大战略性新兴产业全球企业创新指数 100 强分布情况

法国在新能源和新能源汽车产业有多家企业入围全球企业创新指数 100 强，在生物、高端装备制造产业也有企业进入第一梯队，新材料产业的企业也表现不凡。然而，新一代信息技术产业仍然缺乏优势企业的支撑，呈现战略性新兴产业发展不平衡的状况。法国在各个领域的表现具体如下。

（一）法国在新一代信息技术领域发展相对落后，缺乏具有全球竞争力的企业

作为发达国家，法国拥有雄厚的科技实力以及人才、技术优势，在互联网发展初期已经创建本国信息网络及网络应用，但由于早期发展规划不足等，错失了发展的最佳时机。与中美日韩等新一代信息技术创新的绝对主导者相比，法国信息技术整体实力不强，仍有较大追赶空间。法国缺乏具有全球竞争力的头部企业，仅有 1 家企业进入新一代信息技术产业全球企业创新指数 100 强，即泰雷兹（见表 1）。

泰雷兹致力于航空、航天、轨道交通、数字身份与安全等领域，在包括软件安全、生物识别以及加密技术在内的数字安全领域已成功地将其先进技术应用于移动通信、银行、物联网及软件货币化等业态，目前正就数据确权、数据脱敏、软件和算法保护等时下最热门的课题展开研究。泰雷兹在知识创新扩散方面具备优势，媒体关注频次较高。

表 1　2023 年法国新一代信息技术产业全球企业创新指数 100 强

序号	企业	全球排名	综合得分	知识创新	技术创新	创新协作
1	泰雷兹	35	68.74	69.90	69.45	63.96

（二）法国企业在高端装备制造领域发展平稳，产业规模和创新能力表现不俗

法国具有国际竞争力的制造行业企业大多处于中等和高等技术水平，低等技术水平及劳动密集型和资源型企业没有竞争力。2022 年法国制造业增加值为 2459 亿美元，在全球占比仅为 1.44%。法国共有 4 家企业跻身高端装备制造产业全球企业创新指数 100 强，空客集团和赛峰进入全球第一梯队，创新能力领先（见表 2）。

表 2　2023 年法国高端装备制造产业全球企业创新指数 100 强

序号	企业	全球排名	综合得分	知识创新	技术创新	创新协作
1	空客集团	7	75.29	70.23	78.80	69.65
2	赛峰	17	71.98	67.35	74.91	67.99
3	泰雷兹	37	69.41	70.39	70.21	64.54
4	液化空气	57	67.91	64.62	70.62	62.54

空客集团排在第 7 位，是世界领先的航空航天企业之一，在各个维度均有较为出色的表现，是高端装备制造领域知识创新的佼佼者，同时其凭借庞大的创新主体规模和国际合作论文数跻身创新协作第一梯队。赛峰是

全球历史最为悠久的飞机发动机制造商之一，旗下汇集了航空、航天和防务领域的标志性创新型公司。赛峰在高端装备制造领域技术创新和创新协作两个维度跻身20强。赛峰拥有较多的国际专利申请，其专利发明人数量处于第一梯队，合作专利数排名第7，彰显了赛峰强大的科技创新实力以及在高端装备制造领域的全球竞争力。泰雷兹也在高端装备制造领域的科技创新方面表现出色，为移动运营商、设备制造商以及服务提供商提供一系列高端装备制造解决方案，尤其是在知识创新方面表现不俗。液化空气是世界上最大的工业气体和医疗气体以及相关服务的供应商之一，在科技创新方面有着突出贡献，专利施引国家数位居全球第3，专利施引国家多样性居首位。

（三）法国新材料领域处于全球第二梯队，企业创新能力存在发展空间

法国是一个自主创新型国家，科技发展历史悠久，材料科学是法国在民用核能、航空航天、交通运输和农业等领域领先的重要支撑。[①] 与美日韩等国家相比，法国在新材料产业规模和技术水平等方面存在较大差距，尤其是在高品质新材料方面。法国共有4家企业跻身新材料产业全球企业创新指数100强，分别为阿科玛、圣戈班、赛峰和道达尔能源。

法国新材料产业具备一定实力，发展潜力巨大。作为全球领先的特种材料生产商，阿科玛致力于通过独特的材料科学专业知识和一系列世界一流技术，满足全球对新型可持续材料日益增长的需求，在新材料领域居全球第12位。圣戈班通过研发新材料，以磨料磨具、陶瓷材料及玻璃纤维三大主营业务为基础，培育了卓越的新材料创新研发实力，位居全球第15。赛峰除了在新能源和高端装备制造领域贡献优异外，在新材料领域的表现也值得关注，该公司自20世纪80年代起就开始使用聚合物基复合材料，是该领域的开拓者，全球排名第66（见表3）。道达尔能

---

① 黄健：《法国材料战略的回顾与趋势分析》，《新材料产业》2014年第2期。

源是一家多元化能源公司，在全球生产和销售包括石油、生物燃料、天然气、绿色燃气、可再生能源和电力在内的能源产品，在新材料领域的技术创新质量方面表现优异。虽然在当前全球新材料产业中，法国处于第二梯队，但已拥有一些新材料领域领先企业，说明法国在新材料科技创新方面发展前景广阔。

表 3　2023 年法国新材料产业全球企业创新指数 100 强

序号	企业	全球排名	综合得分	知识创新	技术创新	创新协作
1	阿科玛	12	72.74	68.48	76.31	65.54
2	圣戈班	15	71.75	67.68	75.41	63.87
3	赛峰	66	67.28	67.85	68.06	63.22
4	道达尔能源	92	66.10	60.00	69.68	61.95

（四）法国在生物产业发展不均衡，赛诺菲在全球范围内引领发展

法国医疗产业发展水平一直处于欧洲前列，拥有 4 个世界排名前 25 的公共研究机构，生物技术的专利申请数在欧洲排名第 1，拥有 3000 余家医疗健康企业，生物医药行业发展态势良好。与美国等全球生物产业技术创新的绝对主导者相比，虽然法国紧随领头羊瑞士、美国、英国之后，但法国生物产业整体实力仍有较大发展空间。法国只有赛诺菲 1 家企业进入生物产业全球企业创新指数 100 强，且跻身前 10（见表 4）。

表 4　2023 年法国生物产业全球企业创新指数 100 强

序号	企业	全球排名	综合得分	知识创新	技术创新	创新协作
1	赛诺菲	6	77.48	76.93	76.40	82.74

赛诺菲是唯一跻身生物产业全球企业创新指数前 10 的法国企业，其在知识创新、技术创新、创新协作等方面都表现突出。赛诺菲是一家全球领先的医药健康企业，主要业务涵盖三个领域：制药、人用疫苗和动物保健。赛

诺菲致力于科学发展及创新，科研成就及贡献得到广泛认可，在知识创新维度跻身全球前 20，也积极向其他国家传输知识，具有较高的引文影响力，在整个专利合作网络中也占据重要地位。

（五）法国在新能源汽车领域加速成长，大批潜力企业纷纷涌现

法国重视新能源汽车领域的发展，政府积极出台相关激励政策，各大企业也致力于研发和生产高性能、环保的新能源汽车，以满足市场需求，展现出强劲的增长势头。相较于中美日在全球新能源汽车领域的卓越领先地位，法国的整体实力尚显不足，拥有广阔的发展空间。法国有 5 家企业跻身新能源汽车产业全球企业创新指数 100 强，分别为雷诺、液化空气、EADS、法雷奥和赛峰，且这些企业大部分集中于第二梯队，虽然缺乏直接领跑全球市场的头部企业，但展现出的快速追赶态势不容小觑，预示着法国在该领域的潜力与活力。

在上榜企业中，雷诺排名相对靠前，并且在技术创新维度表现较好。雷诺作为法国知名汽车制造企业，在创新协作维度跻身全球前 20，雷诺重视与其他国家的合作，合作专利数位居全球第 3。除了高端装备制造领域，液化空气在新能源汽车领域也表现优异，居全球第 37 位，但在新能源汽车领域的知识创新和技术创新维度均没有突出表现。EADS 是欧洲的大型航空航天工业公司，在知识创新影响方面具有出色表现。法雷奥和赛峰在多个领域的技术创新积累也为它们在新能源汽车领域的发展奠定了基础，在该领域具有巨大的发展潜力（见表 5）。

表 5　2023 年法国新能源汽车产业全球企业创新指数 100 强

序号	企业	全球排名	综合得分	知识创新	技术创新	创新协作
1	雷诺	29	68.38	63.42	70.97	66.31
2	液化空气	37	67.38	66.35	69.44	60.86
3	EADS	44	66.98	68.19	67.87	61.40
4	法雷奥	48	66.76	63.89	69.11	62.14
5	赛峰	51	66.57	66.70	67.68	61.88

（六）法国企业在新能源领域表现突出，头部企业技术创新能力卓越

作为欧盟大国，法国在新能源发展过程中具有引领作用，法国政府不断依据国内外形势的变化调整能源结构，法国新能源战略的核心目标是提高脱碳电能产量。法国共有 6 家企业进入新能源产业全球企业创新指数 100 强，分别是施耐德电气、阿海珐、法雷奥、雷诺、赛峰和耐克森。尽管与日本、美国和中国相比还存在一些差距，但法国企业在全球新能源领域已具有一定影响力和竞争力，孕育了一批具有较高研发水平的优质企业。

在上榜企业中，施耐德电气和阿海珐在新能源领域处于领先水平。其中，施耐德电气居第 24 位。施耐德电气是法国的全球化电气企业，全球能效管理和自动化领域的专家，致力于推动数字化转型，积极发展清洁能源与能源数字化，在新能源领域表现出色，在技术创新维度跻身前 20，在技术创新质量和影响方面表现尤为突出，在专利家族国家数方面，施耐德电气居第 7 位，专利转让数和专利施引国家数排名也靠前。阿海珐排在全球第 47 位，是一家法国核工业公司，在全球核能源建设领域首屈一指。法雷奥和雷诺在全球新能源领域分别排在第 69 位和第 72 位，均在知识创新领域表现不俗，篇均论文被引频次分别居第 7 位、第 8 位，论文施引国家数跻身前 20，论文施引国家多样。此外，赛峰和耐克森在新能源领域也有比较不错的表现（见表 6）。

表 6　2023 年法国新能源产业全球企业创新指数 100 强

序号	企业	全球排名	综合得分	知识创新	技术创新	创新协作
1	施耐德电气	24	69.44	67.55	72.23	61.48
2	阿海珐	47	67.21	67.06	68.87	60.85
3	法雷奥	69	65.79	69.65	65.39	60.93
4	雷诺	72	65.53	69.57	64.71	62.06
5	赛峰	85	65.05	67.49	65.02	61.06
6	耐克森	87	64.93	62.49	67.11	60.24

三　典型企业分析——赛峰

根据 GEII 2024 的评估结果，法国的企业赛峰在新能源、高端装备制造和新材料三大战略性新兴产业领域有着出色的表现，体现了其卓越的自主创新能力。因此，本部分以赛峰作为法国企业创新的典范，结合创新指数测度结果展开分析。

（一）企业简介

赛峰（Safran）于 1896 年成立了第一家公司，是全球历史最为悠久的飞机发动机制造商之一，旗下汇集了航空、航天和防务领域的标志性创新型公司，于 2005 年由斯奈克玛（Snecma）和萨基姆（Sagem）合并成立。斯奈克玛是专业航空发动机制造商，最早可以追溯至 1905 年的 Gnome 公司；法国于二战后国有化 Gnome & Rhne，并整合了大多数法国航空发动机制造商，形成了斯奈克玛。萨基姆是欧洲领先的防务领域电子设备制造商。赛峰还吸收了一系列航空装备领域的标杆性制造商。赛峰是世界一流的航空发动机和设备制造商，在全世界范围内设计、开发、生产、销售航空推进系统及设备，并提供维修和大修服务。其宗旨为“得益于赛峰人的承诺和奉献、久经考验的创新和卓越运营，赛峰集团设计、打造和支持高科技解决方案，致力于构建更安全且可持续发展的世界，让航空运输更加环保、舒适和便利。同时，赛峰集团还运用技术专长开发解决方案，满足防务及航天等战略需求”，体现了赛峰对自主创新能力的重视，也契合其在新能源、高端装备制造和新材料领域的发展趋势。

（二）创新指数结果

作为世界领先的军工行业制造商，赛峰不仅在主营业务中发展势头强劲，在高端装备制造产业排名第 17，而且在新能源、新能源汽车和新材料产业均进入全球企业创新指数 100 强，是全球科技企业的翘楚之一（见表 7）。

表 7　2023 年赛峰在战略性新兴产业各领域中创新指数情况

战略性新兴产业	全球排名	创新指数综合得分	知识创新得分	技术创新得分	创新协作得分
高端装备制造	17	71. 98	67. 35	74. 91	67. 99
新能源汽车	51	66. 57	66. 70	67. 68	61. 88
新材料	66	67. 28	67. 85	68. 06	63. 22
新能源	85	65. 05	67. 49	65. 02	61. 06

赛峰在高端装备制造领域表现优异，综合得分排名第 17。赛峰在技术创新、创新协作维度有突出表现，但在知识创新维度，赛峰并未进入高端制造领域知识创新的 20 强，在知识创新产出、知识创新影响和知识创新扩散三个维度均不如进入高端装备制造产业全球企业创新指数 100 强的泰雷兹，在知识创新维度仍具有巨大的发展空间。在技术创新维度，赛峰的技术创新得分排名第 14，拥有较多的国际专利申请。在创新协作维度，赛峰的创新协作得分排名第 18。赛峰拥有庞大的创新研发主体，专利发明人数量处于第一梯队，体现了世界知名企业研究人员积极参与技术创新研发活动，拥有强大的科技创新力量。从国际合作专利数量看，赛峰的国际合作专利数位居全球第 7，表明其进行了频繁且积极的跨国科研合作。赛峰在飞机发动机、直升机发动机以及短舱领域的专业知识和技术专长使其成为领先的飞机制造商的首选合作伙伴，有助于其通过开发突破性技术，拓展高端装备制造领域的发展版图。

赛峰在新能源汽车领域位于第三梯队，在知识创新、技术创新、创新协作维度的得分分别为 66. 70、67. 68、61. 88，不具有突出优势，均未入围新能源汽车领域各指标 20 强，创新协作维度相对落后。赛峰在新能源领域排名第 85，在知识创新、技术创新、创新协作维度的得分分别为 67. 49、65. 02、61. 06，均未入围新能源领域各指标 20 强，尤其是在技术创新维度与头部企业还有一定差距。2023 年，欧洲议会通过了“ReFuel EU Aviation”立法，该立法旨在规范和鼓励在民用航空领域使用可持续燃料。作为航空业的领军企业，赛峰参与了这一项目。目前，赛峰推出更轻、更电气化的设备，致力于让航空运输更加安全和环保。同时，赛峰采取积极政策应对气候挑战，为推动航空业在2050年前实现碳中和转型贡献一己之力。作为航空设备供应商，赛峰努力减少与生产流程相关的二氧化碳排放量。致力于环保和减碳事业，专注于混合动力发展，体现了赛峰在新能源领域的探索与突破。

在新材料产业，赛峰具备一定实力，综合排名第66，在知识创新、技术创新、创新协作维度的得分分别为67.85、68.06、63.22，不具有突出优势，均未入围新材料领域各指标20强。当前，赛峰主要在制造工艺方面使用新材料进行优化，例如其针对座椅外壳的复合材料开发了新的生产工艺，生产的产品质量、成熟度和效率方面都有所提高。赛峰得益于在复合材料领域的技术领先地位，其制造的短舱具有性能好、空气动力优、噪声小、轻便等优势。作为军工科技创新的领军者之一，赛峰加速新材料的发展，为全球航空航天和防务事业发展做出更为卓越的贡献。

（三）企业创新举措

赛峰作为全球行业领导者，再次凭借技术突破，引领无碳航空的发展，对美好未来的构建具有决定性意义。赛峰为提前响应客户需求，创新开发航空、航天和国防领域的未来技术、产品和服务。集团大部分员工都从事研究和开发工作，以探索新的创新领域。赛峰申请的专利数量保持逐年增长，其创新能力奠定了全球第三大航空制造公司（不包括飞机制造商）的地位。作为全球领先的航空航天企业，“创新”是赛峰血液里流淌的基因，“智能制造”是赛峰产业数字化转型和升级的动力基础，碳中和是赛峰航空与环境战略的既定目标。

首先，赛峰始终将自主创新放在首位，致力于以技术突破促进企业发展。2022年，赛峰投入营业额的5.6%用于研发，其中，75%的研发投资用于核心业务部门可持续航空技术。赛峰超过1/6的员工从事研发工作，包括研发人员和技术人员。得益于对技术创新的大力投入，赛峰在技术方面取得了举世瞩目的突破。为了应对紧迫的气候挑战，赛峰制定了一项雄心勃勃的政策，以支持到2050年的碳中和航空转型。2021年，赛峰及其合作伙伴GE航空航天发布了可持续发动机革命性创新（RISE）技术开发项目，旨在研发一款未来发动机，燃油效率将比最新一代LEAP发动机提高20%，并且可100%兼容可持续航空燃料（SAF）或氢能源。这两项技术的结合将使飞机的碳排放量减少80%以上。①

其次，赛峰重视创新人才培养，将人才视为企业成功的关键。赛峰的创新精神来自其创始人，并由数万名赛峰人才共同传承。赛峰秉持“人才，是我们当前和未来成功的关键”的人才理念，建立了一套先进完善的人才培养机制，从赛峰培训中心提供的海量高质量在线培训课程到结合人才个人诉求和工作需要制定的培训方案，都在为人才的职业发展助力。目前，在全球范围内，赛峰共有超过83000名员工，其中超过2/3的员工参与各项员工培训课程。凭借优质的人才战略和培养体系，赛峰居全球最佳雇主第28位（《福布斯》2022年“全球最佳雇主”排名）。赛峰奉行积极主动的政策，促进平等、多样性，致力于人才的自我发展。

最后，赛峰重视产学研合作，在协同创新方面取得突破。赛峰重视高校在技术创新和人才输送中的重要作用，积极与国内外高校开展产学研合作，如上海交通大学巴黎卓越工程师学院、北京航空航天大学中法工程师学院。2005年，赛峰开创了行业先例，参与建立了北京航空航天大学中法工程师学院，双方在学术领域交流频繁，并且培养了大批优秀的工程师，如今已成为中法两国教育合作的典范。赛峰通过校企合作的模式，促进了产业界和学术界的合作创新。在协同创新方面，秉承开放创新的理念，赛峰与供应商紧密合作，落实协同创新策略，并携手全球范围内的多种不同合作伙伴共同开发创新概念。② 近年来，赛峰全力投身中国航空市场，携手中国伙伴共同推进行业向绿色航空转型，积极携手中国本土行业伙伴加速探索驱动航空业低

① 《创新》，赛峰网站，https：//www.safran-group.com/cn/qun-ti/chuangxin。

② 《赛峰：看好中国　不断拓展与中方合作的深度与广度》，搜狐网，2016年4月18日，https：//www.sohu.com/a/70017413_115926。

碳发展的可行路径。赛峰积极参与协同创新，在跨技术领域协同创新中迈出重要一步，促进企业的创新发展。

四　法国企业战略性新兴产业发展的特点

GEII 2024 揭示了法国企业在全球科技创新竞争版图中的表现，赛峰是法国科技创新的典范。法国企业战略性新兴产业发展主要呈现以下特点。

（一）大力推进再工业化，支持制造业和新兴工业领域发展

法国是世界主要发达工业国家之一，工业体系较为完备，在航空航天、生物医药、军事国防等工业领域优势突出。但是，法国经历了长期的去工业化，在经济增长持续低迷、全球供应链不稳定的背景下，去工业化对法国经济造成的负面影响逐渐凸显，推动再工业化成为法国各界的共识。近年来，法国的经济主权和安全议题受到广泛关注，法国多个不同层次的机构就这一议题发表了多项研究报告，法国总统马克龙也多次强调维护和强化国家经济主权的重要性，并在其首个任期内出台了旨在支持法国工业复兴的“法国 2030”（France 2030）等投资计划。在政府“法国复兴计划”（France Relance）的支持下，旨在提升生产设施现代化水平的投资项目明显增加，用于支持工业转型升级、节能减排和制造业回流。通过吸引制造业回流、支持高新技术产业发展、加大研发创新力度等政策，法国希望重振工业经济，提升工业企业的市场竞争力，并降低对国际供应链的依赖，增强经济结构的稳定性，同时重塑并强化地缘政治竞争力。[①]

（二）政策推动多层次合作，引领法国创新型国家建设

法国是世界公认的创新型国家，在六大战略性新兴产业中企业上榜总频

① 《法国再工业化：背景、动机与困境（上）》，澎湃新闻，2023 年 5 月 15 日，https://m.thepaper.cn/baijiahao_23039068。

次为21次，位居全球第6，这一成就不仅彰显法国作为传统工业强国的强劲实力，更凸显了法国企业在全球企业创新中发挥的巨大作用。

法国历届政府十分重视利用国际合作推动科技创新，同时注重联合某一地区传统优势产业的企业，整合研发、教育等优势资源，以协同创新的方式提升企业技术竞争力。此外，法国政府鼓励大企业开展与中小企业的合作，推动大企业利用政府的资助开展相关领域研发。另外，法国设立具有政府背景的区域性或全国性“应用科学服务机构”，集成优势科技资源，促进科技创新应用环节的公私合作。① 法国通过合作促进创新型国家建设，可以利用各方的基础、发挥各方的优势、带来创新的机遇、规避创新的风险，促进不同领域的融合与协同，极大地推动了技术创新的发展。

（三）加快节能减排和新能源产业发展，大力助推脱碳经济转型

当今世界气候变化和能源安全已成为全球各国面临的主要挑战。为应对这一挑战，欧盟各国从20世纪90年代开始积极调整能源政策，并以大力发展新能源为主要方向。法国重视气候变化和环境保护问题，出台相关政策支持节能减排和新能源产业发展，并致力于推动国际社会形成环保共识，环保也是中法重要合作领域之一。2022年，法国总统马克龙宣布法国将推行新能源战略，以提高脱碳电能产量为目标，重点发展可再生能源和核能两大支柱能源。在可再生能源领域，法国将重点发展太阳能、海上风能与陆上风能。针对其他国家占据欧洲太阳能光伏板市场的情况，法国将努力推动欧盟各国共同发展自主产业抗衡。在核能方面，法国将不再关停核电站，并大力发展创新型核反应堆，这是对此前法国核能政策的战略性转向。②

① 刘立峰：《推动多层次合作是法国创新型国家建设的重要途径》，《中国中小企业》2017年第9期。

② 王晓菲：《法国发布新能源战略“重启民用核能的伟大征程”成为战略性转向》，《科技中国》2022年第7期。

为实现脱碳经济转型，法国从各个传统工业部门开始，加大投入，促进新能源技术发展和企业低碳转型。航空业及相关产业在法国经济中占据重要地位，为推动航空业低碳转型，法国政府将加大投资以支持开发更节能的飞机发动机、使用新型复合材料和设计新型飞机等，同时加大航空生物燃料开发等方面的投入。

（四）法国积极探索人才培养新模式，促进拔尖创新人才的体系化培养

高等教育是建设科技强国的重要基石。法国历来重视高等教育，极具特色的高等工程教育模式为世界科技产业提供了大量人才；着力创建法国国家科学研究中心等世界顶尖科学研究机构，激发科学研究潜力。法国高质量的高等教育为其在人工智能时代赢得先机创造了先决条件。[①] 除了传统的工程师教育人才培养模式，法国依靠“举国体制”选拔人才，在众多大型尖端领域，如航空航天、核能、高铁、电信、军事工业等领域均居世界前列。近年来，法国意识到人工智能方面的短板，将“发展人才生态系统”作为“国家人工智能战略”三大核心战略之一，以适应智能时代对技术研发速度与质量的双重需求。法国通过一系列战略为科技企业输送大批人才，科技创新队伍呈现蓬勃的发展态势。

参考文献

黄健：《法国材料战略的回顾与趋势分析》，《新材料产业》2014 年第 2 期。

刘立峰：《推动多层次合作是法国创新型国家建设的重要途径》，《中国中小企业》2017 年第 9 期。

王晓菲：《法国发布新能源战略“重启民用核能的伟大征程”成为战略性转向》，

① 郑雅倩、田芬：《法国人工智能时代高等教育改革新趋势——基于马克龙政府“国家人工智能战略”系列文本的分析》，《比较教育研究》2023 年第 7 期。

《科技中国》2022 年第 7 期。

苑生龙：《2023 年法国宏观经济形势及国内改革推进情况》，《中国经贸导刊》2023 年第 10 期。

郑雅倩、田芬：《法国人工智能时代高等教育改革新趋势——基于马克龙政府“国家人工智能战略”系列文本的分析》，《比较教育研究》2023 年第 7 期。

B.15
瑞士企业创新发展态势

李 纲　谢信芝　商雨萱　叶冬梅*

摘　要： 作为全球最具创新力的经济体之一，瑞士以独特的管理方法和“自下而上”的科学创新基本原则，在世界创新版图中赢得了一席之地。联邦政府通过一系列利好政策和措施，为企业创造了良好的创新生态环境。瑞士在六大战略性新兴产业领域共有11家企业上榜，企业上榜总频次为15次，位列全球第7。在新能源领域，瑞士企业表现良好，ABB跻身第一梯队。在生物产业领域，瑞士企业的科技创新能力处于全球领先位置，罗氏和诺华的综合水平分别位居第2和第3。但在高端装备制造、新材料、新能源汽车、新一代信息技术领域，瑞士缺少具有国际竞争力的企业。本文选取罗氏作为瑞士企业创新的典范，结合创新指数测度结果展开了深入分析，揭示了罗氏在产品研发、组织管理和外部合作方面的创新精神和举措。瑞士在科技创新方面取得显著成就，但仍需不断优化发展战略、加强国际交流，以保持在全球科技竞争中的领先地位。

关键词： 瑞士企业　战略性新兴产业　科技创新能力　罗氏

一　瑞士战略性新兴产业的发展背景

世界知识产权组织发布的GII 2023显示，瑞士连续13年位居全球创新

* 李纲，武汉大学信息管理学院教授、博士生导师，主要研究方向为竞争情报与数字经济；谢信芝，武汉大学信息管理学院本科生；商雨萱，武汉大学信息管理学院本科生；叶冬梅，武汉大学信息管理学博士研究生，主要研究方向为科技计量与创新管理。

指数排行榜榜首，[①] 人均知识产权数量、人均 GDP 也一直处于世界前列，是世界上最具创新力的经济体之一。作为欧洲中部土地资源匮乏的国家，瑞士采取无为而治的管理方法，依托政府、高校、科研机构和产业等紧密合作的创新生态系统，凭借高数量且高质量的科技创新成果，在世界创新格局中赢得了一席之地。瑞士联邦政府前主席兼经济部长施奈德·阿曼在《2016年瑞士科研与创新报告》前言中指出，公共部门不参与狭义层面的创新或行业政策制定，这无疑是瑞士成功的真正秘诀。[②] 政府支持“自下而上”的科学创新基本原则，各州、各产业、各企业、各高校均享有充分的自治权和组织权，科研人员拥有高度的自主权和宽松的研究环境，各个创新主体自发进行创新活动并承担相应风险。

但无为而治并非无所作为。瑞士《联邦宪法》第 64 条规定：“联邦应推动科学研究和创新。”瑞士《研究与创新促进法》（RIPA）保障宪法规定得到具体实施。2011 年，瑞士联邦政府修订 RIPA，对“科学研究和以科学为基础的创新”提供支持并减少职能重叠，将创新责任由“单纯促进科学和创新”的推进者扩展到“将科学和创新政策与科学和创新过程整合成为一个整体的发展进程”的管理者。为推动创新发展，政府对科学研究的支持重点明确放在增强瑞士的竞争力、附加值和就业市场上，[③] 并设立促进创新的公共机构、制定科学创新的战略规划、出台一系列利好的政策，打造良好的创新生态环境。

瑞士联邦政府专设促进研究创新的公共机构，并在高校与企业的合作创新中发挥重要作用。从 20 世纪 90 年代开始，瑞士陆续设立多个执行有力的科研促进机构，并对创新基础设施、创新平台的建设不断优化。目前，瑞士联邦政府促进研究和创新的公共资金主要由两个机构支持：国家科学基金会

---

① 《2023 年全球创新指数：面对不确定性的创新》，世界知识产权组织网站，2023 年 9 月 27 日，https：//www. wipo. int/global_ innovation_ index/zh/2023/index. html。

② 《瑞士的科研与创新体系》，商务部网站，2016 年 12 月 7 日，http：//ch. mofcom. gov. cn/article/ztdy/201612/20161202099870. shtml。

③ 《瑞士科技：瑞士创新政策的新进展及启示》，中华人民共和国驻瑞士联邦大使馆网站，2015 年 4 月 9 日，http：//ch. china-embassy. gov. cn/chn/zl/rscz/201504/t20150409_ 3417522. htm。

（SNSF）和联邦技术和创新委员会（CTI）。瑞士由于担心自身的研究在第二次世界大战后陷入停滞，于 1952 年成立 SNSF，SNSF 目前负责促进以知识为基础的科学研究，主要为基础研究提供资金，对于短期没有商业目的的研究给予支持，其中 80%的经费投向瑞士 11 所本国大学。CTI 成立于 1943 年，目前负责促进以科学为基础的创新，资助公司和大学、研究机构的合作研发项目，支持知识与技术转移（KTT）等。根据 2011 年修订的 RIPA，CTI 从隶属联邦经济部（FDEA）的职业教育与技术局（OPET）独立出来，成为专司创新促进的联邦机构。① 为确保充分发挥促进创新的作用，该机构于 2018 年 1 月 1 日转变为科技创新署。科技创新署以“把科学推向市场”为宗旨，确保实验室开发的创新知识更加快速地转化为适销产品和服务，积极扶持高等教育与商业合作伙伴共同参与的联合研发项目。为促进高校与企业间的知识和技术转让，SNSF 下属的国家能力研究中心建立了促进技术转移的网络，科技创新署为产业和大学的合作研发项目提供最高 50%的资助以促进技术转让，建立“国家竞争力网络”以推动应用大学研究，主持以技术为导向的科研项目以支持行业研发计划。SNSF 与科技创新署联合建立“桥”项目支持瑞士科技创新，通过推进科技与知识的转移发掘科研的经济与社会潜力。② 2013 年 1 月，瑞士联邦政府经济主管部门联邦经济发展事务署（SECO），主管教研与创新的机构联邦教育、科研与创新署（SBFI），负责国家创新项目资助的部门 KTI，一起并入联邦经济、教育与科研部（WBF），形成经济、教育、科技和创新四位一体的政府管理体制，③ 构建了高度协同的创新生态环境，最大化发挥产学研合作的创新效应。

瑞士政府高度重视科技创新战略规划制定。2010 年，瑞士联邦委员会

① 《瑞士科技：瑞士创新政策的新进展及启示》，中华人民共和国驻瑞士联邦大使馆网站，2015 年 4 月 9 日，http：//ch. china-embassy. gov. cn/chn/zl/rscz/201504/t20150409_ 3417522. htm。

② 王璟瑜：《解读瑞士创新的秘密——以生物科技为例》，财新网，2016 年 8 月 15 日，https：//wangjingyu. blog. caixin. com/archives/150230。

③ 郭曼：《瑞士创新生态系统的核心特征及对我国创新体系建设的启示》，《全球科技经济瞭望》2019 年第 8 期。

制定了推动研究和创新的国际化战略，并出台了相应的长期指导方针，鼓励跨境研究和创新合作。[①] 2012 年 2 月，瑞士国家基金会发布《2012～2016 年科学研究战略规划》，提出把每年新批准的项目数量增加 6%，改善科研人员工作条件，提高科学事业吸引力，为创新主体提供更好的资助并推进国际合作，重视应用导向的基础研究，促使公众更好地认识和支持科研工作。2012 年 7 月，瑞士公布《2013～2016 年科研基础设施路线图》，提出积极参与建设并利用大型强子对撞机、X 射线自由电子激光装置等国际条约中承诺的基础设施。[②] 同时，推进欧洲科研基础设施战略论坛项目、生物安全研究保护站等基础设施的建设，积极参与“欧盟研发创新基金”及“地平线 2020”等旗舰项目。2013 年 1 月，CTI 推出知识与技术转移战略，为企业尤其是中小企业与公共研究机构的创新合作提供一个高效的合作平台和持续支持。[③] 瑞士高度重视“工业 4.0”革新，充分发挥机械、纺织、工具、手表等传统精细制造的优势，大力推动智能制造，推动机器、原材料和产品通过“物联网”传递信息，协力完成生产任务。[④] 2017 年 4 月，瑞士政府批准《联邦教研联合体 2017～2020 年战略目标》，重点关注个性化医疗和相关技术、数据科学、先进制造和能源研究等战略领域。[⑤] 2017 年，瑞士政府推出国家重点科研计划（NFP）大数据专项，大力发展大数据信息技术、解决大数据相关社会及法律问题、加快大数据应用。2018 年，瑞士开始实施《能源战略 2050》，旨在提高能源效益、发展可再生能源和逐步退出核

---

① 《2016 瑞士研究与创新》，瑞士联邦教育、研究与创新秘书处网站，2017 年 3 月 22 日，https：//www. sbfi. admin. ch/sbfi/en/home/services/publications/data - base - publications/research-and-innovation. html。

② 中国环境科学学会秘书处编《中国环境科学学会工作动态》，2019 年 4 月 30 日，https：//www. chinacses. org/ztbd_ 23178/zghjkxxh2018gzdt_ 24784/201911/W020191126650527549159. pdf。

③ 《瑞士科技：瑞士创新政策的新进展及启示》，中华人民共和国驻瑞士联邦大使馆网站，2015 年 4 月 9 日，http：//ch. china - embassy. gov. cn/chn/zl/rscz/201504/t20150409_ 3417522. htm。

④ 邱丹逸、袁永、廖晓东：《瑞士主要科技创新战略与政策研究》，《特区经济》2018 年第 1 期。

⑤ 《瑞士政府批准联邦教研联合体 2017—2020 年战略目标》，中国科学院科技战略咨询研究院网站，2017 年 7 月 3 日，http：//www. casisd. cn/zkcg/ydkb/kjzcyzxkb/2017/201706/201707/t20170703_ 4821634. html。

能，实施过程中对新能源相关产业提供税收优惠、经济补贴。2018 年 9 月瑞士联邦政府发布“数字瑞士”战略发展纲要和行动计划，2020 年 9 月瑞士更新“数字瑞士”战略重点，将战略延伸至环境保护、数据共享、数字经济、数字公共服务等新领域，以实现数字化转型。[①] 瑞士在《2019~2023 年立法周期规划》中确定了以可持续的方式保障富裕和利用数字化带来的机遇，包括保持教育、科研和创新的领先地位，充分利用数字化机遇。

瑞士企业良好科技创新氛围的形成也得益于政府出台的各项利好政策制度和良好创新生态。瑞士联邦政府于 20 世纪 90 年代中期开始发展联邦和地方的各种支持项目，以支持校园创业型公司的发展以及弘扬创业精神。[②] 2007 年，瑞士举办种子基金投资竞赛，以鼓励创业、增加创新公司数量、加快新创公司走向市场。[③] 瑞士具有稳定且自由的法律制度，为知识产权提供了重大保护，也为研究创新活动提供了高度的投资保障。根据 RIPA，瑞士优化公共资金的使用和投入，综合使用税收政策、政府补贴和政府采购等手段促进企业创新和研发。2020 年 1 月，瑞士《联邦税制及社保财政改革法》生效。该法取消了之前联邦和州政府在税收政策上给予控股公司、管理公司、混合型公司的特权，建立对所有企业一视同仁的公正、平等的税收优惠制度。根据该法案，所有州需建立“专利盒”制度，对企业的研究开发费用，以及研发后形成无形资产的专利和类似的知识产权，给予较高的税收减免额度，且各州可基于企业的实际投入制定专利特惠政策。瑞士为企业创新发展提供了有利环境，集聚了大批杰出外国科学家、一流国际化企业和国际知名科研机构，共同打造高生产力、高创造力、高创新力的发展环境。

---

① 中国国际贸易促进委员会编《企业对外投资国别（地区）营商环境指南——瑞士（2020）》，https：//www. ccpit. org/image/1/4b00e1c77bcc4d6aa88ebdd15196613e. pdf。

② 《2016 瑞士研究与创新》，瑞士联邦教育、研究与创新秘书处网站，2017 年 3 月 22 日，https：//www. sbfi. admin. ch/sbfi/en/home/services/publications/data-base-publications/research-and-innovation. html。

③ 邱丹逸、袁永、廖晓东：《瑞士主要科技创新战略与政策研究》，《特区经济》2018 年第 1 期。

二　瑞士企业战略性新兴产业的创新表现

瑞士在六大战略性新兴产业领域共有 11 家企业上榜，企业上榜总频次为 15 次，位列全球第 7，展现了瑞士在战略性新兴产业领域的不凡实力。作为全球最具创新力的经济体之一，瑞士一直保持高质量的创新投入和创新产出，持续为全球的科技创新和经济发展注入活力。

图 1 展示了 2023 年瑞士六大战略性新兴产业全球企业创新指数 100 强分布情况。研究发现，罗氏、诺华两家企业跻身生物产业全球企业创新指数 10 强，是瑞士科技企业中的佼佼者。罗氏作为全球领先的生物技术公司之一，始终走在医疗健康领域前沿，其生物产业全球企业创新指数位列第 2，三个维度综合得分均位列前 3。诺华紧随其后，生物产业全球企业创新指数位列第 3，在技术创新和创新协作方面表现卓越。在新能源产业，ABB 作为电气化和自动化领域的先驱，积极应对世界能源挑战，全球企业创新指数位列第 7，技术创新能力尤为突出；意法半导体作为一家国际性的半导体整合元件制造厂，力求打造更智能、更环保、更可持续的未来，其创新指数位列全球第 20，创新协作能力较为突出。

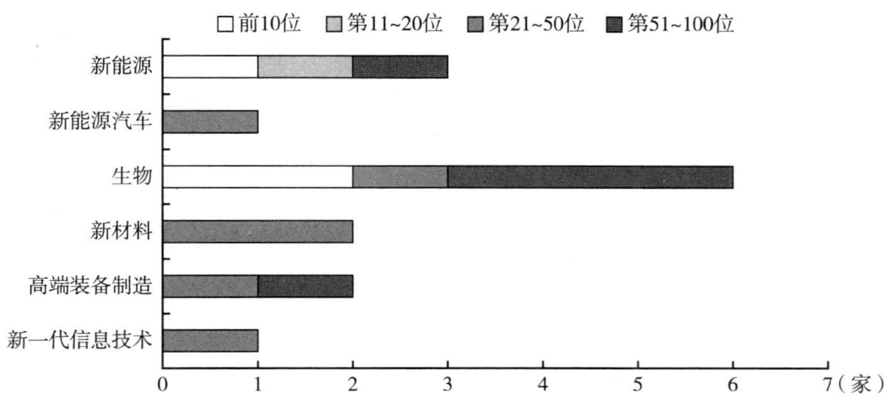

图 1　2023 年瑞士六大战略性新兴产业全球企业创新指数 100 强分布情况

瑞士企业在生物产业的综合实力不容小觑，2 家企业包揽全球第 2 名和第 3 名，并带领其余 4 家企业入围全球 100 强。瑞士在新能源产业有 3 家企业上榜，其中 ABB 跻身新能源产业第一梯队，位列全球第 7，意法半导体位列全球第 20，泰科电子位列第 62。新材料和高端装备制造产业均有 2 家瑞士企业入围全球 100 强，新能源汽车和新一代信息技术产业均只有 1 家企业入围全球 100 强。瑞士在高端装备制造、新材料、新能源汽车、新一代信息技术产业仍缺少具有国际竞争力的强势企业。瑞士在各个领域的表现具体如下。

（一）瑞士企业在新一代信息技术领域发展落后，亟须加快科技创新步伐

近年来，各国一直没有停止对大数据、区块链和人工智能等新一代信息技术的研究与探索。瑞士在新一代信息技术领域的表现落后于美国、中国、日本等多个国家，亟须加快数字化转型、信息技术创新的步伐，引导中小企业扩大国际竞争力。瑞士只有意法半导体一家企业进入新一代信息技术领域全球 100 强。

作为瑞士唯一一家进入 100 强并跻身 50 强的企业，意法半导体在新一代信息技术领域全球排名第 42，具有一定的竞争优势和广阔的发展空间（见表 1）。意法半导体致力于引领单片机技术和产品的创新，其单片机产品线拥有业界宽广、富有创新力的 32 位产品系列——STM32。围绕 STM32 战略，意法半导体重点围绕边缘人工智能、信息安全和功能安全，强化自身制造战略和丰富生态系统，推出了众多 STM32 系列产品和方案，广泛应用于工业控制、消费电子、物联网、通信设备、医疗服务、安防监控等领域，优异的性能进一步推动了生活和产业智能化的发展。

表 1　2023 年瑞士新一代信息技术产业全球企业创新指数 100 强

序号	企业	全球排名	综合得分	知识创新	技术创新	创新协作
1	意法半导体	42	68.18	69.27	68.66	64.46

（二）瑞士高端装备制造企业仍有较大追赶空间，未来需要寻找新的突破口

得益于钟表、MEM（机械、电气和金属行业）和医疗技术行业的传统优势，瑞士形成了高度工业化的精密产业集群，并在数字时代占据了高端装备制造工艺领域的领先位置。① 但是，与美国、日本等全球高端装备制造领域技术创新的绝对主导者相比，瑞士整体实力不强，仍有较大追赶空间和发展潜力。2023 年，进入高端装备制造产业全球企业创新指数 100 强的瑞士企业只有 ABB 和威德福 2 家。

ABB 的高端装备制造产业全球企业创新指数排名第 31（见表 2）。ABB 充分利用自身在数字化、人工智能等领域的前沿技术，在全球范围内打造技术最领先、自动化与柔性化程度最高的机器人智能工厂，以巩固在全球的领先地位。未来，ABB 将以升级机器人制造、研发基地为契机，研发数字化、工业互联网、人工智能技术。

表 2　2023 年瑞士高端装备制造产业全球企业创新指数 100 强

序号	企业	全球排名	创新指数综合得分	知识创新得分	技术创新得分	创新协作得分
1	ABB	31	69.69	69.39	70.59	66.61
2	威德福	96	65.37	60.00	68.73	60.90

（三）瑞士企业在新材料领域缺乏竞争力，与其他国家存在不小差距

瑞士在新材料方面缺少紧密的产学研合作与知识技术转移，缺少强有力的优势企业支撑，与东亚国家、美国、德国存在不小的差距。进入新材料产

① 《瑞士技术与行业》，瑞士全球企业网站，https：//www.s-ge.com/zh/xianjindezhizaoye。

业全球企业创新指数 100 强的瑞士企业只有泰科电子和西卡 2 家，排名分别为第 43 和第 48（见表 3）。

泰科电子已意识到未来材料正在掀起创新革命，而材料对于泰科电子意义重大。因此，泰科电子将新材料的创新方向聚焦碳密集型材料的可持续替代品、使用智能材料的先进产品、结合新材料的 3D 打印三个领域。西卡是一家生产经营专业化学材料产品的跨国公司，活跃于建筑和工业两大业务领域。西卡生产的密封、粘接、消声、结构加固和保护材料在全球市场上居领先地位。①

表 3　2023 年瑞士新材料产业全球企业创新指数 100 强

序号	企业	全球排名	综合得分	知识创新	技术创新	创新协作
1	泰科电子	43	68. 62	60. 00	73. 38	63. 98
2	西卡	48	68. 30	67. 52	70. 04	62. 63

（四）瑞士的生物产业企业发展全面，科技创新能力领先世界

作为欧洲最强大、最具创新力的生命科学基地，“人均生物技术专利居世界前列”“全球新药注册程序最快的国家之一”“全球税率最低”等众多标签独属于瑞士。相较于其他产业，瑞士在生物产业表现十分卓越，共有 6 家企业入围生物产业全球企业创新指数 100 强，其中 2 家企业分列第 2 位、第 3 位，无论在知识创新、技术创新还是创新协作方面都处于全球领先位置。

127 年来，罗氏一直致力于开发针对各种慢性和危及生命健康状况的诊断方法和药物，并不断革新医疗保健。作为医疗保健领域的全球领导者，罗氏是世界上最大的生物技术公司之一和领先的体外诊断供应商，更是肿瘤学、神经病学、传染病和眼科等主要疾病领域的创新者。罗氏的生物产业全球企业创新指数排名第 2，在三个维度均位列前 3。诺华紧跟其后，排名全

① 《先进材料的承诺》，泰科电子网站，https：//www. te. com. cn/chn-zh/about-te/perspectives-on-technology/promise-of-advanced-materials. html。

球第3，在创新协作方面表现优异。诺华深耕心血管、免疫学、神经科学、实体瘤和血液学等治疗领域，以推动下一代药物的开发。爱尔康的知识创新能力和创新协作能力较为突出，均进入50强，创新指数排名第47，也是瑞士生物产业科技创新的重要力量（见表4）。

表4　2023年瑞士生物产业全球企业创新指数100强

序号	企业	全球排名	综合得分	知识创新	技术创新	创新协作
1	罗氏	2	82.71	87.25	78.71	91.14
2	诺华	3	79.02	81.80	75.55	88.28
3	爱尔康	47	67.95	64.93	69.94	65.04
4	雀巢	58	67.21	63.17	69.69	64.03
5	Implantica	97	64.33	60.00	66.93	61.17
6	瑞健医疗	98	64.31	60.00	66.61	62.32

（五）瑞士在新能源汽车领域表现平平，缺少顶尖的本土新能源汽车企业

在电力方面，瑞士高度依赖进口，资源紧张，并且冬季温度较低，不利于电池续航，因此电动汽车并非瑞士的支柱产业，瑞士在新能源汽车领域表现一般，也没有量产的本土新能源汽车品牌。[①] 2023年，瑞士只有ABB一家企业进入新能源汽车产业全球企业创新指数100强，位列第32（见表5）。

ABB是电气与自动化领域的技术领军企业，将工程经验与软件技术集成为解决方案，优化制造、交通、能源及运营。面对新能源汽车的旺盛需求，ABB在新能源汽车自动化生产方面快速做出反应。ABB希望在现代化的生产线上，加快汽车产业尤其是新能源汽车产业的产品研发及技术创新。[②] ABB

① 《全球都在推行新能源，为啥偏偏瑞士要“禁止”电动车冬季上路呢?》，汽车之家，2023年1月27日，https：//chejiahao.autohome.com.cn/info/12135754。

② 《面对新能源汽车“高歌猛进”全新需求，ABB全球最大“超级工厂”做好准备》，搜狐网，2023年9月20日，https：//www.sohu.com/a/721987474_120773858。

也致力于电动汽车充电基础设施建设与完善。该企业还在互联网连接充电桩方面提供快速和主动维护服务，在充电基础设施的建设、安装和维护方面具有多年的经验。[①]

表 5　2023 年瑞士新能源汽车产业企业创新指数 100 强

序号	企业	全球排名	综合得分	知识创新	技术创新	创新协作
1	ABB	32	68.03	68.80	68.73	63.91

（六）瑞士企业在新能源领域表现良好，为行业提供可持续解决方案

瑞士本土的化石能源缺乏，能源消耗量的 70%依靠进口。[②] 瑞士政府为减少对化石能源的依赖，实施“能源战略 2050 计划”，以减少不可再生能源的消耗，并大力促进可再生能源的发展。瑞士在新能源产业共有 3 家企业进入全球企业创新指数 100 强，分别是 ABB、意法半导体和泰科电子。

ABB 跻身第一梯队，全球排名第 7。作为电气化和自动化领域的技术领导者，ABB 致力于打造更加可持续和资源高效的未来，通过技术赋能，推动实现低碳社会，应对世界能源挑战。为大规模提高能源效率，ABB 为未来的智能交通设计出电气化解决方案，引领零排放交通的未来。意法半导体跻身全球前列，全球排名第 20。作为一家国际性半导体整合元件制造厂，意法半导体提供从汽车应用的 USB-Type-C 充电解决方案到高功率电力传输解决方案的一切产品，力求打造更智能、更环保、更可持续的未来，应对环境与社会的挑战。泰科电子致力于通过先进的连接技术和传感器打造互联世界，全球排名第 62（见表 6）。该企业为新能源行业从发电端到终端用户提供全流程连接应用技术解决方案。

① 《ABB 电气碳中和白皮书——智慧交通》，ABB 网站，https：//new. abb. com/ev-charging/zh。

② 《能源政策》，瑞士政府网站，2023 年 1 月 24 日，https：//www. eda. admin. ch/aboutswitzerland/zh/home/wirtschaft/energie/energiepolitik. html。

表 6　2023 年瑞士新能源产业全球企业创新指数 100 强

序号	企业	全球排名	综合得分	知识创新	技术创新	创新协作
1	ABB	7	74.59	69.82	78.79	65.74
2	意法半导体	20	69.73	70.76	70.21	66.08
3	泰科电子	62	66.25	60.00	70.21	60.82

三　典型企业分析——罗氏

罗氏在生物产业全球排名第 2，在知识创新、技术创新、创新协作各个主要测量维度均表现卓越。因此，本部分选取罗氏作为瑞士企业创新的典范，结合创新指数测度结果展开分析。

（一）企业简介

罗氏始创于 1896 年，总部位于瑞士巴塞尔，是领先的体外诊断提供商和跨主要疾病领域变革性创新解决方案的全球供应商。罗氏的目标宗旨是“先患者之需而行”。自成立以来，罗氏一直致力于开发针对各种慢性和危及生命健康状况的诊断方法和药物，并不断革新医疗保健，探索创新的方法以改善世界各地人民的健康。① 罗氏已经发展成为全球诊断领域的第 1 名、全球肿瘤领域的第 1 名、移植学和病毒学领域的领先者、全球生物科技领域的第 2 名。② 目前，罗氏的业务已遍布世界 100 多个国家，共拥有近 66000 名员工，③ 在瑞士的巴塞尔，美国的纽特立、帕洛阿尔托、南旧金山，英国的维尔维恩等地设有大型科研中心，各地科研中心累计获得 3 次诺贝尔奖。

① “About Roche”, Roche, https://www.roche.com/about.

② 《125 岁的罗氏制药，如何成为全球抗癌药神?》，维科网，2022 年 12 月 29 日，https://m.ofweek.com/medical/2022-12/ART-12003-11159-30583354.html。

③ 《多元与包容》，罗氏网站，https://careers.roche.com/cn/zh/diversity-and-inclusion。

2022 年，罗氏实现营收 662.6 亿美元，位居全球药企营收第 3，① 研发投入 147.1 亿美元，居全球药企研发投入第 1 名。②

（二）创新指数结果

表 7 展示了罗氏在生物产业的全球排名及各项指标得分情况。结果显示，罗氏创新指数综合得分位居全球第 2，在三个主要测度维度均名列前 3，尤其在创新协作上表现卓越，是生物产业的翘楚企业。

表 7　2023 年罗氏生物产业创新指数情况

战略新兴领域	全球排名	综合得分	知识创新	技术创新	创新协作
生物产业	2	82.71	87.25	78.71	91.14

罗氏具有全球顶尖的知识创新能力，知识创新产出表现最佳。在知识创新产出方面，罗氏排名第 1，不仅具有大量的论文产出，高质量论文的占比也遥遥领先。在知识创新影响方面，罗氏的学科规范化引文影响力处于领先水平。在知识创新扩散方面，罗氏的媒体关注频次居第 3 位，表明其知识创新成果得到了公众与学界的广泛关注，在全球范围内广泛传播。

罗氏具有雄厚的技术创新实力，在世界范围内拥有强大的竞争力和影响力。在科技创新成果产出方面，罗氏的发明专利数、非单方专利数、三方专利数、PCT 专利数均位列前 5，技术创新实力十分优异。在技术创新质量方面，罗氏的专利转让活动较为活跃。在技术创新影响方面，罗氏的技术创新成果被多个国家与地区的专利引用，具有较高的技术创新影响力。

罗氏具有优异的创新协作能力，在全球科学合作网络中占据重要地位。罗氏的创新主体规模居于首位，创新协作水平居第 3 位，体现了该企业与世

① Kevin Dunleavy，"The Top 20 Pharma Companies by 2022 Revenue"，FIERCE Pharma，2023 年 4 月 18 日，https：//www.fiercepharma.com/pharma/top-20-pharma-companies-2022-revenue.

② 《罗氏居榜首，2022 全球药企研发费用 TOP10》，MedSci 梅斯网站，2023 年 3 月 29 日，https：//www.medsci.cn/article/show_ article.do？ id=1bd7e64914e9。

界众多研发主体展开了广泛深入的合作交流，不论是在论文合著网络还是专利合作网络中均扮演十分重要的角色。

（三）企业创新举措

罗氏凭借制药和诊断两大领域的独特优势，始终走在医疗健康领域前沿，并持续探索新的领域，拥有广泛且多元化的生物制药产品组合。研发与创新不仅是罗氏的工作，更是一种责任。罗氏在科技创新上的成功不是偶然。

首先，罗氏秉承科学与创新的理念，完善医疗创新研发体系，探索将技术与研究转化为造福患者的疗法与诊断方案。秉承“先患者之需而行”的宗旨，罗氏始终将创新视为企业发展的有力引擎，2022 年研发支出超 130 亿瑞士法郎。[①] 罗氏制药致力将科学成果转化为创新药品，在重大疾病领域不断开发创新治疗方案。目前，超过 2800 万名患者使用罗氏药物进行治疗，超过 30 个罗氏开发的药物入选世卫组织基本药物目录。[②] 罗氏诊断致力改善疾病预防、诊断和监测的方式，为医疗行业提供最全面的诊断产品和解决方案。目前，超过 270 亿个罗氏诊断检测试剂在全球应用，超 10 万个罗氏诊断系统平台在全球应用。[③] 凭借制药和诊断两大领域的独特优势，罗氏率先建成并不断升级覆盖从研究、开发、生产到营销的完整医药价值产业链。从基础研究到转化医学再到临床开发，三个环节相互补充、相互赋能，罗氏将差异化创新理念一以贯之，现已凝结成一个稳定而高效的运转体系。[④] 通过聚焦创新、不断研发、投入实践，以解决大量尚未被满足的医疗保健需求，罗氏以实际行动兑现对社会和患者的长期承诺。

其次，罗氏优化组织管理模式，鼓励员工自主创新，创造勇于冒险、开

---

① 《研发创新》，罗氏网站，https：//www. roche. com. cn/innovation。

② 《罗氏制药》，罗氏网站，https：//www. roche. com. cn/about/business/pharmaceuticals。

③ 《罗氏诊断》，罗氏网站，https：//www. roche. com. cn/about/business/diagnostics。

④ 《制药巨头罗氏，是如何占领血液疾病新药研发高地的?》，雪球网站，2023 年 9 月 7 日，https：//xueqiu. com/8965749698/260502579。

拓进取、自由多元的企业文化。罗氏反对“中央集权”，提倡“权力下放”，要求给予员工充分的自由，鼓励员工自主创新。早期研究主要关乎洞察力、理解度和人才素质，所以罗氏给予团队最大限度的自主权，将研究部门划分为完全独立的研究小组，并未设全球主管，所有制药研发团队（包括负责对外合作的业务部门）直接向 CEO 汇报，诊断研发团队向诊断负责人报告。罗氏为了吸引充分准备、能当机立断、有创新潜力的人才，创造出勇于冒险、开拓进取、自由多元的企业文化。在这种企业文化氛围的影响下，罗氏组建了真正理解和赞同企业核心价值观的创新团队，他们勇于冒险、开拓进取、不断创新，致力于改善患者的生活。

最后，罗氏构建全球范围的自主创新引擎网络，携手内外部力量，共同推动前沿科学的发展。罗氏认为只有与科学和医疗保健领域具有前瞻性、创业精神和开创性的人才或组织合作，才能为现在和未来的疑难疾病患者提供服务。[①] 罗氏打造独特的研发布局与多样化的自主创新引擎，在世界多地设有大型科研中心，同时凝聚了基因泰克、中外制药等全球 250 多个合作伙伴。[②] 罗氏将合作流程概括为“想要、寻找、获得和管理”，并根据每个潜在合作伙伴的具体需求进行修改和调整，[③] 以建立灵活长效的合作关系。“以患者为中心”是罗氏发展的核心，因此不论是来自内部的创新，还是来自外部的创新，只要能交付给患者，罗氏都认为是最好的创新。罗氏与其全球合作伙伴保持对科学的热情，携手推进科学前沿的发展，共同塑造更美好的未来。

四　瑞士企业战略性新兴产业发展的特点

瑞士企业的全球科技创新竞争格局显示，生物产业是瑞士科技创新的优势领域。瑞士企业战略性新兴产业发展主要呈现以下特点。

① “Partnering”, Roche, https: //www. roche. com/innovation/partnering.

② 《罗氏集团创新引擎》，罗氏网站，https: //www. roche. com. cn/innovation/structure。

③ “Partnering with Diagnostics”, Roche, https: //www. roche. com/innovation/partnering/diagnostics.

（一）政府提倡自下而上的创新原则，科技发展的创新生态不断优化

得益于瑞士政府“无为而治”的管理特点、利好的优惠政策和制度，各个创新主体拥有充分的自治权和宽松的研究环境，研发人员在活跃的市场中释放创造力，创新型企业在广阔的市场中挖掘发展潜力。政府、科研机构与企业的国家创新发展战略及采取的相关促进措施，构成了瑞士目前良好的创新生态系统。坚持“自下而上”科学创新基本原则的瑞士政府，为推动企业的创新发展、促进科研机构与企业的深度合作，制定了科技创新战略规划和行动计划，出台了优惠的税收政策和专利制度，专设了促进科研创新的公共机构和部门，不断优化瑞士科技发展的创新生态。得益于这些政府政策，以生物、新能源为代表的战略性新兴产业迅速发展，为瑞士的科技创新和经济增长持续注入活力。

（二）多个战略性新兴产业领域缺乏竞争力，战略发展策略有待更新调整

近些年，瑞士推出《联邦教研联合体 2017~2020 年战略目标》《能源战略 2050》《2019~2023 年立法周期规划》等，将国家战略性发展重点放在个性化医疗和相关技术、数据科学、先进制造和能源研究等领域。瑞士在高端装备制造、新材料、新能源汽车、新一代信息技术领域均有企业跻身 100 强，但数量不多、排名不高，与美国、日本、德国、中国有较大的差距，缺乏具有全球竞争力的优势企业支撑。在高端装备制造、新材料、新能源汽车、新一代信息技术领域，瑞士需要结合本国特色和发展实情，适时更新和调整战略方向和行动计划，不断完善战略发展体制，进一步促进这些领域的科研创新，缩小与其他国家优势企业的差距。

（三）瑞士企业重视产学研的紧密合作，产业化科研成果促进创新

在公共部门、研究机构和企业的协作下，瑞士在知识和技术产出方面表

现优异，创新成果商业化能力突出，技术转化效率极高，产学研创新合作效果显著。瑞士企业既重视基础研究，也重视知识和技术的应用。私营部门和应用类大学主要从事应用型研发以及致力于将技术转化为市场化创新。瑞士科技创新署以“把科学推向市场”为宗旨，加强了大学、科研机构与企业的合作，促进实验室开发的创新知识和新兴技术转化为行业产品和服务。瑞士企业在政府机构的助推下，与高校、科研机构等展开紧密合作。技术转移机构从商业化的角度评估研发项目、资助公司、提供导师服务，保证基础研究成果能够更快得到应用。就目前发展状况而言，瑞士高校和科研机构需要在新能源、新能源汽车、高端装备制造、新材料和新一代信息技术领域继续攻坚克难、加强基础研发、推动商业应用，瑞士企业也要联动教学科研，加快创新知识和技术的转化。

（四）瑞士企业积极成立跨国研发创新中心，国际交流合作日益密切

瑞士国土面积不大，所以国际市场对瑞士的创新发展十分重要，瑞士企业非常重视与全球知识网络建立密切的联系。就罗氏而言，其横跨四大洲 17 个国家或地区，在世界多地设有大型科研中心，组建全球研究、诊断和药物开发、数据分析和基金组洞察团队。罗氏的科研中心累计获得 3 次诺贝尔奖，可见国际交流合作对科研创新大有裨益。ABB、诺华等瑞士企业也在不断开拓国际市场，加强国际交流，在全球范围内建立研发中心，吸引世界各国人才，组建高水平研发团队，不论国界，推动世界科学创新和经济发展。

参考文献

郭曼：《瑞士创新生态系统的核心特征及对我国创新体系建设的启示》，《全球科技经济瞭望》2019 年第 8 期。

邱丹逸、袁永、廖晓东：《瑞士主要科技创新战略与政策研究》，《特区经济》2018 年第 1 期。

后　记

2021 年 8 月，我完成了在鲁汶大学的博士后研究，回到了心心念念的武汉大学。2021 年 9 月 2 日，我有幸与马费成先生进行了一次富有启发性的交流。当他得知我从事科技计量研究时，他提出了一个激动人心的设想：通过科技计量的方法来衡量创新，从而更好地把握全球创新发展态势。这一提议瞬间唤醒了我多年前的一个想法，也得到了张琳老师和李纲老师的大力支持，于是我们当即决定带领团队启动这项研究工作。

我们首先系统调研了当时国内外关于创新测度的研究报告，这些报告的研究对象涵盖了国家、区域、城市和园区等多个层面，为我们后续工作的开展提供了重要参考。结合产业界与学术界关注创新发展的现实需求，为了进一步发挥专业优势，2022 年 5 月，我们决定将研究重点放在企业与高校的创新表现评价上。尽管当下各类高校排名层出不穷，但专注于创新表现评价的系统研究较少；而从企业方面看，虽然企业作为创新主体的角色作用已被广泛认知，但鲜有研究或报告专注于对企业创新表现开展多维度评价。为此，在接下来的半年里，我们进行了多轮的数据收集、指标设计、专家讨论及指标计算等工作，并于 2022 年春节前夕顺利完成了全球创新排名前 500 的高校与企业名单。

然而，当我们重新系统审视这些结果时，却发现了两个重大问题。第一，由于我们的数据主要来源于学术论文和专利文献，理工科院校的排名显著高于其他类型高校；第二，受国际突发公共卫生事件的影响，生物医药企业的表现尤为突出。为了解决上述问题，我们在白天完善调研思路、改进指标设计、优化数据处理，晚上则与马费成先生讨论工作进展和解决方案，甚至在春节当天也未曾停歇。最终，我们在 2023 年春季开学前夕达成共识，专注于开展企业创新评价这一更具挑战性的研究任务，着重考察企业在不同战略性新兴产业中的创新表现。

经过团队八个月的共同努力，《全球企业创新指数 2023》（Global Enterprise Innovation Index，GEII 2023）报告终于正式问世，并在首届东湖论坛的“数字经济与人工智能创新发展论坛”上成功发布。报告发布后，受到《光明日报》、《科技日报》、《中国日报》、人民网、新华网等 30 余家媒体的广泛关注，同时也得到了学术界同仁和企业界的积极反馈，这让我们倍受鼓舞。

我们以《全球企业创新指数 2023》报告为基础，与社会科学文献出版社合作打造“科技创新蓝皮书”系列丛书。“科技创新蓝皮书”是专注于研究企业科技创新的蓝皮书，旨在汇聚相关领域的重要理论与实践成果，以推动科技创新知识的传播与实践探索。2024 年 5 月，“科技创新蓝皮书”顾问委员会在武汉大学举行了第一次会议，委员们对蓝皮书的功能定位、组织保障、宣传推广及发展前景等提出了宝贵建议，尤其是在“全球企业创新指数”的指标体系、方法选择、数据支持和结果解读方面提供了细致指导，这些意见在《全球企业创新指数报告（2024）》中得到了充分体现。2024 年 10 月 19 日，GEII 2024 在湖北省人民政府主办的“2024 东湖论坛”开幕式上隆重发布，再次受到新闻媒体、学界同仁与业界朋友的广泛关注。

虽然全球企业创新指数研究取得了一定的进展，但仍给我们留下了值得持续思考和继续探索的若干问题。

一是如何选择创新表现评价中的投入与产出视角。现有相关评价多将创新资源投入（如基础设施投入、研发投入）纳入创新表现的评估范畴，但大都应用于国家和区域层面，存在两方面的有待进一步讨论的问题。一方面，创新投入和创新产出二者之间并非简单线性关系。假设两个企业的创新投入分别为 10 和 5，创新产出分别为 5 和 10，若创新投入和创新产出的权重一致，则两个企业的得分均为 7.5，但实则投入与产出比的差异显而易见，后者的创新表现显然更为优异。另一方面，我们又无法否认创新投入对于创新产出具有明显的促进作用，更为重要的是当下的创新评价导向希望企业加大创新投入力度以取得更好的创新表现。

二是如何平衡创新评价中的产出指标与效益指标。企业发表的研究论文成果和授权的发明专利成果毫无疑问是创新产出的核心体现，但对于绝大多数企业而言，企业经营绩效（如产品收入、销售利润率等）相关指标也非常重要（甚至更为重要）。从企业追求创新发展的历史来看，许多研发出色的企业却未能将研发成果成功转化为经营绩效，这既与时滞因素有关，也与企业自身能力密切相关。

三是如何评估科技文献数据在揭示企业创新表现方面的有效性。虽然引入研究论文和专利文献来表征知识创新与技术创新具有一定合理性，但企业的研发策略也会显著影响企业发表研究论文和申请发明专利的行为。例如，特斯拉作为新能源汽车行业的标杆，并不热衷于通过申请专利来保护自身的技术，而是在掌握多项全球领先技术的情况下，始终坚持开放专利的策略。虽然特斯拉的做法并不普遍，但依然值得我们加以关注。

然而，受多方面限制影响，我们无法获取企业在细分领域的创新投入数据，尤其是尚无法从公开渠道获得很多非上市公司的创新投入数据，更无法获取企业在细分领域的经营绩效数据。在此现实困境下，从公开渠道获取研究论文和专利文献是现有条件下评价企业创新表现相对可行但不完美的选择。后续我们将继续深入探索如何在保证科学性与公平性的前提下，通过融合多源数据，在更为完善的理论框架和指标体系下，更加客观与准确地揭示全球企业的创新表现。

从最初想法的萌生到如今报告的付梓，这一历程是我们持续努力地将设想转化为成果的见证。这离不开马费成先生三年来的无私教诲与悉心指导，若没有他的支持，我们或许无法自信地触及如此宏大的话题。感谢张琳老师和李纲老师在最初听到这一想法后立即答应共同推进这个工作，他们的倾力参与是报告最终完成的底气。同时，我们要衷心感谢编委会成员的全力投入，尤其是虞逸飞、肖宇凡、毛雨亭、姜李丹和袁佳等在数据分析和文稿撰写中付出的辛勤努力；衷心感谢《科技创新蓝皮书》顾问委员会的专家们给予的宝贵意见，他们的支持与指导让我们的报告更加厚重与扎实。感谢社会科学文献出版社生态文明分社社长任文武的积极推广，感谢责任编辑张丽丽倾注的大量心血。此外，在创新指数研制与报告撰写过程中，许多国内外机构和专家也给予了我们不同形式的帮助，对他们的关心与支持表示诚挚的谢意。

尽管在企业层面开展细分领域的创新评价面临诸多挑战，但我们依然愿意继续探索，愿意不断尝试，为推动科技创新贡献我们的力量。

黄　颖

2024 年 10 月于珞珈山

Abstract

In the midst of the current technological revolution and industrial change, emerging technologies such as big data and artificial intelligence are rapidly making their way into various sectors. Strategic emerging industries play a crucial role in guiding the country's future development and are at the center of international competition among major economies. The 20th CPC National Congress report emphasized the need to promote the integrated and cluster development of strategic emerging industries, cultivating new growth engines in areas like new-generation information technology, artificial intelligence, biotechnology, new energy, new materials, high-end equipment, and green environmental protection. This provides clear guidance for the development of strategic emerging industries in the new era.

The "Global Enterprise Innovation Index Report 2024," the first book in the "Technology Innovation Blue Book" series, aims to provide a deep interpretation of the indicator system of "Global Enterprise Innovation Index 2024" (GEII 2024), and comprehensively analyze enterprises in six industries: global new-generation information technology, high-end equipment manufacturing, new materials, biology, new energy vehicles, and new energy. The report seeks to use objective data and quantitative methods to systematically depict the global technological innovation development pattern of today's strategic emerging industries and provide a reference for accurately grasping the innovation development direction of strategic emerging industries and deepening global scientific and technological exchanges and cooperation.

The report consists of several sections including a general report, a theme report, an index evaluation section, an industry section, and a country section. The general report introduces the GEII 2024 indicator system, evaluation objects, and evaluation results. The theme report deeply analyzes the innovation and development status of Chinese enterprises in the six strategic emerging industries. The indicator evaluation chapter comprehensively sorts out the innovation index reports and their indicator systems at the national, regional, city/metropolitan, and enterprise levels to provide a reference for measuring enterprise innovation indexes. The industry section presents a panoramic view and in-depth interpretation of the evaluation results of the six strategic emerging industries to comprehensively grasp the current global enterprise innovation development trends. The country section conducts a detailed analysis of the major countries with leading enterprise innovation capabilities to objectively reflect the enterprise development and competitive advantages of different countries in strategic emerging industries.

The study found that Asia has gradually broken the traditional "European and American" duopoly and formed an evolutionary trend of "East Asia-North America-Europe". Enterprises in East Asia, especially in Japan, China, and South Korea, have excellent innovation capabilities. They have not only made significant progress in technology research and development but have also demonstrated strong comprehensive strength in market application and international cooperation. China has 44 companies on the list of the six strategic emerging industries, and the total frequency of companies on the list (66 times) ranks third in the world after Japan (199 times) and the United States (164 times). China has outstanding innovation advantages in the fields of new-generation information technology and new energy.

Keywords: Strategic Emerging Industries; Enterprise Innovation Evaluation; Knowledge Innovation; Technological Innovation; Innovation Collaboration

Contents

I General Report

B.1 Global Enterprise Innovation Index, GEII 2024

Ma Feicheng, Huang Ying, Zhang Lin and Li Gang / 001

Abstract: The aim of this chapter is to analyze global enterprises in the fields of new-generation information technology, high-end equipment manufacturing, new materials, biology, new-energy vehicles and new energy using objective data and quantitative methods. The Global Enterprise Innovation Index 2024 (GEII 2024) evaluates the scientific and technological innovation capability of enterprises in three dimensions: knowledge innovation, technological innovation, and innovation collaboration. It has constructed a comprehensive evaluation index system with three primary indicators, nine secondary indicators, and 28 tertiary indicators. The assessment results indicate that the Asian region has broken the monopoly of the traditional European and American duopoly and has formed the development pattern of "East Asia-North America-Europe". Japan and the United States. lead in the six strategic emerging industries, while China and Germany rank third and fourth in terms of the total frequency of enterprises on the list.

Keywords: Strategic Emerging Industries; Innovative Development Pattern; Innovation Index Evaluation

Ⅱ Theme Report

B.2 Innovation Development Dynamics of Chinese Enterprises

Huang Ying, Jiang Lidan, Yu Yifei and Yuan Jia / 031

Abstract: Chinese companies play a significant role in the global industrial chain, driving technological innovation and industrial upgrading. China ranks third globally with 44 companies listed across six strategic emerging industries. Specifically, 17 Chinese companies are involved in new-generation information technology and new energy, while some firms in high-end equipment manufacturing, new materials, and new energy vehicles have also achieved leading positions. However, the bio-industry lacks dominant players. Huawei is considered a model of Chinese corporate innovation, emphasizing its focus on independent innovation and talent development. Despite the thriving strategic emerging industries in China, greater integration into the global innovation network is essential to fully realize the benefits of international collaboration.

Keywords: Chinese Enterprises; Strategic Emerging Industries; Scientific and Technological Innovation; Huawei

Ⅲ Index Evaluation

B.3 Research on International and Domestic Innovation Indices

Li Gang, Huang Ying, Yuan Jia, Su Yining and Li Linxin / 051

Abstract: This chapter explores different innovation index systems at various levels: national, regional, city/metropolitan, and enterprise. National-level systems provide a global perspective and are tailored for specific assessment purposes. Regional-level systems focus on evaluating the innovation capabilities of different regions, offering valuable insights for policymakers. City/metropolitan systems aim to assess the innovation development and STI competitiveness of cities. While enterprise-level innovation indexes are less common, the national, regional, and city-level systems offer important references for developing and refining the "Global Enterprise Innovation Index."

Keywords: National-level Innovation Indices; Regional-level Innovation Indices; Enterprises-level Innovation Indices

Ⅳ Industry Reports

B.4 Evaluation of Global Enterprises' Technological Innovation Development in the New Generation Information Technology Industry

Huang Ying, Jiang Lidan, Xiao Yufan and Li Zimeng / 077

Abstract: In the New Generation Information Technology Industry, the United States and Japanese enterprises have strong scientific and technological innovation capabilities, while emerging countries like China are beginning to make their mark. The research and development strength of Chinese and American enterprises is comparable, but the leading role of Chinese enterprises still needs to be strengthened. Technological innovation is built upon a foundation of deep basic science accumulation. Enterprises from various countries are actively integrating into the global innovation ecosystem, with strategic cooperation becoming a key method to enhance innovation collaboration. The path to optimization for the future involves improving the strategic positioning of the new generation of the information technology industry, creating an "organic empowerment complex" of digital technology. This includes developing leading enterprises in scientific and technological innovation, and building high-quality "dual-core" clusters for the new generation of information technology industry. It also involves strengthening the basic research of the new generation of information technology and seeking independent innovation in key core technologies. Furthermore, it is important to deepen international exchanges and openness to the outside world in order to build a mutually beneficial partnership "circle of friends."

Keywords: New Generation Information Technology Industry; Knowledge Creation; Technology Innovation; Innovation Coorperation

B.5 Evaluation of Global Enterprises' Technological Innovation Development in the High-end Equipment Manufacturing Industry

Huang Ying, Jiang Lidan, Yuan Yifan and Mao Yuting / 105

Abstract: In the High-end Equipment Manufacturing Industry, Japanese and American enterprises demonstrate outstanding levels of scientific and technological innovation. These enterprises are actively involved in basic scientific research, with Chinese and American enterprises leading the way in knowledge creation ability. American enterprises lead in technological innovation, while the development trend of technological innovation of Japanese enterprises continues to be promising. Chinese and American enterprises are actively engaged in technological collaboration, with the global network of scientific and technological innovation cooperation yet to be fully developed. The future optimization path includes: strengthening key technology research and building high-end equipment manufacturing enterprises with core competitiveness; enhancing domestic and international innovation cooperation to improve the division of labor in the global manufacturing value chain; strengthening the interconnection and interoperability between high-end equipment manufacturing and other industries to form a complete set of production lines based on independent processes; using emerging technologies to promote energy saving and emission reduction in the production process, and achieving green, clean, and sustainable development of the manufacturing industry.

Keywords: High-end Equipment Manufacturing Industry; Knowledge Creation; Technology Innovation; Innovation Coorperation

B.6 Evaluation of Global Enterprises' Technological Innovation Development in the New Material

Zhang Lin, Li Gang, Mao Yuting and Wang Mian / 133

Abstract: The new materials industry is a fundamental sector that supports the development of the national economy and provides the material foundation for the advancement of other high-tech industries. A study has revealed the following key points: Firstly, Japanese and American enterprises demonstrate an excellent level of technological innovation, and the traditional advantages of European enterprises should not be overlooked. Secondly, Japanese enterprises are at the forefront of innovation in new materials technology, and innovation plays a crucial role in the global development of the new materials industry, with Samsung and LG leading the way in innovation capability. Thirdly, there is a need to deepen the synergy of technological innovation between enterprises, and the internationalization of scientific and technological innovation needs to be enhanced. Future optimization paths include: breaking through the traditional model of material research and development and establishing a robust independent innovation system for new materials; promoting high-quality industrial agglomeration and creating a modern cluster ecology for new materials; focusing on enhancing original innovation capabilities and concentrating on the development of key frontier areas; leading the development of new materials with special plans and enhancing the pull of market demand.

Keywords: New Materials Industry; Knowledge Creation; Technology Innovation; Innovation Coorperation

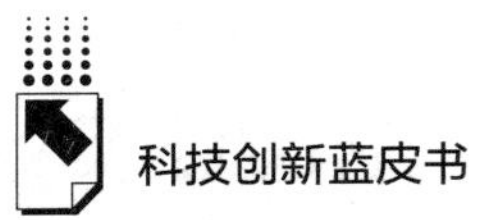

B.7 Evaluation of Global Enterprises' Technological Innovation Development in the Bioindustry

Zhang Lin, Li Gang, Tang Juan and Xie Xinzhi / 159

Abstract: In the bioindustry, United States companies lead in scientific and technological innovation, while European and Japanese companies demonstrate strong competitiveness. These enterprises prioritize basic scientific research and knowledge innovation, with US and European companies having distinct advantages. There is a significant gap in technological innovation capabilities among enterprises, making it challenging to overcome technological barriers in the short term. US bioindustry companies continue to lead in technology innovation cooperation, while European companies are also making progress. To optimize for the future, it is recommended to enhance the innovation ability of the First-in-Class and integrate diverse innovation elements with Chinese characteristics. Attention should be given to basic research and industrial application, as well as to strengthening collaborative training in the introduction of biological science talents. Building leading enterprises and national brands in the bioindustry is important, along with emphasizing technological innovation profits and the forefront of life sciences. It's also crucial to strengthen the agglomeration and coordination of the bioindustry and build a platform for industry-university-research linkage.

Keywords: Bioindustry; Knowledge Creation; Technology Innovation; Innovation Coorperation

B.8 Evaluation of Global Enterprises' Technological Innovation Development in the New Energy Vehicle Industry

Li Gang, Huang Ying, Ge Youquan and Yuan Jia / 187

Abstract: In the new energy vehicle industry, Japanese enterprises lead in innovation for new energy vehicles, while Chinese enterprises also perform well. State Grid is a global leader in knowledge innovation capacity, and East Asian enterprises excel in technological innovation overall. Although innovation collaboration in the field of new energy vehicles is not yet deep, the innovation collaboration ecosystem among East Asian enterprises is relatively strong. The future optimization path includes: strengthening strategic leadership, creating a favorable macro policy environment to support the development of the new energy automobile industry; leveraging collaboration advantages to establish a new mode of international scientific and technological innovation cooperation and enhance dominance; addressing industry shortcomings, strengthening core scientific and technological innovation, and improving the supporting environment; and optimizing the supply structure by promoting the integration of scientific and technological research with the diverse downstream market.

Keywords: New Energy Vehicles; Knowledge Creation; Technology Innovation; Innovation Coorperation

B.9 Evaluation of Global Enterprises' Technological Innovation Development in the New Energy

Li Gang, Huang Ying, Yu Yifei and Zheng Shiman / 213

Abstract: In the new energy industry, Japanese enterprises demonstrate high levels of scientific and technological innovation, while Chinese companies are developing rapidly. Renewable energy companies actively focus on basic scientific research, with the State Grid leading globally in terms of knowledge innovation ability. The competition pattern of technological innovation shows a diversified trend, and enterprises from various countries have emerged. However, despite the State Grid excelling in innovation and collaboration, technological innovation synergy and cooperation among enterprises have not reached a profound level. For future optimization, it is recommended to leverage the strengths of leading enterprises in the energy sector to guide industrial development. Emphasis should be placed on enhancing original innovation capacity, enhancing the dominant power of international innovation cooperation, and aligning the supply side and demand side for concerted efforts.

Keywords: New Energy; Knowledge Creation; Technology Innovation; Creation Coorperation

V National Reports

B.10 Innovation Development Dynamics of Japanese Enterprises

Huang Ying, Lin Haiting, Yu Yifei and Xiao Yufan / 243

Abstract: Japan has 117 companies on the list in the six strategic emerging industries, with a total frequency of 199 companies on the list, ranking first in the world. Japanese enterprises have significantly more representation than other countries' enterprises in areas such as new materials, new energy, new energy vehicles, and high-end equipment manufacturing. This demonstrates exceptionally strong innovation capabilities. This report selects Toyota as a model for Japanese enterprise innovation and conducts an extensive analysis based on innovative index measurements. This resulted in uncovering Toyota's innovative spirit and initiatives related to independent innovation, collaborative cooperation, and talent cultivation. Japan has achieved remarkable success in technological innovation, making it a global leader in the field. The country's national top-level strategy, large and small enterprise cooperation strategy, and enterprise-university-research institute cooperation strategy all hold considerable learning value. This study aims to deeply explore successful experiences of Japanese enterprise innovation and provide valuable insights for other countries.

Keywords: Japan Enterprises; Strategic Emerging Industries; Scientific and Technological Innovation Capability; Toyota

B.11 Innovation Development Dynamics of American Enterprises

Huang Ying, Tang Juan, Jiang Jinfan and Yu Yifei / 265

Abstract: The United States has a strong presence in strategic emerging industries, ranking second globally with 164 companies, 110 of which operate in six key sectors. American new energy companies demonstrate strong innovation capabilities, although the industry lacks long-term momentum. The development of new energy vehicles is steady, with room for growth despite already being in the leading group. In the biotechnology sector, companies in the United States show a clear trend toward specialization, while technology giants maintain an exceptional innovation ecosystem. The United States also leads in high-end equipment manufacturing, driven by policies that enhance global competitiveness, and remains at the forefront of new materials innovation, promoting breakthroughs in basic research. In the information technology sector, the United States is in the top tier worldwide, advancing the development of "new infrastructure." The article uses General Electric, active in all six sectors, as a case study to analyze its innovation trends and their impact on the industry. Overall, the United States demonstrates strong leadership in innovation across these industries, with a distinct innovation strategy, resource allocation, and collaborative networks that offer valuable insights for global industrial development.

Keywords: America Enterprises; Strategic Emerging Industries; Scientific and Technological Innovation Capability; General Electric

B.12 Innovation Development Dynamics of German Enterprises

Zhang Lin, Yuan Yifan, Cui Xiuyang and Yuan Jia / 288

Abstract: Germany is ranked fourth globally with 34 companies in six strategic emerging industries. German firms excel in high-end equipment manufacturing, with Siemens ranking second worldwide, and BASF performing strongly in new materials. In biotechnology, Germany has three companies in the global top 20. In new energy vehicles and new energy, Volkswagen and Bosch rank third and fourth, while Siemens is a leader in new energy. However, German companies lag in next-generation information technology. Siemens is used as a case study to analyze German innovation, highlighting its unique innovation system and ecosystem. Overall, Germany's strategic industries are flourishing, with balanced growth across sectors and leadership from large multinationals. However, gaps remain between the United States and Japan, and there is a need for deeper collaboration between industry, academia, and innovation and support for small and medium-sized enterprises.

Keywords: Germany Enterprises; Strategic Emerging Industries; Scientific and Technological Innovation Capability; Siemens

B.13 Innovation Development Dynamics of South Korea's Enterprises

Zhang Lin, *Shu Xin*, *Luo Manwei and Xiao Yufan* / 307

Abstract: A total of 16 South Korean companies have been listed in six strategic emerging industries, with a total frequency of 31 times, ranking fifth in the world. South Korean companies in the five strategic emerging industries, other than the bio-industry, have shown outstanding performance. Samsung holds two first-place and four fifth-place rankings. This chapter focuses on Samsung as a model of Korean corporate innovation, analyzing it in depth with the results of the innovation index measurement, revealing Samsung's unique innovation system and innovation ecology. While Korea's strategic emerging industries are developing well, the country's science and technology innovation mainly relies on the driving force of some large enterprises, resulting in the homogenization of listed enterprises and a relatively low listing rate of small and medium-sized enterprises. Korean companies still have a lot of room for development in the field of biology and need to further promote the in-depth development of this field, as well as promote the integration and synergy between different fields to achieve greater innovation breakthroughs.

Keywords: South Korea Enterprises; Strategic Emerging Industries; Scientific and Technological Innovation Capability; Samsung

B.14 Innovation Development Dynamics of French Enterprises

Zhang Lin, *Li Gang*, *Sun Tong and Mao Yuting* / 327

Abstract: A total of 14 French enterprises are on the list, with a total frequency of 21 appearances, ranking sixth in the world. France has shown strong development momentum in high-end equipment manufacturing, new energy, and new energy vehicles. However, the development of French enterprises in the field of biology is unbalanced. There is potential for French enterprises to further enhance and expand in the field of new materials. In the field of new-generation information technology, France lacks internationally competitive enterprises. As a traditional industrial powerhouse, France is implementing re-industrialization and supporting the development of manufacturing and emerging industry fields. It is expanding international cooperation outwardly, and the enterprises on the list have global influence. Inwardly, it is integrating the advantageous scientific and technological resources of public and private organizations and carrying out multi-level cooperation. France is vigorously promoting the transition to a low-carbon economy to accelerate the development of energy conservation and emission reduction and the new energy industry. France's highly distinctive higher engineering education model has resulted in a flourishing science and technology innovation team.

Keywords: France Enterprises; Strategic Emerging Industries; Scientific and Technological Innovation Capability; Safran

B.15 Innovation Development Dynamics of Swiss Enterprises

Li Gang, Xie Xinzhi, Shang Yuxuan and Ye Dongmei / 344

Abstract: Switzerland has a total of 11 companies on the list in the six strategic emerging industries, with a total frequency of 15 times, ranking seventh in the world. Swiss companies performed well in the field of new energy, with ABB ranking among the top companies. In the bioindustry sector, Swiss companies are leading the world in scientific and technological innovation, with Roche and Novartis ranking second and third, respectively, in terms of comprehensive level. However, Switzerland lacks internationally competitive companies in the fields of advanced manufacturing, new materials, new energy vehicles, and new-generation information technology. This report selects Roche as a model of Swiss corporate innovation and conducts an in-depth analysis based on the innovation index measurement results, revealing Roche's innovative spirit and initiatives in product research and development, organizational management, and external cooperation. Switzerland has made remarkable achievements in technological innovation, but it still needs to continuously optimize strategic development and strengthen international exchanges to maintain its leading position in global technological competition.

Keywords: Switzerland Enterprises; Strategic Emerging Industries; Scientific and Technological Innovation Capability; Roche

权威报告 · 连续出版 · 独家资源

皮书数据库

ANNUAL REPORT(YEARBOOK) DATABASE

分析解读当下中国发展变迁的高端智库平台

所获荣誉

- 2022年，入选技术赋能“新闻+”推荐案例
- 2020年，入选全国新闻出版深度融合发展创新案例
- 2019年，入选国家新闻出版署数字出版精品遴选推荐计划
- 2016年，入选“十三五”国家重点电子出版物出版规划骨干工程
- 2013年，荣获“中国出版政府奖 · 网络出版物奖”提名奖

皮书数据库

“社科数托邦”
微信公众号

成为用户

登录网址www.pishu.com.cn访问皮书数据库网站或下载皮书数据库APP，通过手机号码验证或邮箱验证即可成为皮书数据库用户。

用户福利

- 已注册用户购书后可免费获赠100元皮书数据库充值卡。刮开充值卡涂层获取充值密码，登录并进入“会员中心”—“在线充值”—“充值卡充值”，充值成功即可购买和查看数据库内容。
- 用户福利最终解释权归社会科学文献出版社所有。

数据库服务热线：010-59367265
数据库服务QQ：2475522410
数据库服务邮箱：database@ssap.cn
图书销售热线：010-59367070/7028
图书服务QQ：1265056568
图书服务邮箱：duzhe@ssap.cn

社会科学文献出版社 SOCIAL SCIENCES ACADEMIC PRESS (CHINA) 皮书系列
卡号：573586959222
密码：

S 基本子库

UB DATABASE

中国社会发展数据库（下设 12 个专题子库）

紧扣人口、政治、外交、法律、教育、医疗卫生、资源环境等 12 个社会发展领域的前沿和热点，全面整合专业著作、智库报告、学术资讯、调研数据等类型资源，帮助用户追踪中国社会发展动态、研究社会发展战略与政策、了解社会热点问题、分析社会发展趋势。

中国经济发展数据库（下设 12 专题子库）

内容涵盖宏观经济、产业经济、工业经济、农业经济、财政金融、房地产经济、城市经济、商业贸易等12个重点经济领域，为把握经济运行态势、洞察经济发展规律、研判经济发展趋势、进行经济调控决策提供参考和依据。

中国行业发展数据库（下设 17 个专题子库）

以中国国民经济行业分类为依据，覆盖金融业、旅游业、交通运输业、能源矿产业、制造业等 100 多个行业，跟踪分析国民经济相关行业市场运行状况和政策导向，汇集行业发展前沿资讯，为投资、从业及各种经济决策提供理论支撑和实践指导。

中国区域发展数据库（下设 4 个专题子库）

对中国特定区域内的经济、社会、文化等领域现状与发展情况进行深度分析和预测，涉及省级行政区、城市群、城市、农村等不同维度，研究层级至县及县以下行政区，为学者研究地方经济社会宏观态势、经验模式、发展案例提供支撑，为地方政府决策提供参考。

中国文化传媒数据库（下设 18 个专题子库）

内容覆盖文化产业、新闻传播、电影娱乐、文学艺术、群众文化、图书情报等 18 个重点研究领域，聚焦文化传媒领域发展前沿、热点话题、行业实践，服务用户的教学科研、文化投资、企业规划等需要。

世界经济与国际关系数据库（下设 6 个专题子库）

整合世界经济、国际政治、世界文化与科技、全球性问题、国际组织与国际法、区域研究 6 大领域研究成果，对世界经济形势、国际形势进行连续性深度分析，对年度热点问题进行专题解读，为研判全球发展趋势提供事实和数据支持。

法律声明